-MITOLOG

HINDÚ-

-MÁS ALLÁ DEL
MAHABHARATA Y EL RAMAYANA-

*

SISTER NIVEDITA

© 1913 Sister Nivedita (Margaret Elizabeth Noble)

Título Original: *Myths of the Hindus & Buddhists.*

Primera Edición: Londres, George G. Harrap & Co., 1913

ISBN: 978-1986496872

Primera Edición papel: Marzo 2018

Derechos en lengua castellana para todo el mundo en posesión de Editorial Amazonia, cedidos por Eurobooks Limited, Londres.

© Traducción Pablo Albacete Sánchez 2017

Diseño Cubierta: Magma Diseño

Ilustración: Lord Krishna y los maravillosos Leelas. Fotografía de Abee5 en Foter.com / CC-BY-SA

*

Índice

4

Capítulo I

LA MITOLOGÍA
DE LAS RAZAS INDO-ARIAS

EL ESTUDIO DE LA MITOLOGÍA

en la historia primitiva de la humanidad, Asia formaba un amplio centro de origen de civilización en el cual eran las extremidades países tales como Egipto, Arabia, Grecia, India y China. Más tarde, por su localización geográfica, Egipto y Arabia estuvieron destinadas a ser invadidas y sufrir la destrucción de su cultura. Grecia y preeminentemente India formaron lo que se llamó *culs-de-sac*. Aquí, como a lo largo de las costas de alguna cala escondida, sería forzada la marea de una época tras otra, cada una dejando en la costa un rastro que tal vez ninguna de sus sucesoras sería capaz de borrar totalmente. Por tanto, en la India, se puede esperar descubrir métodos de estudio de la sucesión de las épocas en la cultura como en ningún sitio en el mundo.

La civilización se desarrolla por la nueva mezcla de tribus y razas, cada una con una actitud propia, que es el resultado de un conjunto de costumbres distintivas impuestas por la región geográfica que ha sido su cuna y escuela. Asia occidental es una de las áreas centrales del mundo. Aquí, por la mera necesidad de configuración, las grandes rutas del Norte al Sur y del Este al Oeste se cruzan, y ciudades mercantiles —puntos de trueque e intercambio— crecerán en las confluencias. Igualmente, obvio es que la India y los sitios más lejanos del valle del Nilo formarán asentamientos de ocupación y producción. Aquí raza tras raza se establecerá y mezclará. Aquí crecerán naciones agrícolas. Aquí se acumulará civilización. Y aquí podemos observar la gradual elaboración de esquemas de pensamiento que no solo llevarán marcada su propia historia, sino que se convertirán a su vez en causa y fuente de influencia dinámica sobre el mundo exterior.

No es imposible recuperar la sucesión de ideas con las que las gentes del Nilo han contribuido al mundo tal como lo conocemos actualmente. Sin embargo, según nos informan, estas gentes han dejado irrecuperablemente escapar su propio pasado. Entre ellos y él hay solo una continuidad de interrupciones, un lapso que no representa un proceso de causa y efecto, sino más bien una interrupción perpetua de tal serie, dado que una sola generación enamorada de los caminos extranjeros es casi suficiente para arriesgar la total continuidad de la civilización y el aprendizaje. Las edades de acumulación son confiadas a la fragilidad de cada época que pasa, con la voluntad de ceder sus tesoros para su uso en el futuro. Hace falta una cierta terquedad, una tenaz lealtad, incluso tal vez una dosis de irracional conservadurismo, para no perder algo a través del largo curso de las edades, y más aún al enfrentarse con grandes imperios, con una repentina extensión de la idea de cultura, o con la suprema tentación de una nueva religión, mantener firmemente lo que tenemos y agregar a ello solo cuanto podemos saludable y humanamente acarrear.

EL GENIO DE LA INDIA

Sin embargo, esta actitud es producto de un fuerte genio nacional, y en la India, desde el principio de su historia, ha sido mantenida firmemente. La India nunca ha sido contraria a probar una nueva idea, no importa cuál fuera su origen. Ávida de nuevos conceptos, pero celosamente reacia a aceptar nuevas costumbres o a ensayar nuevas expresiones, la India ha sido lentamente constructiva, decididamente sintética, desde los tiempos más primitivos al presente. Realmente, el conservadurismo indio ha determinado la tendencia a perpetuar diferencias sin asimilación. Siempre ha habido lugar para que una raza más fuerte, con sus propias costumbres e ideales, se estableciera en los intersticios de la civilización brahmánica, sin influencia y sin posibilidad de ser influenciada. Hasta las actuales Calcuta y Bombay tienen sus distintos barrios —chino, birmano y otros—, pero ninguno contribuye a, o recibe de, la vida cívica en medio de la cual se encuentra. Hasta el presente la Baniya de la India es el Fénix o Fenicia, quizá de un mundo más antiguo. Sin embargo, esta falta de mezcla no ha sido uniforme. La personalidad de Buda fue la fuente de un impulso de religión hacia China y otra media docena de naciones menores. El imperio gupta representa una época en la cual las culturas y huéspedes extranjeros eran gratos y valorados en la India como hoy en día en Europa y América. Finalmente, solo el auge del Islam logró terminar estas largas épocas de intercambio que han dejado sus huellas en la fe y pensamiento del pueblo indio.

LOS MOTIVOS DE LA RELIGIÓN

El hinduismo es de hecho una enorme síntesis, con elementos que proceden de cientos de direcciones distintas, y que comprende todo motivo de religión imaginable. Los motivos de la religión son múltiples. Adoración a la Tierra, adoración al Sol, adoración a la Naturaleza, adoración al cielo, honra a héroes y antepasados, adoración a la madre, adoración al padre, oraciones para los muertos, la asociación mística de ciertas plantas y animales: todo esto y más se incluye dentro del hinduismo. Y cada uno señala alguna época singular del tiempo, con su conjunto de características o invasión de razas antiguamente ajenas entre ellas. Todas se unen para formar un solo gran conjunto. Pero todavía con visitas a lejanos santuarios, por medio del estudio de cierta literatura de períodos claves y por medio de un riguroso seguimiento de rastros especiales, es posible determinar algunas de las influencias que han intervenido en su formación.

De cuando en cuando en la historia un gran impulso de sistematización se ha afanado en conseguir ensamblar parte, o todas, las creencias reconocidas en la forma de una totalidad orgánica. Estos intentos resultaron, con mayor o menor éxito, en la recopilación de libros conocidos como el *Puranas,* el poema épico denominado *Ramayana* y el más perfecto de todos: el *Mahabharata.* Cada uno coge una antigua norma que ha sido tal vez transmitida oralmente durante siglos, y la registra por escrito, añadiéndole y modificándola de tal modo que es actualizada según la visión del autor.

El *Mahabharata*

El *Mahabharata* es el resultado del mayor de los esfuerzos hechos para conservar en una forma colectiva todas las creencias antiguas y tradiciones de la raza. El mismo nombre Mahabharata muestra que el movimiento que culminó en la compilación de esta gran obra estuvo respaldado por una conciencia viva de la unidad de *el Bharata* o pueblo indio. Por esta razón se puede encontrar en esta obra un gran esfuerzo hecho para presentar de una manera completa los ideales que se encuentran en el organismo social, la religión, la historia antigua, la mitología y la ética del pueblo indio.

Entonces, si deseamos seguir la mitología india desde sus confusos orígenes a su perfecta madurez a través de todas sus fases intermedias y multiformes, no tendremos una mejor referencia que el *Mahabharata*. En la India la mitología no es un simple sujeto de investigación y disquisición de anticuarios; aquí todavía está presente influyendo en la vida de la gente como un control. Y es esa mitología viviente que, pasando por las etapas de representación de procesos cósmicos sucesivos y asumiendo entonces una forma definitiva, se ha convertido en un factor poderoso en la vida cotidiana de la gente —es esta mitología viviente la que ha encontrado sitio en la *Mahabharata*.

Debe entenderse que es la mitología que ha dejado su huella más clara en el *Mahabharata* la que ha alcanzado una forma totalmente desarrollada, y ejercido una potente influencia sobre la sociedad india. Otros mitos han aparecido durante algún tiempo de una forma imprecisa y luego se han desvanecido como el humo, dejando poco rastro; ellos no han asumido una forma concreta en la memoria de la raza. Así es como encontramos un dicho popular proveniente de Bengala que dice: «Lo que no se encuentra en el *Mahabharata* no se encuentra en la tierra de Bharata (India).» En el *Mahabharata* encontramos por un lado las formas originales de la mitología y por otro lado también sus formas completamente desarrolladas. Encontramos en esta creación de la mentalidad india una completa revelación de esa misma mentalidad.

En la infancia de la mentalidad humana el hombre solía mezclar su propia fantasía y sentimientos con los caminos de los pájaros y bestias, los distintos fenómenos de la tierra y el agua, y los movimientos del Sol, la Luna, las estrellas y los planetas, y el hombre contemplaba la totalidad del universo en esta forma humanizada. En tiempos posteriores, cuando el hombre alcanzó la mayor importancia ante sus propios ojos, la gloria de los mundos estelares palideció frente a la grandeza de la humanidad.

En este libro hemos tratado ambas etapas de la mitología, tanto la inicial como la final. Por un lado, hemos ofrecido una perspectiva de las formas originales que asumía la mitología después de pasar por la incierta indefinición de épocas primitivas. Por otro lado, hemos relatado con más detalle las historias de la época en la cual la mitología alcanzó su madurez.

Capítulo II

EL *RAMAYANA*

Fuentes

Valkimi es un nombre casi tan oscuro como Homero. Fue, sin duda, un brahmán de nacimiento, y estrechamente conectado con los reyes de Ayodhya. Él recogió canciones y leyendas de Rama (posteriormente llamadas Rama-Chancha, en diferenciación de Parashu-Rama), y probablemente algunos añadidos fueron hechos a su trabajo en un momento posterior, particularmente el *Uttara Kanda.* Se ha dicho que él ha inventado el metro *shloka,* y que se debe a él la forma definitiva del lenguaje y el estilo de los poemas épicos indios. De acuerdo con el *Ramayana,* fue un contemporáneo de Rama, que amparó a Sita durante sus años de solitario exilio y enseñó el *Ramayana* a sus hijos Kusa y Lava.

Lo esencial del *Ramayana,* en su forma más simple la historia de la recuperación de una novia raptada, no es diferente de otra gran epopeya, la *Ilíada* de Homero. No parecería, sin embargo, aunque una visión lo sugiriera, que la *Ilíada* derivara del *Ramayana:* es más probable que ambas epopeyas se remonten a fuentes legendarias más antiguas que 1.000 años a.C.

La historia de Rama es relatada en uno de los *Jatakas,* que puede ser considerado como una versión más corta, una de las muchas entonces corrientes. Probablemente en un momento durante los últimos siglos anteriores a Cristo las versiones corrientes de la saga de Rama fueron recogidas por el poeta Brahmán, y formuladas en una historia con una trama coherente; mientras que su forma completa, con el *Uttara Kanda* agregado, podría ser tan tardía como del año 400 d.C. Como un conjunto, el poema en su última redacción parece pertenecer esencialmente a la fase más primitiva del renacimiento hindú, y refleja una cultura muy similar a la visiblemente representada en los frescos de Ajanta (siglos I a VII d.C.); pero por supuesto el tema es mucho más antiguo. La versión dada en el presente volumen asciende a aproximadamente un vigésimo del *Ramayana* total. Es una traducción condensada, en que todos los contenidos esenciales están incluidos; mientras que ha sido excluido todo episodio o personaje para el cual el original no ofrece autoridad.

Ética del *Ramayana*

Hasta el más insignificante rasgo de las epopeyas de Valmiki se fundan en su notable presentación de dos sociedades ideales: una idealmente buena y otra idealmente malvada. Es como si extranjera de la vida humana una moralidad casi pura y una inmoralidad casi pura, solo moderadas en la medida que la opuesta virtud de la trama lo requiere. Así él hace resaltar fuertemente el contraste entre la bondad y la maldad, del modo en que esos valores se presentaban a los moldeadores de la sociedad hindú. Dado que debe entenderse que no solo los legisladores, como Manu, sino también los poetas de la antigua India concebían su propio arte literario, no como un fin en sí mismo, sino enteramente como un medio para un fin —y ese fin, como la más cercanamente posible realización de una sociedad ideal—. Los poetas eran prácticamente sociólogos, que usaban el gran poder de su arte deliberadamente para moldear el desarrollo de las instituciones y para formular ideales para toda clase de hombres. El poeta es, de hecho, el filósofo, en el sentido nietzscheano de uno que está detrás y dirige una evolución de un determinado tipo. Los resultados han probado la sabiduría de los medios elegidos; dado que si la sociedad hindú ha alcanzado alguna vez el ideal o ideales que han sido la fuerza guía en su desarrollo, ello ha sido a través de la exaltación del héroe. Los *Vedas*, en realidad, pertenecían esencialmente a los intelectuales; pero las epopeyas han sido traducidas en cada lengua vernácula por poetas, como Tulsi Däs y Kamban, comparables en capacidad al mismo Valmiki. Lo esencial de las epopeyas, además, al igual que muchos de los *Puranas*, es familiar no solo a los literatos, sino a todos los incultos, sin exceptuar mujeres, por constante recitación, y también por medio del drama, en canciones folklóricas, y en pinturas. Hasta los tiempos más modernos ningún niño o niña hindú crecía sin familiarizarse con la historia del *Ramayana*, y su más alta aspiración era ser como Rama o Sita.

El origen mítico de las castas

En el *Ramayana* y en las Leyes de Manu (500 a.C.) encontramos una documentación completa del sistema ideal hindú del color (casta). El origen mítico del color, según Manu, es como sigue: brahmanes surgen de la boca, kshatriyas del brazo, vaishyas del muslo y shudras del pie de Brahma. Este mito es real en un sentido alegórico; y es usado más literalmente para dar confirmación divina a todo el sistema. Pero no debe suponerse que Manu y Valmiki describen un estado de sociedad existente realmente en algún momento dado en toda la India. La historia de la sociedad hindú podría ser mucho mejor descrita en términos de grados de aproximación o divergencia de los sistemas de los utopistas Valmiki y Manu. Cuanto de fuerte es todavía su influencia, comparada incluso con la fuerza de la costumbre, se expresa en el hecho de que es actualmente la aspiración de muchos reformistas no abolir de ninguna manera el sistema de castas, sino gradualmente unir subcastas hasta que ninguno, salvo los cuatro principales colores, permanezcan como divisiones sociales efectivas.

Este desarrollo, combinado con cierta previsión de la transferencia de una casta a la otra de aquellos que pueden y quieren adoptar las tradiciones y aceptar la disciplina de un color superior, es lo que también desearía el presente autor. La transferencia de castas, o la adquisición del color, está continuamente ocurriendo aún ahora, por la absorción de tribus aborígenes dentro del sistema hindú; pero historias como las de Vishvamitra ilustran la inmensa dificultad teórica de esos ascensos. Contra esta extrema exclusividad se han levantado en la India muchas protestas, la más notable ha sido la de Buda, quien lejos de aceptar el derecho divino de un brahmán por nacimiento, enseñó que:

No por nacimiento se convierte uno en brahmán: solo por sus acciones se convierte uno en brahmán.

La fuerza del principio hereditario siempre ha prevalecido contra estas reacciones, y a lo sumo lo que realmente han conseguido los reformistas es crear nuevos grupos de castas.

La sociedad ideal de Valmiki

Examinemos ahora muy brevemente la naturaleza de la sociedad ideal de Valmiki. Desde el principio nos impresiona por su complejidad y por el alto grado de diferenciación de las partes interdependientes que la constituyen. Se fundamenta en la concepción de graduación de rango, pero ese rango es dependiente, no de la riqueza, sino solo de cualidades mentales. La doctrina de la reencarnación está dada por sentada; y el concepto del *karma* (que el fruto de las acciones produce inevitablemente fruto en otra vida) es combinado con ella, por lo que la teoría lógicamente concluye que el rango debe determinarse s o l o con la herencia. El que merecía nacer como un brahmán nació como un brahmán, y el que merecía nacer como un shudra nació como un shudra.

Ésta es la teoría que encuentra expresión práctica en el sistema de castas, o, como es conocido por los indios, el sistema del «color» *(yama),* en lengua moderna vernácula, «nacimiento» *(jati).* Fundamentalmente hay cuatro colores: el brahmán, los sacerdotes y filósofos; kshatriyas, la clase dirigente y caballeresca vaishyas, comerciantes y agricultores, y shudras —sirvientes de las otras tres, que son los únicos con «doble-nacimiento», esto es, reciben iniciación sacerdotal tempranamente al adquirir la virilidad—. A parte de éstas, hay un vasto número de subdivisiones de las cuatro clases principales, que surgen teóricamente de matrimonios mixtos, y distinguibles en la práctica como castas de ocupación.

Para cada color hindú la teoría reconoce unos deberes y una moralidad *(dharma):* seguir cualquier casta que no sea el *propiodharma* de un hombre constituye un pecado sumamente terrible, que merece un castigo. En este concepto del *propio-dharma* aparece inmediatamente la profunda distinción del hinduismo de cualquier otra moral absoluta, como el mosaico o el budismo. Para coger un ejemplo concreto, el *Decálogo Mosaico* formula el mandamiento «No matarás», y este mandamiento es nominalmente obligatorio para el filósofo, el soldado y el comerciante —una posición un tanto ilógica—. Pero el hinduismo, influido como estaba por la doctrina de *ahimsa,* benevolencia, no intenta imponerlo sobre los kshatriyas o shudras: son el ermitaño y el filósofo sobre todo quienes no deben matar o herir ninguna cosa con vida, mientras que los caballeros que ceden, en caso de necesidad, y dan muerte a hombres y animales no serían dejados de alabar como humanitarios, sino culpables como quien ha dejado de cumplir su moral propia. Esta misma cuestión es presentada en el *Ramayana,* cuando Sita sugiere a Rama que, como ellos están ahora morando en el bosque, sitio de los ermitaños, ellos deberían adoptar la moral *yogi,* y abstenerse de dar muerte, no s o l o a bestias, sino aun a los *rakshasas[1]*; pero Rama responde que él se siente obligado tanto por sus deberes de caballero, como por la promesa de proteger a los ermitaños, y que él debe obedecer las ordenanzas de la caballerosidad.

En su forma extrema esta doctrina de propia -moral s o l o ha sido completamente puesta en práctica en la edad de oro, cuando nadie salvo los brahmanes practicaban ascetismo, o alcanzaban la instrucción perfecta; en la segunda época los brahmanes y los kshatriyas fueron igualmente poderosos, y se dice que en esa época Manu compuso los *shastras* (textos jurídicos) estipulando las obligaciones de los cuatro *vamnas;* en la tercera época los vaishyas también practicaron austeridad, y en la cuarta aún los shudras se entregaron a penitencias austeras. Así las cuatro épocas representan un progresivo deterioro de una teocracia ideal a una completa democracia. En el tiempo de Rama el comienzo de la cuarta época ya está anunciado por el shudra que se convirtió en *yogi,* y fue muerto por Rama, no tanto como un castigo sino para evitar la consecuente alteración de la sociedad, ya manifestada en la muerte de un niño brahmán.

En una sociedad a ristocrática como la contemplada por Valmiki, la severidad de la disciplina social se incrementa hacia la cima: aquellos que tienen más poder deben practicar un mayor autocontrol, en parte debido a la *noblesse oblige,* parte debido a que esa austera disciplina es la condición necesaria sin la cual el poder podría rápidamente desaparecer. Es necesario recordar este carácter esencial de una sociedad verdaderamente aristocrática, si deseamos comprender algunos de los más significativos, y para el demócrata e individualista los más incomprensibles e indefendibles, episodios del *Ramayana.* Sobre el kshatriya, y sobre todo sobre el rey, recae el deber de mantener el *dharma;* por ello él debe no s o l o proteger a los hombres y a los dioses contra la violencia, como dando muerte a los rakshasas, sino que debe, para dar el ejemplo, ajustarse a las reglas de la moral aceptada, aun cuando esas reglas no tengan para él personal significancia. Es así que Rama repudia dos veces a Sita, aunque siempre estuvo satisfecho en su propia mente de su completa fidelidad. Este repudio de Sita forma el elemento más dramático y remarcable de toda la historia. Rama y Sita son reunidos después de un año de separación, y al término de un largo y arduo conflicto: en ese momento, en que un sentimiento moderno demandaría un «final feliz», se hace una suprema prueba de carácter para ambos, y la tragedia final es solo pospuesta por la aparición de los dioses

---

[1] Rakshasas, daityas, yakshas y asuras son demonios y diablos constantemente en guerra con los hombres y los dioses. (Nota del Traductor)

y la reivindicación de Sita por ordalías. En estos trágicos episodios, que forman la crisis moral culminante en las vidas de Rama y Sita, Valmiki está justificado tanto como maestro y como artista. La sociedad ideal de Valmiki está casi libre de pecado, por ello él es el más capacitado para exhibir el largo alcance de los efectos de un mal proceder de individuos aislados y de errores singulares. Aún Kaikeyi no es hecha innoble: ella es solo muy joven, ciega y testaruda; pero toda la tragedia de la vida de Rama y el cumplimiento de los propósitos de los dioses supremos son consecuencia del mal proceder de ella.

Contra este mundo humano de la Edad de Plata es dibujado el mundo inhumano y lleno de pecados de los rakshasas, donde la codicia y lujuria y violencia y engaño reemplazan a la generosidad y autocontrol y amabilidad y verdad. Pero estas malvadas pasiones están aparentemente dirigidas contra hombres y dioses y todos aquellos que son ajenos a los rakshasas: entre ellos mismos existen el cariño filial y la suprema devoción de la esposa, hay coraje indoblegable y la más franca lealtad. La ciudad de los rakshasas es preeminentemente justa, construida por Vishvakarman mismo; ellos practican todas las artes; aman a los dioses, y mediante la austeridad y penitencia consiguen grandes regalos de ellos: en una palabra, ellos florecen como el laurel, y si son malvados, por lo menos no son innobles. Entre ellos se encuentra alguno, como Vibhishana, que de ninguna manera es malvado. Después de todo, entonces, estos rakshasas no son inhumanos, sino que su condición es una imagen del *a-dharmic,* los perversos, aspecto de la sociedad humana —una alegoría que todos entenderíamos si nos fuese presentada hoy por primera vez como en *Los Pingüinos,* de Anatole France.

La historia

El asedio de Lanka se cuenta extensamente y con un humor grotesco en el original. Pero su violencia es redimida por muchos incidentes de caballeresca delicadeza y lealtad. Ravana, una vez muerto, es recordado por Rama como un amigo; Mandodari se apena por él como Sita podría apenarse por Rama. La historia está llena de maravillas, pero el elemento mágico tiene frecuentemente un significado profundo y no está meramente adornado fantásticamente. Todos los grandes poderes que poseen los protagonistas de un lado y otro son presentados como conseguidos por autocontrol y concentración mental, no como el fruto de un talismán adquirido fortuitamente. Así el conflicto se convierte, en última instancia, en un conflicto del carácter con el carácter. Tomemos otra vez el caso de las armas mágicas, provistas del poder irresistible del hechizo. Hanuman es fulminado y paralizado por una de ellas, pero no bien se agregan lazos reales a la fuerza mental él es liberado. Aquí, seguramente, hay clara evidencia de un temor al principio según el cual fortalecer el poder de la sabiduría con la violencia es una política inevitablemente inútil.

De esa forma, el significado del *Ramayana* de Valmiki es claro para aquellos que lo leen o releen atentamente, y su duradera influencia sobre la vida e ideales de carácter de la India cobra significado fácilmente. Es casi imposible conocer este aspecto del mito de Rama y Sita sin lamentar que este gran medio de educación fuera eliminado de los sistemas de educación modernos en la India —en nombre de la neutralidad religiosa—. Dado que no sería ir demasiado lejos si decimos que alguien no familiarizado con la historia de Rama y Sita puede ser realmente considerado ciudadano de la India, ni informado sobre moralidad como lo concebían los más grandes maestros de la India. Tal vez uno debería ir más lejos y decir que nadie no familiarizado con la historia de Rama y Sita puede ser considerado un verdadero ciudadano del mundo.

El *Ramayana* como poema épico animal

Aquí y allá a través del mundo encontramos murmullos y ecos del gran poema épico animal del hombre primitivo. En su conjunto no existe más; no es aún posible recuperarlo. solo puede ser adivinado a través, e inferido a partir, de un indicio aquí y un fragmento allí, Pero en ningún sitio del mundo moderno es tan abundante el material para su restauración como en la India. Hasta hoy en la imaginación india hay una singular simpatía por las expresiones de los animales. Un hombre o un niño, tanto amables como sencillos, contando alguna historia del ratón o la ardilla, llevarán el cuento a un clímax haciendo los mismos chillidos y movimientos de la criatura que ellos han observado. Se asume instintivamente que al menos los sentimientos fundamentales, sino los pensamientos, de los seres de piel y plumas son casi como los nuestros. Y es aquí, seguramente, en esta rápida interpretación, en esta profunda intuición de afinidad, donde encontramos rastros reales del temperamento que condujo tiempo atrás a la creación del budismo y del jainismo, las honorables creencias.

La gente india es humana, y la crueldad ocurre entre ellos ocasionalmente. El hecho de que es comparativamente poco frecuente es probado por la familiaridad y falta de temor de todos los pequeños pájaros y bestias. Pero en esta actitud inconsciente de la imaginación india, en su mímica y rápida percepción de la mitad alegría, mitad patetismo de las criaturas indefensas, tenemos una verdadera herencia de la niñez del mundo, de aquel primitivo tiempo en que el hombre juega y en que las cosas de cuatro patas son sus hermanos y compañeros.

Este espíritu caprichoso, este feliz sentimiento de hermandad, nos habla a través de las historias- nacimiento budistas *(Jatakas),* con un sentimiento similar al que lo hacen las fábulas de Esopo o los cuentos del Tío Remo. Los *Jatakas,* es cierto, tratan de la fauna como vehículo de una alta filosofía y un noble romance, en lugar de hacerlos meramente ilustrar sabios proverbios, o señalar gracias domésticas. El amor de Buda y Yashodara formó la leyenda poética de su época, y no había nada incongruente a la mente de ese período en hacer participar a los pájaros y bestias como actores frecuentes en su drama. Los cisnes son los predicadores del evangelio en las cortes de los reyes. Las manadas de ciervos, como los hombres, tienen entre ellos jefes y aristócratas, que darían su vida por aquellos que los siguen. Incluso aquí, vemos en funcionamiento la clara mentalidad aria, reduciendo a orden y distinción la maraña de hilos de un conjunto de ideas mucho más antiguo. De esa sustancia antigua nacen las tendencias que aparecerán una y otra vez en los grandes sistemas teóricos de los tiempos posteriores. A partir de ella se dio forma a los héroes, tales como Hanuman y Garuda, que salen al ruedo en cada nueva formulación de la idea hindú, como figuras ya familiares, para sumarse a su acción.

Lo que echamos de menos a través de toda la poesía con esa gradual arianización es el elemento de asombro —porque éste, si bien está presente, disminuye constantemente—. La mentalidad aria es esencialmente una mente organizativa, crecientemente científica, crecientemente racional en su perspectiva de las cosas. El color y capricho que hicieron a las mitologías primitivas tan ricas en estímulos para la imaginación son casi siempre la contribución de razas más antiguas o más infantiles. Para la humanidad, en sus primeras horas, parecía haber en los animales algo divino. Su incapacidad para expresarse, desaparecida poco tiempo antes del propio discurso del hombre, constituía un oráculo. Sus modos de vida ocultos, que repentinamente iluminaban el camino, eran sobrenaturales. La pálida inteligencia que miraba por entre sus ojos parecía como si fuese una gran benevolencia, no alcanzable o desentrañable por un pensamiento mortal. ¿Y quién podría decir cuál era la sabiduría acumulada detrás de la pequeña vieja cara del mono gris del bosque, o atesorada por la víbora enroscada en su agujero junto al árbol?

La atracción del animal

Con toda la capacidad de maravillarse de un niño, el pensamiento del hombre jugaba alrededor del elefante y el águila, el mono y el león. Muchas tribus y razas tuvieron sus propios animales místicos, medio adorados como dioses, medio sospechosos de ser un ancestro. Con el desarrollo de grandes sistemas teológicos todo esto fue reglamentado y organizado. De ser dioses ellas mismas, las míticas criaturas mitad-hombre descenderán para convertirse en vehículos y compañeros de los dioses. Una de ellas sería montada sobre el pavo real, otra sobre el cisne. Otra sería acarreada por el toro, otra por la cabra. Pero en este mismo hecho hay una declaración implícita de asociación divina de subordinación. El emblema así constituido va a marcar un compromiso, una síntesis de dos sistemas, dos ideas —una relativamente nueva y otra incomparablemente más antigua y más primitiva—. Dado que el mismo proceso que hace al décimo libro del *Rig-Veda* tan marcadamente diferente de sus predecesores, puesto que como en él la conciencia religiosa de la gente que se expresa en sánscrito ha comenzado a tomar nota de las concepciones indígenas de las gentes de la Tierra, es característico del aumento en la conciencia del hinduismo a través del período histórico. El cerebro ario, con su provisión de grandes dioses-naturaleza —dioses del cielo y sol y fuego, del viento y agua y tormenta, dioses que tendrían tanto en común entre ellos, del principio al fin de la mitología aria, desde el Helesponto al Ganges—, ha tenido gradualmente que reconocer e incluir las deidades más antiguas, más indefinidas, más oscuramente cósmicas de otras poblaciones asiáticas. Este proceso está perfectamente claro y puede trazarse históricamente. s o l o tienen que ser asumidos y enumerados los elementos contrarios. Del crecimiento de la mitología de Indra y Agni, de Vayu y Varuma, podemos decir muy poco. Con toda probabilidad ha nacido fuera de la India, y traída allí, como a Grecia, en un estado de madurez. Y similarmente, no podemos seguir los pasos por los que la imaginación india llegó a concebir el universo, o el dios del universo, como el Cabeza-de-Elefante. Obviamente, la idea nació en la misma India, donde los elefantes recorrían el bosque y vadeaban los ríos. La aparición de la misma adoración en países como China y Japón es claramente una reliquia de alguna antigua influencia religiosa traída desde el lejano Sur para ser impuesta sobre ellos.

El Cabeza-de-Elefante

¿Qué es lo que realmente se significa con este Ganesha, o Ganapati, Señor de las Multitudes, o era inicialmente Señor del Territorio? ¿Cuál es el significado de esa cabeza blanca de elefante surgida de ese cuerpo rojo? Ciertamente es inmenso y cósmico. ¿Es él la nube blanca reluciendo en la tarde contra el sol carmesí? En cualquier caso, él permanece hasta la actualidad como el dios del éxito y de la astucia. Su atributo divino es sencillamente el de satisfacer todos los deseos. Se le debe adorar al inicio de todos los cultos, para que éstos sean satisfactorios en sus intenciones —una comprobación segura de prioridad duradera—. En Japón se dice que es conocido como el dios de los pueblos, y que tiene algo un poco grosero en su culto. En sí mismo esto muestra su gran antigüedad, aunque como señor de los pueblos de la India no puede ser tan antiguo como los de la India austral, que siempre están dedicados a la Madre-Tierra, con un altar de piedra tosca.

¡Qué bien podemos penetrar dentro de la delicadeza y asombro del hombre indio primitivo a través de este gran dios! Las profundidades de la noche parecen ser su inmensa forma. Toda la sabiduría y todas las riquezas se encontraban en sus gigantes manos. Él daba la escritura. Él daba la riqueza. Él era el mismo universo estelar. El éxito era conferido por él. Todo lo que existía estaba contenido en él.

¡Qué natural era que él fuera el Realizador de Deseos! Ganesha no es la deidad de la gente que teme su dios. Él es amable, tranquilo y amigable, un dios que ama al hombre y es amado por él. En su imagen están escritas una benevolencia genuina y una cierta sabia destreza. Pero no es él el dios de alguna concepción teológica. Él es obvio, simple, capaz de ligera grosería, lleno de tosco vigor y primaria masculinidad, destinado desde su nacimiento a un futuro maravilloso, tanto en la fe como en el arte, como vanguardia de todas las tareas que hay que emprender para el éxito. Menos antiguo que la primitiva madre de los pueblos Dekkan, él era, sin embargo, con probabilidad, el comienzo de un culto organizado. Él era ya viejo cuando el budismo era joven. Sobre todo, él no es el dios de los sacerdotes, ni de los reyes, ni siquiera de teocracias ni tampoco de naciones, pero con toda probabilidad lo es de esa vieja y difusa cultura mercantil, la civilización de los Bharatas. Hasta la actualidad él es el dios principal de los comerciantes, y es un hecho curioso que en la India, cuando un comerciante está en bancarrota, el evento se notifica a todos los contendientes volviendo al revés la oficina de Ganesha.

La epopeya del hinduismo

La primera de las escrituras populares del hinduismo —escritas tempranamente en la era cristiana, para la nación que se estaba consolidando— fue el poema épico de Valmiki conocido como el *Ramayana*. Éste es el evangelio del mundo de pureza y dolor, pero también, no menos notablemente, el cuento de hadas de la naturaleza. Desde el comienzo del reinado de Ganesha, la época en que se formó el budismo y el jataka habían llegado y partido, y con los siglos siguientes el crecimiento del genio ario había sido más y más claramente sentido. Como en todo trabajo de arte obtenemos un vislumbre de la cultura que la precede, así que en el *Ramayana*, hay una gran parte que es profético de los desarrollos siguientes, también nos vemos transportados dentro de un mundo infantil de una época más antigua Como todos estos mundos, éste era uno en que los pájaros y las bestias podían hablar y comportarse como hombres. Para el pueblo de esa época, está claro, el bosque era un reino de misterio. Estaba habitado por sabios y ermitaños. Estaba lleno de bonitas flores y fragancia; era el sitio predilecto de pájaros de dulce cantar, y estaba fresco y verde. Toda la santidad podía ser alcanzada bajo su sedante influencia. Cualquier austeridad podía ser practicada bajo su soledad ennoblecedora. Pero era también el hogar de mortíferas aves de rapiña. Y muchas de éstas estaban rodeadas por un terror añadido y sobrenatural, pues ¿no era sabido que el demonio Mancha tenía el poder de cambiar su forma según su deseo? ¿Quién, entonces, podría decir si incluso el tigre o el oso eran lo que parecían, o algo más sutil y temible aún? Entre las sombras de la tarde caminaban extrañas formas y presencias maléficas. Monstruos deformes y demonios poderosos, debiendo lealtad a un terrible pariente de diez cabezas en la distante Lanka, deambulaban a través de sus dominios. ¡Cuántas veces debe haber oído horrorizado el cazador sorprendido por la noche el sonido susurrante de árboles y arbustos, sintiendo que estaba escuchando al enemigo del alma!

Pero los dioses fueron siempre más grandiosos que los poderes del demonio. Era, después de todo, el crepúsculo de la divinidad que colgaba espeso alrededor del bosque santuario. ¿No estaban allí los *gandharvas* y *siddhas*, sacerdotes musicales del cielo? ¿No estaban allí las *apsaras*, las ninfas celestiales, por amor a las cuales, en el momento de la caída del sol, no debemos aventuramos muy cerca del borde de las charcas del bosque, para no cogerlas en su baño y provocar alguna condena?
¿No había allí *kinnaras*, los pájaros humanos, sujetando instrumentos musicales bajo sus alas? ¿No se sabía que entre su silencio

dormía Jatayu, rey de sesenta mil años de todas las tribus de águilas, y que en algún sitio entre ellos vivía Sampati, su hermano mayor, incapaz de volar dado que sus alas habían sido quemadas en el intento de amparar a Jatayu de la insolación? Y alrededor del bosque iban y venían multitudes de monos, extraños con una sabiduría más que humana, capaces con una palabra de hacer florecer bellamente las ramas foliáceas, e infelices luchadores con su propia cálida naturaleza de monos, siempre imponiendo sobre ellos, como un hechizo, un raro indecible destino de malicia e inutilidad.

Ésta es una sociedad organizada que es predicada por la imaginación india de las razas animales. Ellas tienen sus familias y genealogías, su soberanía y sus alianzas políticas, y su gran cantidad de tragedia y comedia personal. Durante todas las dramáticas fases del *Ramayana* la contratreta es provista por cinco grandes monos que Sita ve bajo ella, sentada en la cima de una colina, cuando es llevada a través del cielo del atardecer por Ravana. De éstos el jefe es Sugriva, de cuello de monstruo, que ha perdido mujer y reino a las manos de su hermano mayor Bali, y espera ser vengado. Sugriva es así un rey en el exilio, rodeado de sus consejeros y capitanes, en el sentido del príncipe encantado de los cuentos de hadas. Hay sabios que encuentran en este cuadro de los cinco jefes monos en la cima de la montaña un fragmento de una primitiva cosmogonía, posiblemente con muchísimos milenios de antigüedad.

Hanuman

Pero hay en el *Ramayana* uno que, aun siendo un mono, lo es de una clase diferente. En esas partes de la India en que, como en el Himalaya o el interior de Maharashtra, los símbolos del hinduismo primitivo todavía abundan, pequeñas capillas de Hanuman son tan comunes como las de Ganesha, y el mono, como el elefante, ha alcanzado en la forma un singular y obvio convencionalismo de avanzada edad. Él es siempre visto de perfil, vigorosamente representado en bajo relieve sobre una losa. La imagen expresa la impresión de un complicado emblema más que realismo plástico. Pero no hay duda de la energía y belleza de las cualidades que representa. Puede cuestionarse si hay en toda la literatura otra apoteosis de lealtad y autorrenuncia como la de Hanuman. Él es el ideal hindú del sirviente perfecto, el sirviente que encuentra la completa realización de virilidad, de fidelidad, en su obediencia; el subordinado cuya gloria está en su propia inferioridad.

Hanuman debía ser ya viejo cuando el *Ramayana* fue concebido por primera vez. Es inútil intentar adivinar cuál puede haber sido el primer impulso que le creó. Pero él está ligado a una clase más distinguida que Sugriva y Bali, los príncipes a los cuales él sirve, puesto que de él, como de Jatayu, se dice que es hijo de Vayu, conocido en el Veda como el dios de los vientos. En cualquier caso, la profundidad y la seriedad del papel asignado a él en el gran poema le aseguran una imborrable inmortalidad. Cualquiera que haya sido su edad u origen, Hanuman es ubicado por el *Ramayana* entre concepciones religiosas de la mayor importancia. Cuando él se inclina ante los pies de Rama, aquel príncipe que es también una divina encarnación, nosotros somos testigos del punto de encuentro de la primitiva adoración a la naturaleza con los grandes sistemas que van a dominar el futuro de la religión. Pero no debemos olvidar que en esta figura estos sistemas antiguos han alcanzado la calidad espiritual y hecho una contribución duradera al idealismo del hombre. En las épocas venideras la religión de Visnú, el Protector, nunca podrá prescindir del más grande de los devotos, el dios-mono, y Hanuman nunca es realmente desplazado, incluso en estas fases tardías, cuando Garuda —el pájaro divino, que cazaba la imaginación de todas las primeras personas— ha cogido su sitio final como el vehículo, o asistente, de NaRavana. La maravillosa creación de Valmiki va a guardar hasta el final del tiempo su dominio sobre los corazones y la conciencia de los hombres.

La historia de Rama según Valmiki

Un día el ermitaño Valmiki preguntó al gran *rishi*[2] Narada si él podía nombrar un solo hombre que viviera en la bondad, la virtud, el coraje y la benevolencia. Entonces Narada le relató toda la historia que ahora se llama el *Ramayana,* dado que un hombre tal como del que Valmiki quería saber era el gran Rama.

Valmiki retomó a su choza del bosque. Al atravesar los bosques él vio un hombre-pájaro y una mujer-pájaro cantando y bailando. Pero en ese mismo momento un malvado cazador disparó al hombre-pájaro con una flecha de modo que éste murió, y su compañera lo lamentó larga y amargamente. Entonces el ermitaño, movido por piedad y enojo, maldijo al cazador y siguió. Pero en su camino sus palabras se le repetían, y encontró que ellas formaban una copla de un nuevo metro: «Llamemos a esto un *shloka»,* dijo.

Al poco tiempo de llegar a su choza apareció ante él el brillante Brahma de cuatro caras, el Creador del Mundo. Valmiki lo adoraba; pero el infeliz hombre-pájaro y la recién compuesta *shloka* invadieron sus pensamientos. Entonces Brahma se dirigió a él con una sonrisa: «Fue mi deseo el que envió esas palabras que salieron de vuestra boca; el metro será muy famoso en adelante. Debéis componer en él la total historia de Rama; relata, oh sabio, todo lo que es sabido y todo lo que aún no es conocido por vos de Rama y Lakshmana y la hija de Janaka, y de toda la tribu de los rakshasas. Lo que no es conocido por vos os será revelado, y el poema será verdad de la primera palabra a la última. Además, el *Ramayana* se divulgará entre los hombres tanto como en los mares y las montañas permanezcan.» Diciendo esto, Brahma desapareció.

Entonces Valmiki, viviendo en una ermita entre sus discípulos, se impuso a sí mismo la tarea de hacer el gran *Ramayana,* que ofrece a todo quien lo oye justicia y salud y satisfacción de deseos, tanto como rigurosas ataduras. Él buscó una visión en la historia que había oído de Narada, y además se sentó de acuerdo con el ritual *yoga*[3], y se impuso a sí mismo reflexionar sobre ese asunto y no otro. Entonces con sus poderes-yoga contempló a Rama y a Sita, a Lakshmana y a Dasharatha con sus esposas en sus reinos, riendo y conversando, soportando y no soportando, haciendo y deshaciendo como en la vida real, tan claro como

---

[2] Un sabio o sacerdote de especial autoridad, particularmente uno de los «siete ríshis» que son sacerdotes de los dioses y son identificados con las estrellas de la Osa Mayor. (N. del T.)

[3] Yoga, concentración mental; literalmente, *unión.* Yogi, el que practica yoga, un asceta o ermitaño. (N. del T.)

uno podría ver una fruta sostenida sobre la palma de una mano. Él percibió no solo lo que le había pasado, sino lo que pasaría. Luego, después de intensa meditación, cuando toda la historia se encontraba como un dibujo en su cerebro, él comenzó a darle forma en *shiokas*, de los cuales, cuando estuvo terminado, no hubo menos de veinticuatro mil. Entonces él pensó cómo podría ser publicado en tierras lejanas. Para esto él eligió a Kusi y Lava, los expertos hijos de Rama y Sita, que vivían en la ermita del bosque, y eran eruditos en los Vedas, en música y en recitación y en todas las artes, y además muy agradables de ver. Valmiki les contó todo el *Ramayana* hasta que ellos pudieron recitarlo perfectamente desde el principio al fin, de modo que aquellos que los oyeran parecieran estar viendo todo lo que se les contaba pasando frente a sus ojos. Posteriormente los hermanos fueron a la ciudad de Rama, Ayodhya, donde Rama los encontró y los recibió, pensando que ellos eran ermitaños; y allí frente a la corte entera, el *Ramayana* fue por primera vez recitado en público.

Dasharatha y el sacrificio del caballo

Había una vez una hermosa y gran ciudad llamada Ayodhya —esto es, «Inconquistable»— en el país de Koshala. Allí todos los hombres eran honrados y felices, cultos y satisfechos, veraces, bien provistos de bienes, autocontrolados y caritativos y llenos de fe. Su rey era Dasharatha, un auténtico Manu entre los hombres, una luna entre las estrellas. Él tenía muchos sabios consejeros, entre los cuales estaba Kashyapa y Markandeya, y también tenía dos píos sacerdotes unidos a su familia, a saber, Vashishtha y Vamadeva. Él entregó a su hija Santa a otro gran sabio, Rishyasringa. Estos sacerdotes eran unos hombres tales que podrían aconsejarle y juzgar sabiamente sobre las cosas; ellos estaban bien versados en las artes de la política y sus palabras siempre expresaban justicia. solo uno de los deseos de Dasharatha no era satisfecho: no tenía hijo para continuar su linaje. Por ello, luego de muchas austeridades vanas, se decidió por fin por la mayor de todas las ofrendas —el sacrificio de caballo—, y llamando al sacerdote de la familia y a otros brahmanes dio todas las órdenes necesarias para esta tarea. Entonces, volviendo a habitaciones más interiores del palacio, les dijo a sus tres esposas lo que se estaba tramando, ante lo cual sus caras brillaron de júbilo, como flores de loto en la primavera.

Un año más tarde el caballo, que había sido puesto en libertad, volvió y Rishyasringa y Vashishtha llevaron a cabo la ceremonia, y hubo gran festejo y alegría. Entonces Rishyasringa dijo al rey que le nacerían cuatro hijos, que perpetuarían su raza; dulces palabras por las cuales el rey se alegró enormemente.

Nace Visnú como (con la forma de) Rama y sus hermanos

En este momento todas las deidades estaban reunidas para recibir su parte de las ofrendas hechas, y estando juntas se acercaron haciendo una petición a Brahma: «Un cierto rakshasa malvado llamado Ravana nos oprime sobremanera», dijeron, «a quien sufrimos pacientemente porque vos habéis otorgado a él un deseo: no ser muerto por gandharvas, o yakshas, o rakshasas, o dioses. Pero ya su tiranía es inaguantable, y, oh señor, vos deberíais inventar algún método para destruirlo.» A ellos Brahma les respondió:

«Ese perverso rakshasa desdeñó pedirme inmunidad del ataque de los hombres: solo por el hombre puede y será muerto.» Ante esto las deidades se alegraron. En ese momento llegó el gran dios Visnú, vestido con traje amarillo, sosteniendo una maza y un disco y una caracola, y cabalgando sobre Garuda. Las deidades lo reverenciaron y le pidieron que naciera en la forma de los cuatro hijos de Dasharatha para la destrucción del astuto e incontenible Ravana. Entonces el de los ojos de loto, haciéndose a sí mismo cuatro seres, eligió a Dasharatha de padre y desapareció. En una extraña forma, como un tigre en llamas, reapareció en el fuego de sacrificios de Dasharatha y, saludándolo, se nombró a sí mismo como el mensajero de Dios. «Vos aceptaréis, oh tigre entre hombres», dijo, «este arroz y leche divinos, y lo compartiréis con vuestras esposas.» Entonces Dasharatha, lleno de alegría, cogió la comida divina y llevó una porción a Kaushalya, y otra porción a Sumitra, y otra a Kaikeyi, y la cuarta a Sumitra otra vez. A su debido tiempo, de ellas nacieron cuatro hijos, a partir del propio Visnú —de Kaushalya, Rama; de Kaikeyi, Bharata, y de Sumitra, Lakshmana y Satrughna, y esos nombres les fueron dados por Vashishtha.

Mientras tanto los dioses crearon poderosas multitudes de monos, bravos y sabios y veloces, que podían cambiar su forma, difíciles de ser muertos, para ser los ayudantes del heroico Visnú en la batalla contra los rakshasas.

Los cuatro hijos de Dasharatha crecieron hasta alcanzar la virilidad, sobresaliendo todos en valentía y virtud. Rama especialmente se convirtió en el ídolo de la gente y el favorito de su padre. Versado en el Veda, no era menos experto en las ciencias de los elefantes y los caballos y conduciendo coches, y un verdadero ejemplo de cortesía. Lakshmana se dedicó personalmente a servir a Rama, de manera que los dos estaban siempre juntos. Como una fiel sombra Lakshmana seguía a Rama, compartiendo con él todo lo que era suyo, y protegiéndolo cuando éste salía a hacer ejercicios o a cazar. De la misma manera Satrughna se dedicó personalmente a Bharata. Así sucedió hasta que Rama alcanzó la edad de dieciséis años.

En ese momento hubo un cierto gran rishi llamado Vishvamitra, originariamente un kshatriya, quien, mediante la práctica de inaudita austeridad, había ganado de los dioses el estado de *brahma-rishi*. Él vivía en la ermita de Shaiva llamada Siddhashrama, y había llegado para obtener un deseo de Dasharatha. Dos rakshasas, Mancha y Suvahu, apoyados por el malvado Ravana, perturbaban continuamente sus sacrificios y contaminaban su fuego sagrado: nadie sino Rama podría vencer a estos diablos. Dasharatha le recibió a Vishvamitra con mucho gusto, y le prometió cualquier obsequio que desease; pero cuando supo que era requerido su querido hijo Rama para una empresa tan terrible y peligrosa, se deprimió, y parecía como si la luz de su vida se hubiese apagado. Sin embargo, no pudo romper su palabra, y sucedió que Rama y Lakshmana se fueron con Vishvamitra durante los diez días de sus ritos sacrificatorios. Pero, aunque fue por tan poco tiempo, esto fue el comienzo de su virilidad y del amor y de la lucha.

Vashishtha vitoreó el corazón de Dasharatha, y le aseguró la victoria de Rama. Así, con la bendición de su padre, Rama partió con Vishvamitra y su hermano Lakshmana. Una brisa fresca, encantada al ver a Rama, abanicó sus canas, y sobre ellos llovieron flores desde el cielo. Vishvamitra los guio en el camino; y los dos hermanos, llevando arcos y espadas, y vistiendo joyas espléndidas y guantes de piel de lagarto en sus dedos, siguieron a Vishvamitra como llamas gloriosas, haciéndolo brillar con la reflexión de su propia radiación.

Llegados a la ermita, Vishvamitra y los otros sacerdotes comenzaron su sacrificio; y cuando los rakshasas, como nubes que oscurecían el cielo, corrieron hacia adelante formando horribles formas, Rama hirió e hizo que se fugaran Mancha y Suvahu, y mató a los demás malvados habitantes de la noche. Pasados los días de sacrificio y rito en Siddhashrama, Rama preguntó a Vishvamitra *qué* otro trabajo quería de él.

Rama desposa a la hija de Janaka

Vishvamitra respondió que Janaka, rajá de Mithila, estaba por celebrar un gran sacrificio. «Hasta allí», dijo, «nosotros debemos ir. Y vos, oh tigre entre los hombres, debéis venir con nosotros, y allí contemplar un estupendo y maravilloso arco. Los dioses dieron hace mucho tiempo este gran arco al rajá Devarata; y ni dioses ni gandharvas *ni* asuras ni rakshasas ni hombres han conseguido encordarlo, aunque muchos reyes y príncipes lo han intentado. Este arco es adorado como una deidad. Debéis contemplar el arco y el gran sacrificio de Janaka.»

Así, todos los brahmanes de esa ermita, encabezados por Vishvamitra, y acompañados por Rama y Lakshmana, partieron para Mithila; y los pájaros y las bestias que vivían en Siddhashrama siguieron a Vishvaniitra, cuya riqueza era su ascetismo. Mientras recorrían las sendas del bosque Vishvamitra contaba antiguas historias de dos hermanos, y especialmente la historia del nacimiento de Ganga, el gran río Ganges.

Janaka dio la bienvenida a los ascetas con gran honor, y asignándoles sitios de acuerdo con su rango, preguntó quiénes podrían ser esos hermanos que caminaban entre hombres como leones o elefantes, hermosos y semejantes a dioses. Vishvamitra contó al rey Janaka toda la historia de los hijos de Dasharatha, su viaje a Siddhashrama y su lucha contra los rakshasas, y cómo ahora Rama había llegado a Mithila para ver el famoso arco.

Al día siguiente Janaka convocó a los hermanos para ver el arco. Primero les contó cómo ese arco había sido entregado por Shiva a los dioses, y por los dioses a su propio ancestro, Devarata. Y agregó:

«Tengo una hija, Sita, no nacida de los hombres, sino surgida del surco cuando araba el campo y lo santificaba. A quien doble el arco yo ofreceré mi hija. Muchos reyes y príncipes han intentado encordarlo y han fallado. Ahora les enseñaré el arco, y si Rama consigue encordarlo le entregaré a mi hija Sita.»

Entonces el gran arco fue traído sobre un carro de ocho ruedas llevado por cinco mil hombres altos. Rama sacó el arco de su funda e intentó curvarlo; éste cedió fácilmente, y él lo encordó y lo tensó hasta que finalmente se partió en dos con el sonido de un terremoto o un trueno. Los miles de espectadores estaban pasmados y asustados, y todos, salvo Vishvamitra, Janaka, Rama y Lakshmana, cayeron al suelo. Entonces Janaka elogió a Rama y dio órdenes para la preparación de la boda, y envió mensajeros a Ayodhya para invitar al rajá Dasharatha a la boda de su hijo, para dar su bendición y aprobación.

Después de eso los dos reyes se encontraron y Janaka entregó su hija a Rama, y su segunda hija Urmila a Lakshmana. A Bharata y Satrughna, Janaka dio a Mandavya y Strutakirti, hijas de Kushadhwaja. Entonces esos cuatro príncipes, cada uno cogiendo la mano de su novia, circunvalaron el fuego de los sacrificios, al estrado de matrimonio, al rey y a todos los ermitaños, mientras llovían flores desde el cielo y sonaba música celestial. Entonces Dasharatha y sus hijos y sus cuatro novias volvieron a su hogar, llevando con ellos muchos regalos, y fueron bienvenidos por Kaushalya y Sumitra y Kaikeyi, la de la delgada cintura. Y así, habiendo conseguido honor, riqueza y esposas nobles, esos cuatro hombres ejemplares vivieron en Ayodhya, sirviendo a su padre.

De esos cuatro hijos, Rama era el más querido por su padre y por todos los hombres de Ayodhya. En cada virtud sobresalía; dado que era de temperamento sereno en todas las circunstancias de fortuna o desgracia, nunca se enojaba en vano; recordaba una sola amabilidad, pero olvidaba cien injurias; era entendido en los Vedas y en todas las artes y las ciencias de la guerra y la paz, como hospitalidad, y política, y lógica, y poesía, y entrenamiento de caballos y elefantes, y tiro al blanco;

honraba a los de edad madura; tenía poco en cuenta su propio deseo; no despreciaba a nadie sino que era solícito para el bienestar de todos; atento con su padre y sus madres, y leal a sus hermanos, especialmente a Lakshmana. Pero Bharata y Satrughna residían con su tío Ashwapati en otra ciudad.

Rama es nombrado sucesor

Entonces Dasharatha reflexionó que ya había gobernado muchos, muchos años, y que estaba fatigado, y pensó que ninguna alegría podía ser mayor que ver a Rama establecido en el trono. Convocó un consejo de sus vasallos y consejeros y reyes y príncipes vecinos que acostumbraban residir en Ayodhya, y con solemnes palabras, que tronaron como un tambor, dirigió un discurso a este parlamento de hombres:

«Vosotros sabéis bien que por muchos largos años he gobernado este reino, siendo como un padre para todos los que vivían en él. Sin pensar en buscar mi propia felicidad, he pasado mis días gobernando según *dharma*[4]. Ahora yo desearía descansar, e instituir a mi hijo mayor Rama como sucesor y confiarle el gobierno. Pero, aquí, mis señores, solicito vuestra aprobación; porque el pensamiento imparcial es diferente del pensamiento apasionado, y la verdad surge del conflicto de varias opiniones.» Los príncipes se alegraron con las palabras del rey, como los pavos reales bailan al ver nubes cargadas de lluvia. Se levantó el murmullo de muchas voces, dado que por un momento los brahmanes y los líderes del ejército, los ciudadanos y los hombres del campo consideraron juntos sus palabras. Entonces respondieron:

«Oh anciano rey, aseguramos nuestra voluntad de ver al príncipe Rama nombrado sucesor, cabalgando sobre el elefante del Estado, sentado debajo del paraguas del dominio.»

Otra vez el rey les requirió mayor certeza: «¿Por qué querríais vosotros a Rama por vuestro gobernante?», y ellos respondieron:

«Por la razón de sus muchas virtudes, dado que él destaca sobre los hombres como Sakra entre los dioses. En compasión él es como la Tierra, en debate como Brihaspati. Dice verdades y es arquero poderoso. Siempre se ocupa del bienestar de la gente, y no quita méritos cuando encuentra un defecto entre muchas virtudes. Es hábil en la música y sus ojos miran con justicia. Ni sus placeres ni sus enojos son vanos; él es fácil de abordar y autocontrolarlo, y no lleva adelante una guerra o

---

[4] Dharma, justicia, el código establecido de la ética.n (N. del T.)

la protección de una ciudad o provincia sin un retorno victorioso. Es amado por todos. Realmente, la Tierra lo quiere como su señor.»

Entonces el rey convocó a Vashishtha, Vamadeva y otros de los brahmanes, y les encargó la preparación de la coronación de Rama. Fueron dadas órdenes para proveer oro y plata y joyas y vasijas rituales, granos y miel y mantequilla clarificada, tela no utilizada todavía, armas, carros, elefantes, un toro con cuernos dorados, una piel de tigre, un cetro y un paraguas, montones de arroz y cuajada y leche para alimentar cientos y miles. Se izaron banderas, se regaron las calles, en cada puerta se colgaron guirnaldas; se notificó a los caballeros que se presentaran vestidos con sus armaduras de malla, y a bailarines y cantantes que estuvieran preparados. Entonces Dasharatha mandó buscar a Rama, el héroe, que parecía una luna en toda su belleza, y Rama pasó a través de la asamblea agradando a los ojos de todas las personas, destacando como una luna en el cielo otoñal de claras estrellas, e inclinándose adoró los pies de su padre. Dasharatha lo alzó y lo colocó en un trono preparado para él, dorado y cubierto de piedras preciosas, donde parecía una imagen reflejada de su padre sobre el trono. Entonces el anciano rey habló a Rama de lo que había sido decidido, y anunció que sería nombrado su sucesor. Y agregó un sabio consejo en estas palabras: «Aunque tu arte es virtuoso por naturaleza, yo te aconsejaré por amor y por tu bien: practica aún más la amabilidad y domina tus sentidos; evita toda codicia y enojo; mantén tu arsenal y tesoro; personalmente y por medio de otros hazte informar de los asuntos de Estado; administra justicia libremente a todos, que la gente se alegrará. Prepárate, mi hijo, emprende tu tarea.»

Entonces los amigos de Kaushalya, madre de Rama, le contaron a ella todo lo que había sucedido, y recibieron oro y animales y joyas en recompensa por las buenas noticias, y todos los hombres agradecidos se dirigieron a sus hogares y veneraron a los dioses.

Entonces otra vez el rey mandó buscar a Rama y tubo una conversación con él. «Mi hijo», dijo, «te instituiré mañana como sucesor, porque estoy viejo y he soñado malos sueños, y los astrólogos me informaron que mi estrella de la vida está amenazada por los planetas Sol y Marte y Rahu. Por ello vosotros, con Sita, desde el momento de la puesta del sol, vais a guardar ayuno bien vigilado por vuestros amigos. Yo quisiera coronarte pronto, dado que incluso los corazones de los virtuosos cambian con la influencia de acontecimientos naturales, y nadie sabe lo que sucederá.» Entonces Rama dejó a su padre y buscó a su madre en las habitaciones interiores. La encontró en el templo, vestida de seda, adorando a los dioses y rezando por su bienestar. Allí también estaban Lakshmana y Sita. Rama se inclinó ante su madre, y le solicitó que preparara lo que ella creía necesario para la noche de ayuno, para él y Sita. Volviéndose luego a Lakshmana: «Gobierna tú la Tierra conmigo», dijo, «ya que esta buena fortuna es tanto tuya como mía. Mi vida y reino solo los deseo por ti.» Entonces Rama fue con Sita hasta sus propios cuartos, y hasta allí también fue Vashishtha para bendecir el ayuno.

Toda la noche las calles y caminos de Ayodhya estuvieron llenos de hombres ansiosos; el tumulto y el murmullo de las voces sonaba como el rugido del mar cuando hay Luna llena. Las calles estaban limpias y lavadas, y con guirnaldas y cordeles con banderas; lámparas encendidas fueron puestas sobre día siguiente, mientras Rama guardaba ayuno en el interior.

La conspiración de Kaikeyi

Todo este tiempo la madre de Bharata, Kaikeyi, no había oído una palabra de la intención del rajá Dasharatha. Kaikeyi era joven y apasionada y muy hermosa; ella era generosa por naturaleza, pero no tan sabia y amable como para no ser dominada por los torcidos mandatos de su propio deseo u otra instigación. Ella tenía una fiel vieja y jorobada criada de una malvada disposición; su nombre era Manthara. Ahora Manthara, oyendo los festejos y enterándose de que Rama iba a ser nombrado sucesor, se apresuró a informar a su señora de la desgracia que caía sobre Bharata, ya que de esa forma veía ella el honor que se otorgaba a Rama. «Oh insensata», dijo, «¿por qué actúas con pereza y con alegría cuando esta desgracia te está ocurriendo?» Kaikeyi le preguntó qué mal había ocurrido. Manthara respondió con enojo: «Oh mi señora, una terrible destrucción espera a tu felicidad, tanto que estoy sumergida en un miedo terrible y afligida con pesar y tristeza; ardiendo como un fuego, te he buscado apresuradamente. Actúas como una verdadera reina de la Tierra, pero sabe que mientras tu señor habla afablemente, él es astuto y deshonesto por dentro, y te desea daño. Es el bienestar de Kaushalya lo que él persigue, no el tuyo, a pesar de que sean amables las palabras que tiene para ti. ¡Se desentiende de Bharata y Rama será puesto en el trono! Realmente, mi niña, has criado para marido una víbora venenosa. Ahora actúa rápido y encuentra una forma de salvarte a ti misma y a Bharata y a mí.» Pero las palabras de Manthara dieron risa a Kaikeyi: ella se alegró sabiendo que Rama sería sucesor y, obsequiando con una joya a la jorobada criada, dijo: «¿Qué beneficio puedo darte por esta noticia?» Estoy realmente contenta de oír este relato. Rama y Bharata son muy queridos para mí, y no encuentro diferencia entre ellos. Está bien que Rama sea puesto en el trono. Te doy las gracias por la noticia.»

Entonces la jorobada criada se puso más enojada y tiró la joya. «Realmente», dijo, «actúas con locura al alegrarte ante tu calamidad. ¿Qué mujer de buen sentido se alegraría por las noticias mortíferas de la preferencia por el hijo de una coesposa? Deberías estar como si fueras la esclava de Kaushalya, y Bharata como el sirviente de Rama.»

Pero todavía Kaikeyi no tuvo envidia. «¿Por qué afligirme por la fortuna de Rama?», dijo. «Él está bien dotado para ser rey; y si el reino es suyo, también lo será de Bharata, dado que Rama siempre mira por sus hermanos como por sí mismo.» Entonces Manthara, suspirando muy amargamente, contestó a Kaikeyi: «Poco entiendes tú, pensando que es bueno lo que es una mala fortuna. ¿Deberías concederme una recompensa por la preferencia a tu coesposa? Seguramente Rama, cuando esté bien establecido, desterrará a Bharata a una tierra lejana o a otro mundo. Bharata es su enemigo natural, porque ¿qué otro rival tiene él, dado que Lakshmana desea solo el bienestar de Rama, y Satrughna está ligado a Bharata? Tú deberías salvar a Bharata de Rama, quien lo dominará como un león a un elefante: vuestra coesposa, la madre de Rama, también te buscará venganza por la acción que en una ocasión tú has hecho a ella. Lo sentirás mucho cuando Rama gobierne la tierra. Deberías, mientras haya tiempo, hacer planes para establecer a tu hijo en el trono y expulsar a Rama.»

Así fueron despertados el orgullo y los celos de Kaikeyi, quien poniéndose roja de enojo y respirando hondo y fuerte contestó a Manthara:

«Este mismo día Rama debe ser expulsado y Bharata nombrado sucesor. ¿Tienes algún plan para conseguir esta voluntad mía?»

Entonces Manthara le recordó una antigua promesa: largo tiempo atrás en una gran batalla con los rakshasas Dasharatha había sido herido y casi muerto; Kaikeyi lo había encontrado inconsciente sobre el campo de batalla, y lo había conducido hasta un sitio seguro y allí lo había curado; Dasharatha, agradecido, le había concedido dos deseos, y ella había reservado estos deseos para pedírselos cuando y como a ella le conviniera. «Ahora», dijo Manthara, «pide a tu marido estos deseos: establecer a Bharata como sucesor en el trono y desterrar a los bosques por catorce años a Rama. Durante esos años Bharata se habrá establecido tan bien y se habrá hecho tan querido por la gente que no tendrá que temer a Rama. Por tanto, entra en la cámara-del-enojo[5]: deshazte de tus joyas y ponte una sucia prenda, no pronuncies palabra o mires a Dasharatha. Tú eres su más querida esposa a quien él no puede negar nada, ni tampoco soportar verte afligida. Te ofrecerá oro y joyas, pero tú rechaza todo ofrecimiento que no sea el destierro de Rama y la coronación de Bharata.»

Así fue llevada Kaikeyi a elegir como bueno aquello que era en realidad lo más malvado; excitada por las palabras de la sirviente jorobada, la justa Kaikeyi actuó como una yegua dedicada a su potro y corrió a lo largo de un mal camino. Ella agradeció y elogió a la jorobada Manthara, y le prometió ricos regalos cuando Bharata fuera establecido en el trono. Luego se arrancó sus joyas y hermosas ropas y se lanzó al suelo de la cámara-del-enojo; ella apretó su pecho y gritó: «Sabed que o Rama es desterrado y mi hijo coronado o yo moriré: si Rama no se va al bosque, no desearé cama o guirnalda, pasta de sándalo o ungüento, carne

---

[5] Una habitación separada para una reina ofendida. (N. del T.)

o bebida, o la misma vida.» Así como un cielo estrellado escondido por las nubes, la real señora se enfurecía y entristecía; en su dolor se encontraba como una mujer- pájaro atacada por astiles envenenados, como la hija de una serpiente en su cólera.

Entonces, cuando aún faltaba mucho para el amanecer, Dasharatha se dirigió a informar a Kaikeyi de la ceremonia a realizarse. No encontrándola en sus decoradas estancias ni tampoco en sus propias habitaciones, él supo que habría ido a la cámara-del-enojo. Hasta allí fue y encontró a la más joven de sus esposas yaciendo en el suelo como una parra arrancada o como un ciervo cogido en una trampa. Entonces ese héroe, como un elefante del bosque, tocó tiernamente a la reina de los ojos de loto y le preguntó qué le sucedía: «Si estás enferma hay médicos; o si quieres que alguien que debe recibir castigo sea recompensado, o aquellos que deberían ser recompensados sean castigados, menciona tu deseo: no puedo negaste nada. Tú sabes que no puedo negar ningún pedido de los tuyos; pide por tanto cualquier cosa que desees y cálmate.»

Así consolada, ella respondió: «Nadie me ha agraviado; pero tengo un deseo que, si me lo otorgas, te lo contaré.» Entonces Dasharatha juró por el mismo Rama que cumpliría cualquier cosa que ella pidiese.

Entonces Kaikeyi reveló su pavoroso deseo, llamando al cielo y a la Tierra y al día y a la noche y a los dioses domésticos y a toda cosa viviente para que atestiguaran que él había prometido cumplir sus deseos. Ella le recordó aquella antigua guerra con los asuras cuando ella había salvado su vida y él le había prometido dos deseos. Así el rey fue atrapado por Kaikeyi, como un ciervo entrando a una trampa. «Ahora esos deseos», dijo, «que tú has prometido concederme aquí y ahora, son éstos: deja que Rama vista piel de ciervo y lleve una vida de ermitaño en el bosque de Dandaka durante catorce años, y que Bharata se establezca como tu sucesor. ¿Demostrarás ahora la palabra real, de acuerdo con la raza y carácter y nacimiento? La verdad es —eso nos dicen los ermitaños— de supremo beneficio al hombre cuando alcanza el otro mundo.»

El dilema de Dasharatha

Entonces Dasharatha fue abrumado por la tristeza y perdió el sentido, y al volver otra vez en sí rogó a Kaikeyi que declinara su derecho. Largo rato le suplicó, llorando con grandes lágrimas y pensando que todo era un sueño malvado; pero Kaikeyi solo le respondió con exhortaciones a mantener la palabra prometida por él mismo, recordándole muchos antiguos ejemplos de verdad, como Saivya, que dio su propia carne al halcón que había persuadido a la paloma que él había protegido, o Alaska, que dio sus ojos a un brahmán. «Si tú no cumples lo que ha sido prometido, te traerás desgracia para siempre, y aquí y ahora yo terminaré con mi propia vida», dijo. Entonces Dasharatha, apremiado por Kaikeyi como un caballo espoleado, gritó: «¡Yo estoy atado a la verdad: ésta es la raíz de toda mi aparente insensatez! ¡Mi único deseo es ver a Rama!»

Había amanecido, y Vashishtha envió al auriga de Rama para informar al rey que todo estaba listo para la ceremonia. Casi incapaz de decir algo por la tristeza que tenía, el rey envió al auriga a traer a Rama a su lado. Así, saludando a Sita con palabras alegres, Rama se dirigió a través de animadas calles hacia el palacio de su padre; aquellos que no tenían la fortuna de ver a Rama, o ser vistos por él, se desdeñaron a sí mismos y fueron desdeñados por todos.

Rama saludó al rey y a Kaikeyi como es debido, pero Dasharatha, ya descompuesto y caído en el suelo, solo pudo murmurar débilmente: «Rama, Rama». Con tristeza en su corazón Rama se preguntaba si habría hecho algo malo, o si alguna desgracia había acaecido sobre su padre. «Oh madre», le dijo a Kaikeyi, «¿qué pena ha alcanzado el corazón de mi padre?» Entonces ella contestó descaradamente: «Oh Rama, nada sucede a tu padre, pero hay algo que él debe decirte, y dado que tú eres su más querido hijo, él no puede pronunciar el discurso que te agravia. Sin embargo, tú deberías hacer lo que él me ha prometido. Hace mucho tiempo el Señor de la Tierra me prometió dos deseos: ahora sería en vano que él estableciera un dique, luego de que toda el agua ya ha pasado, porque tú sabes que la verdad es la raíz de toda religión. Si tú vas a llevar a cabo tanto lo bueno como lo malo que él ordena, yo debo contarte todo.» Rama contestó: «Querida señora, no me hables de esa forma; dado que si él lo ordena, yo puedo saltar dentro del fuego o beber un poderoso veneno. Sabe que yo voy a llevar a cabo su voluntad: la promesa de Rama nunca deja de cumplirse.» Entonces Kaikeyi le contó la historia de los deseos, y dijo: «Éstos son los deseos que se me prometieron: que vos vivirías como un ermitaño en el bosque de Dandaka durante catorce años, con vestido de corteza y cabello desgreñado, y que Bharata sería nombrado sucesor al trono hoy. Tu padre está demasiado entristecido para siquiera mirarte; pero salva su honor cumpliendo esas grandes promesas que él ha hecho.»

Rama no se entristeció o enojó con estas palabras crueles, en cambio contestó tranquilamente:

«Que sea como tú has dicho. Estoy s o l o apenado por la tristeza de mi padre. Enviemos mensajeros inmediatamente a Bharata, y mientras tanto yo, sin preguntar su voluntad, me iré al bosque. Aunque él no me lo haya ordenado personalmente tu orden es suficiente. Permíteme ahora ver a mi madre y consolar a Sita, y tú atiende y sirve tanto a Bharata como a mi padre, que eso es lo justo.» Entonces Rama, seguido por Lakshmana que ardía de enojo, pero estando él mismo impasible, buscó a su madre y la encontró haciendo ofrendas a Visnú y otras deidades. Ella le saludó amablemente y él reverentemente a ella. Entonces él le contó todo lo que había acaecido: que ahora Bharata sería nombrado sucesor y él mismo debería vivir catorce años en el exilio en el bosque. Como un gran árbol salta cayendo por el hacha del leñador, ella cayó al suelo y lloró inconsolablemente. «Oh mi hijo», dijo ella. «Si no hubieses nacido, yo solo estaría triste por no tener hijo, pero ahora tengo una pena mayor». Soy la mayor de las reinas, y he soportado muchas cosas de las esposas más jóvenes. Ahora seré como una de las sirvientes de Kaikeyi, o aún menos. Siempre ha tenido un agrio humor hacia mí. ¿Cómo podré ahora, abandonada por mi marido, mirarle a los ojos? Tengo veintisiete años de vida y nunca hubiera esperado un final triste, y ahora no sé por qué la muerte no me lleva. Toda la entrega y austeridad han sido en vano. Sin embargo, oh mi querido, te seguiré al bosque, como una vaca sigue detrás de su pequeño, dado que no soportaré los días hasta tu retorno, ni vivir entre las coesposas. ¿Me llevarás contigo, como un ciervo salvaje?»

Entonces Lakshmana instó a su hermano a resistir, con palabras enojadas e impacientes, jurando pelear por Rama y culpando implacablemente a Dasharatha. Kaushalya sumó su súplica a la de Lakshmana, y dijo que prefería la muerte a que Rama la dejara. Pero Rama, inconmovible ante la codicia imperial, contestó a Lakshmana que el destino había puesto un instrumento en las manos de Kaikeyi; que otros de su casta habían cumplido arduas tareas encomendadas por sus padres; que él seguiría la misma senda, dado que alguien que obedece a su padre no puede sufrir degradación. «Y, oh amable hermano», dijo, «estoy decidido a obedecer la orden de mi padre.» A Kaushalya él le respondió: «El rey ha sido cogido en una trampa por Kaikeyi, pero si tú lo dejas cuando yo me vaya él seguramente morirá. Por ello permanece con él y sírvelo como es tu deber. Y pasa el tiempo adorando a los dioses y a los brahmanes.» Entonces Kaushalya se calmó y bendijo a su hijo, encomendando su cuidado a los dioses y rishis, e ídolos y árboles y montañas y ciervos del bosque y criaturas del cielo. Entonces con fuego sagrado y rito brahmán ella bendijo su partida y caminó tres veces alrededor de él con la dirección del sol, y luego él se dirigió hacia Sita.

Sita, que no sabía nada de lo que había ocurrido, se levantó y le saludó con sus piernas temblorosas (conmovida por su aspecto), dado que él no podía ocultar más su tristeza. Entonces Rama le contó todo lo que había sucedido, y dijo: «Ahora Bharata es rey, tú no deberías alabarme, ni siquiera delante de tus amigos; así tú podrás vivir en paz como uno favorable a su grupo. Entonces vive aquí en paz; levántate temprano, adora a los dioses, inclínate a los pies de mi padre Dasharatha y honra a mi madre Kaushalya, y después de ella a mis otras madres con igual amor y afecto. Considera a Bharata y Satrughna como tus hijos o hermanos, ya que ellos son más queridos para mí que la vida. Entonces vive tú aquí, mientras yo marcho al bosque.»

Sita seguirá a Rama al exilio

Entonces Sita respondió: «Yo s o l o puedo mofarme de esas desacertadas palabras, no adecuadas para ser oídas, mucho menos para ser dichas por un gran príncipe como tú. Porque, oh mi señor, un padre, madre, hijo, hermano, o incluso una nuera, se mantienen fieles a sus deberes; pero una esposa, oh el mejor de los hombres, comparte el destino de su marido. Por ello yo he sido ordenada, no menos que tú, a exiliarme en el bosque. Si tú vas allí iré yo delante de ti, pasando sobre pinchos y espinosas hierbas. Seré tan feliz allí como en la casa de mi padre, s o l o pensando en tu servicio. No te causaré problemas, sino que viviré de raíces y frutos. Te precederé en el camino y te seguiré en la comida. Y habrá chascas, con gansos salvajes y otras aves y brillantes y floridos lotos, donde podremos bañarnos. Allí seré feliz contigo, ¡aun por cien o mil años!»

Pero Rama procuró disuadirla contándole una historia de privaciones y peligros padecidos por los moradores del bosque, de fieras y animales salvajes, serpientes venenosas, una cama de hojas, comida escasa, arduo ritual, hambre, sed y miedo. Pero Sita, con lágrimas en los ojos, contestó pacientemente:

«Esos males me parecen bendiciones si tú estás conmigo, no te abandonaré. Más aún, hubo una profecía de los brahmanes de la casa de mi padre de que yo viviría en el bosque, y un yogui vino a mi madre cuando yo era una niña contándole la misma historia. Sabe que estoy completamente entregada a ti, como Savitri a Satyavan; tu compañía es el cielo para mí y tu ausencia el infierno. Siguiéndote, estaré limpia de culpa, dado que un marido es como Dios para una esposa. ¡Llévame para compartir tanto tu alegría como tu tristeza, de lo contrario tomaré veneno, o me quemaré en el fuego, o me ahogaré en el agua!» Así suplicó ella, mientras grandes lágrimas recorrían su cara como gotas de agua los pétalos de un loto.

Entonces Rama cedió a su deseo: «Oh razonable mujer, como no tienes miedo al bosque me seguirás y compartirás las rigurosidades. Ofrece tus riquezas a los brahmanes y apresúrate para estar lista para el viaje.» Entonces el corazón de Sita se alegró, y ella ofreció sus riquezas a los brahmanes y alimentó a los pobres y preparó todo para el camino.

Lakshmana también les sigue

Ahora Lakshmana, también con lágrimas en los ojos, abrazó los pies de Rama y le habló: «Si tú vas al bosque lleno de elefantes y ciervos, yo también te seguiré, y juntos moraremos donde las canciones de los pájaros y el zumbido de las abejas deleitan los oídos. Iré delante de ti en el camino, encontrando la senda, llevando arcos y azada y cesta; diariamente buscaré las raíces y frutas que tú necesitarás, y tú jugarás con Sita en las laderas de las colinas, mientras yo hago todo el trabajo que haga falta para ti.» No podía Rama disuadirlo con ningún argumento. «Despídele, pues, de todos tus parientes», dijo Rama, «y trae de la casa de mi gurú[6] las dos armaduras de malla y bruñe las armas que me dio Janaka como regalo nupcial. Distribuye mis riquezas entre los brahmanes.» Entonces Rama, Sita y Lakshmana fueron a despedirse de su padre y de las madres de Rama. Entonces un brahmán noble llamado Sumantra, viendo a Dasharatha deshecho de pena, y movido por la partida de Rama, juntando sus manos suplicó a Kaikeyi que se compadeciera con un discurso suave pero cortante; pero el corazón noble de esa señora estaba endurecido, y ella no sería bajo ningún concepto conmovida. Mas cuando Dasharatha deseó enviar las riquezas y hombres de Ayodhya al bosque ella palideció y se sofocó por su enojo, dado que ella pedía que Rama se fuera destituido y la riqueza debía pertenecer a Bharata.

Pero Rama dijo: «¿Qué haré yo con mis seguidores en el bosque? ¿De qué vale guardar los aperos de un provechoso elefante cuando el elefante mismo es destituido? Deja que me traigan vestidos de corteza, un azadón

---

[6] Gurú, un maestro, especialmente en las materias de religión y filosofía, aquí también de ejercicios marciales. (N. del T.)

y una cesta.» Entonces Kaikeyi trajo vestidos de corteza, uno para Rama y otros para Lakshmana y Sita. Pero Sita, vestida en traje de seda, viendo el traje de monje, tembló como un ciervo ante la trampa y lloró. Entonces trataron de persuadir a Rama para que dejara a Sita viviendo en casa, esperando su retorno; y Vashishtha reprochó a Kaikeyi. «Esto no estaba en el acuerdo», dijo, «que Sita debería ir al bosque. Más bien deberías dejarla sentar en el asiento de Rama; para todos aquellos que se casan, la esposa es una segunda identidad. Deberías dejar a Sita gobernar la tierra en lugar de Rama, siendo Rama misma, dado que estad seguros de que Bharata rehusará ocupar el trono que debería ser para Rama. Observad, Kaikeyi, que no hay una sola persona en el mundo que no sea un amigo para Rama: aún hoy podrás ver las bestias y pájaros y serpientes siguiéndolo, y los árboles inclinan sus copas hacia él. Por tanto, deja a Sita ser bien embellecida y llevar con ella carros y bienes y sirvientes cuando siga a Rama.»

Entonces, Dasharatha le dio trajes y joyas, y dejando a un lado el traje de corteza, Sita brilló resplandeciente, mientras que la gente murmuraba contra Kaikeyi y Sumantra acoplaba los caballos al carro de Rama. La madre de Rama se despidió de Sita, aconsejándola en los deberes de esposa: tener a su marido por dios, aunque exiliado y privado de riqueza; a lo que Sita respondió: «La Luna puede perder su brillo antes de que yo me desvíe de esto. El laúd sin cuerdas es silencioso, el carro sin ruedas es inmóvil, entonces una mujer apartada de su señor no puede tener felicidad. ¿Cómo podría yo desatender a mi señor; cuáles han sido sino las más grandes y las más pequeñas obligaciones que me enseñaron mis mayores?»

Entonces Rama, despidiéndose de Dasharatha y de sus madres, dijo con manos suplicantes: «Si he hablado alguna vez descortésmente, por falta de atención, o inadvertidamente hecho algo mal, perdonadme. Os saludo a todos vosotros, a mi padre y madres, y parto.» Entonces Sita, Rama y Lakshmana caminaron tres veces alrededor del rey en el sentido del Sol y se marcharon.

Entonces Rama y Lakshmana, y Sita en tercer lugar, ascendieron al flameante carro de oro, llevando sus armas y trajes de malla, el hacha y la cesta, y los bienes de Sita concedidos por Dasharatha, y Sumantra animó a los caballos, veloces como el mismo viento. Hombres y bestias en la ciudad estaban enmudecidos de pena, y se sintieron desgraciados, y corrieron precipitadamente tras Rama, como caminantes sedientos al ver agua; aun la madre de Rama corrió detrás del carro. Entonces Rama dijo al auriga: «Conduce velozmente», dado que, como un elefante herido y hostigado, él no podía soportas miras hacia atrás. Pronto Rama estuvo muy lejos, más allá de la vista de los hombres que miraban el rumbo del carro. Entonces Dashasatha se volvió a Kaikeyi y juró que estaría condenada al divorcio de cama y hogar, y a ver la ciudad con calles vacías y puestos cerrados, dijo:

«Llevadme rápidamente adonde se encuentra la madre de Rama, a la habitación de Kaushaluya; s o l o allí encontraré mi descanso.»

Rama, Sita y Lakshmana van al exilio

Conduciendo rápido durante dos días, Rama alcanzó el límite de Koshala, y volviéndose hacia Ayodhya se despidió de la tierra y la gente. «Oh mejor de las ciudades», dijo, «te lo digo a ti y a las deidades que te protegen y viven contigo: volviendo del bosque, que será mi hogar, con mi deuda saldada, te veré otra vez a ti, a mi padre y a mi madre.» Entonces ellos dejaron Koshala, llena de riquezas y ganado y brahmanes, y pasaron a través de otras tierras alegres hasta que llegaron al bendito Ganga, claro como el cristal, frecuentado por todo tipo de criaturas, sitio predilecto de dioses y ángeles, sin pecado e inalterado. Allí Guha, rey de Nishadha, les saludó y aumentó a sus caballos y los vigiló toda la noche, y cuando el canto del negro cuco sonó y el grito del pavo real se escuchó en la madrugada él mandó buscar una gran barca. Entonces Rama pidió fécula, y él y Lakshmana peinaron sus cabellos en enmarañadas mechas, como lo llevan los ermitaños que viven en el bosque. Rama dijo adiós a Guha, y ordenó a Sumantra el auriga volver a Ayodhya, aunque éste pidió continuar más lejos. Entonces cuando ellos cruzaban, Sita pidió a Ganga un retorno seguro luego de catorce años, prometiendo adorar a esa reina-río con muchas ofrendas.

Esa noche ellos durmieron bajo un gran árbol en la orilla opuesta y comieron carne de verraco muerto por Rama y Lakshmana, y aquellos dos hermanos prometieron proteger a Sita y a ellos mismos, ya sea en soledad como entre los hombres. Lakshmana debería caminar delante, luego Sita y Rama al final. También hablaron de Ayodhya, y Rama, temiendo al corazón malvado de Kaikeyi, quiso que Lakshmana volviese para cuidar de Kaushalya, y habló en contra de Kaikeyi y culpó en parte a su padre, dominado por el deseo de una mujer. Pero Lakshmana consoló a su hermano de modo que éste dejó de llorar. «Tú no deberías sufrir», dijo, «sufriendo por ti Sita y yo, oh Rama, no puedo vivir sin ti como el pez no puede vivir fuera del agua; sin ti yo no deseo ver a mi padre, ni a Satrughna, ni a Sumitra, ni al cielo mismo.» Entonces Rama se sintió aliviado, y durmió con Sita bajo un gomero mientras Lakshmana vigilaba.

Al día siguiente llegaron al sitio sagrado en que el Ganga se junta con el Jamna en Prayag; allí llegaron a la ermita de Bharadwaja, guiados por la espiral de humo de su fuego de sacrificios, y allí ellos fueron huéspedes bienvenidos. Bharadwaja les aconsejó buscar la montaña de Chitrakuta, a diez leguas desde Prayag. «Allí hay una apropiada morada para vosotros», dijo, «embellecida con muchos árboles, donde resuenan los gritos de los pavos reales y merodean grandes elefantes. Allí hay manadas de elefantes y ciervos. Vosotros recorreréis los bosques con

Sita, y os deleitaréis en ríos, praderas, cuevas y cascadas, con el canto de los cucos y el balido de los ciervos, y con las agradables frutas y raíces.» Entonces les explicó cómo llegar allí, cruzando el Jamna y pasando el gran gomero Shyama, el Dusky, y de allí en adelante por hermosos caminos de arena a través de los bosques de Jamna.

Así Rama, Sita y Lakshmana se marcharon de Bharadwaja y cruzaron el Jamna en una balsa, y llegaron al Shyama. Inmediatamente al llegar allí, Sita rezó a Jamna, prometiendo muchas ofrendas de ganado y vino por el retorno seguro de Rama. Sita también rezó a Shyama, saludándolo con las manos unidas: «Oh gran árbol, me inclino ante ti. Podrán las promesas de mi señor ser todas cumplidas, y nosotros ver otra vez a Kaushalya y Sumitra.» Entonces mientras ellos siguieron a lo largo del sendero del bosque, Sita, viendo árboles y flores desconocidas, hizo a Rama muchas preguntas, acerca de sus nombres y virtudes, y Lakshmana le trajo flores y frutas para alegrarla; y el murmullo de los arroyos, y los aullidos de las grullas y pavos reales, y la visión de los elefantes y monos la deleitaron.

Al segundo día llegaron a la montaña Chitrakuta, donde estaba la ermita de Valmiki. Saludados por ese rishi, Rama le contó todo lo que había sucedido. Luego Lakshmana buscó diversas clases de madera, y aquellos hermanos construyeron una agradable casa con puertas y techada con hojas. Entonces Lakshmana mató un ciervo y lo cocinó, y Rama hizo ofrendas rituales a las divinidades de ese mismo sitio, y luego de la comunión con las deidades entró en la bien forjada casa con Sita y Lakshmana, y se regocijaron con corazones felices y dejaron de lamentarse por Ayodhya.

La pena y la muerte de Dasharatha

Mientras tanto Ayodhya era un sitio de tristeza y lamento, sin consuelo para reyes y gentes. En el quinto día de exilio de Rama, justo cuando Kaushalya por un momento cedió a su pena y reprochó a su señor, vino a la mente de Dasharatha un recuerdo de un pecado cometido en una vida pasada por medio de una flecha-que-encontró-su-blanco-por-sonido, pecado que ahora le había traído el fruto del exilio y muerte. Recordando este pecado, le contó a Kaushalya esa misma noche cómo había sido cometido: «Yo era entonces un arquero tan habilidoso como para ganarme un nombre, ya que, apuntando solo por el sonido, podía acertar el blanco. Tú, oh señora, eras soltera, y yo un joven príncipe. Fue cuando la primera lluvia cayó luego de días de calor ardiente; las ranas y los pavos reales cantaban, los árboles eran sacudidos por el viento y la lluvia, y las colinas estaban escondidas por fuertes lluvias. En tan placentero día fui a cazar al río Sarayu, y allí oí un sonido como el del llenado de una tinaja o el rugir de un elefante. Entonces disparé una flecha en la dirección del sonido, dado que estaba oscuro, de modo que nada podía ser visto. Escuché gemidos y gritos, y encontré un ermitaño junto a la orilla perforado por mi flecha; él me habló de su tierra de origen y me mandó a que buscara a sus envejecidos padres en la ermita cerca de allí, luego murió y yo lo lamenté. Entonces busqué a su padre y madre, quienes estaban preocupados por su tardanza y les confesé mi acto; y el rishi, quien por su maldición podría haberme dejado carbonizado, me perdonó la vida porque yo libremente le conté lo que había sucedido. Pero cuando la pira funeraria estuvo liste, y aquellos mayores, llamados por una visión de su hijo, quemaron sus cuerpos con el suyo sobre la pira, me castigaron ambos con una pena menor: que al final yo encontraría mi muerte sufriendo por un hijo. ¿Sabíais, amable señora, que el fruto de buenas o malas acciones lo recoge quien las hace? ¡Infantil es todo aquel que ejecuta acciones sin pensar en sus consecuencias! ¡El que tela una arboleda de mangos y riega otros árboles puede esperar de éstos la fruta cuando contempla su flor; pero cuando la estación de fructificación venga él se lamentará! Así ocurre ahora conmigo: muero de pena por el exilio de Rama. Yo os veo malamente, mis sentidos no son más agudos; yo soy como una lámpara que tiene poca llama por quedarle poco aceite. ¡Oh Rama, oh Kaushalya, oh infeliz Sumitra, oh cruel Kaikeyi!» Así lamentándose, el rajá Dashasatha murió.

Al día siguiente cuando esta noticia se esparció fuera, Ayodhya se sumergió en un gran pesar, dado que en un país sin rey todo va mal, las lluvias no caen, no hay alegría ni prosperidad ni seguridad, un reino sin un rey es como un río sin agua, un bosque sin hierba, una manada de ganado sin pastor; un rey es el padre y madre, y guía el bienestar de todos los hombres y criaturas. Considerando esto, los oficiales del palacio y sacerdotes de la familia tomaron la decisión, encabezados por Vashishtha, de enviar embajadores a Bharata, con el mensaje de que debía venir en seguida por un asunto que no podía ser demorado; pero esos mensajeros no debían decirle nada del exilio de Rama o de la muerte del rey. Conducidos en carros con buenos caballos, esos mensajeros, yendo muy rápidamente, llegaron en una tarde a la rica ciudad de Girivraja, en Kekaya, donde Bharata estaba alojado con su tío materno.

Esa misma noche Bharata soñó muchos malos sueños y no podía consolarse. «O yo o Rama o Lakshmana o el rey están a punto de morir», dijo. Entonces los mensajeros entraron y fueron bien recibidos. Bharata preguntó si su padre y madres y hermanos se encontraban bien, y le aseguraron que así era. Entonces los embajadores entregaron su mensaje, y Bharata lo contó a su tío y a su abuelo, y se marchó a Ayodhya. Ellos le entregaron muchos regalos, como paños de lana y pieles de ciervo, y elefantes y perros y veloces caballos; pero él, lleno de ansiedad debido a sus sueños y al viaje precipitado de los mensajeros, disfrutó poco los regalos, y llevando consigo a Satrughna partió rápidamente a Ayodhya.

El hijo de Kaikeyi divisó la mejor de las ciudades al amanecer del séptimo día. Viendo que todo estaba oscuro y silencioso en ese lugar de tristeza, y contemplando muchas desfavorables y malas visiones, Bharata entró en el palacio real con el corazón apesadumbrado. No viendo a su padre en su cuarto, buscó a su madre Kaikeyi y tocó sus pies. Ella, encantada, se levantó de su asiento dorado y le preguntó acerca de su bienestar y de su viaje. Dicho esto, él preguntó por el rey. «¿Dónde está ese señor de hombres», dijo, «porque yo quisiera tocar sus pies? Él está muy a menudo aquí contigo, pero su habitación y sillón están vacíos. ¿Está, entonces, con Kaushalya?»

Entonces Kaikeyi, ciega de codicia de gloria y juzgando como deseable para Bharate lo que él realmente consideraba malvado, le contestó: «Tu padre se ha ido por el camino de todo lo que vive.» Entonces Bharata se lamentó larga y amargamente, y finalmente dijo: «Felices son Rama y aquellos que estaban presentes cuando mi señor aún vivía y pudieron llevar a cabo sus ritos funerarios. Ahora, ¿dónde está Rama, que es mi padre, hermano y amigo? Yo soy su sirviente; tomaré refugio a sus pies. Infórmale que yo estoy aquí. Y cuéntame cómo murió mi padre y cuáles fueron sus últimas palabras.» Entonces Kaikeyi le contó cómo había muerto su padre, y éstas fueron sus últimas palabras, dijo:

«Benditos sean los que verán a Rama y al fuerte Lakshmana volviendo aquí con Sita.» Entonces Bharata percibió otra desgracia, y preguntó a su madre si el hijo de Kaushalya y Sita y Lakshmana se habían marchado. «Rama se ha ido con Sita y Lakshmana, vistiendo ropas de ermitaños, a los bosques de Dandaka», respondió ella, y le contó la historia entera de sus deseos, esperando que él se alegrara. Pero él se enojó amargamente, y culpó a Kaikeyi como asesina de Dasharatha: «Como un carbón ardiente, nacido para la destrucción de la raza, ha sido quien a mi padre involucró contra su voluntad. ¡Tú sabrías poco de mi amor por Rama! solo por amor a Rama, quien te llama madre, no renunciaré a ti. Sabe que este reino es un peso demasiado grande para mí, y aun cuando no lo fuera yo no lo recibiría. Ahora debo traer a Rama del bosque y servirle a él. Pero tú sufrirás miseria en este mundo y en el próximo. ¡Todo lo que tú mereces es morir quemada, o en el exilio, o con una cuerda alrededor del cuello!» Entonces llegó Kaushalya y Vashishtha y saludaron a Bharata, y guiado por ese hábil sabio, Bharata llevó a cabo todos los ritos funerarios de su padre, y con sus madres caminó alrededor de la pila ardiente en el sentido del sol, y luego de diez días de duelo recogieron las cenizas. Entonces, como él aún estaba apenado inmensamente, Vashishtha le consoló, con discursos del nacimiento y la muerte de los seres y los pares[7] que ocurren a todas las criaturas. Así consolados, aquellos jefes entre los hombres pudieron andar otra vez con sus cabezas altas, como la bandera de Indra brillando manchada de sol y lluvia.

La regencia de Bharata

Catorce días después los ministros pidieron a Bharata que tomara su asiento en el trono, pero él se negó y dio órdenes de preparar una expedición para ir en busca de Rama. Cuando todo estuvo listo montó en un carro y partió; con él fueron otros seis mil carros, y mil elefantes, y cien mil miembros de la caballería, y hombres de rango, y ciudadanos, como mercaderes y comerciantes, alfareros y tejedores y forjadores de armaduras, orfebres y lavanderos y actores, y además los muy instruidos y bien respetados brahmanes.

Pasando a través del reino de Guha, la multitud fue recibida por él, y otra vez por Bharadwaja en Prayag. Unas palabras habló Bharadwaja a Bharata: «No deberíais culpar a Kaikeyi», dijo. «Este exilio de rey es

---

[7] «Los pares», esto es los pares de opuestos, placer, pena, etc., inseparables de la vida. (N. del T.)

por el bien de los hombres y los dioses y asuras y ermitaños.»

Desde Prayag la poderosa multitud siguió hasta Chitrakute, y llegó a la ermita de Rama. Entonces Bharata avanzó solo, y cayó a los pies de su hermano. Éste era el modo en que se encontraba Rama: sentado en su casa techada con hojas, lleno de mechas enmarañadas y vestido con una piel negra de ciervo; estaba como una llama y protegido por un león, poderosamente armado, y con ojos de loto; señor de ese mundo pareciendo un brahmán de vida eterna; y a su lado estaban Lakshmana y Sita. Entonces Bharata lloró al ver así a su hermano, quien estaba acostumbrado a la condición real. Pero Rama lo levantó del suelo y besó su cabeza y le preguntó por Dasharatha y por su propio bienestar. Entonces Bharata relató todo lo que había ocurrido, y rogó a Rama que retornara a Ayodhya y gobernara; pero Rama no iría. «¿Cómo podría yo, encomendado por mi padre y mi madre a vivir en el bosque, hacer otra cosa? Tú deberás gobernar, de acuerdo con su voluntad; tú no deberías contradecir a Kaikeyi, porque la obediencia es el deber tanto de hijos y esposas y discípulos, y no es el deseo de una madre menos obligatorio que el de un padre.» Entonces Bharata contestó: «Si el reino es mío, tengo el derecho de conferírtelo a ti. ¿Lo aceptarás?» Pero Rama no lo consintió, ni fue convencido por ningún argumento, ni de Bharata, ni de su madre, ni de Vashishtha, ni de cualquier otro de esa multitud. Entonces Bharata pidió a Rama sus doradas sandalias, e, inclinándose hacia ellas, juró así:

«Durante estos catorce años yo viviré como un ermitaño fuera de las murallas de Ayodhya, traspasando a tus sandalias la tarea de gobernar. Si entonces no vuelves, yo moriré por el fuego.» A este plan Rama consintió, y, abrazando a Bharata y Satrughna, dijo:

«Así será.» Y añadió una cosa: «No abrigues resentimiento hacia Kaikeyi, en cambio sé amable con ella; tanto yo como Sita te lo rogamos.» Entonces Bharata caminó alrededor de Rama en dirección del Sol, y colocando las sandalias sobre un elefante las llevó de vuelta a Ayodhya, seguido por toda la multitud de hombres. Allí instaló las sandalias sobre el trono, y, viviendo en retiro, llevó adelante el gobierno como su ministro.

Ahora, por dos razones, Rama no viviría más en Chitrakuta: primero, en vista de que multitudes de rakshasas, aborreciéndolo, molestaban a los ermitaños de ese sitio, y, segundo, porque las multitudes de Ayodhya habían pisoteado y ensuciado el sitio, y, además, le recordaba demasiado claramente la tristeza de su hermano y de los ciudadanos y las madres reinas. Él fue, por ello, con Sita y Lakshmana hacia Dandaka, y penetraron en aquel espeso bosque como el Sol que se esconde en una masa de nubes.

La vida en el bosque

Rama y Sita y Lakshmana deambulaban por el bosque, siendo huéspedes bienvenidos en cada ermita. Los grandes sabios que vivían en las ermitas también protestaban contra los endiablados exploradores de la noche y suplicaban la protección de Rama contra ellos, la cual él prometió generosamente; y cuando la amable Sita un día sugirió que ellos deberían deponer sus armas, abandonando las reglas de los caballeros por las de los santos, y cesar la hostilidad aun contra los rakshasas —«La misma posesión de armas cambia la mente de quienes las llevan», ella dijo.—, Rama contestó que eso no podría ser, ya que él estaba comprometido por las obligaciones de los caballeros y por promesa personal.

Entonces Rama vivió en el bosque diez años, permaneciendo un mes, una estación o un año en una u otra ermita. Una vez un feroz rakshasa llamado Viradha cogió a Sita y se la hubiese llevado, pero Rama y Lakshmana con gran trabajo lo mataron. Otra vez encontraron un poderoso buitre; pero éste era un amigo, y se presentó a sí mismo como un Jatayu y un amigo del padre de Rama. Jatayu prometió a Rama su ayuda, y cuidar de Sita cuando Rama y Lakshmana se marcharan juntos afuera.

Al final de todo, Rama y Sita y Lakshmana llegaron a Panchavati, donde se extendía un buen césped junto al río Godaveri, cuyas riberas estaban cubiertas de árboles florecientes. Las aguas estaban colmadas de aves, multitud de ciervos vivían en los bosques, los graznidos de los pavos reales sonaban y las colinas estaban cubiertas de buenos árboles, flores y hierbas. Allí Lakshmana construyó una espaciosa casa de bambú, bien techada con hojas y con un suelo bien alisado. Hasta allí también llegó Jatayu; y Rama, Sita y Lakshmana se sentían satisfechos como dioses en el cielo.

Una vez cuando Rama estaba sentado con Sita, hablando a Lakshmana, llegó a Panchavati una temeraria y repugnante rakshasi, hermana de Ravana, y cuando vio a Rama inmediatamente lo deseó. Se llamaba Surpanakha. Rechazada por Rama, ella intentó convertirse en la esposa de Lakshmana, y rechazada por él, ella regresó a Rama y quiso matar a Sita. Entonces Lakshmana cogió su espada y le cortó la nariz y orejas, y ella se fue volando y sangrando hasta que encontró a su hermano Khara, hermano menor de Ravana. Su enojo ante la desgracia de ella no tuvo límites, y envió catorce rakshasas a matar a esos hermanos y Sita, y traer su sangre para ser bebida por Surpanakha. Pero Rama mató a todas esas malas criaturas con sus flechas.

Entonces Khara se puso realmente furioso de enojo, y partió él mismo con catorce mil rakshasas, cada uno capaz de cambiar su forma, horribles, orgullosos como leones, de bocas grandes, valientes, que se deleitaban con la crueldad. Mientras esta multitud avanzaba hubo muchos malos augurios; pero Khara, como en realidad estaba destinado a morir, no sería apartado de lo que consideraba un pequeño asunto: matar a tres seres humanos.

Rama, viendo la multitud que se acercaba, envió a Lakshmana con Sita a una cueva secreta, y se puso su armadura de malla, dado que él lucharía solo, y todos los dioses y espíritus del aire y criaturas del cielo vinieron a contemplar la batalla. Los rakshasas vinieron sobre él como un mar, o pesadas nubes, y sus armas llovieron sobre Rama, de tal forma que los dioses del bosque huyeron temerosos del lugar. Pero Rama no tenía miedo, y asedió a los rakshasas con sus delgados y penetrantes astiles, por lo que ellos huyeron hacia la protección de Khara. Éste fortaleció sus ánimos, y entonces volvieron, descargando una lluvia de árboles arrancados y cantos rodados. Fue en vano; dado que Rama, solo y peleando a pie, mató a todos los terribles catorce mil rakshasas y se enfrentó cara a cara con el mismo Khara. La suya fue una pavorosa batalla, como la que puede ocurrir entre un león y un elefante; el aire estaba oscuro por las flechas que volaban. Finalmente, una flecha ardiente descargada por Rama consumió al demonio. Entonces los dioses, bien agradecidos, hicieron caer flores sobre Rama y volvieron al lugar de donde habían venido. Y Sita y Lakshmana vinieron desde la cueva.

La cólera de Ravana

Pero la noticia de la destrucción de los rakshasas fue llevada a Ravana, y quien trajo la noticia aconsejó a Ravana vencer a Rama secuestrando a Sita. Ravana aprobó el plan y buscó al astuto Maricha para llevar adelante sus fines. Pero Maricha aconsejó a Ravana parar su impulso de intentar lo que era imposible, y Ravana, siendo persuadido esa vez, volvió a su casa en Lanka.

Veinte brazos y diez cabezas tenía Ravana; se sentaba sobre su dorado trono cual fuego en llamas alimentado con ofrendas en un sacrificio. Estaba marcado con cicatrices de las muchas heridas recibidas en batallas con los dioses; este poderoso y cruel rakshasa tenía apariencia magnífica.

Su voluntad era destruir los sacrificios de los brahmanes y poseer las esposas de los otros —no dejar que fueran muertas por dioses, espíritus o pájaros o serpientes—. Entonces Surpanakha fue hasta su hermano y le mostró sus heridas, y le habló de Rama y Sita, y le echó en cara que no actuara como un rey al no vengar la masacre de sus súbditos y su hermano; entonces le presionó para que se llevara a Sita y la hiciera su esposa. Entonces él cogió su carro y se marchó junto al mar a un gran bosque para consultar a Mancha, quien vivía allí en una ermita practicando autocontrol.

Mancha aconsejó a Ravana no entremeterse con Rama. «Tú serás rechazado fácilmente», dijo.

«Si Rama alguna vez se enoja, no dejará un solo rakshasa vivo, o levantará su mano para destruir la ciudad de Lanka.» Pero Ravana, que estaba destinado a morir, se jactó de que Rama sería una presa fácil. Culpó a Mancha de malas intenciones hacia él y le amenazó con la muerte. Entonces Mancha de puro miedo accedió, aun cuando no esperaba otra cosa que la muerte cuando se enfrentara a Rama otra vez. Entonces Ravana se sintió satisfecho y, llevando a Mancha en su carro, partió a la ermita de Rama, explicando cómo mediante una trampa sería raptada Sita.

El ciervo dorado

Mancha, obedeciendo a Ravana, adquirió la forma de un ciervo dorado y vagó por el bosque cercano a la cueva de Rama: sus cuernos eran como joyas gemelas, su cara era manchada y las orejas como dos flores de loto azules, sus costados blancos como los pétalos de una flor, sus pezuñas tan negras como las que más, sus ancas esbeltas, su cola levantada de todos los colores del arco iris. ¡Esta forma de ciervo fue la adoptada por él! Su lomo estaba estrellado de oro y plata, y merodeaba por las praderas del bosque buscando ser visto por Sita. Y cuando ella lo vio se quedó asombrada y encantada, y llamó a Rama y a Lakshmana, y suplicó a Rama que cogiera o matara al ciervo para ella, impulsándole a la caza. Rama también fue fascinado por el espléndido ciervo, y no tomó en cuenta las advertencias de Lakshmana de que podría ser un rakshasa disfrazado. «Con más razón, entonces, debo matarlo», dijo Rama, «pero cuida tú a Sita, quédate aquí con el buen Jatayu. Volveré en un momento, trayendo la piel del ciervo conmigo.»

Ya esfumándose, ya viniendo cerca, el mágico ciervo condujo a Rama muy lejos, hasta que éste se fatigó y se dejó caer al suelo junto a un umbrío árbol; entonces apareció otra vez, rodeado de otros ciervos, y desapareció brincando. Pero Rama tensó su arco y soltó una flecha que atravesó su pecho, de forma que saltó alto en el aire y cayó gimiendo sobre la tierra. Entonces Mancha, al borde de la muerte, tomó su propia forma y, recordando la orden de Ravana, pensó cómo llevar a Sita lejos de Lakshmana, y la llamó con la voz de Rama: «¡Ah, Sita! ¡Ah, Lakshmana!»

Ante ese grito Rama se sobresaltó con un miedo pavoroso, y regresó apresuradamente a Panchavati, dejando muerto a Mancha.

En ese momento Sita oyó el grito y animó a Lakshmana a ir en ayuda de Rama; y tuvo que regañarle con amargas palabras, dado que éste se negaba a ir, sabiendo que Rama era imbatible y recordando además que había prometido cuidar a Sita de cualquier peligro. Pero ella le llamó monstruo malvado, y dijo que a él no le importaba nada de Rama, por el contrario que la deseaba a ella misma; él no pudo soportar esas palabras y, aunque presagiara un mal, se sintió forzado a ir a buscar a Rama. Así él se inclinó ante ella y se marchó, pero volviéndose frecuentemente para echar un vistazo a Sita, temiendo por su seguridad.

Sita es robada

Ahora Ravana adquirió la forma de un yogui vagabundo; llevando una vara y un tazón de mendigo, llegó hasta Sita, que se encontraba sola esperando el regreso de Rama. El bosque lo conocía: los mismos árboles se mantuvieron quietos, el viento se calmó y el Godaveri fluyó más lentamente por temor. Pero él llegó junto a Sita, miró fijamente hacia ella, y se llenó de malos anhelos; se dirigió a ella, ponderando su belleza, y le dijo que dejara el peligroso bosque y fuera con él a vivir en palacios y jardines. Pero ella, pensando que él era un brahmán y su huésped, le dio comida y agua, y le respondió que ella era la esposa de Rama; le contó la historia de su vida, preguntándole a él por su nombre y familia. Entonces él dijo ser Ravana y le pidió a ella que fuera su esposa, y le ofreció palacios, sirvientes y jardines. Pero ante esto ella se enojó desmesuradamente, y le contestó: «Soy la sirviente de Rama, león entre los hombres, inmóvil como una montaña, enorme como el inmenso océano, radiante como Indra. ¿Sacaríais vos los dientes de la boca un león o nadaríais a través del mar con una pesada piedra sobre tu cuello? ¿Me admirarías como al Sol o a la Luna? Rama se parece poco a vos, sois en realidad tan diferente como lo es un león de un chacal, un elefante de un gato, el océano del pequeño arroyo o el oro del hierro. Podríais llevaros a la esposa de Inra; pero si me llevarais a mí, la esposa de Rama, vuestra muerte es segura, y yo también seguramente moriré.» Y ella tembló con miedo, como un banano es sacudido por el viento.

Pero los ojos amarillos de Ravana se pusieron rojos de ira y su casa sosegada cambió, y tomó su propia horrible forma, de diez cabezas y de veinte brazos; cogió aquella tierna cosa por el cabello, los brazos y las piernas, saltó dentro de su carro tirado por asnos y se levantó hacia el cielo. Pero ella gritó fuertemente a Lakshmana y a Rama. «¡Oh tú bosque y floridos árboles», gritó, «y tú Godaveri, y deidades del bosque, y ciervos, y pájaros, yo os suplico le digáis a mi señor que Ravana me ha robado!»

Entonces ella vio al gran buitre Jatayu sobre un árbol, y le rogó ayuda; él se despertó del sueño y, viendo a Ravana y a Sita, habló tiernas palabras al rakshasa, aconsejándole que abandonara esa actitud. Jatayu le advirtió que Rama seguramente vengaría el mal con la muerte, «y mientras yo viva vos no llevaréis a la virtuosa Sita, porque yo lucharé contra vos y os arrojaré de vuestro carro». Entonces Ravana, con ojos enojados, saltó sobre Jatayu, y hubo una mortífera batalla en el cielo; muchas armas llovieron sobre Jatayu, mientras el rey de los pájaros hirió a Ravana con pico y garras. Tantas flechas atravesaron a Jatayu que parecía un pájaro mitad escondido en un nido; pero quebró con sus pies dos ascos de los de Ravana, y destruyó el carro que viajaba por el cielo, de modo que Ravana cayó al suelo, con Sita sobre su regazo. Pero Jatayu para entonces estaba fatigado y Ravana saltó sobre él, y con una daga cortó sus alas, de forma que éste cayó y estuvo casi a punto de morir. Sita saltó hacia su amigo y lo cogió entre sus brazos, pero él yacía sin conocimiento y silencioso como un fuego extinguido. Entonces Ravana la cogió otra vez y siguió su camino a través del cielo. En contraste con el cuerpo del rakshasa, ella brillaba como rayos dorados entre cargadas nubes o una tela de oro sobre un elefante cebelino. Toda la Naturaleza se lamentaba por ella: las flores de loto se marchitaron, el Sol se puso oscuro, las montañas lloraron con cascadas y levantaron sus cimas como brazos, las deidades de los bosques estaban aterradas, el joven ciervo derramaba lágrimas y todas las criaturas se lamentaban. Pero Brahma, viendo que se llevaban a Sita, se alegró, y dijo: «Nuestro trabajo está cumplido ahora», previendo la muerte de Ravana. Los ermitaños estaban contentos y tristes al mismo tiempo: tristes por Sita, pero alegres de que Ravana moriría.

Mientras atravesaban el cielo de esa forma, Sita vio cinco grandes monos en la cima de una montaña, y, sin ser vista por Ravana, les lanzó sus joyas y su velo dorado como una señal para Rama. Pero Ravana dejó atrás los bosques y las montañas y cruzó el mar y llegó a su gran ciudad de Lanka[8] —y la colocó en una habitación interior, sola y bien atendida y vigilada—. Fueron enviados espías para vigilar a Rama. Entonces Ravana volvió y mostró a Sita todo su palacio y tesoro y jardines, y le pidió que fuera su esposa, cortejándola cada día; pero ella escondió su cara y sollozó sin pronunciar palabra. Y cuando él insistió otra vez ella cogió una brizna de hierba y la colocó entre Ravana y

---

[8] Lanka, de acuerdo con la visión actual, la isla de Ceilán (Sri Lanka) (N. del T.)

ella, y vaticinó su muerte a manos de Rama y la ruina de todos los rakshasas, rechazándole totalmente. Entonces él cambió de súplicas a amenazas y, llamando a horribles rakshasas, la dejó a su cargo y con la orden de quebrar su espíritu ya fuera con violencia o con tentación. Había allí una tierna Sita como un barco hundiéndose, o un ciervo entre una jauría de perros.

La cólera de Rama

Ahora Rama, volviendo de la caza de Maricha, estaba apesadumbrado; encontrando a Lakshmana, le culpó por dejar a Sita. Los chacales aullaban y los pájaros gritaban a su rápido regreso. Cuando llegaron a la ermita los pies de Rama le fallaban, y un temblor sacudió su cuerpo, dado que Sita no estaba allí. Ellos merodearon las arboledas floridas y las orillas del río con flores de loto abiertas, y buscaron en las cuevas de las montañas, y preguntaron al río y a los árboles y a todos los animales dónde estaba Sita. Entonces Rama juzgó que los rakshasas se la habían comido, en venganza de Khara. Pero a continuación ellos llegaron a donde Jatayu y Ravana habían luchado, y vieron las armas rotas y el carro y el suelo pisoteado, y Rama se enfureció contra todos los vivientes y dijo que destruiría los mismos cielo y tierra, a no ser que los dioses le devolvieran a Sita. Entonces encontraron al moribundo Jatayu, y Rama estuvo a punto de matarlo pensando que era un rakshasa que había comido a Sita. Pero Jatayu habló débilmente y relató a Rama todo lo que había sucedido, de modo que Rama, tirando su arco, abrazó al amistoso pájaro y se lamentó por su muerte, y Jatayu habló de Ravana y consoló a Rama asegurándole que lo vencería y recobraría a Sita. Pero con esto este espíritu desapareció, su cabeza y cuerpo se hundieron en el suelo y Rama lloró sobre su amigo: «¡Ah Lakshmana!», dijo. «Este majestuoso pájaro vivió aquí feliz durante muchos años y ahora ha muerto por mí: ha dado su vida intentando salvar a Sita. Mira, entre los animales de todo tipo hay héroes, aun entre los pájaros. Estoy más triste por este buitre que ha dado su vida por mí que aun por la pérdida de Sita.»

Entonces Lakshmana trajo madera y fuego, y quemaron a Jatayu allí con todos los derechos y ofrendas debidos a un hombre de doble nacimiento, y hablaron a los *mantras* para su pronta llegada a la morada de los radiantes dioses, y aquel rey de los buitres, muerto en batalla por una buena causa y bendecido por Rama, alcanzó una gloriosa condición.

Entonces Rama y Lakshmana partieron para buscar a Sita a lo largo y a lo ancho; no pasó mucho tiempo hasta que encontraron un horrible rakshasa, y no fue asunto liviano para ellos vencerlo en la batalla. Pero él, herido de muerte, se alegró, dado que había sido castigado con esa forma por un ermitaño hasta el día en que Rama lo matara y lo liberara. Rama y Lakshmana lo quemaron en una gran pira, y él se alzó desde ella y, montando en un carro celestial, habló a Rama, aconsejándole buscar la ayuda del gran mono Sugriva y los cuatro otros monos que vivían en la montaña Rishyamukha. «No despreciéis a ese mono real», dijo, «porque es poderoso, humilde, bravo, experto y grácil, bueno en cambiar de forma y bien informado acerca de las guaridas de cada rakshasa. Haced alianzas con él, haciendo un juramento de amistad frente al fuego como testigo, y con esta ayuda vosotros vais seguramente a recuperar a Sita.» Entonces él partió, despidiéndose e indicándole el camino a Rishyamukha, y ellos, pasando junto a la ermita de Matanga, llegaron a esa boscosa montaña, guarida de muchos pájaros, junto al lago Pampa.

La alianza de Rama con Sugriva

No pasó mucho tiempo hasta que Rama y Lakshmana, alcanzaron la montaña de Rishyamukha, donde moraba Sugriva. Ahora Sugriva vivía en el exilio, después de haber sido forzado a dejar su casa y robada su esposa por su cruel hermano Vali; y cuando él vio a los dos héroes de grandes ojos llevando armas, juzgó que habían sido enviados por Vali para matarlo. Entonces huyó, y envió a Hanuman disfrazado de ermitaño para hablar con los caballeros y enterarse de sus propósitos. Entonces Lakshmana le contó todo lo que había sucedido, y que Rama ahora buscaba la ayuda de Sugnva. Entonces Hanuman, considerando que Sugriva también necesitaba un experto para recuperar a su esposa y reino, llevó a los caballeros hasta Sugriva, y allí Rama y el jefe mono mantuvieron una conversación. Hanuman hizo fuego con dos palos de madera y, girando alrededor de él en dirección al Sol, Rama y Sugriva se juraron amistad, y cada uno se comprometió a ayudas al otro. Se miraron el uno al otro absortos, y ninguno tuvo la sensación de ver al otro. Entonces Sugriva contó su historia y rogó a Rama su ayuda, y éste se comprometió a vencer al hermano del jefe mono, y Sugriva a cambio se comprometió a recuperar a Sita. Le contó a Rama cómo él la había visto cuando era llevada por Ravana, y cómo ella había dejado caer sus joyas y velo, y enseñó estas señales a Rama y Lakshmana. Rama los conocía, pero Lakshmana dijo: «Yo no reconozco estos brazaletes o pendientes, pero conozco bien los brazaletes de los tobillos, dado que yo no acostumbraba levantar la viste de sus pies.»

Ahora, dice la historia, Rama viajó con Sugriva a la ciudad de Vali, sometieron Vali y establecieron a Sugriva en el trono. Entonces los cuatro meses de la estación de lluvia pasaron y, cuando los cielos se volvieron azules y las inundaciones disminuyeron, Sugriva ordenó a sus mariscales congregas una multitud de monos. Ellos vinieron del Himalaya y Vindhya y Kailas, del Este y del Oeste, de lejos y cerca, de cuevas y bosques, a miles y millones, y cada multitud era capitaneada por un líder veterano. Todos los monos del mundo se reunieron allí, y se presentaron ante

Sugriva con manos unidas. Entonces Sugriva los ofreció a Rama para su servicio, y los hubiese puesto bajo su mando. Pero Rama pensó que era mejor que Sugriva diera todas las órdenes, dado que él entendía mejor cómo mandar a esa multitud, y estaba bien informado del asunto a realizar.

La búsqueda de Sita

Hasta ese momento ni Rama ni Lakshmana ni Sugriva sabían más de Ravana que su nombre; tampoco sabían dónde vivía ni dónde tenía a Sita escondida. Sugriva por tanto envió toda la multitud guiada por jefes para buscar en las cuatro direcciones durante un mes, tan lejos como el más lejano límite de todas las tierras donde vivían los hombres o los demonios. Pero él confiaba en Hanuman tanto como en todo el resto de la multitud junta, dado que hijo del dios-viento tenía la energía de su padre y la velocidad, vehemencia y capacidad de acceder a cualquier lugar de la tierra o el cielo, y era valiente y político, y de juicio agudo y bien dotado para conducirse adecuadamente en el espacio y en el tiempo. Y cuanto más Sugriva confiaba en Hanuman, éste tenía aún más confianza en su propio poder. Rama también confió en Hanuman y le dio su anillo de sello para mostrárselo a Sita cuando la descubriera.

Entonces Hanuman se inclinó ante los pies de Rama, y partió con la multitud reservada para buscar en el cuarto Sur, mientras que Rama se mantuvo un mes con Sugriva esperando su retorno. Luego de un mes la multitud volvió de buscar en el Norte, Este y Oeste, apenados y desanimados por no haber encontrado a Sita. Pero la multitud del Sur buscó en todos los bosques y cuevas y lugares escondidos, hasta que al final llegaron a un vasto océano, el hogar de Varuna, sin límites, sonoro, cubierto de temerarias olas. Un mes había pasado y Sita no había sido encontrada; por tanto, los monos se sentaron decepcionados, mirando sobre el mar y esperando su fin, dado que no se atrevían a volver a Sugriva.

Pero allí, en una cueva vecina, vivía un caballeroso y muy anciano buitre llamado Sampati, y él, oyendo a los monos hablas de su hermano Jatayu, se acercó solicitando noticias de él. Los monos le contaron todo el asunto, y Sampati contestó que él había visto a Sita cuando era llevada por Ravana y que éste moraba en Lanka, unas cien leguas a través del mar. «Id vosotros allí», dijo, «y vengad el rapto de Sita y la muerte de mi hermano. Tengo el don del presagio y ahora yo percibo que Ravana y Sita están allí en Lanka.»

Sita es encontrada en Lanka

Entonces los monos recobraron esperanzas, pero cuando marchando llegaron hasta la orilla y se sentaron junto al agitado mar volvieron a abatirse, y se reunieron en consejo bastante apesadumbrados. Entonces un mono dijo que él podría atravesar más de veinte leguas, y otro cincuenta, y otro ochenta, y otro noventa; y Angada, hijo de Vali, podría cruzar más de cien, pero su capacidad sería inútil para el retorno. Entonces Jambavan, un mono noble, se dirigió a Hanuman, y recordó el nacimiento y origen de éste: cómo el dios-viento lo había procreado y su madre Anjana lo había traído al mundo en las montañas, y cómo, cuando era aún un niño creyendo que el Sol era una fruta que crecía en el cielo, saltó fácilmente tres mil leguas hacia él; cómo Indra le había echado un trueno a él, rompiendo su mandíbula; cómo el dios-viento, enojado, comenzó a romper los cielos y tierras, hasta que Brahma lo pacificó y le otorgó el deseo de que su hijo sería invulnerable, e Indra le otorgó el deseo de elegir su propia muerte. «Probad, heroico mono, vuestras capacidades ahora y atravesad el océano», dijo, «dado que nosotros os consideramos un experto y vos superáis todas las cosas en movimiento y vehemencia.»

Entonces Hanuman se puso de pie, y la multitud de monos se alegró. Hinchándose de orgullo y poder, se jactaba de la acción que iba a llevar a cabo. Entonces subió apresuradamente la montaña Mahendra, sacudiéndola en su cólera y atemorizando a cada bestia que vivía en sus bosques y cuevas. Con la intención de acometer una difícil tarea, donde ningún amigo podía ayudarle y ningún enemigo le estorbaba, Hanuman se puso de pie con la cabeza alta como un toro, y rogó al Sol, al viento de la montaña, al mismo Creador y a todos los seres vivos; puso su corazón en el trabajo a realizar. Se agrandó y se mantuvo erguido como un fuego, y con el cabello erizado rugió como un trueno, blandiendo su cola; así reunió energía en su mente y cuerpo. «Yo descubriré a Sita o traeré a Ravana encadenado», pensó, y con ello saltó hacia arriba de modo que a su paso los mismos árboles fueron arrastrados hacia adelante con ímpetu y cayeron luego hacia atrás. Se lanzó al aire como una montaña, sus centellantes ojos como fuegos en el bosque, su cola levantada como la bandera de Sakra. Así Hanuman hizo su camino a través del océano. Ni siquiera pasó a descansar cuando del amigable océano se alzó la montaña Mainaka, bien arbolada y llena de frutos y raíces, sino que, alzándose, atravesó el aire como el mismo Garuda. Luego una severa rakshasi llamada Sinhikha se alzó desde el agua, lo cogió por su sombra y casi lo devora; pero él se sacudió dentro de su boca y, volviéndose inmensamente grande, estalló y escapó dejándola muerta y destrozada. Entonces él divisó la costa lejana, y pensando que su forma engrandecida no era adecuada para su misión secreta, recuperó su forma y tamaño natural, y así se posó sobre la costa de Lanka, no estando siquiera un poco fatigado.

Desde la cima de la montaña Hanuman contempló la ciudad de Lanka, obra de Vishvakarman, rodeada con un muro dorado y llena de construcciones altas como montañas que se alzaban hasta las nubes. Impacientemente esperó la puesta del sol; entonces, encogiéndose hasta el tamaño de un gato, penetró en la ciudad por la noche, sin ser visto por los guardias. Ahora Lanka le parecía a él una mujer, teniendo por traje al mar, por joyas corrales de vacas y establos, por pechos las torres sobre sus murallas; y al entrar a ella, ésta se le enfrentó de una forma terrible y obstruyó su camino. Entonces Hanuman la apartó, aunque con cuidado, ya que era una mujer, y ella cedió y le permitió llevar a cabo su tarea. Hanuman inició su camino hacia el palacio de Ravana, que estaba ubicado como una torre en la cima de la montaña, rodeado por una muralla y un foso. Para entonces la Luna estaba llena y alta, navegando como un cisne a través del mar, y Hanuman divisó los moradores del palacio, algunos bebiendo, otros comprometidos en amorosos entretenimientos, algunos tristes y otros contentos, algunos bebiendo, otros comiendo, algunos haciendo música y otros durmiendo. Muchas bellas y jóvenes esposas yacían en los brazos de sus manidos, pero no podía encontrar a Sita, la de la incomparable virtud; por ello este elocuente mono se deprimió y se descorazonó. Entonces saltó de patio en patio, visitando todos los cuartos de todos los más destacados rakshasas, hasta que al final llegó al apartamento del mismo Ravana, una verdadera mina de oro y joyas, resplandeciendo en luz plateada. Buscó a Sita en todas partes, sin dejar ni un rincón inexplorado: doradas escaleras, carruajes pintados, ventanas de cristal y cámaras secretes cerradas con piedras preciosas; veía todo esto, pero no a Sita. Olía el olor de la carne y la bebida, y a sus narices también llegaba el Aire, que todo lo penetra, y éste le dijo: «Entrad donde Ravana yace.» Siguiendo al Aire, llegó al dormitorio de Ravana. Allí descansaba el señor de los rakshasas sobre una gloriosa cama, dormido y respirando profundamente; su estructura era grande, cubierta con espléndidas joyas, como una nube en una puesta de sol carmesí atravesada por rayos de luz; sus grandes manos caían sobre la blanca tela como terribles serpientes de cinco cabezas; cuatro grandes lámparas sobre pilares alumbraban su cama. A su alrededor reposaban sus esposas, bellas como la Luna, cubiertas de gloriosas joyas y guirnaldas que nunca se marchitan. Algunas, fatigadas por el placer, dormían donde se habían sentado; una apretaba su laúd como una amorosa joven abraza a su amante; otra muy hermosa, hábil para la danza, hacía gestos gráciles incluso mientras dormía; otras se abrazaban unas a las otras. Allí también estaba Mandodari, la reina de Ravana, sobrepasando a todas las otras en su esplendor y su ternura, y Hanuman pensó que ella debía ser Sita, y la idea le animó tanto que movió sus brazos y sacudió su cola y cantó y bailó y subió a los pilares dorados y saltó hacia abajo otra vez, dado que su naturaleza de mono le impulsaba a moverse.

Pero la reflexión le enseñó su error, y se dijo: «Sin Rama, Sita no comería ni bebería, ni dormiría o adornaría su persona, ni estaría en compañía de otro que no fuera él; éste es alguna otra.» Entonces Hanuman siguió deambulando por el palacio, buscando en vano en distintas estancias. Vio a muchas hermosas damas, pero no a Sita y suponía que habría sido muerta o comida por los rakshasas. Entonces salió del palacio y se sentó un momento con gran desaliento en la muralla de la ciudad. «Si vuelvo sin encontrar a Sita», reflexionó, «mi labor habrá sido en vano. ¿Y qué dirá Sugriva, y los hijos de Dasharatha y la multitud de monos? ¡Seguramente Rama y Lakshmana morirán de tristeza, y tras ellos Bharata, y entonces Satrughna, las reinas madres y Sugriva, amigo de Rama, también morirán, y las reinas monas, y Angada, y toda la raza de los monos! Los nobles monos no volverán a reunirse en los bosques y montañas o en lugares secretos, ni a complacerse con juegos, sino que un fuerte gemido se hará sentir cuando yo vuelva, y ellos tragarán veneno, o se colgarán a sí mismos y saltarán desde altas montañas. Por ello no debo volver sin éxito; mejor sería que dejara de comer y me muriera. No sería justo que todos esos nobles monos murieran por mi culpa. Permaneceré aquí y buscaré en Lanka una y otra vez; debo examinan aún ese bosque de Asoka más allá de las montañas.»

Entonces Hanuman se postró ante Rama y Sita, ante Shiva, ante Indra y ante la Muerte, ante el Viento, la Luna y el Fuego y ante Sugriva, y suplicándoles ensimismado recorrió los bosques de Asoka con su imaginación y encontró a Sita. Entonces saltó de la muralla como una flecha de arco y entró en el bosque con forma corporal. El bosque era un lugar de placer y deleite, lleno de árboles en flor y animales felices; pero Hanuman lo destrozó y rompió los árboles. Un hermoso árbol Asoka estaba aislado, entre pabellones y jardines, rodeado por dorados adoquinados y muros plateados. Hanuman saltó sobre este árbol y miró alrededor, pensando que Sita, si estaba en el bosque, vendría a ese precioso sitio. Vio un palacio de mármol, con escaleras de coral y suelos de brillante oro, y allí había alguien apresado, débil y delgado como si estuviera ayunando, suspirando por grandes pesares, vestido con ropas sucias y vigilado por horribles rakshasis, como un ciervo entre perros o una llama brillando oscurecida por el humo.

Entonces Hanuman consideró que debería ser Sita, porque ella era justa e inmaculada, como una luna cubierta por nubes, y llevaba las joyas que Rama le describiera. Hanuman lloró de alegría y pensó en Rama y Lakshmana. Pero ahora, mientras él aún estaba escondido en el árbol,

Ravana se había despertado, y ese gran señor rakshasa venía seguido de una gran fila de mujeres al bosque de Asoka. Ellas seguían a su heroico marido como rayos siguiendo a una nube, y Hanuman oyó el sonido de los tintineantes brazaletes de sus tobillos a su paso por la dorada acera.

Hanuman habla a Sita

Ravana se acercó a Sita, y cuando ella lo vio tembló como un banano sacudido por el viento; escondió su cara y sollozó. Entonces él la cortejó de todas las formas posibles, tentándola con riquezas, poder y comodidades; pero ella lo rechazó totalmente y presagió su muerte en manos de Rama. Pero Ravana le dio dos meses de tiempo, después de los cuales si ella no cedía sería torturada y matada, y, dejándola con las horribles guardias raskshasi con órdenes de quebrar su voluntad, Ravana volvió con sus esposas a sus apartamentos. Entonces Sita, escurriéndose de los horribles demonios, que la amenazaban con muerte y tortura e insultaban a Rama, se deslizó hasta el pie del árbol Asoka donde Hanuman estaba escondido.

Hanuman pensó que era necesario que él hablase con Sita; pero temía asustarla o atraer la atención de los guardianes y provocas su propia destrucción, dado que si bien él solo podía matar a la multitud rakshasa, luego no podría, si se fatigaba, cruzas de nuevo el océano. Entonces se quedó escondido entre las ramas del árbol y recitó las virtudes y hazañas de Rama, hablando en tono amable, hasta que Sita lo escuchó. Ella mantuvo el aliento con miedo y miró hacia arriba del árbol, y vio al mono; él era elocuente y humilde, y sus ojos brillaban como el fuego dorado. Entonces bajó del árbol y con el rostro encendido y ataviado humildemente, juntando sus palmas, habló a Sita. Entonces ella le dijo que era Sita y le pidió noticias de Rama, y Hanuman le contó todo lo que había sucedido y le habló de Rama y Lakshmana, de manera que ella estaba casi tan contenta como si hubiese visto al mismo Rama. Pero Hanuman se acercó un poco más y Sita se asustó mucho, pensando que él era Ravana disfrazado. Tuvo que darle muchas explicaciones hasta que la persuadió de que era un amigo de Rama; pero al final, cuando ella vio el anillo con sello (personal de Rama) le pareció que ya se encontraba libre, y ella se alegró y entristeció al mismo tiempo — se alegró sabiendo que Rama estaba vivo y bien, y se entristeció por su pena.

Entonces Hanuman sugirió que podría llevas a Sita sobre sus espaldas a través del mar hasta Rama. Ella agradeció su voluntad, pero no iría con él, dado que creía que podría caer al mar, especialmente silos rakshasas les seguían, y porque ella no quería voluntariamente tocar ninguna persona que no fuera Rama, ya que ella deseaba que la gloria de su rescate y la destrucción de los rakshasas fuera de Rama. «Pero trae a Rama rápidamente hasta aquí», rogó. Entonces Hanuman alabó su sabiduría y modestia, y le pidió una señal para Rama; y ella le contó una aventura con un cuervo, solo conocida por ella misma y Rama, que había ocurrido largo tiempo atrás en Chitrakuta, y le dio a él una joya de su cabello, y envió un mensaje a Rama y Lakshmana, rogando a ellos que la rescataran. Hanuman cogió la joya e, inclinándose ante Sita, se preparó para partir. Entonces Sita le dio otro mensaje para Rama, por el cual él sabría con seguridad que Hanuman la había encontrado.

«Dile: "Un día el lunar de mi frente se borró y tú lo pintaste con tierra roja —tú deberías recordar esto—. Oh Rama, ven pronto, ya que diez meses han pasado desde que te vi, y no duraré más de otro mes." Que la buena fortuna te acompañe, heroico mono», dijo ella.

Hanuman incendia Lanka

Pero Hanuman no estaba satisfecho con encontrar a Sita; corrió por la arboleda de Asoka, rompió los árboles y arrasó los pabellones, como el mismo Viento. Las rakshasis enviaron mensajes a Ravana pidiendo ayuda, y éste, oyendo que un poderoso mono estaba destruyendo a sus sirvientes, envió al temible Jambumali, asco en mano, a matar a Hanuman en el acto; y, en efecto, él lo hirió con una afilada flecha cuando estaba sentado sobre el techo de un templo, pero Hanuman arrojó un rayo hacia él y lo aniquiló totalmente. Entonces una multitud de heroicos rakshasas, encabezadas por el príncipe Aksha, procedieron en contra de Hanuman, pero ellos encontraron la muerte; luego Indrajit fue enviado en su contra, y una espantosa batalla ocurrió, en la que los mismos dioses fueron sorprendidos. Él envió un millón de astiles contra el mono, pero éste, atravesando el cielo, escapó de todos ellos; Indrajit se detuvo y, concentrándose en sus pensamientos, reflexionó sobre el verdadero carácter de Hanuman, y con visión espiritual percibió que él no sería muerto por un arma. Entonces tramó una forma de atarlo y soltó una flecha de Brahma contra él. De esa forma Hanuman fue atado y reconoció al lazo como indestructible, y cayó a tierra; pero pensó que sería bueno para él conversar con Ravana, y por ello no luchó, sino que dejó que los rakshasas lo capturaran. Pero éstos, viendo que estaba inmóvil, lo ataron más estrechamente, mientras gemían lastimosamente, con cuerdas y corteza. Pero esta atadura fue el medio por el cual fue liberado, porque el poder de atar del arma de Brahma es destruido si otra atadura se añade a él. Pero el poderoso mono no dio muestras de que las ataduras se hubieran soltado, y los feroces rakshasas, gritando unos a otros: «¿Quién es? ¿Qué quiere?» y «¡Matadlo! ¡Quemadlo! ¡Comedlo!», lo arrastraron hasta Ravana.

Interrogado por el ministro de Ravana, Hanuman contestó que él era realmente un mono, venido a Lanka como enviado de Rama para cumplir sus órdenes de ver a Ravana; y él contó la historia de Rama hasta entonces, dando a Ravana un sano consejo: salvar su vida devolviendo a Sita. Ravana estaba furioso y habría matado a Hanuman; pero los consejeros le recordaron que el castigo de muerte no podía ser merecidamente aplicado a uno que se presenta como mensajero. Entonces Ravana buscó un castigo adecuado y pensó en encender la cola de Hanuman. Así pues, los rakshasas ataron la cola del mono con algodón empapado en aceite y la pusieron en llamas. Pero el heroico mono ideó un plan secreto; él soportó que los rakshasas lo arrastraran alrededor de Lanka, ya que de esa forma podría conocer mejor sus caminos y fuerzas. Entonces llegó hasta Sita la noticia de que el mono con el que ella había conversado sería arrastrado por las calles, siendo proclamado un espía, y que su cola estaba ardiendo. Ante esto ella se lamentó, y rogando al Fuego, dijo: «Como yo he sido fiel a mi señor, sed vos frío para Hanuman.» El fuego ardió en respuesta a su ruego, y en ese mismo momento el señor de Hanuman sopló frescor entre la llama y Hanuman.

Percibiendo que el fuego aún ardía, pero que su cola estaba fría como el hielo, Hanuman pensó que era por el bien de Rama y Sita y de su señor que el calor se había helado; rompió sus ataduras y dio un salto hacia el cielo, tan alto como una montaña, y corrió por acá y por allá en Lanka, quemando palacios y todos sus tesoros. Y cuando hubo quemado la mitad de Lanka hasta el suelo y sacrificado muchos rakshasas, Hanuman apagó su cola en el mar.

Hanuman regresa a Rama

Entonces de repente se arrepintió de su imprudente acción, dado que pensó que Sita podía haber muerto en el fuego. «Es una mala cuestión haber quemado Lanka», reflexionó; «si Sita ha perdido su vida he fallado en todo mi trabajo, y sería mejor morir que volver en vano a Rama». Pero otra vez él pensó: «Puede ser que esta dama haya sido salvada por su propia virtud; el fuego que no me ha quemado a mí seguramente nunca puede haber herido a esa noble señora.» Con ello se apresuró a llegar al árbol Asoka y la encontró sentada allí; la saludó, ella lo vio, y una vez más hablaron de Rama, y Hanuman presagió que éste rescataría a Sita rápidamente y mataría a los rakshasas. Entonces Hanuman saltó hacia arriba como una montaña alada y viajó a través del mar, ya claramente visto, ya escondido por las nubes, hasta que llegó a Mahendra, ostentando su cola y rugiendo como el viento en una cueva poderosa. Y toda la multitud de monos se alegró terriblemente al verlo y oírlo, sabiendo que él habría encontrado a Sita; ellos bailaron, corrieron de cumbre en cumbre, y movieron las ramas de los árboles y sus blancas y limpias telas, y trajeron frutas y raíces para que Hanuman comiese. Entonces Hanuman relató a Angada y Jambavan todo lo que había hecho, mientras que la multitud de monos se sentaba alrededor de los tres allí en la cima de Mahendra.

Cuando todo había sido dicho, Angada se volvió hacia la multitud de monos y dijo: «Oh nobles monos, nuestro trabajo está cumplido, y el momento ha llegado en que debemos regresar a Sugriva sin demora.» Ellos le contestaron: «Vamos ya.» Entonces Angada saltó al aire, seguido por todos los monos, oscureciendo el cielo como si fueran nubes y rugiendo como el viento; volviendo rápidamente hasta Sugriva, Angada habló primero a Rama, el del corazón apesadumbrado, y le dio noticias de Sita y agradeció el trabajo de Hanuman. Entonces Rama habló a Hanuman y le hizo muchas preguntes acerca del bienestar de Sita, la de la esbelta cintura. Hanuman le contó todo y le dio el mensaje de ella, no olvidando el mensaje acerca del cuervo y el del lunar pintado en la frente, y enseñó a Rama la joya del cabello de Sita confiada a él como señal. Rama lloró al ver aquella joya: era triste para él observarla y no ver a Sita misma; pero se alegró al saber que Sita vivía y que Hanuman la había encontrado.

Entonces Rama agradeció a Hanuman como al mejor de los sirvientes, ya que había hecho más aún de lo que se pretendía de él, dado que un buen sirviente hace lo que se le encomienda y no más, y un mal sirviente es aquel que hace menos de lo que sus señores le ordenan. «Hanuman», dijo, «ha hecho este trabajo y más, y estoy apenado de no poder hacerle ningún servicio en agradecimiento. Pero el afecto lo dice todo», y con esto Rama abrazó como a un hermano al ponderado y de gran corazón Hanuman.

Luego Sugriva habló y emitió órdenes para una marcha de todas las multitudes hacia el lejano Sur para sitiar Lanka, mientras que Hanuman le relataba a Rama todo lo que había visto del poder y las fortificaciones de la ciudad, diciendo: «Pensad en la ciudad como ya tomada, dado que yo solo provoqué su ruina, y será una cuestión fácil para una multitud como ésta destruirla completamente.»

Ahora el ejército de monos tomó su camino, encabezado por Sugriva y Rama; y los monos brincaban de alegría y saltaban jubilosamente y jugaban unos con los otros. Con ellos iban muchos osos amigos gobernados por Jambavan, cuidando la retaguardia. Pasando muchas montañas y deliciosos bosques, el ejército llegó finalmente a Mahendra y observó el mar delante de ellos; entonces marcharon hasta la misma orilla, junto a las rocas bañadas por las olas, e hicieron su acampada. Cubrieron toda la costa, como un segundo mar junto a las revueltas olas. Entonces Rama reunió un consejo para concebir la forma de cruzar el océano, y se colocó una guardia, dándose órdenes de que nadie debería apartarse, pues él temía la magia de los rakshasas.

Vibhishana deserta de los rakshasas

Mientras tanto Ravana en Lanka reunió otro consejo, dado que «La victoria proviene de tener consejos», como decían los sabios. «Vos sabéis cómo el mono Hanuman acosó a Lanka, y ahora Rama ha llegado a la costa del océano con multitudes de osos y monos, y él va a secar el mar o tender un puente sobre él y nos asediará. ¿Consideráis vos los medios de protección de la ciudad y el ejército?», así habló Ravana a sus consejeros. Y sus generales le aconsejaron confiar la batalla a su hijo, el príncipe Indrajit, mientras otros, como Prahasta, Nikumbha y Vajrahanu, se jactaron de que ellos solos se tragarían al ejército mono. Pero Vibhishana, hermano menor de Ravana, aconsejó otro rumbo.

«La fuerza», dijo, «debe ser utilizada cuando han fallado otros medios: conciliación, regalos y sembrar disenso. Más aún, la fuerza solo se aprovecha contra aquellos que son débiles o que desagradan a los dioses. ¿Qué si no la muerte puede resultar de un conflicto con Rama, controlado, despierto y fuerte con el poder de todos los dioses? ¿Quién alguna vez pensó que Hanuman podría haber hecho tanto? De esto vosotros deberíais estas advertidos y devolver a Sita a su señor, para salvaros a vosotros mismos y a nosotros.» Y jugando un papel arriesgado, siguió a su hermano a su propia habitación y lo saludó, y habló aún más por su bienestar. «Desde el día en que Sita vino», dijo, «los augurios han sido malos: el humo siempre apaga el fuego, en las cocinas se encuentran serpientes, la leche se seca, bestias salvajes aúllan alrededor del palacio. Devolved a Sita, de lo contrario todos nosotros sufriremos por vuestro pecado.» Pero Ravana despidió a su hermano con enojo, y se jactó de que mantendría a Sita como suya, aun cuando todos los dioses lucharan contra él.

La razón por la cual Ravana nunca hasta ahora había utilizado la fuerza contra Sita era que Brahma, una vez cuando Ravana había maltratado a una dama celestial, lanzó contra él la siguiente maldición: que, si alguna vez volvía a hacer lo mismo contra sus víctimas, su cabeza se partiría en cien pedazos. Y por entonces Ravana estaba delgado, desgastado y fatigado, como un caballo con el que se ha hecho un largo viaje, y deseaba alcanzar la muerte de Rama y hacer suya a Sita. Entonces volvió a pedir consejo a sus generales acerca de la guerra, pero otra vez Vibhishana se opuso a él, hasta que Ravana le insultó con enojo como a un cobarde y un traidor. Entonces Vibhishana consideró que había llegado el momento en que no podía sufrir más esos insultos y, alzándose en el aire con sus cuatro seguidores personales, le dijo a Ravana que él había hablado por su bien, «pero tú rechazaste consejo, como un hombre al borde de la muerte rechaza medicinas». Diciendo esto cruzó el mar por el cielo y llegó a donde se encontraba la multitud de monos, y anunció que venía a aliarse con Rama. La mayoría de los líderes monos querían matarlo, porque se fiaban poco de un rakshasa, aun cuando él no estuviese disfrazado como un espía; pero Rama habló en su defensa y se comprometió, en pago por su asistencia en la guerra, a establecerlo en el trono de Lanka cuando Ravana hubiese sido muerto.

El puente de Rama

Entonces Hanuman y Sugriva se reunieron con Vibhishana para decidir cómo cruzar el océano, y éste consideró que Rama debería buscar la ayuda y amistad del Océano para construir un puente. Se estuvo de acuerdo en esto, y Rama, esparciendo una cama de hierba de sacrificio, se tumbó sobre ella, mirando hacia el Este, con manos suplicantes hacia el mar, decidiendo: «O el océano cede o yo moriré.» Así Rama yació tres días, en silencio, concentrado, siguiendo las normas, absorto en el océano; pero Océano no respondió. Entonces Rama se enojó, se alzó y cogió su asco, y hubiera secado el mar y dejado a Varuna sin hogar; y soltó temerarias flechas hacia él, que ardieron y atravesaron las aguas, despertando poderosas tormentas, angustiando a los *nagas* y los *makaras* del mar, de forma que los dioses ermitaños que frecuentaban el cielo gritaron: «¡Ay de mí!» y «¡Suficiente!». Pero Océano no hacía su aparición, y Rama, amenazándole, puso en su asco una flecha bendecida con un hechizo de Brahma y la lanzó. Entonces cielo y tierra se oscurecieron, y las montañas temblaron, y resplandecieron rayos, y todas las criaturas tuvieron miedo, y las poderosas profundidades sufrieron violentos movimientos. El Océano mismo se alzó desde el centro del mar como el sol del Meru. Lleno de joyas y coronas, cubierto con piedras preciosas y seguido por nobles ríos como el Ganga, Sindhu y otros. Llegó hasta Rama con las palmas unidas y le habló cortésmente:

«Oh Rama», le dijo, «vos sabéis que cada elemento tiene sus propias cualidades inherentes. La mía es ser profundo y difícil de cruzar. Ni siquiera por amor o temor puedo parar el eterno movimiento de las aguas. Pero vos deberíais pasar sobre mí por medio de un puente, y yo lo soportaré y lo sostendré firmemente.» Entonces Rama estuvo agradecido, pero la flecha de Brahma esperaba encontrar su blanco y no podía ser frenada. Rama preguntó a Océano: «¿Dónde dejaré que ella golpee?» Océano respondió: «Hay un sitio hacia el norte de mi dominio poblado de malvados; déjala caer allí.» Entonces Rama dejó volar la flecha encendida, y el agua del mar hacia el norte se secó y quemó, y allí el mar se convirtió en un desierto. Pero Rama bendijo al desierto y lo hizo fructífero.

Océano dijo a Rama: «Oh amable persona, hay un mono aquí llamado Nala, él es el hijo de Vishvakarma y tiene la habilidad de su señor. Él está lleno de energía y construirá el puente a través de mí, y yo lo soportaré.» Entonces el Océano se hundió otra vez bajo las aguas. Pero Nala dijo a Rama: «El Océano ha dicho la verdad: solo porque vos no me lo habéis pedido yo he ocultado mi poder hasta ahora. »

Ahora todos los monos, siguiendo las órdenes de Nala, recogieron árboles y rocas y las trajeron del bosque hasta la costa, y las colocaron en el mar. Algunos acarreaban troncos, otros usaban la vara de medir, otros taladraban piedras; enorme era el tumulto y ruido de peñascos y rocas cuando los tiraban dentro del mar. El primer día se hicieron catorce leguas, y en el quinto día el puente estuvo terminado, ancho, elegante y firme, como una raya del pelo en la cabeza del Océano. Entonces la multitud de monos pasó por encima, Rama y Lakshmana montados sobre Sugriva y Angada. Algunos monos fueron a lo largo del puente suspendido sobre el mar, otros se zambullían en el mar y otros cruzaron a través del aire; el ruido de ellos ahogaba al ruido de las olas del océano.

Lanka, asediada

Los presagios de guerra fueron temerarios: la tierra se sacudió, las nubes hicieron llover sangre, un ardiente círculo cayó del Sol. Pero los monos rugían desafiando a los rakshasas, prediciendo así su destrucción. Entonces Rama divisó la torre de Lanka, construida por Vishvakarma, elevándose hasta atravesar los cielos, hecha, al parecer, más de ideas que de materia, colgando en el cielo como un banco de nubes de blanca nieve. Rama se sintió abatido al pensar que Sita estaba prisionera allí; pero ordenó a la multitud de osos y monos establecer el sitio de Lanka.

Mientras tanto los espías de Ravana, enviados con forma de monos para recoger noticias, trajeron detalles desde allí a Lanka, y, advirtiéndole del poder invencible de Rama, aconsejaron que Sita fuera entregada; pero Ravana estaba enfurecido y forzó a salir a los espías desacreditándoles y envió a otros en su lugar, pero siempre con el mismo resultado. No había ninguna opción salvo dar batalla o entregar a la esposa de Rama; pero Ravana consultó primero a Sita con la intención de someterla a su voluntad. Le dijo que la multitud de monos había sido dispersada y Rama muerto; una rakshasi entró trayendo la imagen de la cabeza de Rama y su arco, viéndolo Sita, que se apenó y lloró fuertemente con muchas lamentaciones, y rogó a Ravana que la matara junto a la cabeza de Rama. Pero entró un mensajero del general rakshasa llamando a Ravana a la batalla y él se dirigió al campo de batalla; cuando se marchó, la cabeza y arco inmediatamente se desvanecieron, y Sita supo entonces que ellos habían sido falsificaciones y vanas ilusiones.

Rama, herido

Ahora los cuatro seguidores rakshasas de Vibhishana habían espiado sobre Lanka y conocían la disposición de las fuerzas de Ravana; consecuentemente, Rama sitió las cuatro puertas de Lanka estableciendo al mono Nila en la puerta oriental, en que montaba guardia el general rakshasa Prahasta; Angada en la puerta occidental, vigilada por Mahaparshwa; Hanuman en la puerta, austral vigilada por el príncipe Indrajit, y él mismo se hizo cargo de la puerta norte, vigilada por Ravana. Entonces Rama envió a Angada como mensajero hasta Ravana, desafiándole a la batalla; pero Ravana, olvidando el respeto debido a un mensajero, intentó matarlo, y Angada saltó y rompió el techo del palacio y volvió a Rama. Entonces los monos avanzaron ordenadamente y enmarañándose en las paredes, inundando el foso y provocando terror en los corazones de los rakshasas; grupos de escaladores treparon las murallas y azotaron las puertas con árboles y piedras gritando: «¡Victoria para Rama y para Sugriva!» Los rakshasas salieron furiosos y se unieron en una batalla contra los monos, y el aire estaba lleno de ruidos de batalla, y una confusión terrible surgió entre amigos y enemigos, hombres y bestias, y la tierra estaba cubierta de carne y húmeda con destrucción humana. Así hasta el atardecer siguió una furiosa batalla; pero los rakshasas esperaron a la noche, y ansiosamente deseaban la puesta del sol, dado que la noche es el momento de mayor poder de los rakshasas. Así cayó la noche y los demonios deambulaban, devorando monos a miles. Entonces los del grupo de Rama recobraron el ánimo y durante algún tiempo predominaron, e Indrajit fue obligado a retroceder. Pero él, recurriendo a su magia, se volvió invisible, y lanzó una lluvia de mortíferas flechas sobre Rama y Lakshmana; luchando en forma aviesa, él los ató fuertemente, y ellos cayeron sin remedio al suelo, cubiertos de miles de heridas.

Sugriva, Hanuman, Vibhishana y todos los líderes de los monos se detuvieron alrededor de esos héroes heridos con lágrimas en sus ojos; pero Indrajit, sin ser visto por nadie a no ser por su tío Vibhishana, se alegró, y luego dejó volar muchas flechas que hirieron a Hanuman y Nila y Jambavan. Entonces Indrajit volvió a Lanka como vencedor y su padre le dio la bienvenida; por un momento la lucha cesó.

Ahora Vibhishana concentró a los atemorizados monos y reconfortó a Sugriva, diciendo: «Éste no es momento para dar lugar a la pena. Rama no está muriendo. Reunid a las fuerzas y animarlas con nueva esperanza.» Pero los monos eran presa del miedo, y si una caña se movía ellos creían que era un rakshasa. Y Ravana mientras tanto, llevando a Sita en su carro, le enseñó a Rama y Lakshmana caídos en el campo, sin sentido y atravesados con muchas flechas, heridos y sobre el polvo; ella juzgó que estarían muertos y gimió —pero Ravana la regresó a Lanka.

Mientas tanto Rama volvió en sí y, viendo a Lakshmana que parecía muerto, se lamentó enormemente, y alabando lo que los monos habían hecho, aunque sin triunfar, les dejó decidir libremente ir adonde les placiera del otro lado del puente y buscar sus casas. Vibhishana también había perdido el gusto por la batalla o deseo por el trono de Lanka. Pero Sugriva les animó y les dio nuevo coraje, y el jefe mono Sushena habló de una hierba mágica que crece junto al océano Milky, que puede restablecer a los muertos a la vida, «y dejad al hijo del dios Viento ir allí a buscarla», dijo.

La llegada de Garuda

Pero mientras hablaba un tormentoso viento se levantó, sacudiendo al mar y a las mismas montañas, y de repente los monos divisaron a Garuda navegando a través del aire como un fuego enardecido. Al acercarse Garuda, las flechas cayeron de los héroes heridos como serpientes asustadas escapando, y cuando él se inclinó para saludar y tocó sus caras con sus manos, los hijos de Dasharatha se curaron, y recobraron su fuerza inicial y resplandor. Entonces Rama le preguntó a Garuda quién era, y él le contestó:

«Soy un amigo vuestro, vuestra vida que deambula externamente a vos, Garuda, y he venido para ayudaros, oyendo que vos habíais sido atacado por los mágicos dardos de Indrajit. Ahora vos deberíais tener cuidado con la forma en que los rakshasas pelean con astucia y magia, y vos nunca deberíais fiaros de ellos en el campo. Yo tomo mi camino: vos no deberíais preguntaros cómo creció la amistad entre nosotros; vos vais a saberlo luego de acabada la batalla. Seguramente mataréis a Ravana y ganaréis a Sita.» Con esto Garuda, abrazando a Rama y Lakshmana, y abrazando también a los jefes monos, se elevó en el cielo y se marchó navegando sobre el viento. Entonces los jefes monos, viendo a Rama y Lakshmana restablecidos en vida y poder, empezaron a rugir y a mover sus colas; se tocaron tambores y, cogiendo árboles, cientos y miles de monos avanzaron otra vez sobre las puertas de Lanka. Por su parte, los moradores de la noche se presentaron bajo las órdenes de Dhumraksha («Ojo gris»), y hubo un mortífero comienzo. Los monos los desgarraban y hacían pedazos peleando con árboles y piedras, y los rakshasas los mataban y herían con flechas y los partían con hachas y los golpeaban con sus mazas. Entonces, viendo el fuerte acoso que sufrían los monos, Hanuman, cogiendo una pesada roca, avanzó sobre Dhumraksha y, proyectándola hacia su carro, lo destruyó convirtiéndolo en polvo; entonces Hanuman volvió a arremeter armado con un pico de montaña se abalanzó sobre Dhumraksha otra vez. Pero el rakshasa bajó su maza sobre la cabeza de Hanuman y le hizo una llaga; entonces Hanuman, despreocupado de la herida, soltó la cima de montaña sobre Dhumraksha y la estrelló contra el suelo como una colina caída. Viendo a su líder herido, los rakshasas se retiraron.

Penosa lucha

La paz fue corta, ya que Ravana envió otro líder rakshasa, el mortífero Diente de Tormenta; Angada lo encontró al conducir una la multitud de monos, y atravesó a cinco o nueve rakshasas con cada dardo, y entabló un duelo, hasta que al final rompió el cuello del demonio y lo dejó en el suelo. Entonces Ravana envió a Akampana («Inconquistable»), y éste fue muerto por Hanuman, con toda su multitud. Ravana estaba algo conmovido y se sintió enfermo, pero envió a Prahasta («Mano Larga»), su más destacado general, y éste recogió otra multitud y salió furioso sobre un carro espléndido por la puerta oriental, acompañado por sus consejeros Matahombres, Garganta Ruidosa y Alto. Este encuentro fue la muerte de muchos cientos de rakshasas y monos, y el momento de muchos actos de heroísmo. Prahasta desde su radiante carro enviaba miles de dardos veloces que mataban monos, y un verdadero río de sangre fluyó entre las multitudes adversarias. Entonces Nila, hijo de Agni, blandiendo un árbol desenterrado, embistió a Prahasta, pero éste hirió al mono con una lluvia de flechas. Al final su asco se rompió en pedazos en el conflicto, y la pareja luchó mano a mano, con uñas y dientes. Entonces Prahasta atizó a Nila un fuerte golpe con su maza, y Nila arrojó un gran árbol al pecho de Prahasta, pero éste lo evitó levemente y embistió a Nila. Entonces Nila lanzó un poderoso peñasco al rakshasa, aplastando su cabeza, de manera que cayó muerto. La multitud rakshasa retrocedió como agua fluyendo por un dique roto, y desaparecieron y entraron en Lanka, afligidos por la pena y el miedo.

Ravana se hinchó de cólera al enterarse de la muerte de Prahasta, y su corazón se hundió, pero se jactó de que destruiría a Rama y Lakshmana él mismo con mil dardos, y montó en su radiante carro y condujo una multitud de rakshasas contra los monos; parecía el mismo destructor, acompañado de espíritus y monstruos devoradores de carne con ojos ardientes. Vientre Grande, Duende y Destructor de Hombres y Tres Cabezas, luchadores con picos de montañas y mazas ardientes, fueron con Ravana. Pero él, cuando ellos estaban cara a casa con los asediadores, dio permiso a la multitud para tomar su descanso y avanzó para luchar solo. Entonces primero Sugriva arrojó un pico de montaña hacia él, pero Ravana lo partió con sus dardos dorados, de manera que cayó al suelo, y lanzó un veloz y ardiente dardo al rey mono, que lo tiró al suelo gimiendo de dolor. Entonces otros jefes monos juntos corrieron hacia Ravana, pero éste los destruyó de la misma forma; entonces ellos gritaron pidiendo ayuda a Rama. Lakshmana rezaba por la batalla, Rama se lo admitió y él tomó el campo; pero ya Hanuman estaba presionando fuertemente a Ravana, de forma que éste gritó: «Bien hecho mono: vosotros sois un enemigo con quien yo puedo regocijarme.» Con esto dio al hijo del dios Viento un fuerte golpe, de modo que éste se estremeció y cayó, y Ravana se dirigió a luchar con Nila. Pero el hijo del dios Fuego, ardiendo con enojo, saltó sobre el carro de Ravana y se esparció de un punto a otro como el fuego; y el corazón de Ravana se hundió, pero cogió un dardo mortífero y apuntó a Nila, y lo hirió casi al punto de matarlo. Pero entonces Lakshmana reanudó la batalla, y lluvias de flechas fueron soltadas sobre cada héroe, de modo que ambos fueron seriamente heridos; un dardo encendido golpeó e hizo caer al hermano de Rama. Entonces Rama lo cogió; pero él, que podía levantar el Himalaya, no podía alzar a Lakshmana del suelo, dado que recordaba que él era una parte del mismo Visnú, y se mantuvo inmóvil. Entonces Hanuman volvió y dio al rey rakshasa un golpe tremendo que le hizo caer, inconsciente y sangrando, sobre la plataforma de su carro; y Hanuman levantó fácilmente a Lakshmana y lo llevó hacia donde se encontraba Rama. No pasó mucho tiempo antes de que Ravana y Lakshmana volvieran en sí, y Rama, montado sobre las espaldas de Hanuman, se enredó en una temeraria batalla con el rey de Lanka. Rama destruyó su carro, hirió a Ravana con rayos, cortó su corona con un feroz disco y lo golpeó con una flecha, de manera que se debilitó y se desmayó; entonces, perdonando su vida, lo envió de vuelta a Lanka, diciendo: «Vos habéis cumplido actos de heroísmo y os veo débil; retiraros a Lanka ahora, ya que vos sentiréis mi poder en otra batalla.» Entonces el generoso Rama salvó a su enemigo, y todos los dioses y la tierra y el mar, y criaturas de la tierra, se alegraron al ver al rey rakshasa deprimido.

Oreja de Vasija se despierta

Ahora Ravana recordó a su hermano Kumbhakarna («Oreja de Vasija»). Él podía dormir, ya fuera seis, ocho, o diez meses de una vez, y se despertaría s o l o para llenarse de comida, y luego dormirse otra vez. Pero era el luchador más fuerte y el mejor de los rakshasas en la batalla, y cuando Ravana envió una multitud para despertarlo ya había dormido nueve meses. Lo encontraron durmiendo en una cueva; tendido como una montaña, borracho de sueño e inmenso como el infierno, su maloliente respiración se difundía delante de él, oliendo a sangre y grasa. Los rakshasas prepararon para él montones de ciervos y búfalos, humeante arroz y jarras de sangre, montañas de comida apiladas tan altas como Meru; entonces se dispusieron a despertarlo. Ellos soplaron trompas y gritaron y batieron tambores, de modo que los mismos pájaros del cielo cayeron muertos de miedo; pero Oreja de Vasija dormía aún más profundamente y los rakshasas casi no podían soportar el tomado de su respiración. Entonces ciñeron sus vestidos lo más ajustadamente posible, diez mil de ellos gritaron juntos, y lo golpearon con troncos de madera y tocaron mil tambores a un mismo tiempo. Entonces creció su enojo y se pusieron a trabajar más seriamente; algunos golpearon sus orejas, otros vaciaron mil jarras de agua en ellas, algunos lo hirieron con lanzas y mazas y algunos condujeron sobre él mil elefantes. Con esto al fin despertó, bostezó y bostezó otra vez, de tal forma que una verdadera tormenta estaba preparándose, y las punzadas del hambre le asaltaron y miró a su alrededor en busca de comida. Entonces contempló el banquete y comió y bebió ansiosamente; y cuando los rakshasas pensaron que estaba lleno, se pusieron alrededor de él y le reverenciaron y le informaron de todo lo que había sucedido, pidiéndole ayuda. Entonces, ya medio dormido otra vez, se levantó y se jactó de que regalaría a los rakshasas un abundante banquete de carne y sangre de mono: «y yo mismo tragaré la sangre de Rama y Lakshmana», dijo. Entonces Oreja de Vasija se bañó y, yendo hasta su hermano, le hizo cobrar ánimos. Bebió dos mil frascas de vino y marchó como una montaña en movimiento, vestido con malla dorada, a atacar a los monos. Los monos huyeron aterrorizados, pero Oreja de Vasija corría y los cogía, devorándolos a boca llena, de modo que la sangre y la grasa goteaban de su boca. Entonces Rama, con Hanuman y Angada y otros valientes monos, cayeron sobre él como nubes alrededor de una montaña, y Oreja de Vasija, medio dormido todavía, comenzó a animarse y a pelear más seriamente. Hanuman, desde el cielo, lanzó picos de montaña sobre él; pero él tragó veinte y treinta monos de un bocado, y mataba a cientos en cada golpe, e hirió a Hanuman, y se sacudía con furia de un sitio a otro.

Oreja de Vasija, muerto

Oreja de Vasija lanzó un segundo mortífero dardo sobre Hanuman, pero éste lo paró y lo rompió con sus manos, y todos los monos gritaban, de modo que el rakshasa resultó amedrentado y se escapó. Pero en esto que Oreja de Vasija lanzó un pico de montaña que abatió a Sugriva hasta hacerle caer, y lo alzó y lo llevó lejos. Los monos se esparcieron y su rey fue hecho prisionero. Pero Sugriva se levantó y se volvió sobre Oreja de Vasija, lo hirió y consiguió escapar; la batalla se reinició y Lakshmana luchó contra el rakshasa. Entonces Rama reanudó la batalla, hirió a su enemigo con muchos dardos, y le quitó un brazo, y éste al caer destruyó cien monos. Entonces con un segundo dardo cortó el otro brazo y con dos discos de afilados bordes cortó las piernas del demonio; con un dardo de Indra le quitó la cabeza, y cayó como una gran colina al mar, y los dioses y los héroes se alegraron.

El éxito rakshasa

Entonces Ravana se sintió abatido; pero el príncipe Indrajit se acercó a su padre y prometió matar a Rama y Lakshmana ese día, y salió airado. Pero primero ofreció libaciones al Fuego y sacrificó una cabra; y el brillante y sin humos dios Fuego, con su centelleante lengua, se levantó para coger la ofrenda, y le ofreció un arma de Brahma a Indrajit, y bendijo su arco y carro con hechizos. Armado con esa arma, Indrajit mató incontables multitudes de monos y derrumbó a Sugriva y Angada y Jambavan y Nila y otros jefes, pero permaneció invisible. Entonces Rama, viéndolo así armado e inasible, aconsejó aparentar estar vencidos. E Indrajit regresó victorioso a Lanka.

Hanuman va en busca de hierbas curativas

Entonces Vibhishana y Hanuman exploraron el campo, viendo miles de muertos y heridos, una horrible y triste vista; llegaron junto al rey de los osos, Jambavan, y le preguntaron si todavía vivía. Él les contestó débilmente, reconociendo la voz de Vibhishana, y preguntó si Hanuman estaba vivo; entonces Hanuman se inclinó ante Jambavan y cogió sus pies. Jambavan se alegró y, a pesar de sus heridas, habló al hijo del Viento:

«Haz esta labor por esta multitud de monos *y* osos, porque solo vos podéis salvarlos. Vos saltaréis sobre el mar y alcanzaréis el Himalaya, rey de montañas, y traeréis de allí las cuatro hierbas que crecen sobre él y dan la vida, y volveréis con ellas para curar a las multitudes de monos.»

Entonces Hanuman rugió y saltó; y pasó a través del mar sobre las colinas y bosques y ríos y ciudades hasta que llegó al Himalaya y divisó sus ermitas. Recorrió la montaña, pero las hierbas estaban escondidas; y enojado e impaciente, Hanuman arrancó la montaña y saltó con ella dentro del aire y volvió a Lanka, aclamado por toda la multitud. Y los monos muertos y heridos se levantaron, como descansados después de un sueño, curados por el sabor de cuatro hierbas medicinales. Pero los rakshasas muertos habían sido lanzados al mar. Entonces Hanuman llevó otra vez el pico de montaña hasta el Himalaya y volvió a Lanka.

Ahora Sugriva, viendo que pocos rakshasas vivían para defender la ciudad, asaltó las puertas y una multitud de monos soportando ardientes hierros entró y quemó e hizo estragos en ella. La segunda noche había llegado, y la ciudad ardiendo brillaba en la oscuridad, como una montaña en llamas con fuego en sus bosques. Pero Ravana envió una multitud contra los monos una y otra vez. Primero Kumbha y Nikumbha encabezaron a los rakshasas, y fueron muertos en mortífera batalla; entonces Maharaksha, hijo de Khara, a su vez fue muerto, e Indrajit salió otra vez. Él luchó invisible, como siempre, e hirió seriamente a Rama y Lakshmana. Entonces Indrajit se retiró y volvió otra vez, conduciendo un carro con una ilusoria y mágica figura de Sita, y condujo hacia arriba y hacia abajo por el campo, cogiéndola a ella por el pelo y golpeándola, y la derribó a la vista de todas las multitudes de monos. Hanuman, creyendo en el falso espectáculo, paró la batalla y llevó la noticia a Rama, y Rama se derrumbó, como un árbol cortado por las raíces. Pero mientras ellos se lamentaban, Indrajit fue al altar en Nikhumbila a hacer sacrificios al dios del Fuego.

El hijo de Ravana es muerto

Mientras tanto Vibhishana llegó a Rama y lo encontró abrumado por la pena, y Lakshmana le dijo que Sita había sido matada por Indrajit. Pero Vibhishana adivinó que esto había sido una representación ilusoria, con menores posibilidades de ser real que de que se vacíe el océano. «Es un ardid», dijo, «para retrasar al ejército de monos hasta que Indrajit haya completado su sacrificio al Fuego y conseguido el deseo de ser invencible en la batalla. Entonces no os apenéis, pero daros prisa para prevenir los resultados de sus ofrendas, ya que los mismos dioses estarán en peligro cuando las termine.» Entonces Rama se levantó, y con Lakshmana y Vibhishana persiguieron al hijo de Ravana; y ellos se adelantaron a él y le alcanzaron antes de llegar a Nikhumbila, montado sobre un ardiente carro. Entonces ocurrió la peor y la más encarnizada de las batallas aún ocurridas: Lakshmana aguantó lo más recio del combate y se dijo que los ancestros de los dioses, los pájaros y serpientes protegieron a Lakshmana de los mortíferos dardos. Y éste fue al final el modo en que Indrajit murió: Lakshmana cogió un dardo de Indra, y haciendo un acto de verdad, rogó a la deidad que allí vivía: «Si Rama es correcto y veraz, el primero de todos los hombres en heroísmo, entonces matad al hijo de Ravana», y llevando la rápida y certera flecha a su oreja, la soltó y partió el cuello del rakshasa, de modo que la cabeza y el cuerpo cayeron al suelo, y todos los rakshasas, viendo a su líder muerto, huyeron. Ante esto todos los monos se alegraron, dado que ningún héroe rakshasa permanecía vivo, salvo el mismo Ravana. Entonces Rama dio la bienvenida al herido Lakshmana con gran cariño, y ordenó a Sushena que administrara medicinas a él y a los monos heridos; y el jefe mono acercó una droga potente a la nariz de Lakshmana, oliéndola, la aparente ida de su vida se detuvo, y se curó.

Ravana se apenó amargamente por su hijo. «Los mundos triples, y esta tierra con sus bosques, parecen estar vacíos», gritó, «dado que tú, mi héroe, que eras quien debía hacer realizar mis ritos funerarios y no yo los tuyos, te has ido a la morada de Yama», y ardió de rabia y pena. Entonces tomó la decisión de matar a Sita en venganza, pero su buen consejero Suparshwa lo detuvo, diciendo: «Vos no debéis matar a una mujer; cuando Rama esté muerto vos la poseeréis.»

Todo Lanka resonaba con las lamentaciones de las rakshasis por los rakshasas muertos en batalla, y Ravana se sentó furioso, tramando medios para conquistar a Rama: rechinó sus dientes y mordió sus labios y rió, y fue con Gran Vientre y Ojos Bizcos y Gran Ijada al campo de batalla, seguido por el último ejército de demonios, y jactándose: «Haré que llegue el fin de Rama y Lakshmana hoy.»

La furia de Ravana

No bien los monos se ponían delante de él, eran destruidos como moscas en el fuego; pero Sugriva se enredó en una lucha cuerpo a cuerpo con Ojos Bizcos y terminó con él; y con ello los dos ejércitos se enfrentaron otra vez, y hubo una mortífera matanza en ambos bandos, y cada ejército retrocedió como una charca en el verano. Luego Gran Vientre fue muerto por Sugriva, y Angada provocó la muerte de Gran Ijada, de modo que los monos rugían por el triunfo. Pero ahora Ravana avanzó al ataque, trayendo un arma de Brahma, y dispersó a los monos a derecha e izquierda.

Él no pasó hasta que llegó ante los hijos de Dasharatha. Rama estaba a un lado, con sus grandes ojos como pétalos de loto, con su poder de largo alcance, inconquistable, sosteniendo un arco tan inmenso que parecía estar pintado en el cielo. Rama puso flechas al arco y tensó la cuerda, de modo que mil rakshasas murieron de terror cuando le escucharon tañer; y entonces comenzó una mortífera batalla entre los héroes. Aquellas flechas penetraron al rey de Lanka como serpientes de cinco cabezas, y cayeron siseando al suelo; pero Ravana alzó una temeraria arma asura e hizo caer sobre Rama una lluvia de flechas con caras de león y tigre, y algunas con bocas abiertas como lobos. Rama contestó a esto con dardos con cara de sol y estrellas, como meteoros o rayos, destruyendo los dardos de Ravana. Entonces Ravana peleó con otras armas celestiales, y levantó una fecha de Rudra, irresistible y ardiente, con ocho ruidosas campanas colgando, y la arrojó a Vibhishana; pero Lakshmana se puso delante salvando a Vibhishana de la muerte. Rama, viendo el arma caer sobre Lakshmana, rezó: «¡La paz sea con Lakshmana! Frustraos y dejad partir la energía.» Pero el dardo encendido pegó a Lakshmana en el pecho y le hizo caer, no pudiendo ningún mono quitar el dardo de su cuerpo. Rama se inclinó y lo sacó y lo rompió en dos, y entonces, aunque inmensamente apenado por Lakshmana y enojado por su dolor, Rama llamó a Hanuman y Sugriva, diciendo: «Ahora es el momento indicado. Hoy debo cumplir un acto del cual todos, hombres y dioses y todo el mundo, contarán tanto tiempo como la tierra soporte una criatura viviente. Hoy mi tristeza tendrá un fin y todo por lo que he trabajado ocurrirá.»

Entonces Rama se concentró en la batalla, pero Hanuman fue otra vez al Himalaya y trajo el monte de hierbas de la salud para Lakshmana, y Sushena cogió la planta que da la vida e hizo a Lakshmana sentir su sabor, de manera que él se levantó entero y saludable; Lakshmnana abrazó a su hermano y le impulsó a cumplir su promesa ese mismo día. Sakra envió del cielo su carro y auriga, llamado Matali, para ayudar al hijo de Dasharatha en su lucha, y Rama fue hasta él y le saludó; montando sobre él, pareció alumbrar al mundo entero con su esplendor. Pero Ravana disparó un arma rakshasa y sus dorados dardos, con feroces caras vomitando llamas, se descargaban sobre Rama desde todos los sitios y se convertían en serpientes venenosas. Pero Rama cogió un arma de Garuda y lanzó una escuadrilla de doradas flechas, que cambiaban a pájaros según su voluntad, que devoraron todos los dardos-serpiente del rakshasa. Entonces los dioses de todas las armas se acercaron a Rama, y con este auspicioso presagio y otros felices signos Rama comenzó a acosar a Ravana seriamente, y lo hirió, de modo que su auriga, viendo que parecía a punto de morir, se largó del campo de batalla. Entonces el sagrado Agastya llegó hasta allí con los dioses para ser testigos de la derrota de Ravana, se acercó a Rama y le dio instrucciones: «Rama, Rama, poderoso héroe, mi niño, escucha el secreto eterno, el Corazón del Sol, con lo cual podrás vencer a cualquier enemigo. ¡Adora al Sol, señor del mundo, en quien vive el espíritu de todos los dioses! ¡Salva! ¡Salva! ¡Oh señor de los mil rayos! ¡Salvas a Aditya! ¡Tú que despiertas a los lotos! ¡Tú que eres fuente de vida y muerte, destructor de toda oscuridad, luz del alma, que despiertas con todos dormidos y vives en cada corazón! Tú eres los dioses y cada sacrificio y las frutas de éstos. Adora con este himno al señor del universo y conquistarás a Ravana hoy.»

Ravana es muerto

Entonces Rama entonó un himno al Sol y se purificó a sí mismo
con sorbos de agua, y estaba alegre, y se volvió para enfrentarse a
Ravana, dado que los rakshasas habían regresado a él y estaban ansiosos
por luchar. Cada uno como un león ardiente peleó con el otro; Rama

cortó con sus flechas mortíferas cabeza tras cabeza al de los Diez Cuellos, pero nuevas cabezas siempre salían en el sitio de las cortadas, y la muerte de Ravana no parecía de ninguna manera más cercana que antes —las flechas que habían muerto a Mancha y Khara y Vali no podían llevarse la vida del rey de Lanka—. Entonces Rama cogió el arma de Brahma dada a él por Agastya: el Viento estaba en sus alas, el Sol y Fuego en su cabeza, en su cuerpo el peso de Meru y Mandara. Bendiciendo ese dardo con *mantras* védicas, Rama lo puso en su arco y lo soltó, y voló a su punto indicado penetrando en el pecho de Ravana y, bañado de sangre, volvió y entró en el carcaj de Rama humildemente.

Así fue muerto el señor de los rakshasas, y los dioses hicieron llover flores sobre el carro de Rama y cantaron himnos de agradecimiento, porque su deseado fin estaba ahora cumplido —aquel fin para el cual Visnú había cogido la forma humana—. El cielo estaba en paz, el aire se puso más claro y brillante, y el sol brilló sin nubes sobre el campo de batalla.

Ravana es llorado

Pero Vibhishana se lamentó por su hermano amargamente, y Rama le consoló diciéndole: «Un héroe muerto en batalla no debe ser llorado. El éxito en la batalla no es para siempre: ¿por qué te apenas si aún el que hizo huir al mismo Indra caerá al final? Sería mejor que hicieras los ritos funerarios. Consuélate, también, con esto: con muerte se termina nuestra enemistad, y Ravana me es tan querido como tú.» Entonces salieron de Lanka una multitud de rakshasas llorando, buscando a su señor y gimiendo amargamente, y Mandodari, reina de Ravana, hizo este lamento:
«Oh tú, poderoso, hermano más joven de Vaisravana, quien podía enfrentarse a ti. Habías amedrentado a dioses y rishis. ¡No había nacido el hombre que, luchando a pie, podía vencerte! Pero tu muerte ha sucedido por Sita, y yo soy una viuda. Tú no hiciste caso a mis palabras, ni pensaste cuántas bellas damas tú tenías además de ella. ¡Ay de mí! ¡Qué hermoso eras y qué amable sonrisa: ahora estás bañado en sangre y atravesado con flechas! Ya no dormirás en una cama de oro; ahora yaces en el polvo. ¿Por qué te vas y me dejas sola? ¿Por qué no me das la bienvenida?» Pero las otras esposas de Ravana la consolaron y la levantaron diciéndole: «La vida es incierta para todos y las cosas cambian.» Mientras tanto Vibhishana preparó la pira funeraria, y Ravana fue

llevado al suelo de quema y quemado con todos los ritos y honores debidos a los héroes. Las esposas de Ravana volvieron a Lanka, y los dioses regresaron a su propio sitio. Entonces Lakshmana, cogiendo agua traída del océano por Sugriva en una jarra dorada, untó a Vibhishana como señor de la ciudad de Lanka y rey de los rakshasas, y con ello los monos y los rakshasas se alegraron.

Sita es traída a Rama

Pero ahora Rama llamó a Hanuman y envió a buscar a Sita y a informarle de todo lo que había sucedido; la encontró todavía junto al árbol Asoka, vigilada por rakshasis. Hanuman se pasó ante ella humildemente y le contó la historia, y ella le dio un mensaje:

«Yo deseo ver a mi señor.» Entonces el mono radiante fue hasta Rama y le dio el mensaje de Sita. Rama lloró ante esto y se sumergió en pensamientos, y con un fuerte suspiro dijo a Vibhishana:

«Trae a Sita aquí pronto, bañada y apropiadamente adornada con pasta de sándalo y joyas.» Él se dirigió a ella y le dio la orden; ella hubiera ido hasta él sin bañar. «Pero vos debéis actuar según las palabras de vuestro señor», dijo. «Entonces así será», ella respondió, y cuando estuvo lista, portadores apropiados la llevaron sobre un palanquín hasta Rama. Rama, viéndola luego de haber estado tanto tiempo prisionera de Ravana, dominado por la angustia, sintió al mismo tiempo furia, felicidad y pena.

«Oh señor de los rakshasas, oh amable rey», dijo a Vibhishana, «trae a Sita junto a mí.» Entonces Vibhishana apartó a la multitud de monos, osos y rakshasas, y los acompañantes con cañas y tambores animaron a la multitud reunida. Pero Rama les ordenó que desistieran, y ordenó que Sita debía dejar el palanquín y llegar a él a pie, diciendo a Vibhishana: «Tú deberías calmar en lugar de hostigar a este nuestro propio pueblo. No existe pecado cuando una mujer es llevada en tiempos de guerra o peligro, o se marcha por una autoelección[9], o al casarse. Sita está ahora en peligro y no puede ser un error verla, y más aún yo estoy aquí para protegerla.» Vibhishana, deprimido ante esta reprimenda, trajo a Sita humildemente hasta Rama; y ella permaneció avergonzada, escondiendo su interior en su forma exterior, viendo la cara de Rama maravillada, con alegría y amor. Cuando él la miró su pena se desvaneció, y brilló radiante como la luna.

Pero Rama, viéndola parada humildemente junto a él, no podía contener su habla y gritó: «¡Oh tú la amable! Yo he sometido a tu enemigo y limpiado una mancha sobre mi honor. Los esfuerzos de Hanuman, al cruzar las profundidades y llegando hasta Lanka; de Sugriva, con su ejército y su consejo, y de Vibhishana han dado su fruto y he cumplido mi promesa, por mi propio poder llevando a cabo el deber de un hombre.» Entonces Sita miró a Rama apenada, como un ciervo, con los ojos llenos de lágrimas; y Rama, feliz de verla tan cerca, pero también pensando en

---

[9] Swayanvara, elección de un esposo de una reunión de pretendientes; ver también la historia de Nala y Damayanti. (N. del T.)

la opinión de otros hombres allí presentes acerca de su honor, se dividió a sí mismo en dos y exclamó: «Yo he limpiado el insulto a nuestra familia y a mí mismo», dijo, «pero vos estáis manchada por vivir con otro distinto de mí. ¿Qué hombre de alto grado recibe devuelta a una esposa que ha vivido largo tiempo en la casa de otro? Ravana te ha tenido en su regazo y te ha mirado con ojos lujuriosos. Yo he vengado su malvada acción, pero no estoy sujeto a ti. Oh tú la amable, estoy forzado por un sentido del honor a renunciar a ti, dado que ¿cómo te iba a pasar por alto Ravana, tan hermosa y tan delicada como tú eres, cuando te tenía sometida a su voluntad? Elige el hogar que quieras, ya sea con Lakshmana, o Bharata, o Sugriva, o con Vibhishana.»

Entonces Sita, oyendo de Rama ese discurso cruel, aunque mal expresaba lo que él deseaba en realidad, tembló como una parra que se balancea, y lloró con grandes lágrimas, y ella se sintió avergonzada delante de la gran multitud. Pero se limpió las lágrimas de su cara y le contestó: «Ah, ¿por qué dices palabras tan rudas y crueles? ¡Viendo las maneras de otras mujeres, tú no confiarías en ninguna! Pero, oh tú poderoso héroe, yo soy el propio y suficiente testigo de mi pureza. No fue con mi consentimiento que otro haya tocado mi persona. Mi cuerpo no estaba en mi poder, pero mi corazón, que se encuentra bajo mi propio dominio, ha estado solo contigo. Oh tú mi señor y fuente de honor, nuestro cariño ha crecido por vivir juntos durante largo tiempo; y ahora, si tú no reconoces mi fidelidad, estaré destruida para siempre. Oh rey, ¿por qué no renunciaste a mí cuando vino Hanuman a verme? Entonces hubiera renunciado a la vida, y tú no hubieses necesitado pasar por toda esta labor, ni poner esa carga sobre tus amigos. Tú estás enojado; como un hombre común tú no ves en mí otra cosa que femineidad. Yo soy conocida como hija de Janaka, pero, en realidad, yo nací de la Tierra; tú no conoces mi verdadera identidad.» Entonces Sita se volvió hacia Lakshmana, y dijo con culposas palabras: «Oh hijo de Sumitra, constrúyeme una pira funeraria; allí dentro estará mi único refugio. Yo no viviré marcada con un estigma no merecido.» Lakshmana, lleno de pena y enojo, se volvió hacia Rama, y en obediencia a su gesto preparó la pira funeraria.

Las ordalías de Sita

Entonces Sita, haciendo un círculo alrededor de Rama, con la vista baja, se aproximó al fuego; con las manos unidas se detuvo y oró: «En vista de que mi corazón nunca se ha apartado de Rama, protegedme vos, oh fuego, testigo de todos los hombres; dado que Rama me rechaza como impura, cuando en realidad estoy inmaculada, sed vos mi refugio.» Entonces Sita se acercó al fuego y penetró en las llamas, de modo que todos los reunidos, tanto jóvenes como viejos, fueron sobrecogidos por la pena y el ruido de los supremos gemidos y lamentaciones se alzó en todos los lugares.

Rama se mantuvo inmóvil y ensimismado, pero los dioses bajaron a Lanka en sus carros radiantes y, uniendo sus manos, rogaron a Rama retractarse: «Vos que protegéis los mundos, ¿por qué renunciáis a la hija de Janaka, dejándola elegir la muerte por el fuego? ¿Cómo puede ser que vos no supierais lo que hacíais? Vos érais al principio, y seréis al final, antes que nada, los dioses, vos mismo el gran señor y creador. ¿Por qué tratáis a Sita de la misma forma que a una persona común?», dijeron. A ellos Rama respondió: «Me conozco a mí mismo s o l o como hombre, Rama, el hijo de Dasharatha; ahora decidme gran señor quién soy y de dónde vengo.»

Entonces Brahma contestó: «¡Escuchad, vos cuya virtud descansa en la verdad! Oh señor, vos sois NaRavana, con el disco y la maza; vos sois el verraco de un solodh; vos estáis más allá del presente, el pasado y el futuro; vuestro es el arco del tiempo; vos sois la creación y la destrucción; vos sois el verdugo de los enemigos, vos el perdón y control de las pasiones, vos sois el refugio de todos los dioses y ermitaños; vos estáis presente en todos las criaturas, en vacas y brahmanes, en cada punto cardinal, en el cielo y el río y los picos de las montañas; y mil miembros, mil ojos, mil cabezas son vuestras; yo soy vuestro corazón, vuestra lengua Sarasvati; el cierre de vuestros ojos es la noche, su apertura el día: Sita es Lakshmi, y vos Visnú y Krishna. Y, oh Rama, ahora Ravana está muerto, ascended al cielo, vuestro trabajo está cumplido. Nada faltará a aquellos cuyos corazones están en vos, no fallarán quienes canten vuestra disposición.»

Entonces el fuego, oyendo esas felices palabras, se alzó con Sita sobre su regazo, radiante como el sol de una mañana, con joyas doradas y cabello negro y rizado, y la devolvió a Rama, diciendo: «Oh Rama, aquí está vuestra Sita, a quien ninguna mancha ha tocado. Ni con palabras ni con pensamientos ni miradas se ha apartado Sita de vos. Aunque tentada de todas formas, ella no pensó en Ravana aun en su más íntimo corazón. Dado que ella está inmaculada, cogedla otra vez.» Rama se mantuvo en silencio por un instante, con los ojos brillantes sopesó el discurso de

Agni; entonces contestó: «Dado que esta belleza vivió mucho tiempo en la casa de Ravana, ella requería reivindicación ante el pueblo reunido. Si la hubiese acogido sin reprobación, la gente hubiese dicho que Rama, hijo del rey Dasharatha, fue movido por el deseo, y no por una ley social. Sé bien que el corazón de Sita solo está conmigo, y que su propia virtud fue su único refugio de los asaltos de Ravana; ella es mía como los rayos solares son del Sol. Yo no puedo renunciar más a ella, pero me place obedecer vuestras felices palabras.» Así el glorioso hijo de Dasharatha recuperó a su joven esposa y su corazón estaba feliz.

Las visiones de los dioses

Pero ahora Shiva cogió la palabra, y señaló a Rama a su padre Dasharatha apostado sobre un brillante carro entre los dioses, y Rama y Lakshmana se inclinaron ante él; y él, viendo a su más querido hijo, cogió a Rama sobre su regazo, y dijo: «Aun en el cielo entre los dioses no soy feliz, faltando tú. Aún hoy recuerdo las palabras de Kaikeyi, y tú debes redimir mi promesa y liberarme de toda deuda. Ahora he oído que eres la misma encarnación del macho por el alcance de la muerte de Ravana. ¡Kaushalya estará contenta de verte volver victorioso! ¡Benditos sean los que te verán instituido como señor de Ayodhya! El período del exilio ha concluido. ¡Ahora gobernad con vuestros hermanos en Ayodhya y tened una larga vida!» Entonces Rama pidió a su padre: «Perdonad vos ahora a Kaikeyi, y retirad la maldición temeraria con que habéis renunciado a ella y a su hijo.» Entonces Dasharatha dijo: «Que así sea», y a Lakshmana: «Puedan el bien, la verdad y el honor ocurrirte a ti, y alcanzarás un lugar privilegiado en el cielo. Sirve a Rama, a quien los dioses adoran con manos unidas.» Y a Sita le dijo: «No debes sentirte resentida por haber Rama renunciado a ti; lo hizo por tu bien. ¡Ahora has alcanzado una gloria difícil de ser conseguida por una mujer! Tú conocías bien el deber de una esposa. No es necesario para mí contarte que tu marido es tu mismo dios.» Entonces Dasharatha en su carro volvió al cielo de Indra.

Indra, de pie ante Rama, con sus manos unidas se dirigió a él, diciendo: «Oh Rama, primero de los hombres, no puede ser en vano que hemos venido hasta vos. Pedid el deseo que es más querido a vos.» Entonces Rama habló, encantado: «Oh señor del cielo y el más destacado de los elocuentes, aseguradme esto: Que todos los monos muertos en la batalla retornarán a la vida y verán otra vez a sus esposas y niños. Devolved esos osos y monos que lucharon por mí y trabajaron duramente y no temieron a la muerte. Y dejad que haya flores y frutas y raíces para ellos, y ríos de aguas claras, aun fuera de estación, adondequiera que ellos vayan.» E Indra le aseguró el gran deseo, de modo que una multitud de monos se levantó preguntando como quien recién se despierta: «¿Qué ha sucedido?» Entonces los dioses una vez más se dirigieron a Rama, diciéndole: «Retomad a Ayodhya, conduciendo a los monos en su camino, Consolad a Sita, buscad a vuestro hermano Bharata y, estando instituido como rey, conferid buena fortuna a cada ciudadano.» Con esto los dioses se marcharon y el feliz ejército hizo su acampada.

El regreso de Rama

Cuando amaneció, Rama, cogiendo el carro Pushpaka, que le había dado Vibhishana, estuvo listo para partir. El carro se movía por sus propios medios y era muy grande y estaba pintado bellamente; tenía dos pisos, con ventanas, banderas, banderines y muchas habitaciones, y hacía un sonido melódico al cruzar a través del viaje por el aire. Entonces dijo Vibhishana: «¿Qué más puedo hacer?» Rama contestó: «Satisface a estos osos y monos que han realizado mi labor con diversas joyas y riquezas; entonces ellos partirán a sus hogares. Y gobierna con justicia, autocontrol y compasión, y sé recolector justo de rentas, y todos te seguirán.» Entonces Vibhishana distribuyó riquezas entre toda la multitud, y Rama se despidió de todos los monos y osos, y de Vihhishana; pero ellos gritaron: «Nosotros queremos ir contigo a Ayodhya.» Entonces Rama los invitó con alegría, y Sugriva y Vibhishana y toda la multitud montó sobre el poderoso carro: el carro se levantó al cielo, llevado por gansos dorados, y se fue navegando, mientras que monos, osos y rakshasas descansaban.

Pero cuando pasó junto a la ciudad de Kishkindha, la capital de Sugriva, Sita rogó a Rama llevar con ellos hasta Ayodhya a Tara, la esposa de Sugriva, y las esposas de otros jefes monos; detuvo el carro mientras Sugriva trajo a Tara y a las esposas de los otros monos. Y ellos montaron y partieron hacia Ayodhya. Ellos pasaron a través de Chitrakuta, Jamna y el Ganges donde éste se divide en tres, y al final divisaron Ayodhya, y se inclinaron ante ella; y todos los osos y monos y Vibhishana se levantaron deleitados al verla, brillando bella como Amaravati, la capital de la Indra.

Era el quinto día después de catorce años de exilio cuando Rama saludó al ermitaño Bharadwaja, y por él supo que Bharata esperaba su retorno, llevando una vida de ermitaño y honrando sus sandalias. Y Bharadwaja le otorgó un deseo: que los árboles a lo largo del camino hacia Ayodhya tendrían flores y fruta al pasar ellos, aun fuera de estación. Y así fue que por tres leguas, desde la ermita de Bharadwaja a la puerta de Ayodhya, los árboles tenían flores y frutos, y los monos creían estas en el mismo cielo. Pero Hanuman fue enviado por delante para traer noticias de Ayodhya y Bharata, y se fue rápidamente, con forma humana. Llegó hasta Bharata, quien estaba en su ermita ataviado como un yogui, delgado y rendido, pero radiante como un poderoso sabio y gobernando la tierra como virrey de las sandalias. Entonces Hanuman le relató todo lo que había sucedido a Rama desde que los hermanos se separaron en Chitrakuta, y el corazón de Bharata se llenó de alegría, y dio órdenes para preparar la ciudad y de adorar a todos los dioses con música y flores, y a toda la gente avisó que se acercara para dar la bienvenida a Rama. Se regaron las calles y se izaron las banderas, y toda la ciudad se llenó de ruido de caballería, carros y elefantes. Entonces llegó Rama, y Bharata le veneró, bañó sus pies y humildemente le saludó; pero Rama lo levantó y lo abrazó. Entonces Bharata se inclinó ante Sita, dio la bienvenida a Lakshmana y abrazó a los jefes monos, nombrando a Sugriva «nuestro quinto hermano», y elogió a Vibhishana.

Rama fue adonde estaba su madre y humildemente tocó sus pies y saludó a los sacerdotes. Luego Bharata trajo las sandalias y las colocó a los pies de Rama, y con las manos unidas dijo: «Todo esto, tu reino, que me has confiado, te lo devuelvo: ¡mira, tu riqueza de tesoros, palacio y ejército se han multiplicado por diez!» Entonces, poniendo a su hermano sobre sus rodillas, Rama viajó hasta la ermita de Bharata, y, descendiendo allí, Rama habló al buen carro: «Regresad a Vaishravan. Os permito marcharos.» Este carro autodirigido había sido cogido por Ravana de su hermano mayor, pero ahora ante las palabras de Rama retornó al dios de la Riqueza.

Rama es coronado con Sita

Entonces Bharata devolvió el reino a su hermano, diciendo: «Deja que el mundo te vea hoy coronado, como el sol radiante del mediodía. Nadie salvo tú puedes soportas la pesada carga de un imperio como el nuestro. No vivas más en sitios solitarios, en cambio duerme y despierta con el sonido de la música y el tintinear de los brazaletes de los tobillos de las damas. Gobierna a la gente tanto como dure el Sol y tan lejos como se extienda la tierra.» Y Rama dijo: «Que así sea.»

Entonces vinieron barberos habilidosos, y Rama y Lakshmana se bañaron y se les cortó sus enmarañadas mechas y fueron vestidos con ropas brillantes; y las reinas de Dasharata atendieron a Sita y la cubrieron con espléndidas joyas, mientras Kaushalya vestía a las esposas de los monos, y los sacerdotes daban órdenes para la coronación. Entonces Rama montó en un carro conducido por Bharata, mientras Satrugna sujetaba un paraguas y Vibhishana otro. Sugriva montaba sobre un elefante, y los otros monos siguieron montados sobre elefantes hasta un número de nueve mil, y con música y sonido de conchas el señor de los hombres ingresó en su propia ciudad. A Hanuman, Jambavann, Vegadarshi y Rishabha les fueron entregadas cuatro jarras doradas para buscar agua pura de los cuatro océanos, y ellos se fueron por el cielo y trajeron el agua santa de los más lejanos límites del océano: Norte y Sur y Este y Oeste. Entonces Vashishtha, estableciendo a Rama y a Sita sobre sus tronos dorados, roció al primero de los hombres y lo consagró como rey de Ayodhya. Entonces los dioses se alegraron, los grandharvas cantaron y los apsaras bailaron; la tierra estaba llena de cosechas, los árboles tenían frutos y flores, y todos los hombres estaban contentos y alegres. Y Rama otorgó a los brahmanes regalos de oro y ornamentos, y vacas y caballos; a Angada le dio una cadena de oro con joyas como las que llevan los dioses, y a Sita un collar de perlas sin igual y otras joyas y espléndidos trajes. Pero ella, cogiendo las perlas con sus manos, miró a su señor y luego a Hanuman, recordando su bondadoso servicio; y Rama, leyendo su deseo, se lo permitió, y entregó el collar a Hanuman. Y el hijo del dios Viento, ejemplo de energía, fama, capacidad, humildad y coraje, llevando este collar, brillaba como una montaña iluminada por la Luna y aborregadas nubes. Y Rama entregó los debidos regalos de joyas y riquezas a cada uno de los demás héroes.

Entonces Sugriva, Hanuman y Jambavan, con toda la multitud, volvieron a sus hogares, y Vibhishana hacia Lanka. Rama gobernó Ayodhya, y en su reino durante ese tiempo los hombres vivieron hasta mil años, y cayeron las lluvias debidas, los vientos fueron siempre favorables, no hubo dolor por enfermedades o por bestias salvajes o por invasiones, sino que todos los hombres estaban contentos y felices.

Rama reina

Entonces cuando Rama ocupó el trono, todos los grandes ermitaños vinieron a visitar a quien había recuperado su reino. Ellos llegaron del Este, del Oeste y del Norte y Sur, conducidos por Agastya, y Rama les reverenció y reservó para ellos espléndidos asientos de hierba de sacrificios y piel de ciervo bordada con oro. Entonces los sabios rezaron por la fortuna de Rama, especialmente y sobre todo debido a que éste había matado al hijo de Ravana, más poderoso que Ravana mismo, y salvado a hombres y dioses del peligro. Entonces Rama preguntó a los sabios acerca de la antigua historia de Ravana y su hijo, y ellos le relataron la historia entera del origen de los rakshasas: cómo ellos habían llegado a Lanka; cómo Ravana, Kumbhakarna y Vibhishana habían conseguido cada uno un deseo del gran señor; qué malvadas acciones habían sido hechas por Ravana, y cómo los dioses habían encargado a Visnú adquirir forma humana para alcanzar su muerte. Asimismo, contaron el origen de las acciones de los monos Vali, Sugriva y Hanuman. «Y, oh Rama», dijeron, «en la época dorada el demonio buscó luchar contigo; porque aquellos que los dioses destruyen van al cielo de los dioses hasta que nacen otra vez sobre la tierra; aquellos que Visnú mata van al cielo de Visnú, de modo que su misma cólera es una bendición. Y fue por ello que Ravana robó a Sita y tú adquiriste forma humana para su destrucción. Oh grandioso, sabes que eres NaRavana: lo recuerdas. Eres el eterno Visnú, y Sita es Lakshmi.»

Rama mismo y todo el pueblo reunido —los hermanos de Rama, los jefes monos, los rakshasas bajo Vibhishana, los reyes vasallos, y los brahmanes, kshatriyas, vaishyas y shudras de Ayodhya— se maravillaron con las palabras de los grandes sabios: Agastya se despidió de Rama y se marchó, y cayó la noche.

Hanuman es recompensado

Los monos vivieron en Ayodhya más de un mes, festejando con miel y carnes bien preparadas y frutas y raíces, aunque les pareció s o l o un momento, por su devoción hacia Rama. Entonces llegó el momento en que debieron marcharse a su propia ciudad, y Rama los abrazó a todos con afecto y les dio excelentes regalos. Pero Hanuman se inclinó ante él y pidió un deseo: que él fuera siempre devoto solo a Rama y que pudiera vivir sobre la tierra tanto como la historia de las acciones de Rama fuera contada entre los hombres; y Rama se lo otorgó, y cogió de su propio cuello una cadena con joyas y se la puso a Hanuman. Uno por uno los monos vinieron y tocaron los pies de Rama, y entonces se marcharon; pero ellos lloraron de pena por dejarlo.

El segundo sufrimiento de Sita

Entonces Rama gobernó Ayodhya durante diez mil años, y llegó el momento en que Sita había concebido. Rama le preguntó si ella tenía algún deseo, y respondió que deseaba visitar las ermitas de los sabios junto al Ganges, y Rama dijo: «Que así sea», y la visita fue fijada para la mañana.

La misma noche sucedió que Rama estaba conversando con sus consejeros y amigos, y les preguntó: «¿Qué dicen los ciudadanos y los hombres de este país a cerca de Sita y mis hermanos y Kaikeyi?» Y uno contestó que ellos frecuentemente hablaban de la gran victoria de Rama sobre Ravana. Pero Rama presionó para obtener informes más concretos, y un consejero respondió: «La gente realmente habla de vuestras grandes acciones y vuestra alianza con los osos, los monos y rakshasas: pero ellos murmuran acerca de que vos habéis traído a Sita, a pesar de que ella fue tocada por Ravana y vivió largo tiempo en su ciudad de Lanka. A pesar de todo eso, dicen, todavía la reconocéis; ahora nosotros, también, pasaremos por alto las malas conductas de nuestras esposas, dado que los súbditos siempre siguen las costumbres de sus reyes. Así, oh rey, son las conversaciones.»

Entonces el corazón de Rama se abatió y despidió a los consejeros, mandando llamas a sus hermanos, y ellos vinieron y se pararon junto a él con las manos unidas y tocaron sus pies. Pero ellos vieron que él estaba con el corazón apesadumbrado y que sus ojos estaban llenos de lágrimas; esperaron ansiosos a que hablara. Entonces Rama les contó lo que le habían dicho. «Estoy deprimido por estas calumnias», dijo, «dado que yo soy de una familia ilustre, y Sita no es de nacimiento menos noble. Y Sita, para probar su inocencia, se sometió a ordalías por el fuego ante todos vosotros, y el Fuego y el Viento y todos los dioses la declararon inmaculada. Mi corazón sabe que ella es inocente. Pero la censura del pueblo me ha destrozado: la mala fama es enfermedad para uno como yo, y es preferible la muerte a esta desgracia. Por ello, Lakshmana, no hagas preguntas; en cambio llévate a Sita contigo mañana a la ermita de Valmiki junto al Ganges, como cumpliendo el deseo que ella manifestó hoy; y por mi vida y mis armas, no busquéis hacerme cambiar de idea, yo os consideraré mis enemigos.» Y los ojos de Rama se llenaron de lágrimas y se fue a su propio cuarto suspirando como un elefante herido.

La siguiente mañana Lakshamana trajo un buen carro y se dirigió a Sita, diciendo: «Rama me ha ordenado que te lleve a las ermitas junto al Ganges de acuerdo con tu voluntad.» Entonces, Sita, llevando costosos regalos, montó en el carro ansiosamente. Al segundo día llegaron a la orilla del Ganges, cuya agua se lleva todo pecado; pero Lakshmana pasó y lloró desesperadamente. Entonces Sita le preguntó por qué lloraba. «¿Debido», dijo ella, «a que hace dos días que no ves a Rama? Él es más querido a mí que la misma vida, pero no estoy tan triste como tú. Llévame a través del río para visitar a los ermitaños que están allí y regalarles mis regalos, y entonces regresaremos: realmente, yo estoy ansiosa por ver a mi señor otra vez, cuyos ojos son como pétalos de loto, el pecho de león, el mejor de los hombres.» Entonces Lakshmana envió por barqueros, y cruzaron el río. Cuando estaban al otro lado, Lakshmana se pasó junto a Sita con las manos juntas y le pidió que le perdonara y no le juzgara culpable, diciendo: «Esto es un asunto demasiado doloroso para las palabras, de modo que te contaré abiertamente que Rama ahora renuncia a ti, puesto que los ciudadanos han hablado en contra tuya; él me ha ordenado que te deje aquí, como en satisfacción de tu propio deseo. Pero no te apenes, dado que yo bien sé que tú eres inocente, y tú podrás vivir con Valmiki, el amigo de nuestro padre.

¡Recuerda siempre a Rama y sirve a los dioses, así podrás ser bendecida!» Entonces Sita se desvaneció; pero volvió en sí y protestó amargamente: «¡Ay de mí! Debo haber pecado mucho en una vida pasada para ser así separada de mi señor, aun siendo inocente. Oh Lakshmana, antiguamente no me resultaba miserable vivir en el bosque, dado que yo podía ser sirviente de Rama. Pero ¿cómo puedo vivir allí sola ahora? Y ¿qué respuesta puedo dar a aquellos que me preguntan qué pecado he cometido para ser desterrada así? Preferiría ser ahogada en estas aguas, pero yo no podría traer la destrucción a la raza de mi señor. Haz lo que Rama te ha ordenado, pero llévale este mensaje mío: "Tú sabes, oh Rama, que yo estoy inmaculada y soy inmensamente devota a ti. Entiendo que es por evitar la mala fama que renuncias a mí, y es mi deber servirte incluso en esto. Un marido es el dios de una esposa, su amigo y su *gurú*. Yo no sufro por lo que me acontece, sino porque la gente ha hablado con maldad de mí." Ve y di estas cosas a Rama.» Entonces Lakshmana cruzó otra vez el río y fue a Ayodhya; pero Sita fue de aquí para allá sin refugio y comenzó a llorar en voz alta. Entonces la encontraron los hijos de Valmiki, y Valmiki fue hasta la vera del río y la consoló, y la llevó a la ermita y la entregó a las esposas de los ermitaños para que la abrigaran con cariño.

Lakshmana encontró a su hermano sumergido en gran pena con sus ojos llenos de lágrimas; él también estaba apenado, y tocó sus pies y se pasó con las manos unidas, diciéndole: «Oh señor, he hecho todo lo que me has ordenado y he dejado esa incomparable señora en la ermita de Valmiki. No deberías apenaste, dado que tal es el trabajo del tiempo, que a su paso los sabios no se lamentan. Donde hay crecimiento hay caída; donde hay prosperidad hay también ruina; donde hay nacimiento debe haber también muerte. Por ello, el apego a la esposa, o hijos, o amigos, o riquezas es equivocado, dado que finalmente la separación es segura. No deberías dar lugar a tu pena delante del pueblo, si no ellos te culparán otra vez».

Entonces Rama se calmó y agradeció las palabras y amor de Lakshmana; le mandó a buscar a los sacerdotes y consejeros quienes esperaban, y se ocupó así mismo otra vez con los deberes del Estado. Pero nadie había venido ese día por ningún asunto, dado que en los tiempos de Rama no había pobreza ni enfermedad y nadie buscaba desagravios. Pero al marcharse Lakshmana vio un perro que esperaba junto a la puerta y ladraba, y le preguntó cuál era su asunto. El perro contestó: «Yo quisiera contárselo directamente a Rama, que es el refugio de todas las criaturas, y proclama "No temáis nada" a todas ellas.» Entonces Lakshmana volvió hasta Rama y le informó, y Rama mandó llevas el perro hasta él. Pero el perro no quería entrar, diciendo: «Nosotros somos los peor nacidos y no podemos entrar en las casas de los dioses o reyes o brahmanes.» Entonces Lakshmana llevó su mensaje a Rama; pero él otra vez le envió en busca del perro y le dio permiso para entrar, a quien esperaba en la puerta.

La justicia de Rama

El perro entró y se sentó frente a Rama, y rogó su verdad y pidió su perdón; Rama preguntó:

«¿Qué puedo hacer por vos? ¡Hablad sin miedo!» Entonces el perro relató cómo un cierto brahmán mendigo había golpeado sin causa, y Rama mandó a buscar al brahmán, y éste vino y preguntó qué quería Rama de él. Entonces Rama razonó con él, diciendo: «Oh doblemente nacido, vos habéis herido a este perro, quien no os había herido. Mira, el enojo es la peor de las pasiones, es como una afilada daga y roba toda virtud. Mayor es la maldad que puede ser traída por falta de autocontrol que por la espada, o una serpiente, o un enemigo implacable.» El brahmán contestó: «Yo había estado buscando almas y estaba cansado y enojado, y este perro no se iba, aunque yo se lo pedía. Pero, oh rey, soy culpable de error, y vos deberíais castigarme, y así podré escapar del temor al infierno.»

Rama consideró cuál podía ser un castigo adecuado; pero el perro solicitó: «Nombrad a este brahmán cabeza de familia.» Entonces Rama le honró y le hizo marchar montado sobre un elefante; ante esto los consejeros estaban asombrados. A ellos Rama les dijo: «Vosotros no entendéis este asunto; el perro en cambio sí sabe lo que significa.» Entonces el perro dirigido por Rama explicó: «Yo fui una vez cabeza de familia, y serví a dioses y brahmanes, alimentaba a los sirvientes antes de tomar mi comida, yo era amable y benevolente y aun así he caído en este estado lamentable. Oh rey, este brahmán es cruel e impaciente por naturaleza, y entonces él fallará en sus deberes de cabeza de familia y caerá en el infierno.» Entonces Rama reflexionó acerca de las palabras del perro, pero éste se marchó y se recogió a sí mismo en penitencia en Benarés.

En otra oportunidad vino un brahmán a las puertas del palacio sosteniendo el cuerpo muerto de su hijo, y gimiendo: «Oh mi hijo, tú no tenías sino catorce años de edad, y yo no sé qué pecado he cometido por el cual te has muerto; nunca he mentido, o herido a un animal, o hecho algún otro pecado. Debe ser por alguna otra razón que te has ido al reino de Yama. Realmente, debe ser que el rey ha pecado, si no esas cosas no podrían suceder. Por ello, oh rey, dadle a él otra vez la vida; o, si no, mi esposa y yo moriremos aquí a tus puertas, como aquellos que no tienen rey.»

Entonces Rama reunió un consejo de ocho jefes brahmanes, y Narada cogió la palabra y explicó a Rama cuál había sido la causa de la muerte prematura del niño. Le numeró cuatro épocas. «Y ahora, oh rey, la época Kali ha comenzado ya, dado que un shudra ha comenzado a practicar penitencias en el reino, y por esta causa el niño ha muerto. Desentrañad este asunto y señalad esas malas acciones, de modo que la virtud de vuestros súbditos pueda aumentar y este niño pueda ser restituido a la vida.»

Entonces Rama ordenó preservar el cuerpo del niño en aceite dulce, pensó en el carro autoconducido Pushpaka y éste supo de sus pensamientos y vino directamente hacia él. Entonces Rama montó en el carro y buscó en cada punto cardinal; pero no encontró pecado en el Oeste ni en el Norte, y el Este estaba claro como el cristal. solo en el Sur, junto a una charca sagrada, encontró a un yogui haciendo el pino practicando la más severa de las disciplinas, y Rama le preguntó: «Oh vos bendito y devoto, ¿quién eres tú, cuál tu color y qué buscas conseguir, el cielo o alguna otra cosa?» Y el yogui contestó:

«Oh gran Rama, yo soy de los shudras, y es por el cielo que hago esta penitencia.» Entonces Rama sacó la espada y cortó la cabeza del yogui, y los dioses hicieron llover flores y agradecieron la acción; pero el yogui shudra alcanzó la morada de los celestiales. Ahora Rama pidió a los dioses: «Si estáis conformes conmigo, restituid la vida al hijo del brahmán y así cumpliréis mi promesa.» Ellos lo aseguraron y Rama volvió a Ayodhya.

Mientras tanto Sita, viviendo en la ermita de Valmiki, dio a luz a dos hijos, y ellos se llamaron Kusha y Lava; crecieron en la ermita del bosque y Valmiki les enseñó sabiduría, y él hizo este libro del *Ramayana* en *shiokas* y les dio habilidad para la recitación.

Los hijos de Rama

En esos días Rama preparaba un sacrificio de caballo, dejando en libertad a un caballo azabache con marcas de suerte para que pudiera deambular a donde quisiera, y Lakshmana lo siguió. Entonces él invitó a todos los osos y los monos, y a Vibhishana y a reyes extranjeros, y a los rishis y otros ermitaños de cerca y lejos, a estas presentes en la ceremonia final. Y durante el año en que el caballo deambuló regaló incalculables riquezas; sin embargo, los tesoros de Rama no fueron disminuidos de forma alguna. ¡Nunca antes hubo un *Ashwamedha* así en el mundo!

Kusha y Lava fueron con Valmiki a la ceremonia, y Valmiki les dijo que recitaran el *Ramayana* en todas partes, y si alguno les preguntaba, que se presentaran a sí mismos como discípulos de Valmiki. Así fueron ellos por ahí, cantando las acciones de Rama; Rama oyó hablar de ellos, y convocó una gran asamblea de brahmanes y todo tipo de gramáticos, artistas y músicos, y delante de ellos cantaron los niños ermitaños. Sus canciones eran maravillosas y deliciosas, y nadie se cansaba de oírlas; en cambio, todos devoraban a los niños con los ojos y murmuraban: «¡Son tan parecidos a Rama como una burbuja se parece a otra!» Cuando Rama les fue a entregar las riquezas, ellos le dijeron: «Vivimos en el bosque, ¿de qué nos serviría el dinero?» Y cuando él les preguntó quién había compuesto esa canción, ellos contestaron: «Valmiki, que es nuestro maestro. Y, oh rey, si la historia de vuestras proezas os deleita, escuchadla toda durante el ocio.»

Entonces Rama escuchó la historia día tras día, y por ella supo que Kusha y Lava eran hijos de Sita. Entonces Rama mencionó el nombre de Sita frente a la asamblea, y envió un mensajero para preguntar a los ermitaños si ellos garantizarían su fidelidad y preguntarle a ella misma si quería dar prueba de su inocencia otra vez. «Pregúntale», dijo, «si ella juraría delante de la gente para asegurar su propia pureza y la mía.» Los ermitaños enviaron el mensaje de que ella iría, y Rama se alegró de ello, asignando el día siguiente para tomar el juramento.

Cuando el momento acordado había llegado, y todos estuvieron sentados en la asamblea, inmóviles como montañas, Valmiki se adelantó y Sita le siguió con la mirada baja, las manos unidas y lágrimas que le caían por el rostro, y se alzó un grito de bienvenida y un murmullo en la asamblea cuando ellos vieron a Sita siguiendo a Valmiki así, como los vedas seguían a Brahma. Entonces Valmiki habló frente a la gente y dijo a Rama: «Oh hijo de Dasharatha, aunque Sita es pura y sigue la senda de la rectitud, tú renunciaste a ella junto a mi ermita debido a la censura de la gente. Permite ahora que ella dé testimonio de su pureza.

Y, oh Rama, yo mismo, que persigo la verdad, os digo que estos niños mellizos son vuestros hijos. También juro delante de ti que si algún pecado se encontrara en Sita yo renunciaré al fruto de todas las austeridades que he practicado por muchos miles de años.» Entonces Rama, viendo a Sita de pie frente a la asamblea como una diosa, con las manos unidas, replicó: «Oh gran hombre, tú eres cada virtud, y tus palabras me convencen de la pureza de Sita. Yo reconozco a estos hermanos Kusha y Lava como mis hijos. Pero Sita debe dar testimonio ella misma, por el bien de aquellos que han venido hasta aquí a ser testigos de su confesión.»

Sita es llevada de vuelta por la Tierra

Entonces allí soplaba un dulce, fresco, fragante aire, un divino céfiro tal como solía soplar s o l o en la época dorada, y el pueblo estaba asombrado de que este aire soplara también en la segunda época. Pero Sita, con la mirada baja y sus palmas juntas, dijo: «Yo no he pensado nunca en nadie que no sea Rama ni siquiera en mi corazón: como esto es verdad, la diosa de la tierra puede ser mi protección. Yo he orado siempre con la mente y el cuerpo y las palabras por el bienestar de Rama, y por esto yo pido a Vasundhara que me reciba.»

Entonces un trono celestial surgió desde adentro de la tierra, originado en la cabeza de poderosas *nagas*[10] y cubierto de brillantes joyas; y la Tierra estiró sus brazos hacia afuera y dio la bienvenida a Sita y la estableció en el trono, y el trono se hundió otra vez. Ante ello los dioses gritaron pidiendo por Sita, y todos los seres de la tierra y el cielo se llenaron de asombro y expectativa, dado que un único lugar y en un solo momento se tragara todo el universo de una vez.

Pero Rama se sentó golpeado y apenado con la cabeza colgando, y sobrecogido por la pena y el enojo por la desaparición de Sita delante de sus ojos, y hubiese destruido a la misma Tierra para que ella le devolviese a Sita. Pero Brahma dijo: «Oh Rama de firmes votos, no deberías apenarte; mejor recuerda que tu cabeza es esencialmente divina y piensa en ti como siendo Visnú. Sita no tiene pecado y es pura, y por su virtud ella se ha ido a la morada de las *nagas;* pero tú estarás con ella en el cielo. Escucha ahora el final de la historia de Valmiki, y tú sabrás tu futura historia», y con esto Brahma y los dioses volvieron a su propio sitio, y Rama fijó la mañana para oír el *Uttara Kanda.*

---

[10] Nagas, lit. *serpientes* —seres de naturaleza semihumana, semiserpiente, que habitan las aguas y el mundo subterráneo. (N. del T.)

Los últimos días de Rama

Pero ahora Rama tenía el corazón apesadumbrado, y el mundo entero parecía vacío sin Sita, por lo que no podía tener paz. Dio a los monos, a los reyes y a los ermitaños regalos, y les hizo retornar a sus propios hogares; hizo una imagen dorada de Sita para compartir con ella el desarrollo de los ritos sagrados, y mil años pasaron, mientras todas las cosas prosperaban en el reino de Ayodhya. Entonces Kaushalya y Kaikeyi murieron, y se unieron al rey Dasharatha en el cielo. Bharata reinó en Kekaya, y Satrughna fue rey de Madhu, mientras que los hijos de Lakshmana fundaron reinos propios.

Con el tiempo vino al palacio de Rama el poderoso yogui Tiempo, y Rama le honró. Se nombró a sí mismo Tiempo, procreado por Narayana en Maya, y le recordó a Rama toda su propia bondad y todo lo que él había alcanzado en el cielo y en la tierra. «Oh señor del Mundo», dijo, «tú has nacido en la tierra para la destrucción del rakshasa de los Diez Cuellos y te has comprometido a vivir en la tierra por once mil años. Ahora culmina ese período y el gran señor me ha enviado para deciros: ¿Reinarás aún más tiempo sobre los hombres o regresarás al señorío de los dioses?» Entonces Rama rezó al yogui y dijo que él estaba en lo cierto, y si por él fuera volvería a su propio sitio.

Pero Lakshmana se había marchado ya de su casa e ido a las orillas del Sarayu a practicar grandes austeridades, y allí los dioses hicieron llover flores sobre él, e Indra lo levantó de la tierra y lo regresó a su propia ciudad, de modo que todos los dioses, viendo la cuarta parte de Visnú regresando a ellos, se alegraron y comenzaron a adorarlo. Entonces Rama seguiría la misma senda, y buscó a su hermano Bharata para ser rey de Ayodhya, pero él se negó y dijo que establecería a los hijos del rey, Kusha y Lava, en Kosala norte y sur; Rama lo concedió y ellos fueron instituidos en el trono y gobernaron sobre las nuevas ciudades de Kushavati y Sravanti; pero Ayodhya se vaciaría del todo de gente, dado que el pueblo en su totalidad seguiría a Rama cuando él se marchara. Noticias de estos asuntos llegaron a Satrughna también, y él estableció a sus dos hijos en el trono de Mathura y se apresuró a regresar adonde se encontraba Rama. Oyendo que Rama se marchaba, los monos, nacidos de los dioses, fueron a Ayodhya a verlo, y Sugriva dijo: «Yo he establecido a Angada sobre el trono de Kishkindha y te seguiré.»

Entonces Rama consintió el deseo de todos los monos de seguirle, pero a Hanuman le dijo: «Ya se ha determinado que tú vivirás para siempre: sé feliz en la tierra tanto como la historia sobre mí perdure.» A Jambavan y a algunos otros Rama concedió vida hasta el fin de la época de Kali[11], y a otros osos y monos les dio libertad para seguirle. A Vibhishana le dio buenos consejos acerca de cómo gobernar y le dijo que siempre adorara a Jagannatha, señor del mundo.

Al día siguiente Vashishtha preparó todos los ritos debidos a aquellos que se marchan al otro mundo, y todos los hombres que siguieron a Rama y los brahmanes partieron para Sarayu. Hasta allí se dirigieron Bharata, Lakshmana y Satrughna y sus esposas, y los consejeros y sirvientes, y toda la gente de Ayodhya, con las bestias y pájaros y la menor cosa que respiraba, y los osos y rakshasas y monos siguieron a Rama con los corazones felices.

Cuando llegaron a Sarayu, Brahma, el gran señor, llegó hasta allí con el pueblo divino y cien mil carros divinos, y el viento del cielo sopló y llovieron flores desde el cielo sobre la tierra. Entonces Brahma dijo a Rama: «¡Ay de mí, oh Visnú! Entra, con tus hermanos, otra vez de cualquier forma que tú quieras, sé el refugio de todas las criaturas, y más allá del ámbito del pensamiento o las palabras, desconocido por cualquiera, sálvate Maya.» Entonces Visnú entró al cielo en su propia forma, con sus hermanos, y todos los dioses se inclinaron ante él y se alegraron. Entonces dijo Visnú al gran señor:

«Os concierne encontrar el sitio apropiado a toda esta gente que me ha seguido por amor, renunciando a sí mismos por mi bien.» Entonces Brahma designó sitios en los cielos para todos aquellos que habían seguido a Rama, y los osos y los monos asumieron sus formas divinas, siguiendo la forma de aquellos que los habían procreado. Entonces todos los seres allí reunidos entraron en las aguas del Sarayu, alcanzando el estado divino, y Brahma y los dioses regresaron a su propia morada.

---

[11] En sáscrito: Kali-Yuga, período de aproximadamente 432.000 años de duración. (N. del T.)

*

Así termina el *Ramayana*, venerado por Brahma y hecho por Valmiki. Aquel que no tenga hijos conseguirá un hijo aun leyendo un verso del estado de las cosas de Rama. Todo pecado se limpia en aquellos que lo leen o lo oyen leer. Aquel que recita el *Ramayana* tendrá ricos regalos de vacas y oro. Vivirá mucho tiempo el que lea el *Ramayana,* y será honrado, con sus hijos y nietos, en este mundo y en el cielo.

Capítulo III

El *Mahabharata* relatado en quince episodios

Introducción al *Mahabharata*

Sin duda, la saga nacional india es el *Mahabharata*. Éste es para el pueblo y el hogar indio lo que la *Ilíada* era para los griegos, y también, en un cierto grado, lo que las Sagradas Escrituras y Evangelios son para la civilización cristiana. Es el más popular de todos los libros sagrados. Contiene, como un interludio, el Bhagavad Gita, el evangelio nacional. Pero, con ello, es también un poema épico. La historia de la divina encarnación, Krishna, como es llamada, ha sido sintetizada en una inmensa balada y poema épico militar de desconocida antigüedad. De este poema épico el tema principal es un conflicto entre dos familias de primos, los hijos de Pandu y los hijos de Dhritarashtra —o los Pandavas y los Kauravas, o Kurus—. Y aunque siguiendo los modos de la literatura antigua, unos mil cuentos, algunos más antiguos y otros menos, se han embebido en sus intersticios, además este gran drama avanza del principio al fin, lleno de rapidez y color. Está marcado por una extraordinaria intensidad y riqueza de imaginación. Pero tal vez la mayor parte de nosotros, recordando que este trabajo es antiguo, estaremos más impresionados aún por la sutileza y modernidad de las relaciones sociales que relata. Aquí y allí podemos encontrar una costumbre anómala o una creencia curiosa, pero en la delicadeza de la descripción de caracteres, en la representación de personalidades y en la reflexión de toda la luz y sombra de la vida en sociedad nos encontramos a nosotros mismos, en el *Mahabharata*, completamente al nivel de las novelas y dramas de la Europa moderna. La fortaleza de Karna cuando su madre lo abraza; la voz baja en que Yudhishthira dice «elefante» como una concesión a su conciencia: la risa de Bhishma en la batalla, satisfaciéndose a sí mismo con el levemente enfatizado «¿Shikhandini?», éstas, entre otras muchas cosas, serán encontradas por el lector como instancias típicas.

El hecho sobresaliente que debe observarse acerca del poema épico, sin embargo, es que del principio al fin su interés principal está sujeto y centrado en el carácter. Nosotros estamos siendo testigos de la ley que, de la misma forma que la ostra hace su propia concha, la mente del hombre crea y necesita su propia vida y destino. Toda la filosofía de la India está implícita en este romance, exactamente como está en la vida cotidiana. El *Mahabharata* constituye, y se propone constituir, una suprema apelación a la conciencia de cada generación. Mucho más que la tradición nacional, encarna la moralidad nacional. En este hecho radica la gran diferencia entre ella y los poemas épicos griegos, en los que la pasión dominante es la búsqueda consciente de la belleza ideal.

I. CÓMO LOS PRÍNCIPES APRENDIERON A DISPARAR

En esos tiempos Bhishma, el gran señor real, estaba ansioso por conseguir para los príncipes de las dos casas imperiales un maestro que pudiera entrenarles a fondo en el uso de las armas. Y sucedió un día de esos que los niños, todos juntos, estaban jugando a la pelota en el bosque fuera de Hastinapura, que su pelota rodó lejos de ellos y cayó dentro de un antiguo pozo. Por más que lo trataban, no había entre ellos quien pudiera recuperarla. Todos los esfuerzos posibles fueron hechos por cada uno a su turno, pero no lo consiguieron. Parecía que la pelota nunca sería recobrada. Justo cuando su ansiedad juvenil y enfado eran máximos. Sus miradas cayeron, como de común acuerdo, sobre un brahmán que estaba sentado cerca, a quien ellos no habían percibido al principio. Era delgado y de color oscuro, y parecía estar descansando después de practicar sus rezos diarios. «¡Oh brahmán!», gritaron los chicos, rodeándole en grupo, «¿puedes mostramos cómo recuperar nuestra pelota?» El brahmán sonrió levemente y dijo: «¿Qué? ¿Qué? ¡Jóvenes de la casa real, no disparáis lo suficientemente bien para conseguirlo! Si solo me prometierais mi cena, yo sacaría por medio de unas cuantas hojas de hierba, no solo vuestra pelota sino también este anillo que ahora tiro.» Y cumpliendo su palabra, cogió un anillo de su propio dedo y lo tiró dentro también. «Brahmanji, te haremos rico», dijo uno de los chicos, «si tú puedes hacer realmente lo que dices.»

«¿Es así?», dijo el brahmán. «Entonces mirad a esta hierba», y arrancó un manojo de largas hierbas que crecían cerca. «Mediante un hechizo yo puedo dar a estas hierbas la virtud que las armas no tienen. Mirad, aquí tiro», y mientras hablaba tomó puntería y tiró una sola hoja de hierba con tal destreza y precisión que atravesó la pelota que estaba en el pozo como si hubiese sido una aguja. Entonces tirando otra hoja, atravesó a la primera, y siguió así, hasta que tuvo una cadena de hierba, mediante la cual fue fácil extraer la pelota.

Para entonces el interés de los chicos estaba más centrado en la habilidad del brahmán que en la recuperación de su juguete, y ellos exclamaron de común acuerdo: «¡El anillo, también, oh brahmán! ¡Muéstranos cómo puedes recuperar el anillo!»

La recuperación del anillo

Entonces Drona —que ese era el nombre del brahmán— cogió su arco, que tenía a su lado, y, eligiendo una flecha del carcaj que llevaba, disparó dentro del pozo y la flecha, volviendo a su mano, trajo el anillo. Cogiendo la joya, la entregó a los príncipes, cuya sorpresa y deleite no tenían límites.

«¿Qué podemos hacer por ti? ¿Qué podemos hacer?», gritaron. La cara del brahmán se puso grave otra vez: «Decid a Bhishma, vuestro tutor, que Drona está aquí», contestó brevemente, y volvió otra vez a las profundidades del pensamiento.

Los chicos se marcharon en tropel, cargados de fresco entusiasmo, para describir a Bhishma, el protector, la extraordinaria experiencia de la mañana; y éste, pensando que Drona era el verdadero maestro que estaba buscando, se apresuró a ir a verlo en persona y traerlo al palacio. Bhishma había oído de Drona como el hijo del gran sabio Bharadwaja, cuyo *ashrama* en las montañas, junto a la naciente del Ganges, había sido una fuente de gran aprendizaje. A esta ermita habían llegado muchos ilustres alumnos, que habían sido compañeros de juego y camaradas de Drona, durante su niñez y juventud. También se decía en la sociedad real y militar de ese momento que Drona, luego de la muerte de su padre, había hecho grandes austeridades e ido a través de una línea de estudio muy determinada, como consecuencia de lo cual él había sido misteriosamente dotado de armas divinas y de la sabiduría de cómo utilizarlas.

Ahora era el objetivo del gran señor real, saber cómo y por qué el brahmán estaría llamando la atención en la capital, y unas pocas diestras preguntas rápidamente le dijeron lo que quería saber. Drona se había casado y tenía un hijo, de nombre Ashvatthaman. Movido por las necesidades del niño, se había dado cuenta por primera vez de su propia pobreza, y había partido para recobrar las notables amistades de su niñez. La más importante de éstas había sido su intimidad con Drupada, ahora rey de los Panchalas, uno de los mayores de los reinos menores. Cuando Drupada, siendo príncipe, era un estudiante como él mismo, ellos habían sido inseparables, jurándose uno al otro amistad eterna. Drupada era ahora un soberano por su propio derecho, y era natural, por tanto, que fuera él en quien Drona primero pensara al intentar reparar su amarga necesidad. Pero cuando se presentó frente a él, el rey de los Panchalas se rió con desprecio y repudió toda antigua amistad entre ellos. A él le pareció una absoluta impertinencia que el pobre brahmán, en situación de mendigo, aunque era el hijo de un famoso estudioso, pretendiera igualdad e intimidad hacia otro sentado en un trono. Entonces una gran cólera y un orgullo herido crecieron en el corazón de Drona. La amargura de su pobreza no era tan grande como su resentimiento. Él sabía qué hacer. Pero para hacerlo debía encontrar alumnos de los mejores. Estaba deseoso, por ello, de ponerse a sí mismo a la disposición de Bhishma.

El viejo protector sonrió al oír el punto culminante de su historia. Era demasiado discreto para preguntar acerca de los propósitos de Drona. En cambio, abrevió el asunto levantándose y diciendo:

«Sólo encordad vuestro arco, oh brahmán, y haced talentosos en el uso de armas a los príncipes de mi casa. Todo lo que tenemos está a vuestra disposición. ¡Somos realmente afortunados de haber obtenido vuestros servicios!»

La promesa a Drona

Un día, poco después de que Drona hubiese cogido a los príncipes por sus alumnos, les llamó a todos juntos y les hizo postrar ante él, y habiendo hecho esto les pidió que prometieran que cuando hubiesen adquirido destreza en las armas llevarían adelante para él una tarea que estaba en su corazón. Ante esta demanda todos los príncipes permanecieron callados; pero uno de ellos, Arjuna, el tercero de los Pandavas, juró ansiosamente que prometía cumplir cualquier cosa que él pidiera. Entonces Drona abrazó a Arjuna repetidamente y desde ese momento hubo un especial cariño entre los dos, y Arjuna estaba siempre con su maestro, con toda su mente empeñada en la ciencia de las armas.

Y vinieron príncipes de los reinos vecinos a aprender con Drona. Y todos los Kurus y todos los Pandavas y los hijos de los grandes nobles fueron sus alumnos. Y entre ellos vino un extraño y melancólico joven de nombre Karna, que tenía fama de ser el hijo adoptivo de un auriga real, siendo su verdadero nacimiento desconocido, aunque algunos mantenían, por sus propicias características, que él podía ser de un alto rango. El joven Karna y Arjuna pronto se hicieron rivales, cada uno tratando de superar al otro en el uso del arco. Y Karna tendió a mezclarse más con Duryodhana y sus hermanos que con los Pandavas.

Mientras tanto Arjuna aprovechaba toda oportunidad para aprender, y en brillantez y habilidad superaba a todos sus compañeros. Una tarde, cuando estaba comiendo, su lámpara se apagó y, observando que aun en la oscuridad sus manos llevaban la comida a la boca, su mente se empeñó en pensar en el poder del hábito y comenzó a practicar tiro también por la noche. Drona, oyendo el punteo de la cuerda del arco, vino y lo abrazó, declarando que en el mundo entero no debía haber otro igual a él.

Ekalavya

Y entre aquellos que vinieron a Drona había un príncipe de baja casta, de nacimiento no ario, conocido como Ekalavya. Pero Drona no lo aceptó como alumno, sobre todo por ser uno de los líderes de las razas inferiores; él con el tiempo podría superar a todos los príncipes arios y aprender los secretos de su ciencia militar.

Entonces Ekalavya, retirándose al bosque, hizo una imagen de arcilla de Drona y se inclinaba ante ella, adorándola como a su maestro. Y debido a esta gran reverencia y entrega a su propósito, pronto sucedió que había pocos arqueros en la Tierra iguales a Ekalavya. Y un día, cuando todos los príncipes estaban cazando en el bosque, un perro se fugó solo y se encontró de repente cara a cara en la oscuridad con un hombre de color oscuro, con mechas enmarañadas y sucias, con barro y con su túnica de color negro. El perro, asombrado ante esta extraña visión, comenzó a ladrar fuertemente. Pero antes de que pudiera cerrar su boca el príncipe Ekalavya había disparado dentro de ella no menos de siete flechas, apuntando s o l o por el sonido. El perro así atravesado por siete flechas e incapaz de cerrar su boca, volvió corriendo a donde estaban los príncipes, y ellos, encendidos de celos y admiración, comenzaron a buscar en todos los lugares al desconocido arquero. No pasó mucho tiempo hasta que lo encontraron, descargando sin cesar flechas del arco, y cuando ellos le preguntaron quién y qué era él, respondió: «¡Soy el hijo del rey de los nishadas! ¡Conocedme también como un alumno de Drona, luchando por adquirir habilidad con las armas!»

Pero cuando Drona oyó hablar acerca de esto, llevando a Arjuna con él, fue en busca del arquero Ekalavya. Y cuando el príncipe de baja casta vio a Drona aproximándose, se postró y se mantuvo con las manos unidas esperando sus órdenes. Y Drona dijo: «¡Si, oh héroe, vos sois realmente mi alumno, dadme, pues, la paga de maestro!»

«Maestro», dijo Ekalavya deleitado, «vos s o l o tenéis que decir lo que queréis tener. No tengo nada que no os daría con alegría.»

«Si lo dices realmente, Ekalavya», contestó Drona fríamente, «me gustaría tener el pulgar de tu mano derecha.» Y el príncipe de baja casta, sin permitir que una mirada de pena cruzara su cara, se volvió sin pensarlo dos veces y cortó el pulgar de su propia mano derecha para dejarlo a los pies de Drona. Pero cuando el brahmán se había ido y él había vuelto a su práctica de tiro, se dio cuenta de que la maravillosa habilidad de su mano había desaparecido para siempre.

Así fueron los príncipes reales dejados sin rival en el uso de armas. Y dos de ellos, Bhima, el segundo de los Pandavas, y Duryodhana, su primo, se convirtieron en expertos en el uso de la maza. Ashvatthaman, el mismo hijo de Drona, conocía la mayor parte de la teoría de la guerra.

Los mellizos Pandavas, Nakula y Sahadeva, superaban a cualquiera en equitación y en el manejo de la espada. Yudhishthira, el mayor de los Pandavas, era mejor como soldado sobre el carro y oficial. Pero Arjuna superaba a todos en cualquier aspecto. Podía usar todas las armas, y su inteligencia, recursos, fuerza y perseverancia eran reconocidos en todos los sitios. Más aún, solo él entre los príncipes llegó a ser apto para un mando general, siendo capaz de luchar desde su carro con sesenta mil enemigos al mismo tiempo.

El triunfo de Arjuna

Drona estaba decidido a comprobar por competición abierta la relativa excelencia de los jóvenes hombres que había entrenado. Entonces hizo hacer un pájaro artificial y lo hizo colocar, como blanco, en la copa de un árbol. Entonces, reuniendo a sus alumnos, dijo: «Coged vuestros arcos y practicad puntería. Cuando yo dé la orden cortaréis la cabeza del pájaro. Os cogeré de uno en uno por turno.»

Entonces llamó a Yudhishthira para que se acercara solo. «Ahora estate preparado», dijo, «a disparar con tu arco cuando yo dé la orden.» Y Yudhishthira alzó su arco y flecha cuando se lo dijeron, y estuvo listo esperando la orden para soltar.

«¿Ves tú el pájaro sobre la copa de aquel árbol?», preguntó Drona.

«Lo veo», contestó Yudhishthira.

«¿Qué ves?», dijo Drona rápidamente. «¿A mí, a tus hermanos o al árbol?»

«Yo te veo a ti, señor», contestó Yudhishthira detenidamente, «a mis hermanos, al árbol y al pájaro.»

Tres veces repitió Drona la pregunta, y tres veces Yudhishthira dio la misma respuesta. Entonces, con gran pena Drona, le ordenó ponerse a un lado. No sería por él la flecha disparada.

Uno por uno, príncipes y nobles, los hermanos Pandavas y sus primos los Kurus, fueron llamados, y en cada caso fue dada la misma respuesta que Yudhishthira: «Nosotros vemos al árbol, a ti, a nuestros compañeros alumnos y al pájaro.»

Sólo un hombre faltaba probar y Drona no hizo ningún esfuerzo para evitar su desconcierto. Ahora, sin embargo, se volvió con una sonrisa hacia el último y lo llamó a él, Arjuna, su alumno favorito. «Por ti, si lo es por alguien, deberá ser disparada la flecha. ¡Está todo dicho, oh Arjuna!», dijo. «Ahora, dime: con el arco curvado, ¿qué ves: el pájaro, el árbol, a mí y a tus amigos?»

«No», dijo Arjuna rápidamente. «Veo solo al pájaro, ni a ti, señor, ni al árbol.»

«Descríbeme el pájaro», dijo Drona brevemente.

«Veo solo la cabeza del pájaro», respondió Arjuna.

«¡Entonces dispara!», dijo su maestro con franco deleite, y en un instante el pájaro estuvo sin cabeza sobre el árbol, y Drona, abrazando a Arjuna, pensó en el gran torneo en que vería derrotado a Drupada ante él.

II. LA PRUEBA DE LOS PRÍNCIPES

Entonces Drona, viendo que sus alumnos habían completado su educación, solicitó a Dhritarashtra, el rey, permiso para llevar a cabo un torneo, en que todos tendrían una oportunidad de exhibir su habilidad. La petición fue aceptada inmediatamente, y comenzó la preparación para la gran ocasión. Se eligió el terreno, y los ciudadanos fueron reunidos mediante proclamas para estar presentes en las ofrendas de sacrificios para su consagración en un día propicio. Las palestras fueron niveladas y equipadas, y un gran salón fue construido para las reinas y sus damas, mientras que tiendas y tribunas se ubicaron para los espectadores en puntos estratégicos.

Y cuando el día señalado para el torneo llegó el rey cogió su sitio, rodeado de sus ministros y precedido de Bhishma y los anteriores tutores de los príncipes. Entonces Gandhari, la madre de Duryodhana, y Kunti, la madre de los Pandavas, con ricos vestidos y joyas y atendidas por sus séquitos, cogieron los sitios que habían sido reservados para ellas. Y nobles, brahmanes y ciudadanos dejaron la ciudad y se acercaron apresuradamente al lugar, hasta que por el sonido de tambores y trompetas y el clamor de las voces la gran reunión pareció un agitado océano.

Finalmente, Drona entró a la palestra, con sus blancos cabellos y vestido de blanco, luciendo como la misma Luna apareciendo en un cielo sin nubes, mientras que junto a él su hijo Ashvatthaman parecía una estrella acompañante.

A continuación, se celebraron ceremonias de propiciación, y entonces, cuando se extinguió el canto de los himnos védicos, fueron traídas las armas, se oyó el resonar de las trompetas y los príncipes entraron en procesión encabezados por Yudhishthira.

Entonces comenzó el más maravilloso despliegue de habilidades. La lluvia de flechas era tan densa y constante que pocos espectadores podían sostener sus cabezas erguidas sin alterarse, y la puntería de los poderosos arqueros era tan segura que ni una sola flecha perdió su blanco. Cada una, con el nombre de su dueño grabado, fue encontrada en el preciso blanco a que había sido disparada. Luego saltaron sobre el lomo de vigorosos caballos, y saltando y corriendo, volviéndose a un lado y a otro, continuaron disparando a los blancos. Entonces los caballos fueron dejados y cambiados por carros, y conduciendo dentro y fuera, haciendo carreras, volviéndose, frenando a sus corceles o apresurándoles, según demandaba la ocasión, los combatientes continuaron exponiendo su agilidad, su precisión y sus recursos.

Luego saltando de los carros, y cogiendo cada hombre su espada y escudo, los príncipes comenzaron a esgrimir su habilidad con las espadas. Entonces, como dos grandes montañas y sedientos de batalla, Bhima y Duryodhana salieron a la arena, con la porra en sus manos, para un combate individual.

Tonificándose, y reuniendo toda su fuerza, los dos guerreros dieron un poderoso rugido y comenzaron a correr a toda velocidad de la forma usual, a derecha e izquierda, circunvalando la palestra, hasta que llegó el momento del choque y el ataque mímico, en que cada uno procuraría vencer a su oponente apelando a su mayor destreza. Y el brillo de la batalla era tal en los dos príncipes que la enorme asamblea allí reunida se contagió y se dividió según sus simpatías, algunos por Bhima, otros por Duryodhana, hasta que Drona vio que era necesario parar la contienda, dado que de no haberlo hecho ésta hubiera degenerado en una pelea real.

Entonces el mismo maestro entró a la palestra y silenciando la música por un instante, con una voz como la de un trueno de tormenta, presentó a Arjuna, su más adorado discípulo. La real Kunti, madre de los Pandavas, fue arrebatada de placer ante la aclamación que recibía su hijo, y hasta que ésta no se hubo aquietado un poco éste no pudo comenzar a exponer su destreza con las armas. Pero tal era el poder y brillantez de Arjuna que pareció como si con un arma hubiera creado fuego, con otra agua, con una tercera montaña y como si con una cuarta todas éstas se hubieran hecho desaparecer. De repente él parecía alto y otra vez bajo. De repente él aparecía luchando con espada y maza, de pie en la pértiga o en la yunta de su carro; luego en un momento sería visto sobre el carro y en otro instante estaba luchando en el campo. Y con sus flechas acertaba todo tipo de blancos. Ahora, como por un solo disparo, soltó cinco flechas en la boca de un verraco de hierro giratorio. Otra vez descargó veintiuna flechas en el agujero de un cuerno de vaca que se balanceaba de un sitio a otro pendiendo de la cuerda de la que colgaba. Así mostró su habilidad en el uso de la espada, el arco y la maza, caminando en círculos alrededor de la palestra.

La entrada de Karna

Justo cuando la exhibición de Arjuna estaba terminando se oyó un gran ruido que venía desde la puerta como si un nuevo combatiente estuviese a punto de comenzar en la palestra. La asamblea entera se dio vuelta como un solo hombre, y Duryodhana con sus cien hermanos se pararon precipitadamente y se detuvieron con las armas apuntadas, mientras Drona estaba en el medio de los cinco príncipes Pandavas como la Luna en medio de una constelación de cinco estrellas.

Entonces, entró el héroe Karna, centro de todas las miradas, magnífico con sus armas y su hombría. Y lejos, en la tribuna de las reinas, la real Kunti tembló por volver a ver al hijo que había abandonado largo tiempo atrás, temiendo revelar su nacimiento divino. Dado que, cosa que nadie sabía, el mismo Sol había sido el padre de Karna, y Kunti, convertida más tarde en madre de los Pandavas, había sido su madre.

Ahora él era realmente digno de ser observado. ¿No era él en realidad una emanación del ardiente y brillante Sol? Sus proporciones lo hacían como un gran acantilado. De hermosa figura, poseía innumerables atributos. Era de estatura alta, como una palmera dorada, e, imbuido del vigor de la juventud, era incluso capaz de dar muerte a un león. Inclinándose respetuosamente ante su maestro, se volvió hacia Arjuna, y como quien desafía, declaró que había venido a superar la actuación que acababan de observar. Una conmoción atravesó la gran audiencia, y Duryodhana mostró abiertamente su agrado. ¡Pero, ay de mí! El principesco Arjuna enrojeció de furia y desprecio. Entonces, con autorización de Drona, el poderoso Kama, deleitándose al pensar en la batalla, cumplió su palabra e hizo todo lo que Arjuna había hecho antes que él. Y cuando su despliegue de habilidad terminó fue abrazado y aclamado por todos los hijos de Dhritarashtra, y Duryodhana le preguntó qué podía hacer por él. «¡Oh príncipe», dijo Karna en respuesta, «sólo tengo un deseo, y es entablar lucha con Arjuna!» Arjuna, mientras tanto, enardecido por el resentimiento por lo que consideraba un insulto a su persona, dijo tranquilamente a Kama: «¡El día llegará, oh Kama, en que te mate!»

«¡Habla en flechas», respondió clamorosamente Karna, «que con flechas este mismo día haré volar tu cabeza delante de tu mismo maestro!»

Karna y Arjuna

Entonces desafiado *à outrance,* Arjuna avanzó y tomó su sitio para el combate individual. Y Karna así mismo avanzó y se paró enfrentándosele.

Arjuna era el hijo de Indra, tal como Karna había nacido del Sol, y mientras los héroes se enfrentaban el uno al otro, los espectadores se dieron cuenta de que Arjuna estaba cubierto por la sombra de las nubes, que sobre él se extendía el arco iris, el arco de Indra, y que bandadas de gansos salvajes, volando sobre su cabeza daban un aspecto risueño al cielo. Pero Karna permaneció iluminado por los rayos del Sol. Y Duryodhana se aproximó a Karna, mientras Bhishma y Drona se mantuvieron cerca de Arjuna. Arriba en la tribuna real, se oyó gemir y caer a una mujer.

Entonces el maestro de ceremonias avanzó y clamó la estirpe y títulos de Arjuna, una estirpe y títulos que eran por todos conocidos. Y habiendo hecho esto, esperó desafiando al caballero rival a mostrar un linaje similar, dado que los hijos de los reyes no pueden luchar con hombres de inferior origen.

Ante estas palabras Karna palideció y su cara se transformó por la emoción contenida. Pero Duryodhana, ansioso por ver a Arjuna derrotado, exclamó: «¡Si Arjuna s o l o quiere luchar con un rey, déjame ya mismo entronizar a Karna como rey de Anga!»

Como por arte de magia, los sacerdotes se adelantaron cantando; un trono de oro fue traído; arroz, flores y el agua sagrada fueron ofrendados, y sobre la cabeza de Karna fue alzado el paraguas real, mientras colas de yak ondeaban a su alrededor en cada lado. Luego, entre los vivas de la multitud, Karna y Duryoelhana se abrazaron y se juraron amistad eterna.

En ese mismo momento, inclinado y temblando por su vejez y debilidad, pobremente vestido, y sosteniéndose sobre un bastón, se vio entrar un anciano a la palestra. Y todos los presentes lo reconocieron como Adhiratha, uno de los aurigas de la servidumbre real. Pero cuando la mirada de Karna lo encontró rápidamente dejó su trono y fue y se inclinó ante el anciano hombre que descansaba sobre su bastón, y tocó sus pies con esa cabeza que aún estaba húmeda con el agua sagrada de la coronación. Adhiratha abrazó a Karna y lloró de orgullo por haber sido Karna hecho rey, llamándole hijo.

Bhima, de pie entre los héroes Pandavas, rió fuertemente mofándose. «¡Qué! ¿Qué héroe es éste?», dijo. «Parece, señor, que el látigo es tu verdadera arma. ¿Cómo puede ser rey quien es hijo de un cochero?»

Los labios de Karna temblaron, pero por única respuesta juntó sus brazos y alzó su vista al Sol. Pero Duryodhana montó en cólera, y dijo: « ¡El linaje de los héroes es siempre desconocido! ¿Qué importa de dónde ha venido un hombre valiente? ¿Quién pregunta por el origen de un río? ¿Un tigre como éste ha nacido alguna vez de sirvientes? Pero, aunque esto fuera así, él es mi amigo, y bien merece ser el rey del mundo entero. ¡Dejadle a él, quien no tiene ninguna objeción que hacer, arquear el arco que Karna arquea!»

Fuertes aplausos de aprobación estallaron entre los espectadores, pero el Sol cayó. Entonces Duryodhana, cogiendo a Karna por la mano, lo condujo fuera de la arena iluminada por lámparas. Y los hermanos Pandavas, acompañados por Bhishma y Drona, volvieron a sus respectivos lugares. solo a Yudhishthira le perturbaba la idea de que nadie podía vencer a Karna. Y Kunti, la reina-madre, habiendo reconocido a su hijo, apreciaba la idea de que después de todo él era rey de Anga.

III. LA RECOMPENSA DEL MAESTRO

Llegó el momento en que Drona pensó en solicitar a quienes había estado enseñando lo que se le debía como maestro. Entonces reunió juntos a todos sus discípulos, y dijo: «Coged a Drupada, rey de Panchala, en la batalla, y traedlo aquí atado hasta mí. Ésta es la única recompensa que deseo como vuestro maestro y preceptor.»

La iniciativa fue totalmente aceptada por los ansiosos jóvenes, y con alegría juntaron un imponente conjunto de carros, armas y seguidores, y partieron hacia la capital de Drupada, sin olvidar en su camino que iban a atacar a los Panchalas. Príncipes y nobles avanzaban encantados de poder ostentar a su paso su valor y sus habilidades. Y nunca esto fue más notable que cuando entraron por las puertas de la ciudad y recorrieron con estrépito las calles de la capital Drupada.

Oyendo el clamor, el mismo rey se asomó a los balcones del palacio para ver el espectáculo. Pero estos caballeros, dando gritos de guerra, le dispararon una lluvia de flechas. Entonces Drupada, acompañado por sus hermanos, saliendo ahora por las puertas del palacio sobre su blanco carro, se enfrentó él mismo a la fuerza invasora. Sin embargo, a partir de ese momento Arjuna contuvo a sus hermanos y a sí mismo de participar en lo que parecía una mera *melée*. Se dio cuenta de que el rey Panchala, luchando en su propia capital, no sería vencido con tácticas de este tipo, sino que éstas podían tener el efecto de fatigarlo y entonces sí sería la oportunidad de los Pandavas para actuar.

Tal como él lo había predicho, el carro blanco del rey era visto, ahora aquí, ahora allí, siempre hacia adelante, y acercándose hacia el punto donde el peligro y las incursiones de los invasores eran mayores, y durante esos rápidos movimientos no dejaba de descargar sobre la tropa una tan constante y rápida lluvia de flechas que los kurus comenzaron a ser presa del pánico y a pensar que se estaban enfrentando, no a uno, sino a muchos Drupadas.

Para entonces la alarma se había esparcido por la ciudad, y tambores y trompetas comenzaron a sonar en cada casa, mientras los hombres salían, con sus armas listas, para asistir a su rey. Entonces surgió de la gran multitud de los Panchalas un terrible rugido, mientras el sonar de las cuerdas de los arcos parecía hendir los mismos cielos. Una nueva y feroz respuesta surgió por un momento de los guerreros invasores, pero siempre que se disparaba una flecha parecía estar Drupada en persona para contestarla. Él estaba aquí, allá y en todas partes, y moviéndose a toda velocidad sobre el campo de batalla, como una feroz rueda, atacó a Duryodhana, y también a Karna, y les hirió, amainando con verdadero derecho su sed de batalla, tanto que, viendo a la multitud de ciudadanos a que se oponían, los Kurus quebrantados huyeron con un gemido hasta donde estaban los Pandavas esperando.

El poder de Arjuna

Apresuradamente los Pandavas, venerando a Drona, subieron a sus carros. El liderazgo cayó sobre Arjuna, como por instinto, y él, prohibiendo a Yudhishthira luchar o exponerse, rápidamente asignó a los gemelos, sus hermanos menores, protectores de las ruedas de su carro, mientras que Bhima, siempre luchando en la vanguardia, corrió hacia adelante, maza en mano, para liderar el ataque. Así, como la figura de la muerte, Arjuna entró en la multitud de los Panchalas. Bhima con su porra comenzó a matar los elefantes que los cubrían. Y la batalla se volvió feroz y terrible de observar. Arjuna eligió al rey y a su general para atacarlos personalmente. Entonces consiguió voltear su mástil, y cuando éste había caído saltó del carro, y dejó a un lado su arco para cambiarlo por la espada, y con ella cogió a Drupada, el rey, con tanta facilidad como un gran pájaro coge a la serpiente de agua.

Habiendo así exhibido su poder en la presencia de ambas multitudes, Arjuna dio un fuerte grito y avanzó saliendo de entre los Panchalas, llevando con él a su cautivo. Ante esta visión los Kurus enloquecieron y hubieran devastado toda la capital de los Panchalas, pero Arjuna con una fuerte voz les cohibió. «Drupada», dijo, «es nuestro amigo y aliado. Lo hemos vencido a él personalmente para satisfacer a Drona. ¡Bajo ningún concepto vamos a matar a su gente!»

Entonces todos los príncipes juntos, trayendo con ellos a sus cautivos, volvieron a donde se encontraba Drona, y dejaron ante él a Drupada, junto con muchos de sus ministros y amigos.

La venganza de Drona

Drona se rió tranquilamente ante el rey que una vez había sido su amigo. «No temas, oh rey», dijo; «tu vida será perdonada. Pero ¿no te interesaría cultivar mi amistad?» Entonces, por un momento, hubo un silencio. Abriendo otra vez sus labios dijo: «En realidad, Drupada, yo te amo hoy tanto como antiguamente en nuestra niñez y aún deseo tu amistad. Tú me dijiste, ay de mí, que solo un rey podía ser amigo de un rey, y por esa razón te restituiré solo parte de tu territorio, de modo que, siendo rey yo mismo, podré disfrutar de tu afecto en condiciones de igualdad. Tú serás rey de todas las tierras que se encuentran al sur del río Ganges, y yo reinaré sobre las del norte. Y ahora, Drupada, ¿te humillarías a distinguirme con tu amistad?»

Con estas palabras Drona liberó a Drupada y le confirió la soberanía de la mitad de su propio reino, aquellos territorios que se encontraban al sur del Ganges.

Drupada, con muchas disculpas, le aseguró su profunda admiración y respeto. Pero en su propia mente la lección que el mortificado rey llevó al corazón fue la de la superioridad de recursos de su viejo amigo, y desde ese momento deambuló en todas direcciones, aun como Drona había ido a Hastinapura, con la esperanza de descubrir algún poder oculto u otro medio, por devoción u otra forma, para obtener un hijo que pudiera tener éxito en una venganza contra el hombre que le había humillado. Y sucedió que su enemistad hacia Drona creció con el tiempo hasta ser uno de los principales motivos en la vida de Drupada, rey de los Panchalas.

IV. LA CASA DE RESINA

Fue cerca de un año después de la invasión de la ciudad de Drupada cuando Dhritarashtra, movido por un sentido del deber y teniendo en cuenta también el bienestar de sus súbditos, decidió coronar a Yudhishthira en público como sucesor del imperio. Dado que Pandu, padre de Yudhishthira y sus hermanos, había sido el monarca del reino, y no Dhritarashtra, quien por su ceguera había sido considerado incompetente. Ahora el rey ciego se sentía obligado, por tanto, a designar a Yudhishthira y a sus hermanos como sucesores, en lugar de a sus propios hijos. Y después de la exhibición de caballerosas capacidades con que se habían presentado al mundo él no podía negarse a ello por más tiempo.

Pero los príncipes Pandava cogieron su nueva posición con más seriedad de lo que nadie hubiese previsto. No satisfechos con el mero entretenimiento, partían en todas direcciones para extender su soberanía y constantemente enviaban al tesoro real inmensos botines. Duryodhana había estado celoso de sus primos desde la misma niñez, pero ahora, viendo su gran superioridad y su creciente popularidad, incluso su padre, Dhritarashtra, comenzó a ponerse ansioso, y al final tampoco él podía dormir de celos. Sintiéndose así, era suficientemente fácil para un rey reunir a su lado consejeros que pudieran darle el consejo que anhelaba, y así, a su debido tiempo, le aseguraron que el exterminio de sus enemigos es el primer deber de un soberano.

Pero los Pandavas también tenían a un amigo vigilante y consejero en un cierto tío llamado Vidura, quien, aunque de cuna inferior, era una auténtica encarnación del dios de la justicia. Vidura tenía la virtud de leer el pensamiento de los hombres a partir de su cara, y fácilmente en este momento comprendió los pensamientos de Dhritarashtra y su familia. Sin embargo, advirtió a los Pandavas que, si bien tenían la obligación de estar en guardia, no debían precipitar el odio de aquellos que estaban en el poder permitiendo que se notara que conocían sus sentimientos. En cambio, debían aceptar todo lo que se hacía con un aire de alegría y sin suspicacia aparente.

Por esos tiempos Duryodhana abiertamente abordó a su padre, rogándole que desterrara a sus primos al pueblo de Benarés, y que durante la ausencia de éstos le confiriera a él la soberanía del reino. El tímido Dhritarashtra se alegró de que esta sugestión concordara con sus propios secretos deseos, y viendo que su hijo era más decidido rápidamente se tranquilizó ante las dificultades que preveía. De momento, señaló, tenían el tesoro bajo su dominio. Teniendo esto, podrían comprar la lealtad popular, y así ninguna crítica a su conducta podría ser lo suficientemente fuerte como para oponerse a ellos. Fue entonces por esa época cuando Duryodhana comenzó a ganarse a la gente con abundante distribución de riquezas y honores.

Los príncipes son expulsados

Sucedió entonces que, bajo instrucciones secretas del rey Dhritarashtra, ciertos miembros de la corte comenzaron a alabar las bellezas de la ciudad de Benarés, donde, ellos decían, la fiesta anual de Shiva ya estaba comenzando. Al poco tiempo, como se pretendía, los príncipes Pandava, con otros, mostraron cierto interés y curiosidad por las bellezas de Benarés y dijeron cuánto les gustaría verla. Ante la primera palabra, el ciego Dhritarashtra se volvió hacia ellos con aparente amabilidad. «Entonces id, mis chicos», dijo, «vosotros los cinco hermanos juntos, satisfaced vuestro deseo viviendo algún tiempo en la ciudad de Benarés, y llevad con vosotros obsequios del tesoro real para distribuir.»

No había duda de que las palabras que sonaban tan amigablemente eran en realidad una sentencia de destierro. Pero Yudhishthira, con su política fijada, tenía la suficiente inteligencia para sentirse alegremente y expresar placer ante la oportunidad que se le había presentado. Un día o dos más tarde, Kunti, con sus grises cabellos, partió con sus cinco hijos desde Hastinapura. Sin embargo, Purochanna, el amigo y ministro de Duryodhana, había partido antes hacia Benarés con la supuesta intención de acelerar los preparativos para recibir a los príncipes. En realidad, había sido instruido para construir para ellos una casa de materiales altamente inflamables, equipada con el más costoso mobiliario y equipos, y ubicada lo más cerca posible del arsenal público, donde viviría él como guardián de la ciudad, y buscaría una oportunidad adecuada para incendiarla, como por accidente. El palacio, de hecho, debía estar hecho de resma[12].

Mientras tanto el vigilante Vidura, sin dejar que nada de todo esto se le escapara, había preparado en el Ganges un estupendo barco con el que Kunti y sus hijos pudieran huir en un momento de peligro. Además, cuando los Pandavas abandonaron Hastinapura, Vidura fue el último en dejarlos entre todos los que los acompañaban al principio del viaje; y en el momento en que se marchaba dijo a Yudhishthira en tono bajo, y en una lengua que s o l o ellos dos comprendían: «¡Permanece siempre alerta!

---

[12] Pilas de papel y cartón. (N. del T.)

Hay armas que no están hechas de acero. ¡Se puede escapar aún del fuego teniendo muchas salidas en la casa de uno, y un profundo agujero es un maravilloso refugio! Familiarizaos con los caminos a través del bosque y aprended a guiaros por las estrellas. ¡Por sobre todas las cosas, estad siempre alerta!»

«Te comprendo bien», respondió Yudhishthira rápidamente, y sin decir más ellos partieron.

Los príncipes llegan a Benarés

Los Pandavas fueron recibidos con gran magnificencia por el pueblo de Benarés, encabezados por Purochanna, y fueron alojados por un tiempo en una casa en las afueras de la ciudad. En el décimo día, sin embargo, Purochanna les describió una hermosa mansión que había construido para ellos en la ciudad. Su nombre era «el hogar bendito», pero por supuesto era en realidad «la casa maldita», y Yudhishthira, juzgando que esto era lo más sabio, fue con su madre y sus hermanos a ocupar sus cuartos en ella. Al llegar a la casa, la inspeccionó cuidadosamente y, realmente, el olor a resma, brea y aceite era fácilmente perceptible en la nueva construcción. Entonces, volviéndose a Bhima, le dijo que sospechaba que era altamente inflamable. «¿Entonces, no deberíamos volver inmediatamente a nuestras primeras habitaciones?», dijo el sencillo Bhima sorprendido. «En mi opinión lo más sabio», contestó su hermano, «es permanecer aquí simulando estar contentos, y así ganar tiempo evitando sus sospechas. Si demostramos que les hemos descubierto, Purochanna atentaría inmediatamente contra nosotros. En cambio, debemos quedarnos aquí, pero debemos mantener siempre nuestros ojos vigilantes; ni por un momento debemos permitirnos no tener cuidado.»

Tan pronto como se establecieron los príncipes en su nueva morada llegó a ellos un hombre que decía ser un emisario de Vidura, su tío, y además hábil en minería. Era su opinión que la casa en la que ahora ellos estaban sería quemada en alguna noche sin luna. Por ello les propuso cavar sin tardanza un ancho pasaje subterráneo. Y les repitió, como contraseña, la última frase que había sido hablada, en una extraña lengua, entre Yudhishthira y su tío en el momento de partir. Oyendo todo esto, los Pandavas lo aceptaron con gran alegría, e inmediatamente él comenzó una cuidadosa excavación en la habitación de Yudhishthira, cubriendo la entrada con tablas de modo que estuviera a nivel con el resto del suelo. Los príncipes pasaron sus días cazando y recorriendo los bosques de los alrededores, y por la noche siempre dormían con las puertas cerradas, y con sus armas junto a sus almohadas.

La huida de los Pandavas

Cuando había pasado un año entero pareció a Yudhishthira que Purochanna había descuidado completamente su vigilancia. Por ello consideró que ése era el momento adecuado para su huida. Cierta tarde, la reina Kunti dio un gran banquete, y cientos de hombres y mujeres vinieron. Y en plena noche, en cuanto hubo oportunidad, cuando todos se habían marchado, un fuerte viento comenzó a soplar; y en ese momento Bhima, saliendo silenciosamente, encendió fuego en la parte de la casa que unía los mismos cuartos de Purochanna con el arsenal. Luego encendió fuego en otras varias partes y, dejando que todo ardiera, él con su madre y sus hermanos entraron en el pasaje subterráneo para escapar. Y nadie se dio cuenta de que una pobre mujer de baja casta y sus cinco hijos que habían venido al banquete todavía estaban allí, y que los seis, dormidos por la intoxicación, quedaron dentro de la casa en llamas. Y dado que la somnolencia y el miedo frenaban el movimiento de los Pandavas en su huida, el Kirat-Arjuna gigante Bhima puso a su madre sobre su espalda y, cogiendo a dos de sus hermanos cada uno bajo un brazo, corrió hacia adelante a lo largo del pasaje secreto y salieron luego de un momento en la oscuridad del bosque. Y Bhima, así cargado, siguió adelante, rompiendo los árboles con su pecho y hundiendo el suelo con sus fuertes pisadas.

Y detrás de ellos los ciudadanos de Benarés estuvieron toda la noche mirando el incendio de la casa de resma, llorando amargamente por el destino de los príncipes, que ellos suponían estaban allí dentro, y condenando a voces al malvado Purochanna, cuyos motivos ellos comprendieron bien. Y cuando llegó la mañana encontraron el cuerpo de Purochanna y también los cuerpos de la mujer con sus cinco hijos pertenecientes a los inocentes de baja casta, y enviando un mensaje a Dhritarashtra a la capital distante procedieron a rendirles honores reales a las infortunadas víctimas. Entonces el minero que había sido enviado por Vidura se acercó a colaborar en el movimiento de las cenizas, y así, con este ardid, pudo cubrir, sin ser descubierto, la entrada del pasaje secreto, y lo hizo de tal forma que nadie sospechó su existencia.

Mientras tanto, cuando los Pandavas emergieron del bosque encontraron en una hermosa embarcación en el Ganges a un hombre que parecía estar midiendo su lecho para encontrar un vado. Y éste era, en realidad, el capitán que había sido enviado por Vidura para esperar el momento de la huida de los Pandavas. Viendo a los cinco hombres, con su madre, llegan a la orilla del río, se acercó con su embarcación y dijo en voz baja a Kunti la del cabello gris: «¡Escapa con tus hijos de la red que la muerte ha esparcido alrededor de todos vosotros!» Kunti miró sobresaltada y él se volvió a los príncipes y dijo: «Es la palabra de Vidura. ¡Estad siempre alerta! ¡He sido enviado para transportaros al otro lado del Ganges!»

Reconociéndolo por estas palabras como un agente de Vidura, los príncipes contentos entraron a su barco y el los llevo a salvo hasta la orilla opuesta Entonces pronunciando la palabra *Jaya* (¡Victoria!) los dejó, y volvió al trabajo que parecía estar haciendo.

Y los Pandavas, con su madre, huyeron de bosque en bosque y de pueblo en pueblo. En una ocasión se disfrazaban de una forma y luego otra vez de otra, hasta que al final llegaron al pueblo de Ekachakra, siendo recibidos en las habitaciones exteriores de un brahmán y su familia; se establecieron allí para vivir como hombres instruidos mendigando. Repitiendo largos pasajes de los libros sagrados, era fácil para ellos obtener cada día comida suficiente. Con sus altas figuras, sus prendas de piel de ciervo, sus cordones sagrados y sus enmarañadas mechas, todos los hombres les tomaron por brahmanes. Pero cada atardecer al volver a Kunti con el arroz que habían recogido durante el día, éste siempre era dividido por ella en dos porciones iguales. Una era comida por Bhima, y la otra era dividida por ella entre los cuatro hermanos restantes y ella misma. Y haciendo eso ellos vivieron muchos meses con simplicidad y mucha felicidad en el pueblo de Ekachakra.

V. CÓMO LOS PANDAVAS CONSIGUIERON UNA NOVIA

Mientras los Pandavas vivían con su madre disfrazados de brahmanes en el pueblo de Ekachakra, vinieron dos fieles amigos de su vida pasada silenciosamente a visitarlos. Y por uno de ellos los príncipes supieron que Drupada, rey de los Panchalas, había anunciado el *swayamvara* de su hermosa hija Draupadi. Unas pocas palabras más fueron dichas acerca del extraordinario encanto y dotes de la princesa de los Panchalas, y a la tarde, cuando su visitante se había marchado, Kunti notó que sus hijos se habían vuelto callados y apáticos. Entonces, adivinando la causa de su cambio de humor mejor de lo que ellos mismos podrían haberlo hecho, dijo, con amable tacto, que ella estaba cansada de Ekachakra y le agradaría reiniciar sus vagabundeos, si sus hijos quisieran, en el país de los Panchalas.

Al día siguiente todos se despidieron de su anfitrión, el brahmán de Ekachakra, y partieron para Kampilya, la capital de Dmpada. Y mientras marchaban se encontraron con un cierto brahmán que llevaba el mismo camino, quien les contó acerca de la gran elección de pretendiente que se iba a realizar para la princesa del reino y del obsequio real que se daría a los sabios que se acercaran en esa ocasión. Y los príncipes, haciendo como si oyeran estas cosas por primera vez, se unieron a su grupo y anunciaron su intención de presenciar el *swayamvara*. Cuando llegaron a la ciudad la recorrieron por un tiempo como visitantes y terminaron cogiendo sus habitaciones en el cuarto de huéspedes de un cierto alfarero.

Sucedía que, desde la incursión de Drona y sus discípulos, Drupada había abrigado el secreto deseo de que su hija Draupadi pudiera casarse con Arjuna. Pero nunca había mencionado este deseo a nadie. Más aún, sin tener conocimiento de la notoria muerte y pensando secretamente en él, hizo hacer un rígido arco e hizo suspender un anillo a una considerable altura, anunciando que el que pudiera encordar el arco y disparar una flecha a través del anillo tendría a la princesa por esposa. Con estas palabras proclamó el *swayamvara,* y los reyes, príncipes y grandes sabios comenzaron a surgir de todos sitios. Incluso Duryodhana fue con su amigo Karna. Y a todos Drupada los recibió con igual hospitalidad. Mientras tanto, los Pandavas estaban viviendo como mendigos en la casa del alfarero, y nadie en la ciudad los reconoció.

Las festividades inherentes de la boda real comenzaron y día tras día crecía el entusiasmo, hasta que después de dieciséis días, cuando todo estaba en su apogeo, el gran momento llegó. Entonces la princesa Draupadi, vestida y adornada con joyas, entró en el recinto, sujetando un plato dorado sobre el cual había una guirnalda de flores. Al entrar, toda la música fue detenida y los brahmanes reales encendieron el fuego de sacrificio. Cuando todo estaba en silencio, Dhrishtadyumna, su hermano gemelo, caminó hacia adelante junto a la princesa y dijo en una voz tan grave y rica como la del mismo trueno: «¡Oh vosotros monarcas que estáis reunidos hoy aquí, contemplad el arco, y allá está el anillo!

¡El que pueda disparar cinco flechas a través del anillo —habiendo nacido bello y con fuerte personalidad— obtendrá hoy a mi hermana por esposa!»

Entonces volviéndose hacia la princesa, nombró a todos los reyes que eran candidatos a su mano y le dijo que aquel que acertara el blanco debía ser el escogido por ella. Y primero dijo el nombre de Duryodhana, y Karna fue mencionado, pero nadie dijo los nombres de los Pandavas, quienes, irreconocibles para todos, estaban presentes entre la multitud como brahmanes.

La contienda

Cuando Dhrishtadyumna terminó de decir sus nombres, los reyes y príncipes se levantaron de un salto, cada uno ansioso por ser el primero en encordar el arco. Y al saltar a la arena y agruparse juntos en el punto de prueba, alguien dijo que se veía a los mismos dioses en sus divinos carros confundiéndose en el concurso. Uno detrás de otro, con sus corazones latiendo fuertemente, bajo la mirada de Drupada y del mundo entero, cubiertos de gloria, los candidatos se acercaban al lugar de tiro.

Y algunos con los labios hinchados y los músculos en tensión trabajaron mucho para encordar el arco, y uno detrás de otro, con las coronas aflojadas y las guirnaldas quitadas, tuvieron que desistir sin éxito, cayendo al suelo por la resistencia del arma. Entonces Kama, viendo la mortificación de sus amigos y ansioso por mostrar la gloria de la caballerosidad, se adelantó al sitio donde estaba el arco. Y viéndolo, cinco supuestos brahmanes que estaban entre los espectadores respiraron hondo y dieron a la princesa por perdida, porque no tenían duda de que Karna podía encordar el arco de Drupada.

Pero cuando los ojos de la princesa se posaron sobre el héroe ella exclamó con un frío tono de desdén: «¡Yo no desposaré al hijo de un cochero!» Y oyéndola, Karna sonrió un tanto amargamente, miró hacia el Sol y dejó a un lado el arco, que ya había curvado hasta formar un círculo.

Pero cuando el último de los monarcas estaba haciendo su intento y su consecuente fracaso estaba siendo comentado acaloradamente por los espectadores, Arjuna, con su manta de piel de ciervo, sus mechones enmarañados y su sagrado cordón, se salió de entre la multitud de brahmanes que estaban sentados como espectadores alrededor de la arena y se adelantó en dirección al estrado de tiro. Fuertes murmullos, algunos de aprobación, otros de desaprobación, se alzaron desde los brahmanes a derecha e izquierda de él. Dado que, viéndolo como a uno de ellos, interpretaron mayormente su actitud como una inquietud infantil que traería desgracia sobre todos ellos. solo unos pocos, notando su clase y porte, tuvieron el coraje de gritar: «¡Bien, bien! ¡Haz el intento!»

Pero mientras sus amigos hablaban, Arjuna llegó hasta el arco y se paró ante él como una montaña. Luego, inclinando su cabeza en oración, caminó lentamente a su alrededor. Entonces en un abrir y cerrar de ojos lo encordó, y entonces disparó cinco flechas en rápida sucesión a través del anillo, derribando el blanco que había sido colocado a gran altura.

La algarabía que sucedió pareció venir de los cielos más que del anfiteatro. Los brahmanes se levantaron excitados agitando sus pañuelos. Llovían flores desde el cielo en todas direcciones. Y los bardos estallaron en alabanzas al héroe que había ganado. Desde los asientos reales sobre la palestra el rey Drupada sonrió en aprobación al joven brahmán que había acertado el blanco, y la princesa Draupadi alzó sus ojos a Arjuna y así expresó silenciosamente que ella lo cogía a él como su señor.

Pero cuando el alboroto estaba en su apogeo Yudhishthira, con los gemelos Nakula y Sahadeva, temiendo ser reconocidos si permanecían todos juntos en un sitio, se levantaron y dejaron la reunión, dejando a Arjuna y Bhima solos. En menos tiempo en que se esparcen las nubes por el cielo, el ánimo de la reunión pareció cambiar.

Arjuna había sido vestido por Draupadi con ropas blancas y la guirnalda de matrimonio, y la aprobación del héroe por Drupada era evidente a todos los observadores. Viendo esto, los reyes y príncipes que habían fracasado se llenaron rápidamente de cólera. Ellos habian sido rcbajadus a la nada. Habían sido invitados para ser insultados. Habían sido abiertamente rechazados con desprecio y, en cambio, un brahmán había sido elegido por encima de sus cabezas. Cogiendo sus mazas, los enojados contendientes se precipitaron juntos sobre Drupada, quien retrocedió en ese momento entre la multitud de brahmanes. Pero viendo el peligro de su anfitrión, Arjuna y Bhima se adelantaron a cubrirlo: Arjuna con el todopoderoso arco, y Bhima, arrancando de raíz un gran árbol, blandiéndolo listo para el asalto. Incluso Arjuna, acostumbrado como estaba a ver las grandes hazañas de su hermano, se asombró al verle arrancar el árbol, mientras que los monarcas retrocedieron absolutamente pasmados.

Los Pandavas son reconocidos

Pero había uno en la tribuna real, de nombre Krishna, un príncipe de los vrishnis y primo por nacimiento de los príncipes Pandavas, que viendo esa proeza supo rápidamente quiénes eran los supuestos brahmanes.

«¡Mira, mira!», dijo a su hermano, que estaba a su lado. «Había oído que los Pandavas habían escapado de la casa de resma, y tan seguro como que me llamo Krishna que allí hay dos de ellos: ¡Bhima y Arjuna!»

Mientras tanto, los brahmanes, agitando sus vasijas de agua de cocotero y sus pieles de ciervo, cerraron un círculo en torno a Drupada para protegerlo del ataque de los caballeros, mientras Arjuna y Bhima se enfrentaron a ellos uno por uno en combate individual. Y tal fue el disparo de flechas entre Karna y Arjuna que, durante varios minutos, cada uno era invisible al otro; y Karna se desvaneció por pérdida de sangre, pero se recobró con mayor entusiasmo para la batalla que antes. Todos admiraban la fuerza y agilidad de Bhima, quien podía coger un héroe y lanzarlo a distancia y además lo hacía cuidando de no lastimarlo demasiado.

Finalmente, sin embargo, los reyes y los príncipes, con todo su buen humor restituido por la lucha, se rindieron con alegría a sus oponentes brahmanes. Y llegó el momento en que, Arjuna y Bhima, dejaron la muchedumbre y seguidos por la princesa se dirigieron a encontrarse con su madre. Kunti mientras tanto había estado esperando con gran ansiedad el regreso de sus dos hijos. ¡El día había terminado y cuántas desgracias podrían haberles ocurrido! Al fin, sin embargo, en medio de una multitud de brahmanes, vio venir a Arjuna y Bhima. Llegando a la puerta, ellos dijeron: «¡Ah, madre, observa lo que hemos conseguido como limosna hoy!» Kunti, desde dentro de la casa, no habiendo visto todavía a la ruborizada princesa que ellos le estaban enseñando, contestó: «¡Disfrutad todos vosotros de lo que habéis traído!» Entonces vio a Draupadi y, abrazándola cálidamente, le dio la bienvenida como hija. Así la princesa de los Panchalas se convirtió en la novia de los Pandavas.

Pero cuando todos estaban sentados juntos y en silencio en la casa del alfarero llegaron dos visitantes —Krishna, el príncipe de los vrishnis, y Balarama, su hermano—, quienes risueñamente les saludaron a todos como Pandavas, tocando los pies de Yudhishthira como muestra de su alegría por ver que habían escapado de la casa de resina. Entonces, para evitar que alguien los reconociera y el disfraz de los Pandavas fuera descubierto, rápidamente se marcharon. Y la princesa Draupadi procedió humilde y amorosamente bajo la dirección de Kunti a preparar la comida para la cena de toda la familia. Y nadie advirtió que su hermano, el príncipe

Dhrishtadyumna, estaba escondido en una habitación contigua para escuchar la conversación secreta de los supuestos brahmanes.

Y cuando llegó la noche, los Pandavas, ya despiertos, discutieron entre sí de armas divinas, carros de batalla, elefantes y temas militares. Y Dhrishtadyumna partió con el amanecer para regresar con su padre e informarle sobre la naturaleza del héroe que había arqueado el arco. Pero Drupada se adelantó corriendo y salió a su encuentro, diciendo: «¡Dime! ¡Dime! ¿Era Arjuna el que acertó el blanco?»

Sin embargo, solo después de que la boda se hubiese realizado en el palacio de Drupada, admitiría Yudhishthira que él y sus hermanos eran en realidad los príncipes Pandavas. Así, hasta que estuvo debidamente casada, Draupadi los conoció solo como los disparadores del arco, y quienquiera que fueran, reyes o brahmanes, ella los aceptó sobre esa base.

Pero cuando Drupada supo que estaba ahora en alianza con los Pandavas, su alegría era ilimitada y ya no temía a nadie, ni siquiera a los dioses. Y el rumor de la huida de los Pandavas de la casa de resina y de su victoria en el *swayamvara* comenzó a esparcirse en los reinos vecinos, y todos los hombres comenzaron a mirarlos como a aquellos que han retornado de la muerte. Vidura mismo llevó la noticia a Dhritarashtra de que los Pandava ahora estaban vivos y bien, y además dotados de muchos y poderosos amigos.

VI. LA HISTORIA DE SHTSHUPALA

Cuando llegó a Dhritarashtra la noticia de que los Pandavas no habían sido, después de todo, quemados en la casa de resma, sino que habían escapado y estaban ahora en la corte de Drupada, aceptados en su familia y provistos de muchos y poderosos amigos, el viejo rey no supo qué decir. Entonces llamó a su hijo Duryodhana y a todos sus consejeros, y les hizo la pregunta de qué actitud tomar.

Todos estuvieron de acuerdo con su inmediata llamada a Hastinapura, y alentaron a que se enviaran felicitaciones por su huida. Pero Duryodhana tenía la opinión de que, luego de eso, deberían proceder a deshacerse de ellos mediante una serie de fraudes, dividiendo sus intereses y enfrentándolos unos a otros, y así al final privarlos de todo recurso. Karna, en cambio, mantenía que ellos debían enfrentarse en batalla. Valor contra valor, nobleza contra nobleza, dijo. Esos hombres nunca podrían ser divididos. Un intento como ése solo pondría en ridículo a quien lo llevara adelante. En cambio, una lucha justa debería ser el método de un soldado. Los Pandavas eran hombres, no eran dioses, y como hombres pueden ser vencidos en la batalla.

Bhishma, por otra parte, apoyado por Drona y Vidura, señaló que el derecho de los Pandavas al reino paterno era cuando menos el mismo que el de Duryodhana. Por eso, ellos deberían ser llamados y establecidos firmemente en la mitad del reino. Tan fuerte era la insistencia de estos buenos hombres sobre ese punto de vista, que Dhritarashtra no pudo hacer otra cosa que obedecer, y un embajador fue enviado a la corte de Drupada, con obsequios para los príncipes, para darles la enhorabuena por estar a salvo e invitarles a volver a la casa de sus ancestros. Para entonces se habían hecho amigos y consejeros de los Pandavas, no solo Drupada, sino también los poderosos Krishna y su hermano Balarama, y hasta que todos ellos no lo aconsejaron no aceptaron las proposiciones de amistad hechas por su pariente Dhritarashtra. Al final, sin embargo, lo hicieron, y llevando a Kunti, su madre, y a Draupadi, su reina, partieron para la ciudad de Hastinapura.

El regreso de los Pandavas

Una vez llegados allí y habiendo estado el suficiente tiempo como para estar descansados, fueron convocados ante la presencia de Dhritarashtra, quien les dijo que para evitar todo inconveniente posterior en la familia deseaba dividir el reino y darles la mitad, asignando a ellos una cierta zona desierta para residencia. Siempre había sido el hábito de estos príncipes aceptar con alegría lo que les ofrecía el anciano soberano y con ello hacerlo lo mejor posible. Y en esta ocasión no rompieron su regla. Sin ver defecto aparente en este regalo de un árido desierto de monte para hogar, ellos rindieron homenaje a Dhritarashtra y partieron para su nueva capital.

Una vez allí, sin embargo, su energía no tuvo límites. Ofreciendo los sacrificios de propiciación necesarios, midieron el suelo para la nueva ciudad y procedieron a construirla, a fortificarla y a adornarla hasta que hubo sobre la llanura la famosa Indraprastha, una residencia adecuada para los mismos dioses, no digamos para emperadores, tal era su belleza y magnificencia. No conformes con construir una ciudad, los hermanos se dedicaron a organizar sus dominios y su administración, y sus súbditos, dándose cuenta de la sabiduría y de lo beneficioso de estos nuevos gobernantes, se sintieron realmente felices de haber quedado bajo su dominio. No había en este reino miseria causada por el cobro de impuestos. El campesino obtenía fácilmente acceso a su soberano. Se administraba justicia; se mantenía el orden; la paz y la prosperidad estaban unidas en todos los lugares. En ese momento se sugirió a Yudhishthira que debía celebrar un sacrificio de coronación, y la idea le sedujo. Sobre todos los asuntos pidió consejo a sus ministros, pero hasta que no hubiera obtenido el de Krishna, su nuevo y fiable amigo, no podría estar seguro del rumbo correcto. Él estaba alertado de los muchos motivos — amabilidad, halagos, propio interés y demás— que guiaban a los hombres a dar consejo, y en su mente no había más que una sola alma que estaba fuera de ese tipo de influencias. El sacrificio de coronación no era un rito para ser encarado livianamente. Significaba el establecimiento de un rey que actuara como soberano supremo sobre todos los otros soberanos. Para hacer esto era necesario poner juntos a una inmensa multitud de soberanos tributarios, y era bien sabido que en esa gran reunión de señores feudales se esconden inmensos peligros. Esas reuniones son oportunas para los orígenes de las revoluciones. Por tanto, era de incumbencia de quien ofrecía el sacrificio pensar bien sobre el estado de las cosas y considerar claramente lo que estaba abordando. Si tenía éxito, podía esperar ser considerado como el supremo soberano de todo el imperio para toda la vida. Pero el menor paso en falso podía resultar en un supremo desastre, arrojándolo del trono e incluso trayendo una guerra civil.

El consejo de Krishna

Incluso, Yudhishthira había pensado que, mientras otros le habían aconsejado alegremente llevar adelante el sacrificio, Krishna podía señalarle la línea de pensamiento que debía guiar a un monarca al enfrentarse cara a cara con tan seria iniciativa. Punto por punto discutió con él el estado de la política de los reinos rivales y las posibilidades de estabilidad en el país en general. Así le permitió ver qué guerras debían desarrollarse y cuáles áreas debían primero ser sojuzgadas antes que el sacrificio imperial pudiera ser ofrecido. Pero Krishna alentó a Yudhishthira, no menos calurosamente de lo que lo habían hecho sus propios ministros, acerca de su capacidad personal y la condición apropiada del propio reino y su gobierno para la orgullosa posición que él deseaba hacer suya. Tampoco sospechó Yudhishthira, o alguno de sus hermanos, que ese festival, además de establecerlos a ellos en la soberanía suprema, estaba destinado a su vez a revelar ante los ojos de todos los hombres, y no solo ante los pocos de confianza que ya lo sabían, la grandeza y poder del mismo Krishna, quien en realidad no era rey, pero solo porque él estaba muy por encima de todos los reyes terrenales.

Habiendo tomado consejo de su más poderoso consejero, Yudhishthira procedió a ocuparse de todos los detalles, y cuando todas las instrucciones estuvieron dadas anunció su intención de celebrar la fiesta de coronación. Aun después de esto los preparativos para el sacrificio llevaron un largo tiempo, pero finalmente todo estuvo listo y se enviaron invitaciones en todas direcciones, y reyes y héroes comenzaron a llegar. Y allí había uno, llamado Narada, que tenía íntima percepción y, estando en la reunión y viendo al señor Krishna como su verdadero centro, se llenó de pavor, y mientras los otros solo veían brillo y festividad él era todo reverencia y se mantenía sentado mirando, perdido en la oración.

Ahora cuando el último día del sacrificio había llegado y el agua sagrada estaba por ser rociada sobre la cabeza de Yudhishthira, Bhishma, como cabeza de ambas casas reales, sugirió que por una cuestión de cortesía a los invitados debía homenajearse primero a cada uno por turno, de acuerdo con su rango y precedencia. Y agregó el anciano abuelo, mientras sus ojos miraban con cariño la cara de Krishna, a él primero que nadie, como la encarnación de Dios, dejad que como jefe le sean dados estos honores reales. Y consintiéndolo Krishna mismo, los honores le fueron dados.

La disputa por la precedencia

Pero había alguien en la asamblea de reyes que guardaba rencor por la precedencia dada a Krishna entre los soberanos, como si él también fuera un monarca gobernante. Y este invitado, de nombre Shishupala, estalló en amargos reproches contra Bhishma y Yudhishthira por lo que consideraba como un insulto hecho a los vasallos que tributaban al poner ante ellos uno que no podía presentar ninguna reivindicación para la precedencia por derecho de independencia, o larga alianza, o edad, o parentesco. ¿Era Krishna, preguntó, el mayor de los presentes? ¿Cómo podía impulsarse tal reivindicación cuando Vasudev, su propio padre, tenía mayor derecho? ¿Era él valorado como maestro y profesor? Aquí estaba Drona el brahmán, que había sido tutor de todos los príncipes reales. O ¿era que los Pandavas le habían dado precedencia por su valor como aliado en tiempos de guerra? Si así era, allí estaba Dmpada, que era el que más lo merecía; dado que él era el padre de Draupadi, su reina, y nadie podía estar más ligado a ellos que él. Pero si eran el amor y la veneración los que habían guiado la oferta, entonces seguramente el viejo Bhishma, su pariente, el lazo entre dos linajes, tenía más derecho.

Ante estas palabras de Shishupala, un cierto número de invitados comenzó a manifestar desacuerdo con el sacrificio y su señor, y se hizo evidente que era Shishupala el líder de la facción que podía evitar el adecuado cumplimiento de la ceremonia. Si un sacrificio real no se llevaba a un adecuado término el hecho podía provocar gran desastre al reino y sus súbditos. Por ello Yudhishthira mostró gran ansiedad e hizo todo lo que pudo para conciliar al enojado rey. Él, sin embargo, como un niño consentido, o como un hombre severo y duro, se negó por todos los medios a ser apaciguado. Viendo esto Yudhishthira miró hacia Bhishma en busca de consejo. Bhishma, sin embargo, no se esmeró en calmar al enojado rey. Sonrientemente desestimó la gravedad de Yudhishthira. «¡Espera», dijo, «oh rey, hasta que el señor Krishna se dé cuenta del asunto! ¿Puede el perro matar al león? Realmente este rey se parece mucho a un león, dado que el león es estimulado a actuar, y entonces nosotros veremos lo que veremos.»

Pero Shishupala oyó las palabras dichas por Bhishma y, profundamente irritado por la comparación con un perro, se dirigió al venerable estadista con palabras que eran abiertamente insultantes y desenfrenadas. Le llamó viejo chocho, que siempre parloteaba de moralidad y, como ellos podían oír, incluso llenaba de horror a sus propios amigos y aliados, haciendo caer sobre sus cabezas alguna sentencia olvidando la dignidad debida a su propio e igual rango. Bhishma, sin embargo, no mostró excitación. De pie allí tranquilamente, alzó su mano pidiendo silencio y tan pronto como este se estableció habló al enojado Bhima, hermano de Yudhishthira, cuyos ojos enrojecidos mostraban que consideraba las palabras dichas a su abuelo como un desafío a él mismo.

La historia de Bhishma

«Tranquilízate, oh Bhima», dijo Bhishma, «y escucha la historia de este mismo Shishupala. Él nació de linaje regio, teniendo tres ojos y cuatro brazos, y no bien nació rebuznó como un asno. Y su padre y madre, estando asustados por estos augurios, se habían decidido a abandonar al niño, cuando oyeron una voz que les hablaba desde el aire diciendo: "No temáis nada; quered a este niño. Su momento aún no ha llegado. Ya ha nacido alguien que lo matará con armas cuando llegue su fin. Antes de esto será tan afortunado como bien considerado." Entonces la reina, su madre, reconfortada por estas palabras, tomó coraje y preguntó: "¿Quién es el que matará a mi hijo?"

Y la voz respondió: "Aquel sobre cuyo regazo el niño estará sentado cuando su tercer ojo desaparezca y sus dos brazos sobrantes se caigan."

Después de esto, el rey y la reina de Chedi hicieron juntos unas visitas oficiales, y dondequiera que ellos iban pedían al rey que los hospedaba en ese momento que cogiera al niño en sus brazos. Pero en ningún sitio perdió los brazos sobrantes ni desapareció su tercer ojo.

Entonces, desconcertados, volvieron a su ciudad y a su palacio. Y cuando habían estado en su hogar durante un tiempo fue a visitarlos el príncipe Krishna y su hijo mayor. Y ellos comenzaron a jugar con el niño. Pero cuando Krishna lo cogió en su regazo, entonces el tercer ojo del niño se atrofió lentamente y desapareció, y los dos brazos extraños se marchitaron. Entonces la reina de los chedis supo que éste era el destinado a matar a su hijo, y cayendo sobre sus rodillas, dijo: "¡Oh señor, concédeme un deseo!"

Y el señor Krishna contestó: "¡Habla!"

Y ella dijo: "Prométeme que cuando mi hijo te ofenda lo perdonarás."

Y él contestó: "Sí, aunque me ofenda cien veces, cien veces le perdonaré."

Ése es Shishupala —continuó Bhishma— quien aún ahora, abusando de la compasión del señor, os induce a vosotros a la batalla. En realidad, él es una porción de energía que el Todopoderoso podría reabsorber ahora mismo dentro de sí. Por eso es que él provoca su propia destrucción ocasiona tanto enojo y ruge como un tigre ante nosotros, sin preocuparse por las consecuencias.»

El enojo de Shishupala había aumentado más y más durante el discurso de Bhishma, y cuando terminó sacudió su espada amenazadoramente y dijo: «¿No sabes que estás vivo en este momento solo por mi amabilidad y la de estos otros reyes?»

«Da igual si esto es así o no», contestó Bhishma con gran altanería y calma. «Sabe que tengo poca estima a todos los reyes de la Tierra. Tanto si yo soy muerto como una bestia del campo o quemado hasta la muerte en un incendio en el bosque, cualquiera sea la consecuencia, aquí pongo mi pie sobre la cabeza de todos vosotros. Aquí ante nosotros se encuentra el Señor. A él he orado. ¡Deja que entre en conflicto con él solo quien desea una muerte rápida! Ese puede incluso emplazarse en la batalla —el de oscuro color, que es quien maneja el disco y la maza— y, cayendo, entrará y se confundirá con el cuerpo de su dios»

La muerte de Shishupala

Al terminar las solemnes palabras de Bhishma todos los presentes involuntariamente volvieron sus ojos a Krishna. Él se encontraba absorto, mirando tranquilamente hacia el furioso Shishupata, como uno cuya mente podría estar emplazando las armas celestiales en su ayuda. Y cuando Shishupala rió en su cara, él simplemente dijo: «¡La copa de las fechorías, oh pecador, ahora está llena!» Y al hablar el encendido disco se alzó desde atrás de él y, pasando sobre el círculo de reyes, bajó sobre el casco de Shishupala y lo atravesó clavándose de la cabeza a los pies. Entonces se adelantó el alma de este malvado, como si hubiese sido una masa de llamas, y, siguiendo su propio camino, se inclinó y se derritió hasta desaparecer dentro de los pies del mismo Krishna. Tal como Bhishma había dicho, cayendo, entró y se confundió en el cuerpo de ese dios.

Así terminó Shishupala, que había pecado hasta ciento una veces y había sido perdonado. Porque incluso los enemigos del Señor se salvan pensando exclusivamente en él.

VII. LOS DADOS FATALES

Cuando terminó el sacrificio imperial de Yudhishthira, su primo Duryodhana estuvo muchos días siendo su invitado en el palacio que los hermanos Pandavas habían construido para tales propósitos en Indraprastha. Junto con Duryodhana estuvo, como amigo y compañero, un hombre que estaba destinado a ser su genio malvado y tío suyo, llamado Sakuni. Y juntos ellos examinaron la mansión que los Pandavas habían construido. Y en una de las habitaciones, pisando sobre un suelo de cristal, el príncipe Duryodhana lo tomó por agua y se quitó sus prendas como para bañarse; entonces, descubriendo su error, deambuló con constante mortificación. Pero al día siguiente, llegando a una charca, la confundió con cristal y cayó dentro, después de lo cual se convirtió en blanco de burlas; y todo esto le afectó amargamente. Puertas de cristal le parecían abiertas y puertas abiertas le parecían cerradas, y un hostigamiento se sumaba a otro en su cerebro. Además de esto, la belleza de los muros adornados con joyas y las salas con miles de pilares tallados le llenaron de celos, y en sus pensamientos comparaba a Hastinapura con Indraprastha y comenzó a pensar en los Pandavas como enemigos. Fue con este humor como terminó su estancia con su primo y regresó a Hastinapura.

Era bien sabido que Yudhishthira era sensible a todos los asuntos que involucraban el honor de los caballeros. Y ahora había una cuestión que era de incumbencia del verdadero caballero: tal como si debiera contestar a un desafío a una batalla, debía cumplir con un desafío a los dados. Pero era sabido que el mayor de los Pandavas era extremadamente débil en este asunto. Jugaba mal y era víctima de la adicción por los dados. Cuando se lanzaba la apuesta perdía la cabeza y tiraba salvajemente, y en ese momento nadie podía conseguir que su cabeza razonara. Por esta razón era el hábito de Yudhishthira evitar apostar, salvo que se hiciera imperativo por un desafío de caballerosidad.

Sakuni, el tío y compañero de Duryodhana, a pesar de su gran posición y asociación, era un jugador que llevaba su habilidad con los dados a la altura de una aguda práctica. En esto no existía nadie que le sobrepasara, y como todos esos hombres siempre estaba hambriento de nuevas víctimas. Sakuni por ello comenzó a machacar sobre la bien conocida debilidad de Yudhishthira, acosando a Duryodhana con la petición de que le invitara a Hastinapura a jugar.

El desafío

El permiso del anciano Dhritarashtra, siempre como arcilla en manos de su hijo mayor, no fue difícil de obtener, y el mismo Vidura fue enviado a Indraprastha con el desafío a Yudhishthira de venir a tirar los dados. Mientras tanto se construyó rápidamente una gran casa de juego, y todo fue preparado para recibir a los huéspedes reales.

Yudhishthira se puso muy serio cuando recibió en Indraprastha el recado que había sido enviado con Vidura. «El juego es siempre productivo en disputas», dijo. «Dime ¿quiénes serán los otros jugadores?»

Vidura mencionó sus nombres uno por uno, y ante cada uno Yudhishthira y sus hermanos se volvían más pensativos. Eran todos hombres conocidos por su habilidad o por su inmoral y codicioso modo de jugar. Finalmente, sin embargo, dándose cuenta de que la invitación era también una orden del rey, Yudhishthira dio las órdenes para que todo se preparara para el viaje. «Pienso», dijo, «que es la llamada del destino. ¿Qué es un hombre para luchar en contra del destino?» Y con corazón apesadumbrado los héroes y Draupadi partieron para Hastinapura, donde fueron recibidos con honores de reyes, y no bien hubieron descansado de su fatiga fueron conducidos a la mesa de juego.

Con manifiesta reticencia, accediendo solo en obediencia al deseo real y por honor a su condición, Yudhishthira se sentó para jugar con Sakuni en presencia de la corte allí reunida. Y Dhritarashtra mismo estaba presente, junto con Bhishma, Drona, Vidura y todos los ministros. Y se anunció abiertamente, a pesar de ser una irregularidad, que Duryodhana pagaría las apuestas que Sakuni pudiera perder.

Pero en el momento en que Yudhishthira había comenzado a jugar se puso, como todos los presentes sabían que sucedería, como un hombre embriagado. Ante cada tirada era declarado perdedor, y a pesar de ello, cada vez, con cara pálida y frenéticas manos, gritaba una mayor y más suculenta apuesta. Y las serias personas presentes permanecían sentadas con las cabezas inclinadas y las caras escondidas en sus manos. Y los hermanos Pandavas se mantuvieron inmóviles, conteniendo la respiración, sintiéndose como si estuvieran presenciando el remate de su hermano, quien era además su soberano, aunque sus corazones estaban ardiendo de furia y anhelaban coger a su adversario de la garganta y privarlo de la vida. solo el insolente Duryodhana se reía fuertemente, y se volvía más resplandeciente por el triunfo cuando la locura de Yudhishthira se hacía más y más aparente a la totalidad de esa augusta asamblea. Pero el débil Dhritarashtra estaba lleno de temor, dado que podía percibir los pensamientos de todos los presentes y sabía suficientemente bien, en su timidez, que se estaba por producir allí una tormenta que no llegaría a su fin hasta que la casa entera fuera arrancada. Y Vidura, sentado junto a él, le recordó cómo habían rebuznado los asnos cuando había nacido Duryodhana. Y el monarca se estremeció; sin embargo, no tuvo fuerzas para parar el juego.

La pérdida de Draupadi

Mientras tanto, la locura de Yudhishthira progresaba. En cada tiro perdía y Sakuni ganaba. Se fueron joyas, los tesoros del reino, carros, sirvientes, caballerizas y banderas, todo tipo de posesiones siguieron. Entonces el juego entró en una fase más peligrosa. El rey apostó su reino y perdió. Yudhishthira estaba ahora enajenado, lejos de cualquier posibilidad de razonamiento, y uno por uno, con la pasión del jugador, apostó a sus hermanos, a sí mismo y a Draupadi. ¡Y perdió!

«¡Ajá!», gritó el malvado Duryodhana, dando un salto con deleite inconcebible. «¡Ve, Vidura, y tráenos a la virtuosa Draupadi, que la reina de los Pandavas va a barrer nuestro suelo!» Pero Vidura maldijo a Duryodhana por entender que insultaba a una mujer y que traería un destino funesto a todos ellos, por lo que fue enviado un cortesano a traer a Draupadi. Cuando la esposa de Yudhishthira estuvo frente a ellos, y se dijo que ella había sido hecha esclava de la facción de Duryodhana por su esposo, ella preguntó en qué condición estaba Yudhishthira cuando ofreció tal apuesta. Y cuando le dijeron que primero él se había perdido a sí mismo, y luego la había apostado a ella, ella contestó triunfalmente que repudiaba la transacción. ¿Cómo podía alguien que es él mismo un esclavo, poseer a otro que es libre, y así disponer de ella? Y todos los presentes sintieron la firmeza de su razonamiento, pero sin embargo Duryodhana no admitió que sus propósitos se hubieran desbaratado.

Entonces cuando la disputa estaba en su apogeo, y la falta de razón de Duryodhana en la presencia de Draupadi estaba amenazando con provocar que Bhima y Arjuna lo mataran, en ese mismo instante, un chacal gimió cerca de Dhritarashtra. Y en respuesta al gemido del chacal vino el rebuzno de un asno desde afuera, y ciertos pájaros también dieron ronquidos y terribles gritos. Entonces Bhishma, Drona y Vidura se volvieron silenciosamente y se miraron unos a otros, y Dhritarashtra se puso pálido y comenzó a temblar, dado que oyó los sonidos y comprendió. «Pide un deseo, Draupadi», ordenó alzando una temblorosa mano para acallar la protesta que estaba ocurriendo a su alrededor. «¡Pide un deseo, mi hija! ¡Y yo te concederé cualquier cosa que pidas!»

Ante estas palabras Draupadi alzó la mirada. «¡Yo, que soy libre», dijo tranquila y orgullosamente, «pido la libertad del padre de mi hijo,

Yudhishthira!»

«Concedido», dijo Dhritarashtra. «¡Pide otra vez!»

«¡Y la libertad de todos sus hermanos», continuó Draupadi, «con sus armas, sus carros y sus pertenencias personales!»

«¡Está concedido!», dijo Dhritarashtra. «¡Oh princesa, pide una vez más!»

«De ninguna manera», dijo ella firme y desdeñosamente. «Los Pandavas, armados y libres, pueden conquistar el mundo entero. ¡No necesitan deber nada a una concesión!»

Y Kama, escuchando, se dijo a sí mismo: «¿Ha habido alguna vez otra mujer así? ¡Los Pandavas se estaban hundiendo en un océano de desesperación, y la princesa de Panchala se ha hecho a sí misma un barco para llevarlos a salvo a la costa!»

Inmediatamente entre los recién liberados príncipes se alzó una discusión acerca de si su primer deber no era la matanza de Duryodhana por los insultos hechos a Draupadi, y fue observado entre los presentes que en el calor de su enojo salía humo de las orejas de Bhima. Pero Yudhishthira, que había recobrado su calma habitual, le pacificó. Se volvió a Dhritarashtra para preguntarle cuál sería el deseo real.

«Oh, volved a vuestra propia ciudad y coged vuestras riquezas con vosotros y gobernad vuestro reino», suplicó el anciano ahora totalmente asustado. «Tú afortunadamente estás abierto a la razón. ¡Déjanos marchar a Indraprastha lo más rápido posible! ¡Sólo te ruego que no guardes rencor hacia nosotros por lo que ha pasado!» Y los Pandavas estaban lo suficientemente contentos como para llevar a cabo sus instrucciones. Con todas las formalidades de cortesía, entonces, ordenaron sus carros y su séquito y partieron hacia Indraprastha sin demora. Duryodhana había estado ausente cuando su padre Dhritarashtra, presa del pánico, había animado a los Pandavas a partir de Hastinapura. Ahora, sin embargo, sus malvados consejeros se juntaron a su alrededor, diciendo: «¡No puede ser! ¡Todo lo que habíamos conseguido el anciano lo ha regalado! Ha devuelto sus riquezas al enemigo.»

Duryodhana se apresuró a llegar junto a su padre, intentando no atemorizarlo con reproches, le explicó el sumo peligro de dejar a los Pandavas acceder nuevamente a sus amigos, sus ejércitos y sus pertrechos, luego de haberles insultado. Dhritarashtra escuchó y vaciló, y en ese momento Duryodhana sugirió como un fantástico apostador que ellos deberían ser traídos de nuevo para tirar una vez más los dados, y cualquiera fuera el bando que perdiera debería retirarse a los bosques por doce años a vivir como ascetas y pasar el decimotercer año en una ciudad sin ser reconocidos por nadie, y, si eran reconocidos, pasar otros doce años en el bosque como prenda. Durante ese tiempo Dhritarashtra, le animó su hijo, podía ponerse al mando de amplias alianzas y de un ejército de gran reputación, que no sería fácil de conquistar por cinco príncipes ambulantes. Así podrían reparar la locura de haberles permitido marcharse.

El viejo rey escuchó y, fatalmente sumiso, dijo: «Entonces hacedles regresar. Traedlos.»

«¡No, no!», gritaron todos los ministros y aun Kama, quien estaba cerca. «¡No, no! ¡Dejadlos ahora en paz!» Pero Dhritarashtra dijo: «Los deseos de mi hijo deben ser satisfechos. ¡Dejad que los vuelvan a llamar!»

Entonces, Gandhari, la anciana reina, entró en la cámara del consejo e imploró al rey su marido que echara a Duryodhana, su hijo mayor, antes de permitirle salirse con la suya.

Pero Dhritarashtra tenía la obstinación que tienen las personalidades débiles. Y dijo: «Si nuestra raza está a punto ser destruida, mal puedo permitirlo. Dejad que los deseos de mi hijo se satisfagan.

¡Dejad que los Pandavas regresen!»

El reinicio de la contienda

Yudhishthira y sus hermanos habían hecho ya un largo camino cuando el mensajero real los alcanzó con la orden de regresar. No había necesidad de someterse. Ellos sabían bien que el juego era falso. Ellos podrían haber dado fácilmente una excusa cortés y seguir adelante hasta su propia ciudad. Pero la mente de un hombre sometida al vaivén de la calamidad se vuelve alocada. Yudhishthira, ante las palabras «¡Volved y jugad!», tomó el aspecto de un hombre sometido a un hechizo. Y a su debido momento, para desesperación de todos sus amigos, los Pandavas una vez más entraron en Hastinapura y se dirigieron a jugar.

Otra vez se arrojaron los dados. Otra vez Sakuni gritó: «¡He ganado!» Y los Pandavas se levantaron dueños de sí mismos, pero destinados a vivir doce años en el bosque y un decimotercer año irreconocibles en una ciudad; de allí, si eran reconocidos, debían regresar a los salvajes bosques por otros doce años de exilio.

Pero al verlos avanzar, lúgubres y callados a su exilio, los hombres sabios vislumbraron, por el modo en que se marchaban, un retorno terrible, un retorno que sería desastroso para todos sus enemigos.

VIII. EL KIRAT-ARJUNA

Mientras los Pandavas, de acuerdo con su derrota en los dados, vivían exiliados en el bosque, Yudhishthira pensaba mucho en su debilidad comparada con la fuerza y los recursos de Duryodhana. Claramente previó que en un futuro las diferencias entre sus primos y ellos deberían dirimirse mediante las suertes de la guerra. Y recordaba que Duryodhana estaba en real posesión del trono y tesoros, y que todos sus compañeros de la juventud, cuyas proezas en el campo todos conocían, eran realmente sus amigos y, estaba seguro, eran devotos a él. Drona y sus alumnos, sobre todo Karna, lucharían y morirían si había necesidad, no para los Pandavas, sino para Duryodhana, hijo de Dhritarashtra, el rey reinante.

Justo en el momento en que el mayor de los Pandavas estaba sumergido en estos pensamientos, un santo hombre vino a visitar el refugio de los hermanos, y en el instante en que vio a Yudhishthira comenzó a aclarar su duda. «Tú estás preocupado, oh rey», dijo, «acerca de las fuerzas contrarias de tus amigos y tus enemigos. Por eso he venido hasta ti. No hay nadie en el mundo que pueda vencer a tu hermano Arjuna, si él primero se retira a la montaña y obtiene la visión del Gran Dios. En sus manos están todos tus enemigos destinados a ser muertos. Deja que Arjuna vaya a las montañas, y allí deja que ayune y rece solo.» Arjuna, entonces, así elegido, hizo votos de austeridad, prometiendo no ser distraído por nada que encontrara, y partió para el Himalaya. Al pie de las montañas, cuando las alcanzó, encontró a un hombre sabio, sentado bajo un árbol, y éste le dijo que cualquier obsequio espiritual que eligiera le sería otorgado; solo tenía que mencionar lo que quería. Pero el caballero respondió con desdén que él había dejado a sus hermanos en el bosque hacia el sur, y había llegado hasta allí a obtener armas divinas. ¿Iba él a aceptar bienaventuranza y dejarlos a ellos sin ayuda? Y el santo hombre, que no era otro que el dios Indra disfrazado, lo bendijo y aprobó su decisión. Y Arjuna, pasando por alto esta tentación, siguió adelante hacia las más altas montañas donde, en algún sitio, él podía esperar tener su visión.

Pasando a través del espeso bosque, pronto llegó al verdadero seno de las montañas y se estableció allí, entre árboles y arroyos, escuchando canciones de pájaros, y rodeado de hermosas flores, para practicar su voto de plegaria, vigilia y ayuno. Vestido con escasas ropas hechas de hierba y pieles de ciervo, vivió a base de hojas marchitas y frutos caídos, y mes tras mes redujo su necesidad de ellos, hasta que en el cuarto mes fue capaz de vivir solo del aire, sin tomar ningún otro alimento. Y su cabeza parecía brillar por sus constantes baños y purificaciones, y él podía mantenerse día tras día con los brazos en alto sin soporte, hasta que la tierra comenzó a echar humo y los seres del cielo a temblar por el calor de la penitencia de Arjuna.

El verraco

Un día, durante sus rezos matinales, ofreciendo flores a una pequeña imagen de arcilla del Gran Dios, un verraco corrió hacia él, buscando matarlo. Y Arjuna, en quien los instintos del soldado y el deportista estaban siempre en su más alto nivel, cogió su arco y sus flechas y se levantó de sus rezos para matar a la criatura. En ese momento los bosques se volvieron extraña y solemnemente quietos. El sonido de las cascadas y los arroyos y pájaros paró repentinamente. Pero Arjuna, con su mente aún en su oración a medio terminar, no notó esto. Tensando su arco, soltó una flecha y acertó al verraco. En el mismísimo instante la bestia fue alcanzada por otro dardo, igualmente poderoso, y con un rugido cayó y murió. Pero en Arjuna se encendió la ira del deportista, y aparentemente en su desconocido rival había ocurrido lo mismo; ambos se enfurecieron al ver su propio disparo interferido en el último momento. Allí se encontraba con una rabia terrible, tan enojado como él, un cazador, aparentemente algún rey de las tribus de las montañas, acompañado de su reina y un séquito de alegres seguidores. Su cuerpo estaba encendido de energía, mientras decía: «¿Cómo te has atrevido a disparar? ¡La presa era mía!»

«¡Luchemos por ella!» dijo Arjuna, y los dos comenzaron a dirigir sus flechas uno sobre el otro.

Para asombro de los mortales, el cuerpo del cazador se tragaba los dardos sin hacerle daño aparentemente, y Arjuna solo pudo disparar hasta que su carcaj estuvo vacío. «¡Luchemos, entonces!», gritó, y se lanzó sobre su oponente. Pero en ese momento sintió el tacto de una mano en su corazón, y en lugar de continuar su combate se volvió para terminar su culto. Cogiendo la guirnalda de flores, la lanzó cerca de la imagen, pero al siguiente instante ésta estaba sobre el cuello del rey de la montaña.

«¡Gran Dios! ¡Gran Dios!», gritó Arjuna, cayendo a los pies de su no buscado invitado. «¡Perdona mis golpes!»

Pero el Gran Dios, bien satisfecho, tendió su mano y bendijo al devoto y le concedió su deseo de armas divinas, tales como las que podían ser arrojadas por la mente, los ojos, las palabras y por el arco. Esas armas nunca deberían ser usadas antes de que todas las otras se hubiesen agotado. Nunca deberían ser usadas contra enemigos débiles. Si lo eran, ellas podrían de verdad destruir el universo. Entonces el Gran Dios entregó a Arjuna a Gandiva, el arco divino y, adorándolo, se volvió y dejó esa montaña con sus valles y cuevas y nevadas alturas, y se alzó hacia el cielo con todo su cortejo.

Tal era el *Kirat-Arjuna,* la visión de Arjuna de Mahadeva, el Gran Dios, como un *kirata* o cazador.

IX. LA DONCELLA QUE SE CONVIRTIÓ EN CABALLERO

Sucedió que la mayor de las reinas de Drupada, rey de los Panchalas, no tenía hijos, y había estado así muchos años. Drupada adoraba a Shiva diariamente, pidiendo que un hijo, no una hija, pudiera nacer para él; y dedicó su hijo por adelantado a la tarea de ayudar en la destrucción de Drona.

Finalmente, luego de muchas plegarias y severa austeridad, Shiva misma lo bendijo, diciendo: «¡Es suficiente, oh rey! Tú tendrás a tu debido tiempo un niño que será primero una hija y luego un hijo. Esta extraña cosa es decretada para ti. ¡No fracasará!»

Entonces Drupada volvió a casa y le contó a su reina la divina promesa que le había sido otorgada. Y ella, siendo una mujer de fuerte fe, llevó la bendición al corazón y basó todos sus pensamientos sobre este decreto del destino. A su debido tiempo la reina dio vida a una hija de gran belleza, pero por su fuerte creencia de que la promesa de Shiva sería cumplida ella realmente divulgó que había tenido un niño. Y Drupada, de acuerdo con la proclama, practicó todos los ritos que eran debidos al nacimiento de un hijo. La madre cuidadosamente guardó silencio y confió firmemente en Shiva, y el padre en todos los sitios decía: «Ella es un hijo»; y nadie en toda la ciudad sospechó que esa disimulada hija no era un hijo. Y ella fue llamada Shikhandin, porque ese nombre tenía una forma femenina que era Shikhandini, y para la educación de Shikhandin-Shikhandini Drupada tomo todos los cuidados. Ella aprendió a escribir y a pintar y todas las artes apropiadas para un hombre. Sus padres vivían a diario expectantes de un milagro, y era de su incumbencia estar listos para él cuando ocurriera. Y en tiro y esgrima la niña fue un discípulo del real *gurú* Drona, y era de cierta forma no inferior a los otros príncipes en el manejo de las armas.

Entonces, cuando empezó a crecer, su madre animó a su marido a encontrar una esposa para su supuesto hijo y casarlo en la presencia de todo el mundo con alguna princesa de familia real. Entonces Drupada envió embajadores de desposorios en todas direcciones, y finalmente seleccionó una doncella a la que se le propondría matrimonio en nombre de Shikhandin. Y esta doncella era la hija de un rey.

Pero ahora, por primera vez, el temido secreto comenzó a ser murmurado, y llegó a los oídos del real padre de la princesa que estaba prometida a Shikhandin en matrimonio. Y él, pensando que había sido insultado intencionadamente precisamente en ese punto, el honor de los nombres de las mujeres de su casa, envió mensajes de amenazas y venganza a Drupada. Él destruiría la ciudad, declaró, y mataría a Drupada y a su hija, y pondría uno de los suyos en el trono de los Panchalas.

Y en esta crisis el sentido de su propia culpa hizo algo débil a Drupada. Sin embargo, la reina públicamente se hizo responsable del engaño. Ella, dijo a su esposo en presencia de otros, tenía una promesa hecha por el dios Shiva, y confiando en esa promesa lo había engañado, de modo que él había públicamente anunciado al mundo el nacimiento de un hijo. Ella había sido totalmente responsable, y aún ahora creía en la palabra del Gran Dios: «¡Nacido como hija, esta niña se convertirá en hijo!»

Drupada presentó esta declaración ante sus consejeros, y ellos discutieron juntos acerca de la protección de la ciudad y de los súbditos contra la posible invasión. En primer lugar, se negaron a admitir que el monarca hermano hubiese recibido tal insulto. La proposición de matrimonio había sido hecha con toda buena fe y eran proposiciones perfectamente adecuadas y correctas. Shikhandin, ellos repetían, era un hombre; él no era una mujer. Entonces fortificaron aún más la ciudad y reforzaron las defensas. Y al final de todo se instituyeron ceremonias extraordinarias de culto, y el rey apeló a la ayuda de los dioses en esta crisis, en cada templo de su tierra.

A pesar de todo el rey tuvo sus momentos de depresión, cuando conversaba sobre el asunto otra vez con su esposa; y ella hizo todos los esfuerzos posibles para levantar su ánimo. Rendir homenaje a los dioses es bueno, dijo ella, cuando es secundado por esfuerzos humanos; nadie podía decir cuánto de bueno. Se sabía que estas dos cosas tomadas de la mano llevaban al éxito. Indudablemente el éxito les esperaba. ¿Quién podía discutirlo?

La resolución de Shikhandini

Mientras marido y esposa conversaban así juntos su hija Shikhandini escuchaba, y su corazón se abatió al darse cuenta de la tácita desesperación que toda esta insistente alegría pretendía ocultar. El hecho de que ellos mismos se culparan socavaba su coraje, dado que en realidad la raíz de todo el problema y desperfecto era aparentemente ella misma. ¡Qué inservible debía ser! ¡Qué bueno sería si pudiera desaparecer y nunca oírse de ella otra vez! Aun si moría, ¿qué importaba? Perdiéndose podría salvar a sus infelices padres de una carga que podría costarles, incluso, sus vidas y reino.

Pensando así con gran desaliento, ella salió de la ciudad y deambuló sola hasta que llegó a los límites de un oscuro y solitario bosque. Este bosque tenía la reputación de estar encantado. Había en él una granja abandonada, con altos muros y puerta de acceso, y rica en fragancias de humo y granos. Pero, aunque uno podía deambular a través de esta casa día tras día, nunca se encontraría con el propietario, y sin embargo nunca pensaría que no tenía dueño. Era, de hecho, la morada de un poderoso espíritu, un *yaksha*, conocido como Sthuna. Él estaba lleno de amabilidad, y sin embargo el nombre de la casa era una palabra de amenaza entre el pueblo campesino debido al vacío y misterio que la rondaba.

Pero Shikhandini no tenía idea de todo esto cuando entró al lugar. Ella fue atraída por la puerta abierta y la paz y el silencio; y habiendo entrado, se sentó sobre el suelo abatida por la pena, permaneciendo así durante horas y días, olvidándose de comer.

El amable *yaksha* la vio y se preocupó terriblemente por su angustia. Toda su atención estaba puesta en los profundos pensamientos que ella tenía, y su olvido de sí misma le parecía sin límites. El amigable *yaksha*, incapaz de consolarla, no podía hacer nada salvo mostrarse a sí mismo, y animarla a contarle lo que quería. Entonces él hizo eso, y al mismo tiempo le pidió a ella que le contara su problema, animándola a confiar en él y en todos los medios a su alcance. Él era un seguidor, dijo, de Kuvera, Dios de la Riqueza. No había nada que él no pudiera conceder si se le solicitaba. Él podía aún conceder lo imposible. Por ello la princesa debía contarle su problema. «¡Oh!», estalló Shikhandini, incapaz de resistir una amabilidad tan arrolladora cuando su necesidad era tan desesperada. «¡Oh! ¡Hazme un hombre, un perfecto hombre! ¡Mi padre será pronto destruido y nuestra tierra está a punto de ser invadida; y si yo fuera hombre esto no sucedería! ¡Con tu poder, gran *yaksha*, hazme hombre y déjame mantener esa hombría hasta que mi padre se salve!» Y la pobre Shikhandini comenzó a llorar.

Shikhandini alcanza su deseo

Esto era más de lo que su anfitrión de amable corazón podía soportar, y, raro como esto podía sonar, comenzó a estar ansioso de hacer cualquier cosa en el mundo, incluso la absurda cosa que ella pedía, si esto fuera a consolar a esta infeliz dama. Entonces en ese momento hizo un pacto con ella. Él le daría su forma ardiente y su virilidad y toda su fuerza, y él se convertiría en su lugar en una mujer y permanecería escondido en su casa. Pero cuando su padre estuviera otra vez a salvo ella debería regresar inmediatamente, y otra vez hacer el intercambio. Ella sería otra vez la princesa Shikhandini, y él sería otra vez Sthuna el*yaksha*.

Las palabras no pueden describir la alegría del caballero Shikhandin al dejar al *yaksha,* y se dirigió a salvar a su padre y a la ciudad de su padre de la amenaza de la espada. ¡Pero, ay de mí, por el pobre *yaksha!* Sucedió un día o dos después que su maestro, el dios de la Riqueza, hizo un viaje real a través de esas regiones y, notando que Sthuna no se presentaba, le envió la orden de que lo hiciera. Y cuando el pobre encogido *yaksha,* con su atuendo y forma modificada, apareció frente a él avergonzado, Kuvera su rey, entre risas y disgusto, acaloradamente declaró: «¡Esto no será deshecho! ¡Tú permanecerás como una mujer y ella permanecerá como un hombre!» Y luego ablandándose un poco, al ver el miedo en la cara del *yaksha* agregó: «Por lo menos, esto será así hasta la muerte de Shikhandin. ¡Después de esto este tonto desgraciado puede coger otra vez su propia forma!»

Y a su debido tiempo, estando todo a salvo y en paz, el príncipe Shikhandin regresó a Sthuna, como le había prometido, para devolverle su valorada virilidad. Y cuando el *yaksha* vio que en el corazón de este mortal no había astucia se conmovió mucho y le contó la verdad: que había sido destinado a persistir en su recientemente adquirida femineidad. Y consoló al joven caballero por la injuria que involuntariamente le había hecho, diciendo: «¡Todo esto era el destino Shikhandin! No podría haberse evitado.»

Así fue cumplida la bendición de Shiva, hecha a Drupada: «¡El niño que vas a tener, oh rey, será primero una hija y luego un hijo!» Y así sucedió que existió entre los príncipes y soldados de ese período uno que, aunque había nacido como mujer, era actualmente hombre y conocido como Shikhandin, doncella y caballero.

Pero solo a Bhishma le fue revelado que ese Shikhandin no era otro que Amba, quien había nacido por segunda vez para el único propósito de su destrucción.

X. LA HISTORIA DE LA DONCELLA AMBA

Ahora Bhishma, el gran caballero, era el guardián de la casa imperial de los kurus. Y este Bhishma había hecho una promesa en su juventud de que nunca se casaría, y que, aunque era el sucesor, nunca se sentaría en el trono de su padre. Y esta promesa fue hecha para permitir a su padre casarse con una cierta criada pescadora, de nombre Satyavati, a quien había entregado su corazón. Y sucedió que cuando el padre de Bhishma, Shamtanu, murió, Bhishma estableció en el trono a su medio hermano, Vichitravirya. Y para que la sucesión real fuera debidamente asegurada era necesario que encontrara un matrimonio apropiado para ese hermano. Fue en ese momento cuando se enteró que se estaba por producir la elección nupcial de las tres hijas del rey de Benarés —Amba, Ambika y Ambalika—, y que para ello fueron convocados todos los príncipes y reyes de la tierra, habiendo su padre anunciado que sus hijas deberían tener para su dote el coraje del más valiente caballero. Así ellas serían llevadas por el príncipe cuyo poder sin igual superara al de todos los demás. No se imaginaba el rey de Benarés, cuando hizo este anuncio, que su hija mayor se encontraba secretamente comprometida a un cierto rey, de nombre Shalwa; ni pensaba la princesa que fuera necesario hablar a su padre del asunto, dado que ella estaba segura de que su verdadero amor, fortalecido por su fe y con segura esperanza de inmediata felicidad, podría vencer todos los obstáculos y, exponiendo sus habilidades frente a todo el mundo allí reunido, la llevaría a ella como un premio de victoria. ¡Pero ay de mí! Cuando Bhishma oyó de este torneo nupcial decidió que la oportunidad era excelente para asegurar reinas adecuadas para Vichitravirya, y decidió llevarse a las tres doncellas y combatir por ellas contra todos los pretendientes.

De acuerdo con este propósito, entonces, Bhishma partió para la ciudad de Benarés sin comitiva, como un simple caballero. Llegando a la palestra real, admiró a las tres doncellas, todas de incomparable belleza y ricamente vestidas y adornadas, y a todos los más grandiosos de la Tierra que se encontraban ante ellas, acomodados en tronos y en carruajes, bajo paraguas reales y doseles bordados de perlas, cada uno con su propia identidad blasonada sobre su bandera.

Por un momento el príncipe se detuvo para inspeccionar la escena; entonces, con una voz como el rugir de un león, hizo sonar tres veces el gran grito de batalla que iba a convocar a sus rivales a combate mortal.

El desafío

«Bhishma, hijo de Shamtanu, coge estas doncellas. ¡Veamos quién las rescata! ¡Las cojo por la fuerza, delante de los propios ojos de todos estos hombres!»

Nadie pudo moverse mientras sonaba el desafío, y cuando por tercera vez el grito se extinguió, el auriga de Bhishma, en un abrir y cerrar de ojos, hizo girar su carro de batalla y condujo hasta la zona de la palestra en que las tres princesas esperaban rodeadas de sus damas. En tan solo un momento las damas habían sido colocadas en el carro de Bhishma, y aun cuando el gran desafío estaba resonando en todos sitios, y reyes furiosos se habían levantado, sus espadas desenvainadas, subiendo a carros o elefantes o a lomos de caballos, según el caso, él estaba alerta y sonriente, con el arco listo y su espalda hacia las reales damas, listo para obtener su premio dando batalla contra un mundo en armas. Nunca había habido un arquero como Bhishma. Con una lluvia de flechas paró la turba que se acercaba de todas partes a un mismo tiempo. Su accionar era como el de Indra luchando contra las multitudes de asuras. Jocosamente con sus dardos encendidos derribó los magníficos estandartes, todos cubiertos de oro, de los reyes que avanzaban.

Luego derribó a sus caballos, a sus elefantes, a sus cocheros, a cada uno con una sola flecha, hasta que viendo qué ligera era la mano de Bhishma y cómo acertaba el blanco, todos los reyes de la tierra rompieron filas y aceptaron su derrota. Y él, habiendo derrotado a tantos soberanos, se quedó con el premio real de tres princesas, y las escoltó hasta Hastinapura, la ciudad real, donde las recibió la reina madre Satyavati, ya que ellas debían convertirse en las jóvenes esposas de su hijo Vichitravirya, el rey. Bien podía decirse entonces entre los hombres que Amba, Ambika y Ambalika habían tenido una prueba de habilidad caballeresca como dote.

Pero al acercarse el día de la boda, Amba, la mayor de las tres princesas, pidió una audiencia a Bhishma, guardián de la casa imperial, y con mucha timidez y delicadeza descubrió a él el hecho de su anterior compromiso con el rey de los shalwas. Parecía a ella, dijo, una poco noble actitud contraer matrimonio con un hombre mientras secretamente anhelaba a otro. Por eso, pidió a Bhishma que decidiera por ella si debía permitírsele marchar de la corte kuru.

El asunto fue rápidamente presentado por Bhishma ante su madre, el consejo de Estado y los sacerdotes tanto del reino como de la casa real. Y todas estas personas lo juzgaron con amable juicio, como si Amba hubiese sido una hija tan tiernamente cuidada como unas de las propias.

Secretamente, entonces, antes del momento acordado para la boda kuru, se le permitió partir de Hastinapura y dirigirse a la capital del rey de los shalwas. Su escolta fue elegida cuidadosamente, siendo hecha de cierto número de viejos brahmanes. Y aparte de esto, su propia doncella, que había sido su niñera en la infancia, viajó con ella.

Cuando llegó a la ciudad de los shalwas, se presentó ante el rey y simplemente le dijo: «He vuelto, oh rey. Aquí estoy.»

Amba es rechazada

Pero cierta ceguera y perversidad habían caído sobre el rey de los shalwas. Su actitud, que parecía al principio un poco en broma, se volvió gradualmente más amarga y seria. Tal vez esto fue así porque estaba muy enojado y mortificado por su denota a manos de Bhishma. O quizá —y esto parece más probable— él no era realmente un caballero y la joven había hecho mal en confiar en él. En cualquier caso, él era totalmente indigno para el gran y fiel amor de la doncella Amba.

Primero con frivolidad y risas, declaró que no quería una esposa que hubiese sido llevada una vez por Bhishma y propuesta para ser esposa de otro. Luego echó en cara a la princesa el haberse ido a Hastinapura con alegría. Pero ella, pobre niña, podía francamente afirmar que había llorado todo el camino.

Al final, él se mostró simplemente indiferente, y aunque ella expresó claramente sus sentimientos una y otra vez con una sinceridad que durante toda su vida posterior le acaloraría recordar, él no mostró ni el menor afecto hacia ella; en cambio se mantenía distante rechazándola, decían las crónicas, como una serpiente descarta su vieja piel, sin el menor sentimiento de honor o afecto. Y cuando la doncella, hija mayor del rey de Benarés, finalmente entendió cuál era la intención del rey de los shalwas, su corazón se llenó de furia, y en medio de sus lágrimas de pena y orgullo se alzó y dijo:

«¡Aunque me repudies, oh rey, la justicia misma será mi protección, dado que la verdad no puede ser vencida!» Y con estas palabras se dio la vuelta, llorando silenciosamente, y altaneramente se marchó de la ciudad.

La doncella real sintió una profunda humillación y, sin saber a dónde ir, se refugió por esa noche en una de las más grandes ermitas de los bosques de esos tiempos, conocida como *ashrama,* de la cual su propio abuelo había sido el líder. Su corazón estaba lleno de dolor y toda su mente confundida. Ella había sido despreciada y repudiada. Pero ¿de quién era la culpa? ¿Era más culpable Shalwa o Bhishma? A veces ella se reprochaba a sí misma no haber rechazado públicamente, en el mismo torneo, ir con sus hermanas, bajo la protección de Bhishma, a Hastinapura; luego hacía responsable a su padre por la imprudencia de haber anunciado que la habilidad debía ser la dote para sus hijas. Otra vez su mente volvería a Bhishma. Si no la hubiese capturado, si no la hubiese llevado a Hastinapura, y, otra vez, si ella no hubiese organizado la expedición hasta el rey de los shalwas, no se hubiese encontrado con este problema. Así ella culpó por turno a sí misma, a su padre y a Bhishma, pero nunca en su corazón esta princesa de Benarés culpó al rey de los shalwas, a quien ella hubiese pretendido tener por su señor. Incluso para los insultos que él le había infligido ella tenía innumerables excusas. Ella no pudo ver su frivolidad y su vanidad. Ella solo vio la prueba a la que él había sido sometido. Así, su mente no pensaba en otra cosa que en abandonar el mundo. Rechazada en todos los sitios, dado que ella no podía volver a Hastinapura, y era demasiado orgullosa para pedir refugio en la casa de su niñez, no había nada ante la doncella salvo una vida de austeridad y penitencia. Y gradualmente, al calmarse y pedir ayuda y consejo a los viejos sabios de la *ashrama,* su mente comenzó a establecer más y más a Bhishma como fuente y raíz de su desgracia, y la destrucción de Bhishma se convirtió gradualmente en el motivo al cual era dirigido todo su encono.

Amba y Bhishma

Los mismos religiosos tomaron partido por Amba, dado que los ermitaños, encabezados por su abuelo, amaban y compadecían a la mortificada joven. Y en un período posterior circuló la historia de un grande y mítico combate contra Bhishma en nombre de ella por Parashu-Rama, quien había sido su primitivo maestro, y era casi como Dios. Y este combate duró, se dijo, muchos días, desarrollándose con todo el esplendor y poder de las deidades en guerra, hasta que finalizó por la intervención de los dioses, rodeados por toda la multitud celestial. Dado que ellos temían presenciar el exterminio de estos caballeros que se debían entre ellos veneración y afecto y no podían bajo ningún punto de vista matarse entre ellos. Y cuando Amba fue llamada ante Parashu-Rama para oír la noticia del cese del conflicto, ella simplemente se inclinó y agradeció al viejo guerrero con gran dulzura el empeño puesto en su nombre. Pero ella, dijo, no buscaría otra vez la protección de Bhishma en la ciudad de Hastinapura, y agregó que a partir de ahora debería por sí misma encontrar el medio de matar a Bhishma.

Parashu-Rama, quien era prácticamente la deidad de los hombres que luchaban, debe haberse reído al oír a una niña, con su suave voz, prometerse a sí misma la gloria de matar al caballero que ni siquiera él había sido capaz de vencer. Pero Amba se levantó y se marchó de su presencia con la cabeza alta y desesperación en su cara. Ahora no podía esperar ayuda ni siquiera entre los dioses. Ella debía arreglarse por sí misma.

Desde ese momento el rumbo de su comportamiento se volvió extraordinario. Mes tras mes hacía ayuno y se sometía a penitencia. La belleza y el encanto desaparecieron de sus ojos. Sus cabellos se volvieron desgreñados y se puso más y más delgada. Durante horas y días se quedaría inmóvil y en silencio como si estuviera hecha de piedra. De esta forma hizo más de lo que era humano e «hizo al cielo mismo acalorarse» con sus austeridades.

Todos le suplicaron que desistiera. Los viejos santos junto a quienes vivía, y embajadores constantemente enviados por su padre, todos le pidieron que abandonara su resolución y viviera una vida más aliviada. Pero a nadie escuchó, y solo continuó redoblando energías en la práctica de su ascetismo. Entonces comenzó a hacer peregrinaciones, y fue de un río sagrado a otro, practicando así al mismo tiempo el más difícil de los votos. En otra ocasión, mientras se bañaba, la Madre Ganges misma, quien como se sabía era la madre de Bhishma, se dirigió a ella y le preguntó la causa de todas sus penitencias. Y cuando la pobre dama contestó que todos sus esfuerzos se aplicaban a la destrucción de Bhishma el espíritu del Ganges la reprendió severamente, y le habló de las terribles consecuencias que podían tener los votos de odio. Aun así, la princesa Amba no desistió. Hasta que no fuera muerto para quien ante ella se había convertido en «ni hombre ni mujer», no conocería la paz y no pararía.

Al final Shiva, el gran dios, apareció ante ella, conducido por el poder de sus rezos y sus penitencias, y de pie con el tridente en la mano, le preguntó cuál era el deseo que buscaba.

«¡La derrota de Bhishma!», contestó Amba, inclinándose con alegría a sus pies, dado que sabía que éste era el fin de la primera etapa en la ejecución de sus propósitos.

«Tú lo matarás», dijo el gran dios. Entonces Amba, llena de alegría, y todavía dominada por el asombro, dijo: «¿Pero cómo, siendo yo una mujer, puedo conseguir la victoria en la batalla? Es cierto que mi corazón de mujer está completamente aquietado.

¡Sin embargo, oh tú que tienes el toro del conocimiento, te ruego me concedas la promesa de que yo misma sea capaz de matar a Bhishma en batalla!»

Entonces contestó Shiva: «Mis palabras nunca pueden ser falsas. Tú nacerás otra vez y algún tiempo después obtendrás la virilidad. Entonces te convertirás en un feroz guerrero, bien hábil para la batalla, y recordando la totalidad de esta vida, tú misma, con tus propias manos, serás quien mate a Bhishma.»

Y habiendo dicho esto, la imagen de Shiva desapareció de delante de la vista de los ascetas reunidos y de la doncella Amba en el medio del bosque *ashrama*. Pero Amba comenzó a recoger maderas con sus propias manos, y una gran pira funeraria se realizó en las orillas del Janina, y entonces, encendiéndola, ella misma entró en ella, y al tomar su sitio en el trono de llamas dijo una y otra vez: «¡Hago esto por la destrucción de Bhishma! ¡Para obtener un nuevo cuerpo para la destrucción de Bhishma penetro en este fuego!»

XI. KURUKSHETRA

Los trece años del exilio habían pasado, y los Pandavas una vez más se revelarían ante sus amigos por su habilidad en la batalla. Ahora se organizaba un gran consejo de reyes en la corte de uno de sus aliados, y Dhritarashtra, oyendo esto, envió un embajador cargado con vagas palabras de paz y amistad a los Pandavas, pero sin ningún poder para hacer alguna propuesta definitiva para devolverles su reino y propiedad. Todos estuvieron de acuerdo con Yudhishthira en que había solo una respuesta para dar a este embajador: «¡O nos entregáis Indraprastha o prepararos para la batalla!»

Ahora estaba claro realmente a todos los hombres que no quedaba alternativa para esas familias sino la guerra. Las agresiones de Duryodhana habían sido excesivas y muy persistentes. Demasiado personales y ofensivos habían sido los insultos hechos en la partida de juego. Duryodhana, además, había tenido todas las oportunidades que él anhelaba. Durante trece años, mientras sus primos estaban en el exilio, había gozado de la posibilidad de hacer alianzas y distribuir beneficios. Ahora debería poner a prueba la fidelidad y el coraje de los amigos que había conseguido. Las nubes de la guerra colgaban espesas y oscuras sobre las casas rivales, y ambas sabían que ahora la contienda debía ser a muerte. Y Duryodhana puso el mando de las fuerzas de los Kauravas en las manos de Bhishma, mientras Karna, para que no se creara una facción separada en el ejército, prometió no luchar mientras no fuera muerto el gran señor. Las fuerzas de los Pandavas estaban bajo el mando del príncipe Panchala, el hermano de Draupadi, Dhrishtadyumna. Y Hastinapura, al aproximarse la batalla, poblada de reyes y hombres en armas, con elefantes y carros y miles de soldados a pie (de infantería), parecía el océano al salir la Luna. Y los Pandavas también juntaron sus fuerzas en la capital de Drupada, y ambos bandos marcharon a la gran llanura de Kurukshetra, la cual sería el escenario de batalla. Así entraron ambas partes a la mansión en que el juego sería la guerra, los apostadores serían los hombres y sus propias vidas las apuestas, y donde el tablero de juego sería el campo de batalla, cubierto de ejércitos, carros y elefantes. Desde el principio Duryodhana había dado órdenes de que Bhishma, como comandante, debía ser protegido de los peligros, y habiendo oído vagamente del mismo Bhishina que solo Shikhandin podía traer su muerte, ordenó que a lo largo de la batalla debían hacerse todos los esfuerzos necesarios para matar a Shikhandin.

El ejército menor que marchaba bajo las banderas de los Pandavas y Panchalas estaba lleno de alegría y ánimo. Sus hombres parecían ebrios de deleite ante la idea de la batalla; sus mentes renacían ante el combate.

Mientras tanto, Bhishma percibió terribles augurios, y dondequiera que Duryodhana se sentaba a pensar en la batalla se lo oía suspirar.

La batalla

Cuando salió el sol en el día fatal los dos grandes ejércitos estaban cara a cara el uno frente al otro; con sus carros y corceles y sus espléndidos estandartes parecían dos ciudades rivales. Sonó la caracola y las trompetas de batalla, y con un enorme movimiento, como el de un maremoto sobre el océano o una tempestad barriendo sobre los bosques, las dos fuerzas se echaron una sobre otra, y el aire se llenó con los relinchos de los corceles y el ruido y los gemidos de los combatientes. Con rugidos leoninos y gritos clamorosos, con el estruendo de las trompetas y cuernos de vaca y el estrépito de los tambores y címbalos, los guerreros de ambos lados corrían unos sobre otros. Por un momento el espectáculo fue hermoso, luego se convirtió en furioso, y todo estaba escondido en su propio polvo y confusión. Los Pandavas y los Kurus lucharon como si estuvieran poseídos por demonios. Padre e hijo, hermano y hermano se olvidaron unos de otros. Los elefantes se desgarraban unos a otros con sus colmillos. Los caballos caían muertos y grandes carros caían aplastados sobre la tierra. Las banderas fueron hechas pedazos. Las flechas volaban en todas direcciones, y en cualquier sitio en que la oscuridad se aclaraba por un momento se veía el resplandor de las espadas y armas en mortífero encuentro.

Dondequiera que el combate era más intenso, allí estaba Bhishma, el líder kuru, con su blanca armadura sobre su carro plateado, como una Luna llena en una noche sin nubes. Sobre él flameaba su estandarte, con una palmera plateada sobre un suelo blanco. Y ningún guerrero a quien apuntara podía sobrevivir al disparo de su mortífera flecha. Y todos sus oponentes temblaban, y uno tras otro derribó a oficiales demasiado confiados. Y como la oscuridad de la noche llegaba los comandantes rivales retiraron sus tropas para el descanso nocturno. Pero había pena en ambos bandos por los caídos en el combate durante el día. Pasaron un día tras otro, y entre la creciente ruina y carnicería los Pandavas vieron claro que mientras Bhishma viviera ellos no podrían vencer. En el décimo día, entonces, un combate fatal fue emprendido. Bhishma fue mortalmente herido, y el mando kuru recayó en Drona.

Bajo Drona los Kurus otra vez gozaron de un resplandor de victoria. La ciencia del viejo preceptor tenía su valor en permitirle disponer sus fuerzas adecuadamente para avanzar y conocer cuál era el punto acertado para atacar. Después de un tiempo se hizo evidente que, bajo su dirección, toda la fuerza kuru se estaba concentrando en el secuestro de la persona de Yudhishthira, dado que Drona, según se sabía, había hecho la promesa de capturar al rey Pandava. El enemigo, por otra parte, había tomado el desafío desde el comienzo del vencimiento personal de Drona; s o l o era la voluntad de Arjuna que su viejo maestro fuera cogido con vida.

El engaño de Bhima

Este deseo no fue realizado. Mientras Ashvatthaman, el hijo de Drona, viviera se creía que su padre nunca sería vencido, dado que el amor e ilusión por su hijo eran suficientes para mantenerlo lleno de coraje y energía. Bhima, por tanto, empeñado en la derrota de Drona, eligió un elefante llamado Ashvatthaman y lo mató con sus propias manos, y entonces se lanzó con todo su poder hacia el frente de los kurus cerca de donde se encontraba Drona, gritando:
«¡Ashvatthaman está muerto! ¡Ashvatthaman está muerto!»
Drona escuchó las palabras, y durante el primer momento su fuerte corazón se abatió. No sería fácilmente que él aceptara la noticia que al final resultó ser su golpe mortal. A no ser que esto fuera confirmado por Yudhishthira, quien era, él decía, incapaz de mentir, aun por la soberanía de los tres mundos, él nunca creería que Ashvatthaman estaba muerto. Yendo hasta Yudhishthira, Drona le preguntó por la verdad, y éste contestó con una voz clara: «¡Sí, oh Drona! ¡Ashvatthaman está muerto!» Y esto lo repitió tres veces. Pero después de la palabra Ashvatthaman dijo indistinguiblemente cada vez «el elefante». Estas palabras, sin embargo, Drona no las oyó. Hasta ese momento los caballos y las ruedas del carro de Yudhishthira nunca habían tocado la tierra. Pero luego de esta mentira bajaron un palmo y fueron por el suelo. Entonces Drona, desesperado por la pérdida de su hijo, se volvió incapaz de pensar en sus armas divinas. Viendo entonces que el momento había llegado, instruyó a los grandes arqueros que estaban a su alrededor sobre cómo debían conducir la batalla, y dejando a un lado sus propias armas, se sentó en el frente de su carro, con la mente puesta en sí mismo. En ese momento Dhrishtadyumna, el general Pandava, había empuñado su espada y saltado al suelo para atacar a Drona en un combate personal. Pero antes de tocarlo el alma del general kuru se había marchado, y para los pocos que tuvieron la visión pareció por un momento como si el cielo tuviese dos soles al mismo tiempo. Pero nadie desvió el brazo de Dhrishtadyumna, y la espada alzada cayó

y cortó la cabeza de Drona, y ésta fue alzada inmediatamente del suelo por su supuesto verdugo y lanzada como un balón a la mitad de la multitud kuru. Por un momento pareció como si el ejército se dispersara y huyera. La oscuridad llegó, y fatigados y afligidos todos se marcharon a sus cuarteles.

Todavía faltaban unos pocos días, y Karna cogió el mando. Pero con su muerte dos días después se hizo claro que los Pandavas iban a ser los ganadores. Sin embargo, Duryodhana permanecía con imbatible coraje; no avanzaba pero estaba decidido a no ceder terreno; y cuando él fue derrotado en una lucha individual por Bhima, y todos sus odios juveniles terminados con la muerte, recién entonces los Pandavas pudieron ser aclamados como victoriosos.

Entonces finalmente los dieciocho días de batalla terminaron con la victoria de Yudhishthira y sus hermanos, y Duiyodhana y todos los hijos de Dhritarashtra fueron vencidos con la muerte, como una lámpara que se extingue al mediodía.

El *Bhagavad Gita*

l *Bhagavad Gita* es una declaración de Krishna, de inspiración en parte filosófica y en parte devocional, hecha por éste inmediatamente antes de la gran batalla entre los Kurus y los Pandavas, y dicha en respuesta a la protesta de Arjuna en que expresa su falta de voluntad de dar muerte a sus amigos y parientes. Este *Gita*, o canción, se ha convertido en un evangelio universalmente aceptado entre todas las sectas indias. Ningún trabajo de igual longitud expresa tan bien la tendencia del pensamiento indio, o tan completamente describe los ideales del carácter indio.

Habla de diversos caminos de salvación; esto es, escapando del yo y conociendo a Dios: por amor, por trabajo y por estudio. Dios tiene dos modos de ser: el no manifiesto y absoluto, y el manifiesto y no absoluto. Hay, en realidad, algunos que buscan la experiencia directa de lo absoluto; pero, como dice Shri Krishna:

«Excesivamente grande es la tarea de aquellos cuya mente está junto a lo no manifiesto, dado que el camino a lo no manifiesto es ganado penosamente por aquellos que visten el cuerpo.» Para todos aquellos que no están aún maduros para tan supremo esfuerzo Shri Krishna enseña una devoción pasional hacia él y un tenaz *sva-dharma* —esto es, acción de acuerdo a los deberes de cada individuo—. Hemos visto ya *(Ramayana,* pág. 10) que la moralidad o las reglas de conducta no son lo mismo para todos los individuos: la moralidad de un yogui es diferente a la de un caballero. Shri Krishna enseña que hacer la acción para la cual un hombre es llamado, sin vínculos a los frutos de la acción —esto es, indiferente del éxito o el fracaso, o a alguna ventaja o desventaja resultante a uno mismo—, es un cierto medio de progreso hacia el conocimiento de Dios. Y a aquellos a quienes el problema del sufrimiento consterna él les dice: «No te aflijas por la vida o muerte de los individuos, dado que es inevitable; los cuerpos por cierto van y vienen, pero la vida en su conjunto es inmortal e ilesa, no es muerta ni es matada» —*nayam hanti na hanyate.*

Por ello, cuando Arjuna protesta que él no desea matar a sus parientes en la batalla, Krishna contesta, como Brynhild a Sigurd:

¿Harás la acción y te arrepentirás? Mejor no hubieses nacido:
¿Harás la acción y la exaltarás? Entonces tú serás anticuado.
Tú harás la acción y la soportarás, y te sentarás en tu trono en alto, Y mirarás al hoy y al mañana como aquel que nunca estará muerto.

El extracto siguiente expresa estas ideas en las palabras del mismo *Gita:*

Habla Arjuna:

«Oh Krishna, cuando veo mis parientes formados para la batalla, Gandiva cae de mis manos y mi mente está toda desordenada,

»Porque no ansío la victoria, oh Krishna, ni reino, ni deleites; ¿qué es el parentesco, qué es el placer, o aun la vida misma, oh Señor del Rebaño,

»Cuando aquellos para los cuales son queridos el parentesco, el placer y el deleite están aquí formados para la batalla, ¿abandonando vida y riqueza?

»No los mataré, aunque ellos buscarían matarme; no para el señorío de los tres mundos, mucho menos para el reino de la Tierra.

»¿Qué placer puedo encontrar, oh agitador de la gente, al matar al pueblo de Dhritarashtra? Estaremos manchados por el pecado si matamos a esos héroes.

»Sería mejor que los hijos de Dhritarashtra, arma en mano, me mataran sin resistencia y desarmado.»

Así el del lazo en el cabello habló al Señor del Rebaño, diciendo: «No lucharé.»

Krishna responde:

«Tú has dicho palabras que parecen sabias, pero sin embargo te apenas por aquellos por cuyo bien la pena no es adecuada. Los sabios de ninguna manera se apenan por los vivos o los muertos.

»Nunca en ningún momento he dejado de estar yo, ni tú, ni alguno de los príncipes de los hombres, ni realmente dejaremos alguna vez de estar en tiempos venideros.

»Como el habitante del cuerpo soporta la niñez, la juventud y la madurez, de la misma forma él pasa a otros cuerpos. El fuerte no se apena por esto.

»No son sino los sonidos de los instrumentos del sentido, oh hijo de Kunti, que traen el frío y el calor, el placer y la pena; son ellos los que vienen y se van, sin resistir; resiste a ellos, oh hijo de Bharata.

»Pero sabe que Eso que interpenetra todo es indestructible; nada puede destruir esos desafíos del Ser.

»No son sino estos cuerpos del habitante del cuerpo, eterno, infinito, inmortal, que tienen un fin; entonces lucha, oh hijo de Bharata.»

Entonces, todavía hablando de esa vida imperecedera, a que la vida y la muerte no tocan, Krishna continuó:

«Que no ha nacido, ni ha muerto, ni ha sido, ni dejará de ser; lo no nacido, eterno, perpetuo y antiguo, eso no es matado cuando un cuerpo muere.

»Sabiendo que Eso es imborrable, perpetuo, no nacido y no disminuido, ¿a quién o qué puede ser que un hombre pueda matar, o mediante qué puede el ser muerto?

»Como un hombre que se ha quitado sus prendas coge otras nuevas, el habitante del cuerpo, quitándose del cuerpo en desuso, entra en otro nuevo.

»No manifiesto, impensable, imperturbable es Eso. Sabiéndolo así, no deberías apenarte.

»Dado que este habitante del cuerpo podrá nunca en ningún cuerpo ser herido, oh hijo de Bharata; por ello, no deberías apenarte por ninguna criatura.

»Sino que, mirando a la tarea que tú tienes fijada *[svadharma]*, no temas; dado que no hay nada mejor bienvenido para un caballero que una batalla justa.»

En los pasajes posteriores Shri Krishna proclama su propia naturaleza:

«Oye, oh niño de Pritha, cómo podrías tú conocerme completamente de verdad, practicando *yoga*, y tu mente unida a mí.

»Ocho componentes tienen mi naturaleza —tierra, agua, fuego y viento; espacio, cerebro y comprensión, y sentido de mí mismo.

»Eso es lo menor; tú también conoces mi otra naturaleza, la mayor —de alma elemental que sujeta al universo, tu poderoso héroe.

»Sabe que de estas dos parten todos los seres; en mí está el universo y en mí su disolución.

»No hay nada que sea mayor que yo, oh rico ganador; todo este universo parte de mí como filas de piedras preciosas sobre una hebra.

»Soy el sabor de las aguas, oh hijo de Kunti, y la luz en el Sol y la Luna; y en los *Vedas* soy el *Orn,* en el espacio soy el sonido, en el hombre soy la virilidad.

»Soy la pura fragancia de la tierra y la luz en el fuego; yo soy la vida en todos los seres vivos y el ascetismo de los ascetas.

»Sabe, niño de Pritha, soy la siembra eterna de uno y todos los seres; yo soy la razón de lo racional, el esplendor de lo espléndido.

»La fuerza del hombre fuerte soy yo, vacío de ansias y pasión; en las criaturas soy el deseo que no está en contra de la ley, oh Bharata señor.

»Sabe que de mí parten los humores y las bondades, la ferocidad y la melancolía; yo no estoy en ellos, sino ellos en mí.

»Desconcertado por este triple humor, todo este mundo no me conoce a mí, que estoy sobre los humores e imperturbable.

»Dado que a esta ilusión divina, nacida en los humores, es difícil atravesarla. Vienen a mí quienes pasan más allá de este encanto.

»Conozco los seres que pasaron, están presentes y por venir, Arjuna; pero nadie me conoce a mí.»

XII. LA CAMA DE FLECHAS

Hemos visto que Bhishma fue golpeado con heridas mortales en el décimo día de una gran batalla. Éste fue el modo en que murió:

Hace mucho, mucho tiempo, en la juventud de Bhishma, cuando como sucesor al reino él había hecho la promesa de no casarse nunca, para que el trono fuera dejado a los hijos de la reina pescadora, su padre había pronunciado sobre él una gran bendición, diciendo que la muerte nunca le alcanzaría hasta que él diera permiso. Por esta razón, para Bhishma la guerra había sido toda su vida un juego. Y por ello, en la batalla de Kurukshetra, los días pasaban uno tras otro sin una victoria decisiva. Bhishma creía que la causa de los Pandavas era justa y que no podrían ser vencidos, y a pesar de ello luchaba con una habilidad y una alegría sin igual. Constantemente, con su lluvia de flechas, derribaba todo lo que se le opusiera. Tal como el Sol con sus rayos aspira las energías de todas las cosas durante el verano, así cogía Bhishma las vidas de los guerreros hostiles. Y los soldados, que lo enfrentaban sin esperanza y ni corazón, eran incapaces de mirarle a él en esta gran batalla, ¡a él que parecía el mismo Sol radiante en su propio esplendor! Así las cosas, pasó el noveno día de batalla y cayó la noche, y los Pandavas y sus amigos se reunieron con Krishna para celebrar un consejo de guerra. Entonces las reales necesidades de guerra luchaban en sus mentes con los sentimientos de veneración y afecto con los cuales, desde su misma infancia, Yudhishthira y sus hermanos miraban a Bhishma. Además, ellos repetían constantemente que mientras Bhishma permaneciera imbatido la victoria no podría ser suya. Era necesario, por ello, matar a Bhishma y esto debía necesariamente ser hecho por Arjuna, quien había prometido tiempo atrás, con burla, que él traería al gran señor el medio para escapar de la vida. Sin embargo, ¿cómo iba a hacerse? Ninguno de los presentes podía ofrecer una insinuación. Bhishma era personalmente invencible. La misma muerte no podía aproximarse a él sin permiso. ¿Quién, por tanto, era competente para matarlo?

De repente Yudhishthira levantó su cabeza. «¡Ya lo tengo!», gritó. «Cuando nos estábamos preparando para la guerra el gran señor dijo que, aunque no podía luchar para nosotros, estaría dispuesto a darnos consejo. ¡Vayamos y preguntémosle por qué medio él podría ser muerto! ¡No puede haber duda de que nos ayudará!»

La idea era digna de los caballerosos consejeros, y quitándose armaduras y armas, dejaron las tiendas y se dirigieron desarmados hacia el cuartel del general kuru. Cálida y cariñosa fue la bienvenida que dio Bhishma a sus nietos cuando entraron en su tienda, y ansiosamente les preguntó qué podía hacer por ellos.

Los hermanos y Krishna se detuvieron malhumorados frente a él en una fila y se pusieron serios. Finalmente, sin embargo, Yudhishthira rompió el silencio. «¡Oh tú», exclamó, «cuyo arco está siempre en un círculo, dinos cómo podemos matarte y proteger a nuestra tropa de la constante matanza!»

La cara de Bhishma se encendió con repentina comprensión y luego se volvió grave. «Vosotros necesitáis realmente matarme», dijo suavemente, «si queréis conseguir la victoria en esta batalla. Mientras yo viva ésta no será vuestra. ¡No hay nada que podáis hacer sino matarme tan pronto como pueda ser!»

«¡Pero los medios!» dijo Yudhishthira. «¡Dinos los medios! ¡A nosotros nos parece que el mismo Indra sería más fácil de destruir que tú!»

La respuesta de Bhishma

«Ya veo, ya veo», dijo Bhishma pensativo y continuó: «Hay algunas personas con las que nunca lucharé. Contra un hombre desarmado, contra el vulgar o contra uno nacido como mujer, nunca cogeré las armas. Y estando protegido por uno de éstos, cualquiera podría matarme fácilmente. Sin embargo, os advierto que s o l o por la mano de Krishna o de Arjuna puede ser disparada una flecha con la que consentiría morir.»

Entonces Arjuna, con su cara ardiendo de pena y vergüenza, estalló: «Oh, oh, ¿cómo podría matarlo a él que ha sido mi único abuelo? Cuando yo era un niño jugando subía a tus rodillas, oh Bhishma, y te llamaba "padre". "¡No, no"; respondías, "no soy tu padre, pequeño, sino el padre de tu padre!" ¡Oh deja que mis armas se estropeen! Aunque la victoria o la muerte sean mías, ¿cómo puedo yo luchar con él que ha sido esto para nosotros?»

Pero Krishna recordó a Arjuna el deber eterno de la orden de caballeros: que aun sin ningún rencor ellos debían luchar, proteger a sus súbditos y ofrecer sacrificio. La muerte de Bhishma estaba ordenada desde antiguo a la mano de Arjuna; y a pesar de esto él iría a la morada de los dioses. Y así, tranquilizados y preparados para enfrentar la mañana, los príncipes reverentemente saludaron a Bhishma y se retiraron de su presencia.

Todavía antes del amanecer, el décimo día, la gran multitud estaba en movimiento. En la misma vanguardia de las tropas de los Pandavas estaba el caballero Shikhandin, mientras Bhima y Arjuna a derecha e izquierda eran los protectores de sus ruedas. Y similarmente, en el frente kuru estaba el mismo Bhishma, protegido por los hijos de Dhritarashtra.

La energía de los Pandavas, inspirados como ahora estaban por cierta ilusión de victoria, era inmensa, y ellos destrozaban despiadadamente a las tropas kuru. Bhishma, el comandante, no soportaba esa visión. Su propio deber era la protección de sus soldados y disparó una lluvia de flechas a la fuerza hostil. En todas direcciones caían oficiales, soldados, elefantes y caballos bajo sus poderosas flechas. Su arco parecía estar siempre en un círculo, y parecía a los príncipes Pandavas el destructor mismo devorando al mundo. A pesar del coraje y la violencia con la cual Bhima y Arjuna lo enfrentaban en todas partes, y centrado todo su ataque y arremetida sobre Bhishma mismo, el viejo gran señor tuvo éxito en destrozar a pedazos toda la división de Shikhandin. Entonces este oficial, alterado por la furia, tuvo éxito en atravesar a Bhishma con no menos de tres flechas en el centro de su pecho. Bhishma alzó la vista para vengarse, pero viendo que el disparo provenía de Shikhandin, en cambio se sonrió, y dijo: «¡Qué! ¿Shikhandini?» Y estas palabras fueron demasiado para el joven caballero.

Shikhandin y Bhishma

«Lo juro», gritó. «¡Yo te mataré! ¡Mira por última vez al mundo!» Y mientras hablaba envió cinco flechas directas al corazón de Bhishma.

Entonces tomando carrera como la misma muerte, Arjuna se abalanzó hacia adelante y Shikhandin disparó otras cinco flechas a Bhishma. Y todos vieron que Bhishma se rió y no respondió, pero Shikhandin, exaltado por la furia de la batalla, no se dio cuenta. Y Arjuna como protector de sus ruedas sembraba muerte en la tropa kuru en todos lados.

Pero Bhishma, pensando en una cierta arma divina, se precipitó hacia Arjuna con ella en sus manos. Pero Shikhandin se lanzó en medio, y Bhishma inmediatamente apartó el arma. Entonces el gran señor cogió una flecha que era capaz de podar una montaña y la arrojó como un rayo en llamas al carro de Arjuna; pero Arjuna con la rapidez de un rayo puso en su arco cinco flechas y cortó el dardo en cinco grandes fragmentos. Una y otra vez Shikhandin atacaba y el gran señor no respondía, ni mirando ni disparando; pero Arjuna, apuntando con Gandiva, el arco divino, disparó cientos de flechas y golpeó a Bhishma en sus partes vitales. Y siempre que el viejo general disparaba, el príncipe cortaba el curso de su flecha; y a las flechas que Arjuna le enviaba ya no podía escapar. Entonces sonriendo se volvió a uno que estaba a su lado y dijo: «¡Estos dardos que llegan hasta mí uno tras otro, como un mensajero de la cólera, no son de Shikhandin!» Entonces cogió su espada y su escudo y saltó de su carro para enfrentarse a Arjuna en combate individual. Pero en el momento en que él cogía su escudo las flechas de Arjuna lo cortaron en mil pedazos. Y también su carro fue acertado por los disparos, y por primera vez el poderoso hombre tembló.

Se vio entonces como un torbellino en la marea de la batalla se cerraba por encima y alrededor de Bhishma, y cuando otra vez hubo una abertura en la masa de combatientes él fue visto, como un estandarte roto, caído en el suelo.

Después se vio que, cubierto de flechas que lo atravesaban, su cuerpo no tocaba el suelo. Y una naturaleza divina tomó posesión del gran arquero, yaciendo así sobre esa espinosa cama. No permitió ni por un momento que sus sentidos se alteraran. A su alrededor se oían voces celestiales. Una fresca lluvia calló para refrescarlo, y él recordaba que éste no era un momento propicio para la lucha del alma. Entonces descendieron mensajeros de la madre Ganges desde el distante Himalaya, una bandada de cisnes que circulaba una y otra vez a su alrededor, trayendo memorias celestiales. Y Bhishma, indiferente a las penas del cuerpo, y teniendo a la muerte bajo su propio control, decidió quedarse en su cama de flechas hasta que el Sol entrara otra vez en su senda boreal y se abriera camino a la región de los dioses. Y la batalla se silenció, mientras los príncipes de ambas casas se paraban alrededor de su amado tutor. Él, dándoles una acogedora bienvenida, pidió una almohada. Entonces le trajeron todo tipo de almohadas blandas y hermosas. Pero él las apartó por no ser adecuadas a la cama de un héroe, y se volvió a Arjuna. Y Arjuna, tensando a Gandiva, disparó tres flechas en la tierra para sostener la cabeza de Bhishma. «Así debía dormir el héroe», dijo Bhishma, «en el campo de batalla. Aquí cuando el Sol vuelva otra vez hacia el Norte, partiré de la vida, como un querido amigo deja a otro. ¡Y ahora que la bendición y la paz esté con vosotros! ¡Yo paso mi tiempo adorando!»

Con estas palabras puso a todos en marcha, y él, Bhishma, fue dejado solo para pasar la noche, yaciendo en su cama de flechas.

XIII. KARNA

el nacimiento del guerrero Karna había sido peculiar. Teniendo al Sol por padre, él había nacido de Kunti, o Pritha, la madre de los Pandavas, antes de su boda, y ella había rogado que el niño, si realmente era hijo de un dios, naciera con aros naturales en las orejas y escudo también natural como símbolo de su inmortalidad. Y esto ocurrió así; y estas cosas fueron los símbolos de que no podía ser muerto por enemigo mortal. Y Kunti, yendo con su criada, colocó al niño al final de la noche en una caja hecha de mimbre, llorando amargamente, y lo botaron con muchas tiernas despedidas sobre la corriente del río.

Y llevado por las olas, y con los símbolos de su origen divino, el bebé llegó a la ciudad de Champa, en el Ganges, y allí fue encontrado por Adiratha el cochero y su esposa, Radha, y ellos lo recogieron y lo adoptaron como su hijo mayor. Los años pasaron y Adiratha dejó Champa para ir a Hastinapura; entonces Karna creció entre los discípulos de Drona y contrajo amistad con Duryodhana y se convirtió en rival de Arjuna. Todos los hijos de Pritha habían tenido dioses por padres, y el padre de Arjuna era Indra. E Indra, viendo que Karna llevaba armadura y aros en las orejas que eran naturales, se preocupó por la protección de Arjuna, dado que se había dispuesto en la naturaleza de las cosas que uno de estos dos debía matar al otro.

Se supo que en el momento en que hacía sus rezos matinales al Sol, Karna no podía negar nada a un mendigo, si éste se lo pedía. Por ello, Indra un día, cogiendo la forma de un brahmán, se presentó ante él a esta hora y audazmente le pidió su armadura y aros.

Pero Karna no iba a perder fácilmente sus símbolos de invencibilidad. Y sonriendo dijo una y otra vez al brahmán que estas cosas eran parte de sí mismo. Por ello, era imposible para él deshacerse de ellos. Pero el suplicante brahmán se negaba a darse por satisfecho con cualquier otro deseo que se le concediese, entonces Karna se volvió de repente hacia él y le dijo: «¡Indra, te conozco! ¡Desde el primer momento te he reconocido! ¡Dame algo a cambio y tendrás mi armadura y aros!»

Indra respondió: «¡Excepto el rayo, pídeme lo que quieras!»

Entonces dijo Kama: «¡Un dardo invencible! ¡A cambio te daré mi armadura y aros!»

El aro de la muerte

Indra contestó: «¡Hecho! Te daré, oh Karna, este dardo llamado Vasava. Es incapaz de confundir el blanco, y lanzado por mí regresa a mi mano para matar cientos de enemigos. Arrojado por ti, sin embargo, matará solo a un poderoso enemigo. ¡Y si, enloquecido de enojo, disparas este arco, mientras todavía quedan otras armas o mientras tu vida no esté en peligro mortal, rebotará y caerá sobre ti mismo!»

Entonces, cogiendo el dardo, Karna, sin pensarlo dos veces, comenzó a cortar su propia armadura natural y sus propios aros vivientes, y los entregó al brahmán. E hidra, cogiéndolos, ascendió al cielo con una sonrisa. Y se corrió la noticia en todas partes de que Karna no era más invencible. Pero nadie sabía nada acerca de la flecha de la muerte que él atesoraba, para ser usada una vez contra un enemigo mortal.

La misión de Krishna

Sucedió antes del estallido de las hostilidades que Krishna había ido personalmente a Hastinapura para ver si era posible persuadir a Dhritarashtra de restituir la paz en Indraprastha pacíficamente y así evitar la guerra. Encontrando, sin embargo, que este plan no podía ser llevado a cabo, y dejando ya la capital kuru, él aún intentó una estratagema para evitar la contienda fratricida. Llevando a Karna a un lado, privadamente le contó el secreto de su nacimiento y le rogó que anunciara al mundo entero que era hijo de Pritha y, por tanto, el hermano mayor del mismo Yudhishthira; no s o l o un príncipe por derecho de sangre tan espléndido como los mismos Pandavas, sino además, si la verdad se sabía, su actual líder y soberano.

Karna escuchó con su cortesía habitual, no poco conmovido por la pena. Él conocía desde hacía mucho tiempo su propio origen: que Pritha, la madre de los Pandavas, había sido su madre y el Sol su padre, y también sabía que ella lo había abandonado y lo había dejado en el río junto al cual había nacido. Pero no podía olvidar todo el amor y devoción de padres que realmente le habían dado el cochero y su esposa. Tampoco podía olvidar que ellos no tenían otro hijo, y que si los dejaba nadie quedaría para hacer sus ofrendas ancestrales. Además, se había casado en la casta de los cocheros y sus niños y nietos eran todos de ese rango. ¿Cómo podía, sin un mero deseo por el imperio, apartar su corazón de tan dulces lazos? Por encima de todo estaba la gratitud que debía a Duryodhana. Debido a su confianza y heroica amistad había disfrutado de un reino durante trece años sin preocupaciones. Su único deseo en la vida había sido el derecho a un enfrentamiento cara a cara con Arjuna, y era indudablemente el conocimiento de esto lo que había impulsado a Duryodhana a declarar la guerra. ¿Iba a retirarse ahora? Sería una traición a su amigo.

Por sobre todas las cosas era importante que Krishna no contara a nadie el secreto de esta conversación. Si Yudhishthira se enteraba de que su sitio era por derecho de Kama, seguramente no querría retenerlo para él. Y si la soberanía de los Pandavas caía en manos de Karna, él no podría hacer nada sino entregarla a Duryodhana. Era mejor, por ello, para ambas partes que el secreto se mantuviera como si nunca hubiera sido contado, y que él actuara como hubiese actuado si nunca hubiera sido revelado.

Así que, arrastrado por la corriente de su propia melancolía a un humor de profecía, el hijo del cochero dijo: «Ah, ¿por qué me tientas? ¿No he visto yo en una visión a Yudhishthira entrando con sus hermanos, todos de blanco, en un majestuoso salón? Esto no es una batalla sino un gran sacrificio de armas que está por celebrar, y Krishna mismo será su elevado sacerdote. Cuando Drona y Bhishma sean vencidos, entonces este sacrificio se suspenderá durante un intervalo. Cuando yo sea herido por Arjuna comenzará el fin, y cuando Duryodhana sea muerto por Bhima todo concluirá. Ésta es la gran ofrenda del hijo de Dhritarashtra. ¡No dejes que se frustre! ¡Mejor déjanos morir por armas nobles allí en el campo sagrado de Kurukshetra!» Permaneciendo callado por unos momentos, Karna alzó otra vez su vista y sonrió, y entonces, con las palabras: «¡Después de la muerte nos encontramos otra vez!», se despidió silenciosamente de Krishna, y apeándose de su carro subió en el suyo propio y fue llevado en silencio de vuelta a Hastinapura.

Pritha y Karna

Pero Krishna no era la única persona que podía ver la importancia de Karna para la causa kuru. Fue a la mañana siguiente, junto al río, cuando acababa sus oraciones luego del baño, cuando Karna, al volverse, se encontró sorpresivamente con la anciana Pritha, la madre de los Pandavas, esperando detrás de él. Viviendo en la casa de Dhritarashtra, y oyendo constantemente preparaciones de guerra contra sus propios hijos, se le había ocurrido a su distraído corazón que si ella podía inducir al aliado de Duryodhana a luchar en el otro bando, en lugar de en su contra, podría incrementar inmensamente las posibilidades de victoria para ellos.

Karna estaba de pie con las armas en alto, mirando al Este, cuando ella se colocó detrás de él y esperó temblorosa en su sombra, pareciendo un loto marchito, hasta que finalmente se volvió. Karna estaba sorprendido por el encuentro, pero controlándose a sí mismo se inclinó gravemente y dijo: «Yo, oh señora, soy Karna, el hijo de Adiratha el cochero. ¡Dime qué puedo hacer por ti!»

La pequeña y anciana mujer, a pesar de su dignidad real, se estremeció por estas palabras. «¡No, no!», exclamó ansiosa. «¡Tú eres mi propio hijo, y no el hijo de un cochero! ¡Oh, reconcíliate con los Pandavas! ¡Te lo suplico, no te comprometas en una guerra contra ellos!» Y mientras ella hablaba una voz vino desde el mismo Sol diciendo: «¡Escucha, oh Karna, las palabras de tu madre!»

Pero el corazón de Karna era fiel a la rectitud, y ni siquiera los dioses podían desviarlo de ella. Él no vacilaba ahora, aun suplicándolo su madre y padre a un mismo tiempo.

«¡Ay de mí, mi madre!», dijo. «¿Cómo podría ahora pedirme obediencia quien me abandonó tan tranquilamente cuando era un bebé para dejarme morir? Ni siquiera, oh mi madre, puedo abandonar a Duryodhana, a quien debo todo lo que tengo. Sin embargo, prometo una cosa: solo lucharé con Arjuna.

¡El número de tus hijos será siempre cinco, ya sea conmigo y sin Arjuna, o con Arjuna y yo muerto!»

Entonces Pritha abrazó a Karna, cuya fortaleza permaneció impasible. «Recuerda», dijo, «me has hecho la promesa de salvación de cuatro de tus hermanos. ¡Recuerda esta promesa en el calor de la batalla!» Y dándole su bendición, desapareció silenciosamente.

Karna lidera la multitud

Quince días de batalla habían pasado, finalizando con la muerte del anciano Drona, y antes del amanecer del decimosexto día Duryodhana y sus oficiales se reunieron y nombraron a Karna comandante en jefe de la multitud kuru. Ésta era una guerra en la que la victoria dependía de la matanza del comando rival, y ahora que había perdido dos generales Duryodhana no podía dejarse tentar por el desánimo sobre todo pensando que el triunfo era esencial. Con cada gran derrota la muerte se deslizaba más y más cerca de él, y realmente pensaba que ahora la comandancia de Karna era su última apuesta, por lo que todo dependía de su éxito. Bhishma podía haber actuado con indebida imparcialidad hacia los hombres que él había amado de niños. Drona podía haber tenido secreta ternura hacia sus discípulos favoritos. Pero toda la vida de Karna se había orientado simplemente hacia un final de combate contra Arjuna hasta la muerte. Aquí había uno que bajo ningún concepto evadiría la rigurosa prueba. Y Karna, de verdad, estaba repitiendo el juramento de la destrucción de los Pandavas cuando cogió su sitio en la batalla. Ningún hombre puede ver claramente en el futuro, y ahora él había olvidado completamente la visión que había tenido, quedando el evento oculto como para cualquier otro. solo podía creer, como Arjuna, que él, y solo él, estaba destinado a triunfar. El decimosexto día de la batalla comenzó y pasó. Karna había organizado a los kurus en la forma de un gran pájaro, y Arjuna había dispuesto a los Pandavas para oponerse a ellos en forma de Luna creciente. Pero, aunque lo buscó ardientemente todo ese día a lo largo y a lo ancho del campo de batalla, Karna no fue capaz de encontrar a Arjuna cara a cara. Entonces cayó la noche y los dos ejércitos descansaron.

Al amanecer de la siguiente mañana Karna buscó a Duryodhana. Éste, declaró, sería el gran día del destino. Al caer la noche, sin lugar a dudas, los Pandavas dormirían entre los muertos y Duryodhana sería el indiscutido monarca de la Tierra. Él solo debía recapitular los puntos de superioridad de cada bando. Y entonces procedió a relatar al rey las armas divinas que él y Arjuna poseían. Si Arjuna tenía a Gandiva, él tenía a Vijaya. Con respecto a sus arcos ellos no eran desiguales. Era cierto que los carcajes de Arjuna eran inextinguibles, pero Karna podía ser abastecido con un suministro de flechas tan abundante que esto no contaría como una ventaja. Finalmente, Arjuna tenía al mismo Krishna por cochero. Y Karna pidió tener a un cierto rey que era famoso en todo el mundo por sus conocimientos de caballos. Esto fue rápidamente dispuesto y, con un rey de auriga, Karna salió a dirigir la batalla el día destinado.

De aquí para allá corría Karna ese día en el campo, constantemente buscando el encuentro mortífero. Pero, aunque encontró a cada uno de los Pandavas, teniéndolos a su merced, y tal vez recordando su promesa a Pritha, les permitía partir, él y Arjuna no se encontraron. No fue hasta después del mediodía cuando Arjuna, tensando su arco y lanzando una flecha, mató a Vrishasena, el hijo de su rival, mientras Karna, aunque a la vista, estaba aún demasiado lejos para intervenir. Al ver esto, lleno de cólera y pena, Karna avanzó en su carro hacia Arjuna, pareciendo al venir el oleaje del mar y disparando flechas como torrentes de lluvia a derecha e izquierda. Detrás de él ondeaba su estandarte con su mecanismo de cuerda de elefante. Sus corceles eran blancos y su coche estaba cubierto de filas de blancas campanas. Su figura se recortaba contra el cielo con todo el esplendor del mismo arco iris. Ante el sonido de Vijaya, su gran arco de cuerdas, todas las cosas se rompían y huían aterrorizadas. Siguió, con su auriga real, al sitio en que Arjuna esperaba el ataque. «¡Tranquilízate! ¡Tranquilízate!», murmuró Krishna al Pandava: «¡Ahora, realmente, tienes necesidad de tu arma divina!»

La lucha suprema

Un momento después los dos héroes, que se parecían tanto el uno al otro en persona e importancia, como elefantes enojados, como toros furiosos, se enfrentaban en combate mortal. Y todos los espectadores contuvieron su aliento, y por un momento la batalla misma se mantuvo silenciosa, mientras involuntariamente en todas las mentes surgió la pregunta de quién de estos dos resultaría el vencedor. Karna era como un poste lanzado por los Kurus, y Arjuna por los Pandavas. Fue solo por un momento, y entonces en ambos lados en el aire sonaron trompetas y tambores y aclamaciones, todo sonaba para dar coraje a uno u otro de los combatientes.

Ferozmente se desafiaron el uno al otro y ferozmente se encontraron en la lucha. Y se dijo que incluso sus estandartes cayeron uno sobre otro y se unieron en la lucha.

Cada uno de los héroes, lloviendo flechas sobre el otro, oscureció todo el cielo. Y cada uno desconcertó las armas del otro con las suyas. Arma contra arma se asestaban golpes uno a otro, pero dado que no eran mortales ninguno parecía dolerse. Entonces las flechas de Arjuna cubrieron el carro de Karna de la misma forma en que una bandada de pájaros oscurece el cielo al volar al nido. Pero cada uno de esos disparos fue desviado por una flecha de Karna. Entonces Arjuna disparó un dardo de fuego. Y al hacer esto él mismo estuvo iluminado por la llama, y las prendas de los soldados a su alrededor estuvieron en peligro de incendiarse. Pero incluso esa flecha fue apagada por Karna disparando una de agua.

Entonces Gandiva descargaba flechas como navajas, flechas como lunas crecientes, flechas como manos unidas y como orejas de verraco. Y éstas atravesaban brazos y piernas, al carruaje y al estandarte de Karna. Entonces Karna en su momento recordó risueñamente el arma divina Bhargava, y con ella cortó las flechas de Arjuna y comenzó a amedrentar a toda la multitud Pandava. El hijo del cochero estaba en el medio haciendo llover innumerables dardos, con toda la belleza de una nube de tormenta descargando lluvia. Y, estimulados por los disparos de los que estaban a su alrededor, ambos pusieron energía redoblada.

De repente la cuerda de Gandiva se rompió con un fuerte ruido, y Karna descargó sus flechas con suave sucesión, cogiendo ventaja en el intervalo así dado. Para ese momento la tropa kuru, pensando que la victoria era ya de ellos, comenzó a dar vivas y a gritar. Esto s o l o provocó más energía en Arjuna, que consiguió herir a Karna una y otra vez. Entonces Karna disparó cinco flechas doradas que eran en realidad cinco poderosas serpientes, seguidoras de Ashwasena, a cuya madre había matado Arjuna. Y estas flechas pasaron cada una por el blanco y hubiesen vuelto a la mano de Karna que las había lanzado. Entonces Arjuna disparó hacia ellas y las cortó en pedazos en el camino, y observó que ellas habían sido serpientes. Y su cólera se encendió de tal forma que gritó enojado y atravesó tan profundamente a Karna con sus dardos que el hijo del cochero tembló de dolor. En ese momento todos los kurus abandonaron a su líder y huyeron, pronunciando un gemido de derrota. Pero Karna, cuando se vio solo, no sintió miedo o amargura y se lanzó alegremente sobre su enemigo.

Ahora la poderosa serpiente Ashwasena, viendo el punto a que la contienda había llegado, y deseando gratificar su propio odio sobre Arjuna, entró en el carcaj de Karna. Y él, ansioso a cualquier costa por prevalecer sobre su enemigo, y sin advertir que Ashwasena se había metido entre sus dardos, puso su corazón sobre una particular flecha que había puesto en su carcaj para el disparo fatal.

Entonces su cochero dijo: «Esta flecha, oh Kama, no tendrá éxito. ¡Busca otra que lo decapite!» Pero el guerrero respondió altaneramente: «Karna nunca cambia su flecha. ¡No busques manchar el honor de un soldado!»

Habiendo dicho estas palabras, apuntó con su arco y lanzó esa flecha que había adorado para este fin durante muchos años. Y ésta hizo una línea recta en el firmamento y se dirigió hacia Arjuna a través del aire.

Pero Krishna, entendiendo la naturaleza de la flecha, presionó su pie hacia abajo de modo que el carro de Arjuna se hundió un codo en la tierra. Los caballos también cayeron de rodillas, y la flecha arrancó la diadema de Arjuna, pero no dañó a su persona.

Entones la flecha volvió a la mano de Karna y dijo en voz baja: «¡Lánzame una vez más y mataré a tu enemigo!»

Pero Karna contestó: «No, Karna no conquista de esa forma. ¡Nunca usaré la misma flecha dos veces!»

Entonces, habiendo llegado la hora de su muerte, la tierra misma comenzó a tragarse las ruedas del carro de Karna, y el hijo del cochero, tambaleándose de dolor y cansancio, cogió otra arma divina. Pero Arjuna, viendo esto se adelantó y la desplazó con otra; y cuando Karna comenzó a encordar su arco de cuerdas, sin saber que tenía cien preparados, la facilidad con que reemplazó la cuerda rota le pareció magia a su enemigo.

En este momento la tierra se tragó completamente una de las medas del carro de Kama, y él gritó:

«¡En nombre del honor, deja de disparar mientras levanto mi carro!»

Pero Arjuna respondió: «¿Dónde estaba el honor, oh Karna, cuando nuestra reina fue insultada'?», y no paró siquiera un instante.

Entonces Karna disparó una flecha que atravesó a Arjuna e hizo tambalear y caer al arco Gandiva. Tomando ventaja de la oportunidad, Karna saltó de su carro y se esforzó sin ayuda a extraer la rueda. Mientras hacía esto. Arjuna, recobrándose, apuntó una afilada flecha y derribó el estandarte de su enemigo, ese espléndido estandarte forjado en oro y con la cuerda de elefante. Al ver la bandera de su comandante caer los kurus que miraban fueron presa de la desesperación y un fuerte grito de fracaso se alzó en el aire. Entonces, dándose prisa para estar antes que Kama, Arjuna volvió a su sitio en el carro y cogió suavemente a Anjaiika, la mayor de todas las flechas, y, poniéndola sobre Gandiva, la disparó directamente a la garganta de su enemigo, y la cabeza de Karna se desprendió con el golpe. Los rayos del Sol naciente iluminaron esa hermosa cara mientras caía y se posaba, como un loto de mil pétalos, sobre la tierra teñida de sangre. Y los Pandavas estallaron en gritos de victoria. Y Duryodhana lloraba por el hijo del cochero, diciendo: «¡Oh, Karna!» ¡Oh, Karna!» Y cuando Karna cayó los ríos se detuvieron, el Sol palideció, las montañas con sus bosques comenzaron a temblar y todas las criaturas sintieron dolor; pero las cosas nocivas y los habitantes de la noche se llenaron de júbilo.

XIV. EL GRAN ANFITRIÓN DE LA MUERTE

ste era un momento terrible para los Pandavas, con sus propios corazones llenos de pena por la aflicción de la batalla; ellos tenían que presentarse ante el anciano Dhritarashtra y su reina Gandhari, quienes habían perdido la totalidad de su centenar de hijos. La victoria de Kurukshetra había hecho a Yudhishthira rey de todo el territorio, y Dhritarashtra reconoció este hecho anunciando su intención de dejar el mundo y retirarse con Gandhari y Pritha a las proximidades del Ganges, para vivir allí sus vidas con piedad y devoción. Durante el primer mes los príncipes Pandavas fueron hasta allí, y les acompañaron y se quedaron con ellos para rezar juntos por sus ilustres muertos. Y al finalizar el mes fueron visitados por Vyasa, el jefe de los sacerdotes reales, un hombre famoso por sus dotes de espiritualidad y conocimiento. Sentados con Vyasa, Gandhari, Kunti y Dhritarashtra hablaron de muchas viejas penas y buscaron la explicación de misterios que les tenían perplejos desde largo tiempo atrás. Entonces volviéndose a Gandhari, atendiendo a su tristeza que era la mayor que puede soportar una mujer y hablando al corazón que se había quedado sin palabras para pronunciar, Vyasa dijo:

«¡Oye, oh reina! Tengo una bendición que ofrecer. Esta noche tú verás otra vez a tus hijos y parientes, como hombres que se levantan de un sueño. Así tu pena se aliviará y tu corazón podrá descansar.»

Entonces toda la gente allí reunida, creyendo escasamente que las palabras de Vyasa fueran cumplidas, cogieron sus sitios expectantes en las orillas del Ganges. El día pasó, pareciéndoles a ellos como un año, por su ansiedad por volver a ver a los príncipes fallecidos. Pero al final el Sol se puso y todos finalizaron su baño vespertino junto con sus rezos. Cuando llegó la noche y todos estaban sentados en grupos y en solitario en protegidos sitios a lo largo de las orillas del Ganges, Vyasa llamó con voz clara a los muertos de ambos bandos para concederles una vez más su visión a los mortales a fin de que sus corazones dolidos de pena pudieran ser consolados por un rato.

La procesión

Entonces un extraño sonido se oyó desde dentro de las aguas, y gradualmente, en sus tropas y compañías, con el esplendor de formas radiantes, y banderas y coches, surgieron todos los reyes y con ellos todas sus tropas. Allí estaban Duryodhana y todos los hijos de Gandhari y Dhritarashtra. Allí estaban Bhishma y Drona y Kama. Allí estaba Shikhandin y allí estaba Drupada, y allí había otros mil. Todos estaban vestidos con ropas celestiales y brillantemente adornados. Estaban libres de pena y odio y despojados de todos sus celos. La escena era como un gran festival de alegría, o parecía un cuadro pintado sobre un lienzo. Y Dhritarashtra el rey, ciego toda su vida, vio a sus hijos por primera vez, con el ojo de una aguda visión, y conoció en toda su intensidad el júbilo de la paternidad.

Y la muerte avanzó y se mezcló con los vivos. No había pena, ni miedo, ni desconfianza, y no había descontento en esa noche sagrada. Karna aceptó a Kunti como madre y se reconcilió con los Pandavas como sus hermanos. Y la dolorosa pena de Gandhari por Duryodhana y el resto de sus hijos se apaciguó.

Y cuando llegó el amanecer, aquellas sombras de esos poderosos muertos se hundieron otra vez en el Ganges y fueron cada uno a su propia morada, y los vivos, con la pena aliviada, volvieron a sus obligaciones de la vida y se dedicaron a las tareas que se les presentaban.

XV. YUDHISHTHIRA Y SU PERRO

Llegó un día en el desarrollo del hinduismo en que la religión volvió su espalda a todas las deidades del poder y del bien mundano. El dios, como su adorador, debe evitar riquezas y beneficio material. Desde quinientos años antes de la era cristiana las órdenes budistas habían estado yendo entre la gente popularizando ciertas grandes concepciones de renunciación y desarrollo personal como el fin real de la religión. Cerca del momento de la era cristiana el conjunto de estas ideas estaba madurando para alcanzar una forma organizada, en la misma India, como una nueva fe. Pero la evolución no cesó en este punto con la emergencia de la adoración a Shiva. Algunos siglos más tarde una nueva fase de este hinduismo más elevado fue elaborada otra vez, y la adoración de Satya-Narayana apareció en su encarnación como Krishna. Esta religión fue impuesta y promulgada en la forma de un gran poema épico —el poema épico nacional indio *par excellence*— que adoptó entonces su forma final, el *Mahabharata*.

En la opinión de algunos estudiosos tenemos aquí en el *Mahabharata* una recapitulación de todo el mundo maravilloso del primitivo observador celestial. Dioses, héroes y semidioses se abren paso a empujones en estas páginas, y de dónde vienen y cuál ha sido su historia previa no conocemos más que un nombre aquí, una luz lateral allá, que nos ayuda a descubrirlo. Como en cierto maravilloso tapiz, están aquí reunidos, en un caso pasa la batalla, en otro para la vida, y fuera del choque de los aceros enemigos, más allá de la lealtad de vasallos y compañeros, más allá de intereses opuestos e ideas en conflicto, es una de las más nobles escrituras del mundo. ¿Es cierto que, con la excepción de lo que ha sido agregado y moldeado por un poeta supremo, fusionando en una masa única las imágenes de eón antiguas, la mayor parte de los caracteres que se mueven con tanta soltura a través de estas inspiradas páginas han bajado del escenario del cielo de medianoche? Sea como sea, una cosa está clara: la última escena que finaliza el largo panorama es la de un hombre subiendo a una montaña, seguido de un perro, y finalmente, con su perro, es trasladado al cielo en carne y hueso.

La peregrinación de la muerte

Los cinco héroes reales en honor a los cuales es desarrollada y ganada la batalla de su tiempo, tuvieron el imperio de la India por unos treinta y seis años, y ahora, reconociendo que había llegado su momento final, ellos, con Draupadi, su reina, entregaron su trono a sus sucesores y partieron en su último viaje solemne —la peregrinación de la muerte— seguidos por un perro que no les abandonaría. Luego de rodear todo su gran reino en el último acto de adoración real, procedieron a ascender a las alturas del Himalaya, evidentemente en un intento por alcanzar su legítimo sitio entre las estrellas. Aquel que ha vivido en el mundo sin defecto puede al final aspirar a trasladarse. Pero grande como es la gloria de los hermanos Pandavas, solo uno de ellos, Yudhishthira, el mayor, ha llevado una vida tan inmaculada como para merecer esto, el honor de alcanzar el cielo en persona. Uno a uno, los otros, Bhima, Arjuna y sus mellizos Nakula y Sahadev, junto con Draupadi la reina, se desvanecen y caen y mueren. Y sin una mirada atrás, sin gemido ni suspiro, Yudhishthira y el perro siguieron solos. De repente un trueno detiene sus pasos, y en el medio de una masa de resplandor vieron al dios hidra, rey del cielo, en su carro. Él estaba allí para llevar a Yudhishthira de vuelta al cielo, e inmediatamente le pide que suba al carro.

Y es aquí, en la respuesta del emperador, donde podemos medir cuán lejos ha andado el pueblo indio desde la antigua adoración de deidades puramente cósmicas a la moralización y espiritualización de sus deidades y semidioses. Yudhishthira se niega a subir al carro a no ser que sus hermanos muertos fueran todos llamados a subir con él, y agrega, en su nombre, que ninguno aceptará la invitación a no ser que con ellos esté su reina Draupadi, quien fue la primera en caer. solo cuando Indra le asegura que sus hermanos y esposa le han precedido y los encontrará otra vez a su llegada en el estado de felicidad eterna, él consintió subir al carro divino, y se hizo a un lado para dejar pasar al perro primero.

El perro

Pero aquí hidra se opuso. Para los hindúes el perro no es sagrado. ¡Es imposible contemplar la idea de un perro en el cielo! Por ello se pide a Yudhishthira que despida al perro. Curiosamente él se niega. Para él, el perro aparece como uno que ha sido devoto, leal en tiempos de calamidad y desastre, amante y fiel en las horas de entera soledad. No puede imaginas la felicidad, ni siquiera en el cielo, obsesionado por la idea de que alguien tan leal haya sido dejado fuera.

El dios suplica y argumenta, pero cada palabra reafirma aún más al soberano. Su idea de hombría está complicada. «Abandonar a alguien que nos ha amado es infinitamente pecaminoso.» Pero también son provocados su orgullo personal y su honor como rey. Él aún no ha fallado a los aterrados o a los devotos, o a aquellos que han buscado el santuario con él, tampoco a aquel que ha pedido compasión, ni a alguno que era demasiado débil para protegerse. Él no quebrantaría su propio honor meramente por su deseo de propia felicidad.

Entonces se presentan las más sagradas consideraciones para sostener la situación. Debe recordarse que los hindúes comen sobre el suelo, y entonces es fácil comprender el terror de que un perro entre a una habitación. Hay evidentemente un similar desagrado a ese mismo hecho en el cielo.

«Tú sabes», insistió hidra, «que la presencia de un perro en el cielo sería profanadora.» Su mera visión priva a los sacramentos de su consagración. ¿Por qué, entonces, alguien que ha renunciado a su propia familia debe objetar tan enérgicamente abandonar a un perro?

Yudhishthira contesta amargamente que había sido forzado a abandonar a aquellos que no vivían a acompañarle en adelante, y, admitiendo que su resolución había probablemente ido creciendo a lo largo del debate, finalmente declara que él no puede concebir un crimen que sería más nefasto que dejar al perro.

La prueba se termina. Yudhishthira ha rechazado el cielo por el perro, y éste se transforma en un radiante dios, el mismo Dharma, el dios de la Justicia. El mortal es aclamado por radiantes multitudes y, sentado en el carro de la gloria, entra en el cielo en su forma mortal.

Sin embargo, el poeta no ha aclarado todo lo que se requiere a un perfecto hombre para ser elevado a la posición de gran gloria. Yudhishthira, entrando en el cielo, contempla a sus enemigos, los héroes con los que ha luchado, sentados en tronos y radiantes. Ante esto el alma del emperador se ofende poderosamente. ¿Debe aceptar el mero júbilo de los sentidos, razona, como cualquier equivalente del deleite de buena compañía'? Donde estén sus compañeros será el cielo para él, un sitio habitado por los personajes que él ve frente a sus ojos merece un nombre diferente.

Yudhishthira, entonces, es conducido a una región de otro tipo. Aquí, entre horrores de oscuridad y tormentos, su energía se agota y ordena enojosamente a su guía sacarlo de allí. En ese momento se oyen susurros, viniendo de todas direcciones, pidiéndole que se quede. Con él llega un momento de alivio a todas las almas prisioneras en esa pena viviente de visión, sonido y tacto.

Yudhishthira en el infierno

Involuntariamente el emperador se detuvo. Y al pararse y escuchar se dio cuenta con consternación que las voces que estaba escuchando le eran familiares. Aquí, en el infierno, estaban sus parientes y compañeros. Allí, en el cielo, había visto a los grandes entre sus enemigos. El enojo le encendió. Volviéndose al mensajero, que todavía no le había dejado: «¡Vete!», tronó en su enojo.

«¡Vuelve a los grandes dioses, de dónde vienes, y hazles saber que nunca alzaré la vista para mirar sus caras otra vez! ¡Qué! ¡Hombres malvados con ellos y estos mis parientes caídos en el infierno!

¡Infierno! ¡Esto es un crimen! Nunca volveré a aquellos que han provocado esto. Aquí con mis amigos en el infierno, donde mi presencia les ayudará, yo habitaré para siempre. ¡Vete!»

Sólo pasó un momento, y repentinamente la escena había sido cambiada. El cielo arriba se volvió brillante. Dulces aires comenzaron a soplar. Todo lo que había sido asqueroso y repulsivo desapareció. Y Yudhishthira, alzando la vista, se encontró a sí mismo rodeado por los dioses. «¡Bien hecho!», gritaron. «Oh señores de los hombres, vuestras pruebas han terminado y vosotros habéis luchado y ganado. Todos los reyes deben ver el infierno tanto como el cielo. Felices son aquellos que lo ven primero. Para vosotros y estos vuestros parientes no resta nada salvo la felicidad y la gloria. Entonces hundíos en el celestial Ganges y poned allí en su sitio vuestra mortal enemistad y pena. Aquí, en la Vía Láctea, vestíos con el cuerpo de la inmortalidad y entonces ascended a vuestro trono. ¡Sentaos entre los dioses, tan grandes vosotros como hidra, aislados de los hombres mortales alzados al cielo en esta vuestra forma terrenal!»

La grandeza de la autoconquista

El proceso de espiritualización que vemos en su momento inicial en la historia de Daksha y Shiva es aquí visto en su punto culminante. Cuidadosamente emancipado de la primitiva adoración a la aprobación cósmica y el poder, el Héroe del Cielo no aparece más como un gran Prajapati, o Señor de la Creación, ni siquiera como un Salvaje Cazador, matando al sol invernal, sino completamente como un hombre, uno como nosotros mismos, solo más noble. La imaginación hindú ha alcanzado ahora un punto en que no puede concebir nada en el universo que trascienda en grandeza de la conquista de hombre por sí mismo.

Yudhishthira brilla entre los hombres en clemencia real y en humana lealtad y verdad, de la misma forma como ahora él brilla entre las estrellas. Primero renunció a cualquier cosa que viniera a él y finalmente aceptó en sus propios términos. Ésta era la demanda que el budismo, con la exaltación del carácter y objetividad, había enseñado a hacer al pueblo indio del hombre humano. La mayor de todas era la renuncia del monje; pero seguido a esto, y una misma expresión de la misma grandeza, era la aceptación de la vida y el mundo como su maestro, no como su esclavo.

No puede negarse que la historia de Yudhishthira, con su sutileza de incidentes y de descripción de caracteres, es minuciosamente moderna en tono y alcance. La particular concepción de lealtad que encama es profundamente característica del pueblo indio. Para ellos la lealtad es social más que una virtud militar o política, y es llevada a grandes distancias. Debemos recordar que la historia de Yudhishthira será en parte la descendencia y en parte el padre de esa calidad que encarna y exalta. Dado que este patrón era característico de la nación, encontró expresión en este poema épico. Dado que el poema épico ha predicado esto en cada pueblo, en canción, en sermón y en drama durante estos quince siglos pasados, ha moldeado el carácter indio e instituciones con ímpetu creciente, y llegado lejos para comprender y democratizar la forma de nobleza que proclama. ¿Si se les hubiera dejado desarrollar libremente, los mitos griegos hubieran pasado a través de los mismos procesos de moralización y espiritualización como los indios? ¿Debe ser India, de hecho, reconocida como el único miembro de las civilizaciones clásicas que ha dado un crecimiento normal y perfecto? ¿O debemos considerar que, en el genio helénico, la emergencia temprana de la idea de belleza y el esfuerzo hecho conciencia luego del efecto poético sobrepasa todo lo que se convierte en el indio en alta interpretación moral? Un cierto asoma de poesía no puede faltar en producciones que han comprometido siempre los más nobles poderes del hombre; pero éste en los indios parece ser siempre inconsciente, el resultado de la belleza de pensamiento y nobleza de significado, mientras que en los griegos estamos vivamente convencidos del deseo de un supremo artesano de belleza como un fin en sí mismo.

CAPÍTULO IV

KRISHNA

Notas sobre Krishna

Krishna, hijo de Devaki, es apenas mencionado en el *Chhandogya Upanishad* (500 a.C.). En el *Mahabharata* (300 a.C.-200 d.C.) es una figura prominente; en el *Bhagavad Gita,* que es una edición posterior, se plantea por primera vez la doctrina de *bhakti,* devoción amante de él como medio de la salvación, agregada a los medios del trabajo y del conocimiento. No se hace mención de sus gestas juveniles. Es representado como un amigo y consejero de los príncipes; es esencialmente Dwarkanathe, el señor de Dwaraka; es identificado con Visnú en muchos pasajes, aunque en su forma humana adora a Mahadeva y Uma y recibe obsequios de ellos.

En el período ulterior, en el momento de compilación del *Gita* y de los Puranas de Visnú y Bhagavata, probablemente en los siglos X y XI, surge la adoración del niño-Krishna, el elemento principal en la cultura moderna. El niño-Krishna sin duda representa al dios local de un clan Rajpuet. Los nombres de Govinda y Gopala (pastor) indican su origen como un dios de los rebaños y manadas.

Un resumen del *Mahabharata* ya ha sido dado; en las páginas siguientes, por ello, se relatan las leyendas más modernas de la juventud de Krishna, con breve referencia solo a sus acciones en la Gran Guerra. Lo que se presenta es solo una traducción condensada, recopilada de varias fuentes, particularmente del *Visnú Purana,* el *Bhagavata Purana* y el *Prem Saguara.*

Al cierre de la Tercera Época un clan Rajput, el Yadavas, descendiente de Yadu, un príncipe de la dinastía Lunar, habitaba junto al Jamna, con Mathura como capital. Ugrasena, en el comienzo de la historia, aunque era el rey por derecho, había sido depuesto por su hijo Kans, un cruel y tiránico gobernante; de hecho, un rakshasa engendrado por la violación de Pavanarekha, la esposa de Ugrasena. Así encontramos a los rakshasas en posesión de Mathura, donde algunos de los yaduvamsis todavía viven: pero la mayor parte de los últimos residen con sus rebaños y manadas en Gokula, o Braj, en el campo, y son representados como pagando un tributo anual a Mathura. Así hay, como en el *Raniavana,* un estado de oposición entre dos sociedades ideales: una sociedad moral en que los dioses están encarnados en individuos heroicos, y una inmoral, para la cual es su objetivo destruir. Es en respuesta a la tierra agraviada, arruinada por la tiranía de Kans, y por pedido de los dioses, como Visnú adquiere nacimiento entre los yaduvamsis con otros seres celestiales al mismo tiempo: dioses, rishis, kinnaras, gandharvas y semejantes.

Ésta es la leyenda pseudohistórica de Krishna. Esta historia, cualesquiera sean sus orígenes, se ha hundido profundamente en el corazón e imaginación de la India. Para esto hay muchas razones. Es la escritura principal de una doctrina de *bhakri* (devoción) como una forma de salvación. Es la forma que todos pueden seguir, de cualquier rango o condición humilde. Los *gopis*[13] son el gran tipo y símbolo de aquellos que encuentran a dios por devoción *(bhakti)*, sin estudiar *(jnanam)*. Por Krishna ellos renuncian a la ilusión de familia y todo lo que es el deber en su mundo; ellos dejan todo y le siguen. La llamada de esta flauta es la llamada irresistible del Infinito: Krishna es dios y Radha el alma humana. Jamna y Brindaban no deben ser encontrados en el mapa: para los amantes de Vaishnava, Brindaban es el corazón del hombre, donde el juego eterno del amor a Dios continúa.

---

[13] Gopis, pastores. (N. del T.)

El nacimiento de Krishna

Vasudev era un descendiente de Yadu, de la dinastía Lunar; estaba casado con Rohini, hija del rey Rohan, y también a él Kans le entregó su propia hermana, Devaki. Inmediatamente luego del matrimonio una voz celestial fue oída anunciando: «Oh Kans, tu muerte llegará por la mano de su octavo hijo.» Kans entonces resolvió matar a Vasudev inmediatamente, y al ser disuadido de ello, lo que en realidad hizo fue matar uno por uno a sus hijos hasta que seis estuvieron muertos. En el séptimo embarazo de Devaki la serpiente Shesh, o Manta, sobre quien Narayana descansa, cogió un nacimiento humano. Para salvar a su hijo de Kans, Visnú creó una forma que pensara de su mismo modo y la envió a Mathura. Cogió el bebé del útero de Devaki y se lo dio a Rohini, quien había tomado refugio con los rebaños en Gokula, y fue cuidado por Nand y Yasoda, buena gente que vivía allí, quienes no tenían hasta ese momento un hijo propio. El *niño* nacido de Rohini fue posteriormente llamado Balarama. Luego de transferir al niño, el enviado de Visnú volvió a Devaki y le reveló el asunto en un sueño, y Vasudev y Devaki le dieron a entender a Kans que el niño había sido abortado.

Entonces Shri Krishna mismo nació en el útero de Devaki, y el enviado de Visnú en Yasoda, de modo que ambas tenían niños. Cuando Kans supo que Devaki estaba otra vez embarazada, envió una fuerte guardia alrededor de la casa de Vasudev para matar al niño en el momento en que naciera, dado que, por mucho que temía a la profecía, no se atrevía a incurrir en el pecado de matar a una mujer. Finalmente, Krishna nació, y todos los cielos y tierras se llenaron con signos de alegría: los árboles y los bosques florecieron y fructificaron, las charcas estaban llenas, los dioses hacían llover flores y los gandharvas tocaban tambores y flautas. Pero Krishna se paró frente a su padre y a su madre y ésta era su apariencia: gris nuboso, cara de luna, ojos de loto, vistiendo una corona y joyas y traje de seda amarilla, con cuatro brazos sosteniendo una concha y un disco, una maza y una flor de loto. Vasudev y Devaki se inclinaron ante él, y Shri Krishna les dijo: «No temáis, dado que he venido a quitar vuestros temores. Llevadme adonde está Yasoda, traed a su hija y enviad a Kans.» Entonces se volvió a convertir en un niño humano, y la memoria de su naturaleza divina abandonó tanto al padre como a la madre, y ellos solo pensaron «tenemos un hijo» y cómo podían salvarlo de Kans.

Devaki, con las manos unidas, dijo a su marido: «Llevémoslo con Gokula, donde viven nuestros amigos Nand y Yasoda y tu esposa Rohini.». En ese mismo instante los grilletes cayeron de sus pies, las puertas se abrieron y los guardias se durmieron rápidamente. Entonces Vasudev puso al niño en una cesta sobre su cabeza y partió para Gokula. No sabía cómo cruzar el Jamna, pero, absorto en pensamientos hacia Visnú, penetró en el agua. El agua se hizo más y más profunda hasta que alcanzó su nariz; pero cuando Krishna vio el peligro y estiró sus pies el agua bajó. Así Vasudeva cruzó el río y llegó a la casa de Nand, donde Yasoda había tenido una hija; pero Devi había hecho caer el olvido sobre ella de modo que no recordaba nada de ello. Vasudeva cambió el niño y volvió a Mathura; y cuando volvió adonde estaba Devaki los grilletes y las puertas se cerraron, los guardias despertaron y el niño lloró. Se avisó a Kans, y éste, presa del terror, fue, espada en mano, a la casa de su hermana. Una voz le anunció: «El enemigo ha nacido y la muerte es segura.» Pero encontrando que una niña había nacido, puso en libertad a Vasudeva y Devaki, y les pidió perdón por las pasadas muertes y les trató bien. Pero Kans estaba enfurecido más que nunca contra los dioses por lo mucho que le habían engañado y por haberle hecho vigilar en vano a Devaki, y ahora añoraba especialmente matar a Narayana, esto es a, Visnú. Para este fin sus ministros aconsejaron matar a todos los que servían a Visnú: brahmanes, yoguis, sannayasis y a todos los hombres santos. Kans dio órdenes para esto, y envió a sus rakshasas para matar vacas y brahmanes y a todos los adoradores de Hari.

Las proezas de la juventud de Krishna

Mientras tanto había grandes festejos en Gokula por el nacimiento del niño de Nand y Yasoda: los astrólogos profetizaron que éste mataría demonios y sería llamado señor de las pastoras, los *gopis,* y su gloria sería cantada a través del mundo. Pero Kans no sabía dónde había nacido Shri Krishna y envió verdugos a matar a todos los niños. Entre sus seguidores había una rakshasi llamada Putana, que sabía del nacimiento del hijo de Nand, y fue a Gokula para su destrucción, adoptando la forma de una mujer hermosa que, sin embargo, tenía veneno en sus pechos. Ella fue a la casa de Yasoda y se presentó muy amigablemente, y después de un momento cogió al niño en su regazo y le dio el pecho. Pero el niño lo cogió fuertemente y tiró, y de este modo hizo que ella muriera con su propia leche. Ella intentó huir, pero Krishna no la dejó escapar y cayó muerta, adquiriendo su propia espantosa y enorme forma. Justo cuando Nand volvió de Mathura, donde había ido a pagar tributos, encontró a la rakshasi caída muerta y todo el pueblo de Braj a su alrededor. Ellos le contaron lo que había sucedido, y entonces quemaron y enterraron su enorme cuerpo. Pero su cuerpo expidió una dulcísima fragancia cuando fue quemado, y la razón de esto era que Shri Krishna había dado su salvación cuando bebió su leche; benditos sean todos los que son muertos por Visnú.

Poco tiempo después de esto se celebró una fiesta por el nacimiento de Krishna; pero por la misma algarabía todos se olvidaron del niño que estaba tumbado bajo un carro. Entonces una rakshasi que pasaba lo vio allí chupando sus dedos, y para vengar a Putana se sentó sobre el carro como para romperlo; pero Krishna dio un puñetazo y rompió el carro y mató a la demonio. Todos los jarros de leche y cuajada que estaban en el carro se rompieron, y el ruido del carro roto y de la leche fluyendo atrajo a todos los pastores y pastoras al lugar, encontrando a Krishna sano y salvo. Cuando Shri Krishna tenía cinco meses vino otro demonio en la forma de torbellino para llevarlo de la falda de Yasoda donde estaba; pero inmediatamente el niño se volvió tan pesado que Yasoda tuvo que hacerlo bajar. Entonces la tormenta se volvió un ciclón, pero no lastimó a Krishna, dado que nada podía levantarlo. Pero al final él dejó al torbellino que lo levantara en el cielo, y entonces, mientras la gente de Braj lloraba y se lamentaba, Krishna lo estrelló contra el suelo y lo mató, y la tormenta pasó.

La travesura de Krishna

Krishna y Balaram crecieron juntos en Gokula; sus amigos eran los *gopas* y *gopis,* los pastores y las pastoras; sus cabellos eran rizados, ellos llevaban túnicas azules y amarillas, gateaban y jugaban con juguetes y acostumbraban coger de la cola a los becerros y los volteaban; y Rohini y Yasoda les observaban para que ningún accidente les sucediera. Pero Krishna era muy travieso. Acostumbraba llevarse los jarros de cuajada cuando los *gopis* se dormían; cuando veía algo sobre una repisa alta trepaba, lo bajaba y lo comía, y derramaba o escondía el resto. Los *gopis* acostumbraban ir y quejarse de él a Yasoda, llamándole ladrón de manteca; y ella le decía que no debía coger comida de la casa de otra gente. Pero él hacía una historia creíble, y decía que los *gopis* lo habían comido ellos mismos o le habían pedido que les hiciera un trabajo; y ahora, dijo, «ellos cuentan historias de mí». Así Krishna siempre sacaba provecho de todo.

Un día estaba jugando con Balaram en el patio y comió un poco de arcilla; uno de los compañeros se lo dijo a Yasoda, y ella vino con una vara para pegarle. Pero él había limpiado su boca y negó todo del asunto. Sin embargo, Yasoda insistió mirando dentro de su boca; pero cuando ella abrió su boca lo que vio allí fue el universo entero, los «Tres

Mundos». Entonces ella se dijo a sí misma: «Qué tonta soy en pensar que el Señor de los Tres Mundos puede ser mi hijo.» Y Visnú otra vez disimuló su cabeza de Dios, y Yasoda acarició al niño y lo llevó a casa.

Otra vez que había estado robando manteca y Yasoda iba a pegarle, ella lo encontró con sus compañeros sentado en un círculo, y Krishna comía y daba órdenes para comer. Entonces Krishna, viendo a su madre, corrió hacia ella diciendo: «Oh madre, no sé quién volcó la manteca; déjame ir.» Entonces ella s o l o pudo reírse; pero lo llevó a casa y lo ató a un gran mortero de madera para mantenerlo apartado de sus travesuras. Pero justo entonces él recordó que dos hombres habían recibido una maldición de Narada por la que se mantendrían en la forma de árboles hasta que Krishna los liberara, y arrastró el mortero detrás de sí y fue a la arboleda donde estaban los árboles, y arrancó los árboles de raíz. Dos hombres aparecieron en el lugar: Krishna les prometió un deseo, y ellos pidieron que sus corazones estuvieran siempre junto a él. Krishna lo concedió y les despidió. En ese momento Yasoda llegó y encontró que Krishna se había marchado, y ella corrió a todos los sitios buscándolo; pero cuando los *gopis* lo encontraron junto a los árboles caídos y oyeron lo que había sucedido ellos se preguntaron cómo podían ser esas cosas, y se preguntaron unos a otros: «¿Quién puede comprender las acciones de Hari?» No mucho después Nand y Yasoda mudaron sus cosas y bienes de Gokula, donde sufrían constantes peligros y opresión, y cruzaron el río a Brindaban y comenzaron a vivir en paz y más aliviados.

Más milagros de Krishna

Cuando Krishna tenía cinco años de edad llevó el ganado a pastorear a los bosques; ese día Kans envió un demonio con la forma de grulla, y éste fue a Brindaban y se sentó en la orilla del río como si fuera una montaña. Todos los pastores se atemorizaron; pero Krishna fue hasta la grulla y le permitió llenar su enorme pico. Entonces Krishna se hizo a sí mismo tan caliente que la grulla le permitió salir, y entonces él abrió sus mandíbulas y las separó desgarrándolas. Luego recogiendo los becerros, los pastores volvieron todos a casa con Krishna, riendo y jugando.

Otra vez Kans envió un dragón llamado Aghasur; éste fue y se escondió en los bosques con la boca abierta. Los pastores pensaron que este agujero abierto era una cueva en la montaña, y se acercaron y miraron dentro. Justo cuando el dragón aspiró para respirar, todos los *gopas* y becerros fueron barridos con su aliento dentro de sus fauces y sintieron el caliente y venenoso vapor, gritando desesperados. Krishna oyó eso y saltó también dentro de las fauces del dragón, y entonces éstas se cerraron. Pero Krishna se hizo más y más grande hasta que el estómago del dragón estalló y todos los pastores y becerros salieron fuera ilesos.

Otra vez Krishna y los *gopas* estaban festejando y riendo y hablando en los bosques, llevando a los becerros a pastorear, cuando Brahma vino y les robó los becerros. Krishna fue a buscarlos y no los encontró, pero hizo otro rebaño igual que ése. Entonces volvió al sitio de reunión y encontró que los niños no estaban e hizo otros similares y fue a casa al atardecer con los niños y becerros sustitutos, y nadie salvo Krishna sabía que los niños reales y los becerros habían sido escondidos por Brahma en una cueva en la montaña. Mientras tanto pasó un año; fue s o l o un momento según le pareció a Brahma, pero fue un año para un hombre. Brahma recordaba sus acciones y fue a ver lo que había sucedido. Encontró a los niños y los becerros allí dormidos en la cueva; entonces fue a Brindaban, y encontró los niños y los becerros allí también. Y Krishna había hecho a todos los pastores con el parecido de dioses, con cuatro brazos y la forma de Brahma y Rudra e hidra. Viendo esto, el Creador se quedó pasmado; inmóvil como un cuadro, se olvidó de sí mismo y sus pensamientos divagaron. Estaba afligido como una piedra no adorada, no honrada. Pero Krishna, cuando vio a Brahma así de temeroso, volvió todas esas formas ilusorias dentro de sí mismo, y Brahma cayó a los pies de Krishna y rogó su perdón, diciendo: «Todas las cosas están encantadas por tu ilusión; pero ¿quién puede desconcertarte a ti? Tú eres el creador de todo, en cada uno de cuyos cabellos hay muchos Brahmas como yo. Tú, que eres compasivo con los humildes, perdona mi error.» Entonces Krishna sonrió, pero Brahma restituyó a todos los pastores y becerros. Cuando ellos despertaron no sabían nada del tiempo que había transcurrido, sino que solo agradecieron a Krishna que encontrara a los becerros tan rápidamente; luego todos fueron a sus casas.

La represión a Kaliya

Un día los becerros salieron muy temprano y vagaron por los bosques y a lo largo de las orillas del río hasta que llegaron a un sitio llamado Kaliya. Bebieron algo de agua, lo mismo hicieron las vacas; pero de repente todos a un mismo tiempo comenzaron a retorcerse una y otra vez, y finalmente murieron envenenados. Entonces Krishna lanzó sobre ellos una mirada que da vida, y los revivió.

En ese momento estaba viviendo en esa parte del Jamna una hidra o naga llamada Kaliya, y en cuatro leguas a su alrededor el agua hervía y burbujeaba con veneno. Ninguna bestia o pájaro podía acercarse y solo un árbol solitario crecía en la orilla del río. La verdadera casa de Kaliya era Ramanaka Dwipa, pero él se había trasladado allí por temor a Garuda, el enemigo de todas las serpientes. Garuda había recibido una maldición de un yogui que habitaba en Brindaban, de modo que no podía ir allí sin encontrar la muerte. Entonces Kaliya vivía en Brindaban, el único sitio adonde Garuda no podía ir.

Un día Krishna comenzó a jugar a la pelota con los pastores, y mientras estaban jugando trepó al árbol *kadamh* que colgaba sobre la orilla del río, y cuando le tiraron la pelota ésta cayó al río, y Shri Krishna saltó tras ella. Kaliya se levantó con sus ciento diez capuchas vomitando veneno, y los amigos de Krishna estiraron sus brazos y lloraron y gritaron y las vacas corrieron alrededor mugiendo y resoplando. Mientras tanto alguien volvió corriendo a Brindaban y trajo a Rohii, Yasoda y a Nand y todos los *gopas* y *gopis,* y éstos llegaron corriendo y tropezando hasta la orilla junto a la que estaba el remolino de Kaliya; pero no podían ver a Krishna. solo Balaram consoló a todos diciendo: «Krishna volverá muy pronto. Él no puede morir.»

Mientras tanto Kaliya se envolvió a sí mismo alrededor del cuerpo de Krishna, pero éste se volvió tan enorme que Kaliya tuvo que soltarlo. Así Krishna se salvó uno tras otro de sus ataques, y cuando vio al pueblo de Braj tan atemorizado saltó repentinamente dentro de la cabeza de Kaliya y adquirió el peso de todo el universo, y bailó sobre las cabezas del naga, zapateando. Entonces Kaliya comenzó a morir. Lanzó sus cabezas alrededor, poniendo adelante sus lenguas, y sus bocas derramaban torrentes de sangre. Cuando estuvo totalmente vencido surgió un pensamiento de su corazón: «Éste debe ser el Hombre Primordial, dado que ningún otro podría resistir mi veneno.» Pensando eso, abandonó toda esperanza y permaneció quieto. Pero entonces las esposas del naga vinieron y se pusieron alrededor de Krishna, y unas estiraron sus plegadas manos hacia él y otras se inclinaron y besaron sus pies, adorando a Krishna y rezando por su marido. «Libéralo», dijeron, «o mátanos a nosotras con él, dado que la misma muerte es buena para una mujer sin su marido. Más aún, considera que es la naturaleza de una serpiente el ser venenosa y perdónale.» Shri Krishna le perdonó y le mandó a casa a Ramanaka Dwipa. Pero él temía ir allí por Garuda. Cuando se lo dijo a Krishna éste le contestó: «Ve sin miedo. Cuando Garuda vea la marca de mis pies sobre tu cabeza no te tocará.» Entonces Kaliya con su familia fue a Ramanaka Dwipa, y Krishna salió del agua.

Toda la gente de Braj estaba contenta cuando Krishna salió a salvo; pero estaban demasiado cansados para ir a casa ese día, de modo que pasaron la noche en los bosques cerca del remolino de Kaliya. Pero cerca de la medianoche se inició un fuego terrible, y hubiera destruido los árboles, las vacas y la gente si Krishna no se hubiese levantado y tragado el fuego salvándolos. Por la mañana cada uno volvió a su casa disfrutando y cantando.

La flauta de Krishna

Ahora llegó la estación cálida, pero debido a Krishna había primavera perpetua en Brindaban. Un día un rakshasa llegó en la forma de vaca, y jugó con las otras; pero Krishna hizo una señal a Balaram y le dijo que matara al demonio, pero no mientras estaba en su forma de vaca. Entonces Balaram se dejó llevar por el demonio en su lomo como en un juego, y cuando estuvieron a cierta distancia el rakshasa cogió su propia forma para matar a Balaram, y de repente Balararu le golpeó y lo mató. Mientras esto estaba sucediendo las vacas se habían desparramado y la manada no les podía encontrar a ellos en los bosques; pero Krishna trepó a un árbol *kadamh* y tocó su flauta, e inmediatamente las vacas y niños llegaron corriendo a él, como aguas de un río que llegan al mar.

Krishna acostumbraba tocar su flauta en los bosques; todas las pastoras en Braj, cuando la oían, salían y le buscaban; pero no podían encontrarlo y debían esperar a que viniera otra vez en el atardecer. Entonces se sentaban juntas en el camino y hablaban de la flauta. Una dijo: «Mirad cómo la flauta de bambú es honrada, bebiendo néctar de los labios de Krishna todo el día; resuena como una nube y emana delicia. ¿Por qué es más amada que nosotras? ¡Ésta se ha vuelto una esposa rival frente a nuestros propios ojos! Incluso los dioses atienden cuando Krishna toca su flauta. ¿Qué disciplina había seguido que todas las cosas eran obedientes a ella?» Otra *gopi* respondió: «Primero, cuando crecía en el tallo de bambú, recordaba a Hari; entonces soportó calor, frío y agua; y finalmente, cortada en pedazos, respiró el humo de su propia quema. ¿Quién otro puede soportar tales mortificaciones? La flauta fue hecha perfecta y tiene su recompensa.» Entonces otra mujer de Braj exclamó: «¿Por qué el señor de Braj no hace flautas de nosotras, para que podamos permanecer con él todo el día y la noche?»

Una vez en invierno, cuando estaba frío y helado, las niñas de Braj bajaron juntas a bañarse en el Jamna. Hicieron una imagen de Devi y la adoraban con flores, frutos e incienso, y rezaron: «Oh diosa, asegúranos que Krishna será nuestro señor.» Entonces ayunaron todo el día y se bañaron, y cuando vino la noche durmieron junto al río, con el fin de que Devi les concediera su ruego.

Krishna roba las ropas de las gopis

Otro día ellas fueron a un sitio solitario para bañarse y dejaron todas sus ropas en la orilla, jugaron en el agua y cantaron sus canciones en plegaria a Hari. Pero Shri Krishna estaba sentado cerca, junto a un árbol, mirando sus vacas. Oyendo sus canciones, se acercó muy silenciosamente y miró; entonces vio las ropas y una idea vino a su mente: cogió las ropas y trepó a un árbol *kadamb.* Poco después las *gopis* salieron del agua y no pudieron encontrar sus ropas. Buscaron en todos los sitios para encontrarlas, hasta que una niña alzó la vista y vio a Krishna sentado en un árbol con el bulto de ropas. Vestía una corona y ropas amarillas, tenía un bastón en su mano y tenía una guirnalda de flores. Entonces ella llamó a las otras: «Allí está quien roba nuestros corazones y nuestras ropas, subido en el árbol *kadainb*.» Entonces todas las niñas se avergonzaron y saltaron dentro del agua para ocultarse y se mantuvieron allí pidiendo a Krishna que les diera sus ropas. Pero él no lo haría. «Por Nand», dijo, «debéis salir y cogerlas.»

Las niñas de Braj no estaban muy contentas con esto y dijeron: «Es un bonito pedido este que tú haces; pero nosotras iremos y se lo contaremos a nuestros padres y amigos, a Nand y a Yasoda, y ellos te castigarán. Tú eres quien debería proteger el honor de nuestros maridos. Es por tu bien que nosotras nos estamos bañando y manteniendo nuestras promesas.»

Entonces Krishna contestó: «Si estáis real y verdaderamente tomando baños por mi bien, entonces abandonad vuestra vergüenza y coged vuestras ropas.» Las *gopis* se dijeron a sí mismas: «Nosotras debemos respetar s o l o lo que dice Hari; él conoce todo nuestro cuerpo y mente. ¿Qué vergüenza hay en eso?» Y ellas salieron del agua con sus miradas hacia abajo.

Pero Krishna se rió y dijo: «Ahora con manos unidas venid y coged vuestras ropas.» Las *gopis* contestaron: «Querido de Nand, ¿por qué nos engañas? Somos simples niñas de Braj». Pero ellas juntaron sus manos y Krishna les dio sus ropas.

Entonces las *gopis* se fueron a casa, y Krishna las siguió con los pastores y vacas. Pero mientras iba miraba una y otra vez todo alrededor en el espeso bosque, y comenzó a contar la gloria de los árboles. «Mirad», dijo, «estos que han venido al mundo, qué cargas soportan y qué protección dan a otros. Es bueno que esta amable gente esté aquí.»

Krishna levanta una montaña

La gente de Braj estaba acostumbrada a adorar a Indra, rey del cielo y señor de la lluvia. Una vez, cuando hacían una ofrenda a Indra, Krishna vino y les persuadió a abandonar sus rezos. «Indra no es una deidad suprema», dijo; «aunque él es dios en el cielo, teme a los asuras. Y la lluvia por la que pedís, y la prosperidad, dependen del Sol, que evapora las aguas y las hace caer otra vez. ¿Qué puede hacer hidra? Lo que la virtud y el destino determinan, eso solo sucede.» Entonces Krishna les enseñó a adorar a los bosques, arroyos y colinas, y especialmente a la montaña Govardhan. Y ellos traían ofrendas de flores, frutos y carnes dulces para la montaña, y cuando Nand y Yasoda se pararon frente a la montaña, con las mentes puestas en ella, Krishna adoptó una segunda forma, como la de un dios de la montaña, y recibió las ofrendas. Mientras tanto en su propia forma él permanecía junto a Nand y adoraba al rey de la montaña. Esa montaña recibió ofrendas y las comió, de modo que toda la gente de Braj estaba contenta.

Pero hidra estaba enormemente enfurecido por la pérdida de su honor y obsequios; envió a buscar al rey de las Nubes, y ordenó llover sobre Braj y Govardhan hasta que ambas hubieran desaparecido. Así un ejército de nubes rodeó el distrito de Braj y comenzaron a dejar caer cortinas de agua, de tal forma que pareció que había llegado el fin del mundo. Entonces todo el pueblo de Braj, con Nand y Yasoda, fueron hasta Krishna y le dijeron: «Tú nos persuadiste de que abandonáramos la adoración a hidra; ahora trae a la montaña aquí para protegernos.» Así Krishna llenó a Govardhan con el ardiente calor de su energía y la alzó sobre su dedo pequeño, y toda la gente de Braj, con las vacas, se refugiaron bajo la montaña, mirando a Krishna con absoluto asombro. Mientras tanto la lluvia que caía sobre la montaña silbó y se evaporó, y aunque llovieron torrentes de agua durante siete días, ni una gota cayó sobre Braj. Entonces hidra dio por terminado el conflicto, dado que sabía que nadie sino una encarnación del Hombre Primordial podía haberse resistido a él así. Al día siguiente cuando Krishna y Balaram salieron a pastar el ganado, con música de flauta y canciones, Indra bajó desde el cielo sobre su elefante Airavata y cayó a los pies de Krishna expresándole sumisión.

La danza del amor

Cuando Krishna había robado las ropas de las *gopis* hizo la promesa de bailar con ellas en el mes de Karttik, y ellas habían estado desde entonces esperando ansiosamente el momento acordado. Al final el otoño llegó, cuando el calor, el frío y la lluvia habían terminado y todo el territorio estaba lleno de encanto; y Krishna salió en una noche de Luna llena en Karttik. Un aire suave soplaba, las estrellas estaban brillantes y claras, y todos los bosques y praderas estaban bañados por la luz de la Luna; entonces Krishna decidió cumplir su promesa y fue hacia el bosque tocando su flauta. Las niñas de Braj estaban agitadas y perturbadas por el sonido de la flauta, llamándolas fuera de sus hogares, hasta que al final, dejando a un lado su deber hacia la familia, abandonaron su vergüenza, dejaron sus obligaciones en el hogar, se cubrieron a sí mismas rápidamente y corrieron hacia Krishna. Una fue detenida al irse por su marido y traída otra vez a casa y atada; pero ella tenía su mente solo puesta en Hari, y entonces dejó su cuerpo y llegó hasta él antes que las otras, y Krishna, debido a su amor, le dio completa salvación.

Ella no pensaba que Krishna era Dios cuando murió por su amor; era como un hombre a quien ella deseaba. ¿Cómo, entonces, pudo ella recibir la salvación? Si uno bebe el agua de la vida inconscientemente, recibe la inmortalidad; justamente así es el fruto de la adoración a Hari. Había allí muchos que ganaban la salvación a través de él, tan diversa como era su devoción hacia él. Nand y Yasoda lo consideraban su hijo; las *gopis* pensaban en él como su amante; Kans lo honraba por temor; los Pandavas lo consideraban un amigo; Shishupal le honraba como a un enemigo; los yaduvamsis pensaban que era uno de ellos mismos; los yoguis y rishis lo consideraban un dios; pero todos ellos alcanzaban la salvación de la misma forma. ¿Qué iba a suceder, entonces, si una pastora, uniendo su corazón al suyo, alcanzaba la orilla más lejana de la existencia?

Al final las *gopis,* siguiendo el sonido de la flauta, llegaron hasta Krishna en la espesura del bosque y se detuvieron a mirar su hermosura, pasmadas y avergonzadas. Entonces Krishna preguntó por su bienestar y las culpó por dejar a sus esposos; dijo: «Así es, habéis visto el espeso bosque, la plateada Luna, la belleza de las orillas del Jamna; así ahora iros a casa con vuestros maridos.» Todas las *gopis,* cuando oyeron esas crueles palabras, se hundieron en un ilimitado océano de pensamientos y las lágrimas cayeron de sus ojos como un collar de perlas roto. Finalmente, encontraron palabras para reprocharle. «Oh Krishna», dijeron, «eres un gran engañador. Nos llevas con tu flauta y robas nuestro corazón, mentes y riqueza, y ahora tú eres frío y poco amable y pondrías fin a nuestras vidas. Hemos abandonado clan, familia y marido, y despreciado el reproche del mundo; ahora no hay nadie que nos proteja sino tú, oh señor de Braj. ¿Adónde iremos para formar nuestro hogar, dado que estamos envueltas de amor hacia ti?»

Entonces Shri Krishna sonrió y les pidió que se acercaran y que bailaran con él, y las hizo gozar. Entonces con su habilidad hizo una terraza dorada en un círculo en la orilla del Jamna, y fue plantado todo alrededor con árboles de llantén con guirnaldas y coronas de todo tipo de flores colgando. Entonces las *gopis* fueron a una charca llamada Manasarowar, se vistieron de la cabeza a los pies, engalanándose con ropas y joyas. Trajeron laúdes y címbalos y comenzaron a tocar y cantar y bailar, mientras Govinda se paró entre ellas como una Luna en un cielo estrellado. Entonces todos juntos dejaron de lado inhibiciones y vergüenza y fueron embriagados de amor, pensando en Krishna como completamente suyo.

Pero él vio su orgullo y las dejó solas; solo cogió a Radha con él y se esfumó. Entonces todas las *gopis* se asustaron y entristecieron, comenzaron a preguntarse unas a otras si Krishna se había marchado, y comenzaron a buscarlo aquí y allá, gritando fuerte: «¿Por qué nos has dejado, oh señor de Braj, tú a quien hemos entregado todo?» Al final comenzaron a preguntas a los árboles, a los pájaros y a las bestias, y a los gomeros, al cuco y al ciervo: «¿Se ha marchado el querido de Nand aquí o allí?» Al final encontraron las huellas de sus pies de loto y junto a él las huellas de una mujer; y entonces llegaron a una cama de hojas junto a un espejo con joyas. Preguntaron al espejo dónde se había marchado y, dado que no hubo respuesta, la pena de la separación las abatió a todas. Así por su parte las *gopis* estaban buscando lastimosamente a Krishna; pero Radha estaba llena de deleite y se figuró que ella era la mejor de todas, creciendo tanto en su orgullo que le pidió a Shri Krishna que la llevara sobre sus hombros. Pero justo en el momento que ella había subido él se desvaneció, y se quedó allí sola con las manos estiradas, como un rayo de luna sin luna o un rayo sin nubes; tan hermosa estaba que su brillo fluía sobre el suelo y le hacía brillar como el oro. Se quedó allí y lloró, y todos los pájaros, bestias, árboles y enredaderas lloraron con ella.

Las *gopis* la encontraron allí parada, y estaban tan contentas de encontrarla como estaría cualquiera que hubiera perdido un gran tesoro y hubiese encontrado la mitad. La abrazaron una y otra vez, y entonces entraron al bosque con ella para buscar a Krishna. Siguieron mientras hubo algún rayo de Luna; pero cuando no pudieron encontrar ninguna senda en la oscuridad del bosque, tuvieron que volver. Se sentaron en la orilla del Jamna, y hablaron de Krishna y le gritaron hasta que estuvieron débiles y cansadas; pero él no apareció.

Ahora cuando Krishna vio que las *gopis* estaban muriendo de amor apareció otra vez entre ellas, de modo que todas se levantaron del océano de soledad y estaban contentas, dado que él les dijo: «Esto lo he hecho para probaros. ¿Cómo os puedo ahora compensar suficientemente? Dado que, como una *vairagi* dejando su hogar y dando su corazón a Dios, vosotras habéis venido a mí.» Entonces Krishna tocó y bailó con las *gopis.* Hizo una aparición múltiple y bailó con ellas en un anillo, de tal forma que todas creían que el mismo Krishna estaba a su lado y cogiendo sus manos; así giraban alrededor de un circulo, Krishna y las hermosas niñas de Braj, como un collar dorado y con zafiros. Entonces algunas de ellas tocaron sus laúdes y cantaron de muchas formas; tan ensimismadas estaban que se olvidaron tanto del cuerpo como de la mente. Cuando una de ellas dejó de hacer sonar su flauta con sus manos y cantó las notas de la flauta ella misma, entonces Krishna se olvidó de todo, como un niño que ve su cara en un espejo y se olvida de todo por su encanto. Así pasaron el tiempo, y hasta los dioses bajaron del cielo para contemplar la danza, y el viento y el agua se aquietaron para escuchar. Pero cuando faltaba poco para terminar la noche Krishna dijo que era hora de que las *gopis* volvieran a sus hogares, y para consolarlas les dijo: «Meditad siempre acerca de mí, como lo hacen los yoguis, y yo podré estar siempre cerca de vosotros.» Así fueron satisfechas y volvieron a sus hogares, y nadie supo que ellas habían estado en otra parte.

El viaje a Mathura

Cuando todos los planes de matar a Krishna habían fallado Kans decidió convencerle con engaños para ir a Mathura. Envió un mensajero a Nand para invitar a las manadas de vacas, con Krishna y Balaram, a un sacrificio de Shiva y a deportes y festividades que tendrían lugar en Mathura. Esta invitación fue aceptada, y todos los pobladores de Braj, con sus rebaños, manadas y carros, partieron para la ciudad; s o l o las pastoras, llorando, se quedaron con Yasoda, tratando de alcanzar la última mirada de Krishna rogándole que volviera pronto.

Los pobladores de Braj, cuando llegaron a Mathura, enviaron ofrendas a Kans e hicieron su acampada fuera de la ciudad. Krishna y Balaram entraron para ver las maravillas del pueblo, con sus grandes murallas y palacios, jardines y arboledas. En su camino encontraron a un lavandero y le pidieron hermosas ropas, y cuando éste se rió y se negó ellos lo cogieron por la fuerza y se divirtieron con él. Poco después encontraron una mujer jorobada, quien pidió a Krishna que la dejara frotar pasta de sándalo sobre su cuerpo, y él, al ver su profunda devoción, fue hasta ella, poniendo pie sobre pie, y con dos dedos bajo su mentón la levantó y la hizo erguida y hermosa, y dijo: «Cuando haya matado a Kans vendré y estaré contigo.»

El torneo en Mathura

Al poco tiempo los hermanos llegaron a la palestra donde el arco de Shiva había sido instalado, inmenso como tres palmeras, grande y pesado; Krishna fue hasta el arco y tiró de él y lo partió en dos con un gran ruido. Cuando Kans oyó esto, se aterrorizó y vio a la muerte aproximarse, por lo que envió hombres para matar a los hermanos. Pero ellos mataron a todos los soldados que Kans envió en su contra; volvieron al campamento de los pastores y dijeron que habían visto la ciudad y habían tenido un buen comportamiento en los deportes, así que estaban cansados y hambrientos; entonces Nand les dio comida y se fueron a dormir. Pero Kans tuvo sueños malvados, y cuando despertó dio órdenes para que se preparara la palestra para el torneo y sonaron las trompetas convocando a la reunión. Krishna y Balaram fueron al torneo disfrazados como malabaristas, y todos los vaqueros les siguieron. Cuando llegaron a la puerta de la palestra había un furioso elefante, tan fuerte como diez mil elefantes comunes, esperando; y quien montaba este elefante lo dirigió hacia Krishna para que lo atropellara; pero Balaram le dio tal golpe con su puño que éste se dio la vuelta, y cuando otra vez fue guiado hacia ellos los dos hermanos lo mataron fácilmente. Entonces entraron a la palestra, y ante cada uno de los presentes Krishna aparecía con la naturaleza que ellos mismos tenían: a los luchadores parecía un luchador, los dioses lo veían como a su señor, los pastores como a un amigo, las mujeres de Mathura pensaron que era un tesoro de belleza, y Kans y los rakshasas pensaron que era la misma muerte.

Pronto Krishna había luchado con todos los luchadores del rey y matado a los más fuertes; entonces saltó sobre el estrado real y arrastró al rey del cabello y lo mató allí en ese mismo momento, de modo que los hombres, los dioses y los santos estaban encantados. Cuando las mujeres del rey se enteraron de esto se acercaron y gimieron sobre él desconsoladamente, hasta que Krishna las consoló con profunda sabiduría. «Oh madre, no te entristezcas», dijo; «nadie vive sin morir. Está equivocado el que piensa que todo es suyo. Nadie es padre ni madre o hijo; solo existe la continua sucesión de nacimiento y muerte.» Entonces se hicieron los ritos funerarios de Kans junto a la orilla del Jamna, y Krishna mismo encendió la pira. Después Krishna y Balaram fueron adonde se encontraban Vasudeva y Devaki y los liberaron; y ellos, viendo su forma, supieron que él era un dios, hasta que él otra vez escondió su cabeza de dios, de modo que ellos pensaron que era su hijo, y abrazaron alegremente a los dos hermanos. Entonces Krishna estableció a su abuelo Ugrasena en el trono y, pidiendo a Nand que volviera a Brindaban, Krishna se quedó a vivir con sus amigos en Mathura. Las jóvenes de Braj estaban siempre llorando por Krishna, porque no volvió a Brindaban; pero él envió un mensajero diciendo: «No renunciéis a la esperanza del deleite y practicad solo devoción: yo nunca estaré ausente para vosotras.» Poco las consolaba este mensaje cuando pensaban en su flauta y en la danza, dado que ellas pensaban que sus pensamientos y promesas y privaciones eran más adecuadas a viudas que a corazones devotos, y pensaron que la razón para que él se quedara en Mathura era que mujeres más bellas habían conquistado su amor, o que prefería la vida en la corte a vivir con rebaños o vaqueros. Y enviaron un mensaje diciendo: «Oh señor, has hablado de unión espiritual, cuando todo el tiempo hay desunión entre nosotros; pero deberías volver a nosotras que estamos muriendo de amor y así salvar nuestras vidas.» Sin embargo, no hizo caso, dado que lo que ya ha sido no puede ser otra vez como ha sido.

Por esa época llegaron noticias de los Kurus y los Pandavas, cómo los últimos eran seriamente oprimidos, y Krishna envió mensajeros para conseguir noticias del asunto; el mensajero fue a Hastinapura y volvió con la historia.

La migración a Dwaraka

Mientras un rakshasa llamado Jurasindhu, suegro de Kans, invadió Mathura con un inmenso ejército, y, aunque Krishna destruyó su ejército de demonios, otro asura, de nombre Kalayavan, cercó Mathura con otro ejército de treinta millones de monstruosas fieras. Entonces Krishna pensó que era mejor partir; convocó a Vishvakarma y lo tentó para construir una gran ciudad en el medio del mar, de doce leguas de extensión, y a llevar a todos los yaduvamsis allí sin que se dieran cuenta de ello. Entonces Vishvakarma los transportó a todos a la ciudad del mar, y cuando se despertaron se maravillaron de cómo el mar había rodeado a Mathura, dado que no sabían realmente qué había sucedido.

Entonces, dejando a la gente en Dwaraka, Krishna volvió a Mathura y mató a Kalayavan, y Jurasindhu lo persiguió, pero él escapó y volvió secretamente con Balaram a Dwaraka, mientras Jurasindhu poseía la ciudad de Mathura.

En ese momento nació en Kundaipur una hija del rajá Bhishmak, y ella era muy hermosa y tierna. Cuando Krishna oyó esto su corazón estaba pensando en ella día y noche. Ella también oyó de Krishna de esta forma: habían llegado a Kundaipur algunos yoguis errantes, que cantaban alabanzas y elevadas acciones de él, y ellos también fueron a la corte y recitaron sus historias, que Rukmini oyó mientras estaba sentada en su alto balcón, de modo que el vino del amor brotó en su pecho. Luego de eso, día y noche ella no pensaba en otra cosa sino en Krishna; durmiendo o despertando, comiendo o jugando, su mente estaba en él. Ella hizo una imagen de Gauri, y le rogó que le diera al señor de los Yadus por esposo. Para entonces Rukmini estaba en edad de casarse, y su padre y hermanos buscaban un novio. El hermano mayor, Rukma, sugirió a Shishupala, rey de Chanderi; pero el viejo rey estaba a favor de desposarla con Shri Krishna. Pero los hermanos se rieron y le llamaron pastor, y eligieron a Shishupala, a quien enviaron el obsequio nupcial, y se fijó un día para la boda. Toda la gente de la ciudad estaba muy triste, dado que ellos hubiesen preferido que Rukmini se casara con Shri Krishna. A Rukmini le dijeron que era lo que se había dispuesto, pero ella respondió: «El Señor del Mundo es mío, en pensamiento, palabra y acción.» Entonces escribió una carta a Krishna y envió un brahmán a Dwaraka. Ésta era la carta: «Tú eres un buscador de corazones y conoces mis pensamientos de todo. ¿Qué debo decir? Tú eres mi refugio; mi honor está en tus manos. Actúa para cuidarlo y ven y revélate a tu sirviente.» Cuando Shri Krishna recibió esta nota partió inmediatamente para Kundaipur. Shishupala estaba ya allí y la boda no se había celebrado aún. Krishna, sin embargo, consiguió coger a Rukmini y llevársela en su carro, seguido de Balaram y todo su ejército. Shishupala les persiguió con Jurasindhu, pero Krishna los rechazó y venció, y ató a Rukma y llevó a su novia a su hogar: su hijo fue Pradyumna, un renacimiento de Kamadev. El hijo de Pradyumna fue Aniruddha, un renacimiento de Satrughna; él se casó con Charumati, aunque su alianza no fue suficiente para mantener los feudos de la familia, y su abuelo Rukma fue muerto por Balaram. Luego Aniruddha también se casó con Usha, hija de Vanasur; Krishna emprendió la guerra contra Vanasur para rescatar a su nieto, a quien Vanasur había encarcelado. En esta guerra Shiva luchó del lado de Vanasur, pero éste fue vencido y se sometió a Krishna; entonces Krishna le dio la bienvenida con estas palabras: «Shiva-ji, no hay diferencia entre tú y yo, y cualquiera que crea que somos distintos cae en el infierno y no es salvado; en cambio, aquellos que piensan en ti también lo hacen en mí.»

Krishna se casó con Mitrabinda, Satibhama y otras, ganando a cada una con grandes acciones; y en otro momento cuando un demonio llamado Bhaumasur se llevó y ocultó muchos miles de princesas, Krishna lo persiguió y lo mató, y recibió a éstas también en su casa. Cada una de sus hijas tuvo diez hijos y una hija, todos con color gris nuboso y con cara de luna y ojos de loto, y vistiendo en amarillo y azul. Las gentes de Dwaraka eran conocidas como los vrishnis.

Krishna se casa con Kalindi

Mientras Krishna gobernaba en Dwaraka, Duryodhana oprimía a los Pandavas en Hastinapura y buscaba producir su muerte. Krishna y Balarama fueron a ayudarlos, y fue cuando Krishna fue huésped de los Pandavas y se casó con Kalindi, hija del Sol.

Balaram se casó con Rewati, hija del rajá Rewat de Arnta. Una vez Balaram visitó Braj y relató las acciones de Han contra Nand y Yasoda, y deleitó a las *gopis* con baile y música. El hijo de Krishna, Sambu, quiso casarse con Lakshmana, hija de Duryodhana; pero fue cogido y hecho prisionero hasta que Balaram fue a rescatarlo y llegó a arrastrar a la ciudad de Hastinapura hasta la orilla del Ganges antes que alguien pudiera persuadirle de salvar a la gente. Finalmente se llevó a Sambu a salvo con su esposa a Dwaraka.

Cierta vez Narada visitó a Krishna en Dwaraka para ver cómo vivía éste como cabeza de familia con todas sus miles de esposas. Fue a su vez al palacio de Rukmini, Satibhama, Mitrabinda y otras, y en cada uno encontró a Krishna, y se maravilló ante el poder de su *yoga-moya*, la mágica ilusión de manifestación. Otra vez Narada vino e invitó a Krishna a un gran sacrificio celebrado en su honor por los Pandavas. En esta gloriosa ceremonia Shishupala estaba presente, y fue muerto por Krishna

La elección de Hiranyakashipu

También se contó cómo Rama venció a Rayana en la batalla para recobrar a Sita. Este Shishupala y este Rayana estaban estrechamente ligados con Hiranyakashipu, un malvado rey Daitya, quien fomentó un odio implacable hacia Visnú. Él encontró la muerte cuando estaba blasfemando contra Dios. Visnú mismo saltó desde un pilar de su palacio en la forma de un hombre-león (Narasimha) y lo destrozó en pedazos. Se dice que había sido alguna vez de alto rango en el cielo de Visnú, pero había cometido un gran fallo, y dándosele a elegir entre la expiación mediante tres nacimientos en la Tierra como enemigo de Visnú, o siete nacimientos como su amigo, eligió el primero por conseguir un más rápido regreso.

Debe notarse que Rayana antes de la batalla en un breve momento de recuerdo admite la divinidad de Rama, y dice: «Seré muerto por él, y por ello he cogido a la hija de Janaka. No es por pasión o enojo por lo que yo la retengo. Deseo ser muerto, para volver a aquel, el más elevado hogar, de Visnú.» De Shishupala se dice que odiaba a Visnú en su encarnación como Krishna como a ninguna otra criatura, y por esa razón encontró la muerte a sus manos: «Pero, así como su mente estaba siempre concentrada en el Señor, aunque debido al odio que le tenía, Shishupala estuvo unido a él luego de la muerte, dado que el Señor confiere un puesto celestial y eminente a aquellos que mata, aun haciéndolo en cólera.»

El fin de Krishna

Luego de esto Krishna fue otra vez a unirse a los Pandavas y permaneció con ellos durante la Gran Guerra como auriga de Arjuna. En el campo de Kurukshetra, pronunció el *Bhagavad Gita*. Estuvo presente en la muerte de Bhishma, y después de la muerte de Duryodhana recibió la maldición de su madre. Ella lamentaba la muerte de su hijo y de su amigo y enemigo; entonces reconociendo a Han como «El Que Más Mueve», «El Que Está Detrás de Todo», lo maldijo por haber dejado que las cosas sucedieran de ese modo. Ésta fue su maldición: que luego de treinta y seis años Krishna debía perecer solo y miserablemente, y esta gente, los vrishnis, deberían ser destruidos.

Estas cosas, a su debido tiempo, sucedieron. Una locura cogió a la gente de Dwaraka de tal modo que cayeron unos sobre otros y fueron muertos, junto con todos los hijos y nietos de Krishna. solo las mujeres de Krishna y Balarama permanecieron vivas. Entonces Balarama fue al bosque, y Krishna primero envió un mensajero a la ciudad de los Kurus, para poner la ciudad y mujeres de Dwaraka bajo la protección de los Pandavas, y luego se deshicieron de su padre; luego él mismo buscó el bosque, donde le esperaba Balaram. Krishna descubrió a su hermano sentado bajo un poderoso árbol en los márgenes del bosque; estaba sentado como un yogui, y mirando vio cómo salía de su boca una poderosa serpiente, la naga Ananta de mil cabezas, y se deslizó lejos hasta el océano. El mismo océano y los ríos sagrados y muchos nagas divinos vinieron a recibirlo. Así Krishna vio partir a su hermano del mundo humano, y deambuló solo por el bosque. Él, que estaba lleno de energía, se sentó en el suelo desnudo y pensó en la maldición de Gandhani y todo lo que había sucedido, y supo que el momento había llegado para su propia partida. Controló sus sentidos con el yoga y se tumbó. Entonces vino un cazador por ese camino y, pensando que era un ciervo, soltó una flecha y atravesó su pie; pero cuando llegó cerca el cazador vio a un hombre vestido con ropas amarillas practicando yoga. Pensando que él mismo había sido un infractor; tocó sus pies. Entonces Krishna lo levantó y lo consoló, y él mismo ascendió al cielo, llenando todo el cielo de gloria; pasando a través del paraíso de Indra, fue a su propio sitio.

Arjuna fue a Dwaraka y se llevó a las mujeres e hijos de los vrishnis, y partió para Kurukshetra. En el camino una cuadrilla de guerreros les atacó y se llevó a gran parte de las mujeres. Arjuna estableció a las otras con el resto de los descendientes de Krishna en nuevas ciudades; pero Rukmini y muchas otras de las mujeres de Krishna se convirtieron en Sati, quemándose a sí mismas en una pira, y otras se hicieron ascetas y monjas. Las aguas del océano avanzaron y arrasaron Dwaraka de modo que no quedó rastro.

Capítulo V

Buda

La historia de Buda, puede decirse, no es un mito. Es verdad que es posible desenredar de la leyenda de Buda, como de la historia de Cristo, un núcleo de hechos históricos. Para hacer esto, y para claramente exponer su propia enseñanza, ha habido un gran esfuerzo de erudición oriental durante el último medio siglo. Aquí, sin embargo, nos referiremos a la totalidad de la historia mítica de Buda como es relatada en varios trabajos que no son, estrictamente hablando, históricos, pero tienen verdadero y distintivo valor propio tanto espiritual como literario. Pero antes de proceder a dar a conocer el mito de Buda, será útil resumir brevemente su núcleo histórico tanto como podemos determinarlo, y hacer cierto relato de las doctrinas de Buda.

La vida de Buda

Hacia el siglo V antes de Cristo los invasores arios de la India habían ya avanzado más allá del Punjab, bien dentro de las planicies, y se establecieron en pueblos y pequeños reinos a lo largo del Ganges. s o l o una de las tribus arias, los shakyas, se estableció en Kapilavastu, unas cien millas al nordeste de la ciudad de Benarés y treinta o cuarenta millas al sur del Himalaya. Estos eran agricultores, cuya supervivencia dependía principalmente del arroz y el ganado. El rajá de los shakyas era Suddhodana, quien se casó con dos hijas del rajá de una tribu vecina, los koliyans. Ninguna tuvo hijos hasta que a los cuarenta y cinco años (cerca del 563 a.C.) la mayor fue madre de un niño, muriendo ella misma siete días después. El nombre de familia del niño era Gautama, y posteriormente se le dio el nombre de Siddhartha. Gautama se casó tempranamente con su prima Yashodhara, la hija del rajá de Koli, y vivió felizmente con ella, libre de preocupaciones por el cuidado o la necesidad. En su vigésimo noveno año, como resultado de cuatro visiones —de edad, de enfermedad, de muerte y, finalmente, de un retiro digno— o de alguna otra forma más normal, el problema del sufrimiento se expuso ante él repentina e impresionantemente. Embargado por la sensación de que toda felicidad era en realidad insegura, y con pena por los sufrimientos de los otros, sintió un creciente desasosiego e insatisfacción con la vanidad de la vida; y cuando, diez años después de su matrimonio, nació de él un hijo, s o l o sintió que había una atadura más que romper antes de que pudiera dejar su protegido mundo para buscar una solución a los profundos problemas de la vida y un camino para escapar del sufrimiento que parecía inevitablemente asociado con ella.

La misma noche, cuando todos dormían, dejó el palacio, cogiendo s o l o su caballo y atendido s o l o por su cochero, Channa. Hubiera querido coger a su hijo en brazos por última vez, pero, encontrándolo dormido con Yashodhara, temió despertar a su madre, y entonces se marchó para siempre de todo lo que más había amado para convertirse en un vagabundo sin hogar. ¡Realmente, es el peligro y la privación, y no la seguridad y la felicidad, lo que resulta para el hombre un aliciente para las acciones!

Gautama se unió por turno a varios brahmanes ermitaños en Rajagriha en las colinas de Vindhyan; luego, insatisfecho con sus enseñanzas, se esforzó haciendo penitencias solitarias en el bosque, siguiendo los modos de los ascetas brahmanes, para alcanzar poder sobrehumano y comprensión de las cosas. Pero después de soportar las más severas privaciones y practicar automortificación durante un largo período, no se encontró a sí mismo más cerca de la iluminación, aunque adquirió gran reputación como santo. Entonces abandonó esa vida y otra vez comenzó a tomar comida regularmente; sacrificó su reputación y sus discípulos le abandonaron.

La tentación

En este tiempo de soledad y fracaso llegó a él la gran tentación, simbólicamente descrita como presentada a él por Mara, el malvado, en la forma de tentación material y asalto. No derrotado, sin embargo, Gautama vagó por las orillas del río Nairanjara y se sentó bajo un gomero, donde recibió una simple comida de las manos de Sujata, hija de un poblador vecino, quien al principio lo confundió con una deidad de la selva. Durante el día estuvo sentado allí, todavía invadido por la duda y la tentación de volver a su casa. Pero al avanzar el día su mente se aclaraba más y más, y finalmente sus dudas se desvanecieron, y llegó a él una gran paz mientras el significado de todas las cosas se hizo aparente. Así pasó el día y la noche hasta que hacia el amanecer llegó el perfecto conocimiento: Gautama se convirtió en Buda, el iluminado.

Con perfecta iluminación vino hacia Buda una sensación de gran aislamiento; ahora ¿podía ser posible compartir su sabiduría con hombres menos sabios, menos ardientes que él? ¿Era posible que pudiera persuadir a alguien de la verdad de la doctrina de autosalvación a través del dominio de sí mismo y con amor, sin ninguna dependencia sobre tales rituales o teologías como aquellas en las que el hombre se apoya en todas partes y tiempos? Ese aislamiento llega a todos los grandes líderes; pero el amor y la piedad por la humanidad decidió a Buda, ante todos los peligros de malentendido o fracaso, a predicar toda la verdad que había visto.

Buda de acuerdo con esto se dirigió a Benarés para «poner en marcha la rueda de la ley»; esto es, poner a rodar la rueda del carro de un imperio universal de verdad y rectitud. Se estableció en el «Parque del Ciervo» cerca de Benarés y, aunque su doctrina al principio no fue bien recibida, no tardó mucho en ser recibida por sus antiguos discípulos y por muchos otros. Algunos se hicieron sus seguidores personales; otros se convirtieron en discípulos laicos sin dejar su vida hogareña. Entre los que aceptaron sus enseñanzas estuvieron su padre y madre, su esposa e hijo. Después de un ministerio que duró cuarenta y cinco años, durante el cual predicó la nueva doctrina en Kapilavastu y los estados vecinos, y estableció una orden de monjes budistas, y también, aunque a disgusto, una orden de religiosas, Buda falleció o entró en Nirvana (cerca del 483 a.C.) rodeado de sus afligidos discípulos.

Las enseñanzas de Buda

Si sabemos comparativamente poco de la vida de Buda, tenemos, por otra parte, un confiable conocimiento de sus enseñanzas. Las concepciones de la personalidad del mismo Buda realmente han cambiado, pero la sustancia de sus enseñanzas se ha preservado intacta desde aproximadamente el 250 a.C, y hay una razón para creer que los trabajos aceptados formalmente como canónicos incluyen la parte esencial de su doctrina.

Es necesario, en primer lugar, darse cuenta que, aunque un reformador, y tal vez desde el punto de vista de un sacerdote un hereje —si tal palabra puede usarse en conexión con un sistema que permite absoluta libertad de especulación—, Buda nació y fue criado y murió como un hindú. Comparativamente poco era original en su sistema, ya sea de doctrina o ética, o calculado para privarlo del apoyo y simpatía de los mejores entre los brahmanes, muchos de los cuales se convirtieron en sus discípulos. El éxito de su sistema fue debido a varias causas: la hermosa personalidad y dulce sensatez del mismo hombre, su coraje y constante insistencia sobre unos pocos principios fundamentales, y la forma en que hizo que su enseñanza fuera accesible a todos sin distinción de aristocracia de nacimiento o intelecto.

La idea de la no permanencia, de la inevitable conexión entre el dolor y la vida, y de la vida con el deseo, la doctrina del renacimiento, del *karma* (todo hombre debe cosechar lo que él mismo siembra) y una compleja y formal psicología —todo esto pertenece a la atmósfera intelectual del propio tiempo de Buda—. En lo que difería más profundamente con los brahmanes era en la negación del alma, de una entidad duradera en el hombre separada de sus asociaciones temporales produciendo la ilusión de una persona, el *ego.*

Esta diferencia es más aparente que real, y encontramos en tiempos posteriores que se volvió casi imposible distinguir entre el budista «vacío» y el brahmán «mismo». Como característica distintiva de cada uno está la misma ausencia de características; cada una es otra que Ser y otra que no-Ser. Incluso la palabra «Nirvana» es común al budismo y al hinduismo, y la controversia se desplaza a si Nirvana es o no es equivalente a la extinción. La pregunta es realmente impropia, dado que el significado de Nirvana no es más que liberarse de las trabas de la individualidad —dado que el espacio encerrado en la vasija terrenal es liberado de su limitación y se convierte en uno con espacio infinito cuando la vasija se rompe—. Si llamamos a este espacio infinito un Vacío o un Lleno es más un asunto de temperamento que de hechos; lo que es importante es darse cuenta de que las aparentes separaciones de cada porción de él son temporales e irreales, y son la causa del dolor.

La herejía del individualismo, entonces, es la gran desilusión que debe abandonar el que se va a proponer ir en busca del camino de la salvación por el budismo. El deseo de mantener esa ilusión, la propia individualidad, es la fuente de todo el dolor y maldad en nuestra experiencia. La idea del alma o individualidad es ilusoria, porque hay, de hecho, no un ser, sino solo un porvenir eterno. Aquellos libres de esas ilusiones pueden entrar en la senda que lleva a la paz de conciencia, a la sabiduría, a Nirvana (liberación). Más brevemente, este pasaje es resumido en el celebrado verso:

Para cesar todo pecado,
Para conseguir la virtud,
Para purificar el propio corazón,
Esa es la religión de los budas.

Las muchas vidas de El Iluminado

Pasemos a otro asunto. Ahora veamos qué leyendas ha tejido la imaginación acerca de esta historia de El Iluminado. Debemos comenzar con su larga vida previa hasta convertirse en un buda, y con su posterior encarnación en muchas formas, hasta que nació como el príncipe Shakya de que hemos hablado.

Cómo Sumedha se convierte en un elegido-buda

Hace unas cien mil edades, un rico, culto y recto brahmán vivía en la gran ciudad de Amara. Un día él se sentó y reflexionó sobre la miseria del renacimiento, ancianidad y enfermedad, exclamando:

¡Hay, debe haber, una evasión!
¡Es imposible que no la haya!
¡Haré la búsqueda y encontraré el camino
Que nos alivie de la existencia!

Consecuentemente se retiró al Himalaya y vivió en una choza de hojas, donde alcanzó gran sabiduría. Mientras estaba en trance nació El-que-Superaba, Dipankara. Sucedió que este buda iba avanzando en su camino cerca de donde vivía Sumedha, y unos hombres estaban preparando una senda para que sus pies pisaran. Sumedha se unió a este trabajo, y cuando el buda llegó se tumbó en el barro, diciéndose a sí mismo:

Puedo evitarle el barro,
Grandes méritos se acumularán para mí.

Mientras estaba allí tumbado la idea vino a su mente: «¿Por qué no me deshago ahora de toda la maldad que hay en mí y entro a Nirvana? Pero no me dejéis hacerlo sólo; mejor dejadme también algún día alcanzar la omnipotencia y transportar a una multitud de seres a salvo hasta la lejana orilla con el barco de la doctrina sobre el océano del renacimiento.»

Dipankara, quien todo lo sabía, se detuvo a su lado y proclamó ante la multitud que en épocas posteriores él debía convertirse en un buda, y nombró su lugar de nacimiento, su familia, sus discípulos y su árbol. Ante esto la gente se alegró; pensando que, si no alcanzaban Nirvana ahora, en otra vida, enseñados por este otro buda, podrían otra vez tener una buena oportunidad para aprender la verdad, dado que la doctrina de todos los budas es la misma. Toda la naturaleza enseñó entonces símbolos y presagios en testimonio del compromiso y la dedicación de Sumedha: cada árbol tenía un fruto, los ríos se quedaron quietos, una lluvia de flores cayó del cielo, los fuegos del infierno se extinguieron. «No te vuelvas», dijo Dipankara. «¡Continúa! ¡Avanza! Con toda seguridad sabemos esto; ¡seguramente serás un buda!» Sumedha estaba decidido entonces a cumplir con las condiciones de un buda: perfección en las almas, en guardar los preceptos, en renunciación, en sabiduría, en coraje, en paciencia, en verdad, en resolución, en buena voluntad y en indiferencia. Comenzando, entonces, a cumplir con las condiciones de la búsqueda, Sumedha volvió al bosque y vivió allí hasta que falleció.

Posteriormente renació en incontables formas: como un hombre, como un deva como un animal, y en todas estas formas se aferró al camino trazado, de modo que se dice que no existe una partícula en la tierra en que Buda no hubiese sacrificado su vida por el bien de las criaturas. La historia de estos renacimientos se da en el libro Jataka, en que se relatan quinientos cincuenta nacimientos. A partir de esto nosotros seleccionaremos unos pocos ejemplos típicos.

El elefante de seis colmillos

Sucedió una vez que el Elegido-Buda nació como hijo de un elefante jefe de una manada de ocho mil elefantes reales, que vivían cerca de un gran lago en el Himalaya. En el medio de este lago había agua clara, y alrededor crecían mantos de nenúfares blancos y de colores, y campos de arroz, calabazas, caña de azúcar y llantén; estaba rodeado de un bosque de bambúes y por un anillo de grandes montañas. En la esquina nordeste del lago crecía un gomero gigante, y en lado oeste había una enorme cueva dorada. En la estación de las lluvias los elefantes vivían en la cueva, y durante la estación cálida merodeaban bajo las ramas del gomero para disfrutar de la sombra fresca. Un día el Elegido-Buda con sus dos esposas fueron a un pequeño bosque de árboles sal, y él golpeó uno de esos árboles con su cabeza de tal modo que una lluvia de hojas secas, ramitas y hormigas rojas cayeron sobre el lado de donde venía el viento, donde estaba su esposa Chullasubhadda, y una lluvia de hojas verdes y flores del otro lado, donde estaba su otra esposa, Mahasubhadda. En otra ocasión un elefante trajo un loto de siete pétalos al Elegido-Buda, y él lo recibió y lo entregó a Mahasubhadda. Por estas cosas Chullasubhadda se ofendió y sintió rencor hacia el Gran Ser. Así un día cuando él había preparado una ofrenda de frutas y flores, y estaba recibiendo a quinientos budas de bajo rango, Chullasubhadda también hizo ofrendas, y les rogó renacer como hija de un rey y convertirse en reina consorte del rey de Benarés, y así tener el poder de hacer que el rey enviara un cazador con una flecha envenenada para herir y matar ese elefante. Entonces ella se murió de pena. En su debido momento sus malvados deseos se cumplieron, y ella se convirtió en la esposa favorita del rey de Benarés, querida y agradable a sus ojos. Ella recordaba sus vidas pasadas, y se dijo a sí misma que ahora se haría traer los colmillos del elefante. Entonces se fue a la cama y fingió estar muy enferma. Cuando el rey oyó esto fue a su habitación y se sentó sobre la cama y le preguntó: «¿Por qué estás muriendo de pena, como una guirnalda de flores marchitas pisoteadas bajo un pie?» Ella contestó: «Es por un inalcanzable deseo.» Ante lo cual él prometió cumplir cualquier cosa que ella deseara. Así ella hizo convocar a todos los cazadores del reino, llegando a ser seis mil, y les dijo que había tenido un sueño de un magnífico elefante blanco de seis colmillos, y que si su deseo por los colmillos no era satisfecho ella moriría. Eligió uno de los cazadores, que era un tosco y no agraciado hombre, para hacer su trabajo, y le enseñó el camino al lago donde el Gran Ser vivía, prometiéndole una recompensa de cinco pueblos cuando recibiera los colmillos. Él se sintió muy temeroso por el desafío, pero finalmente consintió cuando ella le dijo que también había soñado que su deseo era cumplido. Ella le aprovisionó de armas y necesidades para el viaje, dándole un paracaídas de cuero para descender desde las colinas hasta el lago.

Él penetró más y más en la selva del Himalaya, mucho más allá de los sitios frecuentados por los hombres, superando increíbles dificultades, hasta que después de siete años, siete meses y siete días de fatigoso viaje se paró junto al gran gomero donde el Elegido-Buda y bs otros elefantes vivían tan pacífica y confiadamente. Cayó un agujero en el suelo y, poniéndose las ropas amarillas de un ermitaño, se escondió en él, cubriéndolo y dejando solo un pequeño espacio para su flecha. Cuando el Gran Ser pasó le disparó con una flecha envenenada, que lo volvió casi loco de enojo y pena. Y justo cuando iba a matar al malvado cazador notó sus ropas amarillas:

Emblema de santidad, semblante de sacerdote,
Y considerado inviolable por los sabios.

Viendo estas ropas, el elefante herido recobró su autocontrol y preguntó al cazador cuál era la razón por la que lo mataba. El cazador le contó la historia del sueño de la reina de Benarés. El Gran Ser comprendió todo el asunto muy bien y permitió al cazador coger sus colmillos. Pero él era tan grande y el cazador tan torpe, que no los pudo cortar; solo consiguió que el elefante sufriera un dolor insoportable y se llenara su boca de sangre. Entonces el elefante cogió una sierra de su propia trompa y los cortó y se los dio al cazador diciendo: «Los colmillos de la sabiduría son cien veces más preciados por mí que éstos, y con este acto muestro la razón de que tengo infinita omnisciencia.» También le dio al cazador poderes mágicos para volver a Benarés en siete días, y luego murió y fue quemado en una pira por los otros elefantes. El cazador llevó los colmillos a la reina y, evidentemente desaprobando su maldad ahora que él conocía su total significado, anunció que había matado al elefante hacia el que ella sentía rencor por una ofensa frívola. «¿Está muerto?», ella gritó. Dándole los colmillos, el cazador respondió: «Descansa segura de que está muerto.» Cogiendo los hermosos colmillos sobre su regazo, ella observó esas señales de quien habían sido su querido señor en otra vida, y al mirarlos se llenó de pena inconsolable, y su corazón se rompió y murió ese mismo día.

Muchas épocas más tarde nació en Savatthi, y se convirtió en una monja. Un día fue con otras hermanas a oír la doctrina de Buda. Mirándole a él, tan lleno de paz y radiante, recordó en su corazón que había sido una vez su esposa, cuando él había sido señor de una manada de elefantes, y se alegró. Pero también llegó a ella el recuerdo de su maldad —cómo había sido la causa de su muerte solo por un imaginario desaire— y su corazón se encendió, y se puso a llorar y sollozar en voz alta. Entonces el maestro sonrió, y cuando ella le preguntó por qué se reía, él contó la historia, por la cual, muchos hombres siguieron el camino y la hermana misma posteriormente alcanzó la santidad.

El dios árbol

Tiempo atrás, cuando Brahmadatta era rey de Benarés, vino esto a su mente: «En todas partes en la India hay reyes cuyos palacios tienen muchas columnas; ¿qué sucedería si yo construyera un palacio soportado por una sola columna? Entonces yo sería el primero y único rey entre todos los otros.» Reunió a sus artesanos y les ordenó construir un magnífico palacio soportado por un solo pilar. «Será hecho», dijeron, y se marcharon al bosque.

Allí encontraron un árbol alto y recto, apropiado para ser el único pilar de tal palacio. Pero el camino era demasiado difícil y las distancias demasiado grandes para que ellos trajeran el tronco a la ciudad; entonces volvieron al rey y le preguntaron qué hacer. «De una forma u otra», les dijo, «traedlo, y esto sin demora.» Pero ellos contestaron que nadie ni de ninguna forma podía hacerlo. «Entonces», dijo el rey, «debéis elegir un árbol de mi propio parque.»

Allí ellos encontraron un señorial árbol sal, recto y hermoso, adorado igualmente por la ciudad y el pueblo y la familia real. Se lo dijeron al rey, y él les dijo: «Bien, derribad el árbol inmediatamente.» Pero ellos no podían hacerlo sin hacer al dios-árbol que allí vivía las ofrendas de costumbre, y pidiéndole a él mismo que muriera. Entonces hicieron ofrendas de flores y ramas y lámparas encendidas, y dijeron al árbol: «Oh el séptimo día a partir de éste derribaremos el árbol, por orden del rey. ¡Permite que cualquier deva que pueda estar habitando en el árbol parta a cualquier sitio, y que la culpa no caiga sobre nosotros!» El dios que habitaba en el árbol oyó lo que decían, y pensó esto: «Estos artesanos están de acuerdo en derribar mi árbol. Yo mismo moriré cuando mi árbol sea destruido. Y los jóvenes árboles sal junto a mí en los que viven muchos devas de mis parientes y amigos también serán destruidos. Mi propia muerte no me afecta tanto como la destrucción de mis hijos, por ello, dejadme, si es posible, por lo menos salvar sus vidas.» Así a media noche el dios árbol, divinamente radiante, entró en la cámara resplandeciente del rey, iluminando con su gloria toda la habitación. El rey se sobresaltó y tartamudeó: «¿Qué haces tú, tan divino y tan lleno de pena?» El príncipe deva respondió: «Me llaman en tu reino, oh rey, el árbol de la suerte; durante sesenta mil años todos los hombres me han amado y adorado. En muchas casas y en muchos pueblos y muchos palacios, también, ellos nunca me hicieron mal. ¡Honradme vos como ellos lo hicieron, oh rey!» Pero el rey respondió que un árbol así era justamente el que necesitaban para su palacio, un tronco tan fino y alto y recto; y en ese palacio, dijo, «tú durarás mucho tiempo, admirado por todos los que te miren». El dios árbol contestó: «Si debe ser así, entonces tengo un deseo para pediros:

Cortad de mi primero la copa, luego el medio y después la raíz.» El rey protestó que esto era una muerte más penosa que la de ser derribado entero. «Oh señor del bosque», dijo, «¿qué ganas así al ser cortado parte por parte y pieza por pieza?» A lo que el árbol de la suerte respondió: «Hay una buena razón para mi deseo: mis amigos y parientes han crecido a mi alrededor, bajo mi sombra, y yo los aplastaría si caigo entero sobre ellos y sufrirían excesivamente.»

Ante esto el rey se quedó profundamente conmovido, y pensó en las razones nobles del árbol, y, alzando sus manos a modo de saludo, dijo: «Oh árbol de la suerte, señor del bosque, dado que tú salvas a tus parientes, yo te salvaré a ti; así que no temas nada.»

Entonces el dios árbol dio al rey buen consejo y se fue por su camino; y el rey al día siguiente dio generosas limosnas y gobernó hasta que llegó el momento para su partida al mundo celestial.

La silueta de fiebre sobre la Luna

Una vez, cuando Brahmadatta era rey de Benarés, el futuro buda nació como una liebre y vivió en un bosque. Tenía tres amigos: un mono, un chacal y una nutria; todos estos animales eran muy sabios. La liebre acostumbraba predicar a los otros, exhortándolos a dar limosnas y guardar días de ayuno. Uno de esos días de ayuno la liebre y sus amigos estaban buscando comida, como era usual; la nutria encontró un pez, el chacal algo de carne, el mono algunos mangos. Pero la liebre, echada antes de comer su hierba, reflexionó que, si alguien le preguntaba por un obsequio de comida, la hierba no serviría. Como no tenía ni grano ni carne, se decidió a dar su propio cuerpo si alguien le pedía comida.

Mientras cosas maravillosas como ésta sucedían en la Tierra, el trono de Sakra en los cielos se calentaba. Sakra miró hacia abajo para ver qué sucedía, y viendo a la liebre, se decidió a probar su virtud. Tomó la forma de un brahmán, y primero fue a la nutria y le pidió comida. La nutría le ofreció pescado. El chacal y el mono a su turno le ofrecieron carne y fruta. Sakra rechazó todas estas ofertas y dijo que volvería al día siguiente. Entonces fue hasta la liebre, quien estaba contentísima ante la posibilidad de entregarse como limosna. «Brahmán», dijo, «hoy daré limosnas que nunca antes he dado; recoge madera, prepara un fuego y dime cuando esté listo.» Cuando Sakra oyó esto hizo una pila de carbón encendido y dijo a la liebre que estaba todo listo; entonces la liebre, que algún día podía ser buda, vino y saltó dentro del fuego, tan feliz como el flamenco real posándose sobre una cama de nenúfares. Pero el fuego no quemaba, parecía tan frío como el aire sobre las nubes. Inmediatamente preguntó al disfrazado Sakra qué podía significar esto. Sakra respondió que él realmente no era un brahmán, sino que había venido del cielo para poner a prueba la generosidad de la liebre. La liebre respondió: «Sakra, tus esfuerzos fueron desperdiciados; cualquier criatura viviente podría probarme a su turno, y nadie podría encontrar en mí alguna mala disposición.»

Entonces Sakra respondió: «Sabia liebre, deja que tu virtud sea proclamada hasta el fin del ciclo de este mundo.» Entonces cogió una montaña y la retorció, y cogiendo a la liebre bajo su brazo dibujó una silueta de ella sobre la Luna, usando el jugo de la montaña como tinta. Entonces bajó a la liebre sobre una hierba tierna en el bosque y partió a su propio cielo. Por eso ahora hay una liebre dibujada en la Luna.

Santusita

La última encarnación del Elegido-Buda de esta época era como rey Vessantara, respecto a cuya perfección en conceder limosna se relata un largo *Jataka.* Después de reinar muchos años el Elegido- Buda falleció, yendo al cielo de *Tusita,* para esperar su nacimiento final entre los hombres. Debe entenderse que un Elegido-Buda acorta su permanencia en el mundo divino lo más posible entre cada encarnación, aunque sus méritos, por supuesto, le dan derecho a alargar su residencia allí; realmente, él podría haber alcanzado Nirvana en el momento de su primera promesa de futura condición de buda, si no hubiese elegido el continuo renacimiento en este mundo por el bien de todas las criaturas. Pero por estos sacrificios el *Bodhisattva* (Elegido-Buda) tiene algunas compensaciones; en sí mismo el alcanzar la condición de buda es un gran incentivo, una proeza ligada al difícil ascenso de un hombre a la cumbre de un árbol para arrancar su fruto. Nunca un Bodhisattva nace en algún infierno o en alguna condición deformada. Pero sobre todas las cosas, el dolor del constante sacrificio es dominado por la alegría que le da la gran recompensa de alcanzar el poder de iluminar a otros.

Cuando nace en cualquier cielo el Elegido-Buda puede ejercer su peculiar poder de encarnación a su voluntad; así él yace sobre un sillón y «muere» y renace sobre la Tierra en la forma y el sitio que él determina. Antes de esta última encarnación, contrariamente a lo que era su costumbre, se demoró durante mucho tiempo en el cielo de *Tusita*, donde era conocido como Santusita; y cuando al final los devas percibieron que estaba por renacer, se reunieron a su alrededor felicitándolo. Desapareciendo de allí fue concebido en el útero de Mahamaya, esposa de Suddhodana, el rey shakya de Kapilavastu. Su concepción fue milagrosa, teniendo lugar en un sueño. Mahamaya fue trasladada por devas de los cuatro puntos cardinales al Himalaya, y allí bañada y ceremoniosamente purificada por sus cuatro reinas. Entonces Bodhisattva apareció ante ella, como una nube iluminada por una luna, viniendo del Norte, sujetando un loto en su mano, o, como algunos dicen, en la forma de un elefante blanco. Esta aparición circunvaló a la reina tres veces; en ese momento, Santusita, que había seguido el curso del sueño, desapareció de la presencia de los devas y entró en el útero de Mahamaya. En ese momento grandes maravillas tuvieron lugar: las diez mil esferas se excitaron al mismo tiempo, los fuegos del infierno se apagaron, instrumentos de música sonaron sin ser tocados, el fluir de los ríos cesó —como para parar y observar el Bodhisattva— y los árboles y arbustos estallaron en flores, incluso varas de madera seca tuvieron floración de loto. Al día siguiente el sueño de la reina fue interpretado por sesenta y cuatro brahmanes, quienes anunciaron que tendría un hijo que se convertiría en un emperador universal o en un buda supremo. Durante nueve meses Mahamaya fue vigilada por los devas de otros mundos. Mientras tanto su cuerpo era transparente, de modo que el niño podía ser visto claramente, como una imagen encerrada en un estuche de cristal. Al finalizar el décimo mes lunar Mahamaya partió a visitar a sus padres, montando en una litera de oro. En el camino ella paró para descansar en un jardín de árboles sal, llamado Lumbini; y mientras descansaba allí nació Buda, sin dolor ni sufrimiento. El hijo fue recibido por Brahma, y luego por cuatro devas, y de allí por nobles acompañantes de la reina; pero inmediatamente él se puso en el suelo, y allí donde primero tocaron sus pies nació un loto. El mismo día nacieron Yashodhara Devi, quien posteriormente se convirtió en su esposa; el caballo Kantaka, sobre el que huyó de la ciudad cuando se marchó en busca de sabiduría; su cochero, Channa, quien le acompañó en esa ocasión; Manda, su discípulo favorito, y el gomero bajo el cual alcanzó la iluminación.

La vigilancia de Siddhartha

Cinco días después de su nacimiento el joven príncipe fue llamado Siddhartha, y al séptimo día su madre murió. Cuando tenía doce años el rey pidió consejo a sus brahmanes, quienes le informaron que el príncipe se convertiría en un asceta, y que esto sucedería como resultado de ver la ancianidad, la enfermedad, la muerte y a los ermitaños. El rey deseó evitar ese evento diciéndose a sí mismo: «No quiero que mi hijo se convierta en un buda, dado que si lo hace estará expuesto a grandes peligros por los ataques de Mara; dejad mejor que se convierta en un emperador universal.» El rey por ello tomó todas las precauciones para mantenerlo alejado de los «cuatro símbolos», teniendo construidos tres palacios vigilados, donde abundaban todas las delicias y la pena y la muerte no podían ser mencionadas.

El rajá, además, pensó que un modo seguro de atar al príncipe a su rango real sería encontrándole una esposa. Para descubrirle secretamente una esposa que pudiera despertar su amor el rey había hecho un número de espléndidas joyas, y anunció que cierto día el príncipe obsequiaría éstas una a una a nobles damas del territorio. Cuando todos los regalos habían sido conferidos, vino una dama más, cuyo nombre era Yashodhara, hija del ministro Mahanama. Ella preguntó al príncipe si tenía un obsequio para ella, y él, al encontrarse con los ojos de ella, se quitó su propio costoso anillo de sello y se lo dio. El rey había advertido debidamente las miradas intercambiadas, y envió por Mahanama para pedir a su hija en matrimonio para el príncipe. Era, sin embargo, una norma entre los nobles shakya que las más hermosas damas podían ser dadas solo a aquellos que se demostraran victoriosos en ejercicios marciales. «Y yo temo», dijo, «que este príncipe criado con delicadeza puede no ser experto en arquería o lucha.» Sin embargo, un día fue fijado para la prueba, y los nobles jóvenes vinieron con el príncipe para competir por la mano de Yashodhara. Primero hubo una competencia en conocimientos tradicionales de literatura y matemática, y luego en arquería. Cada uno de los nobles jóvenes lo hicieron bien; pero el príncipe, usando un arco sagrado, una reliquia heredada de los tiempos de su abuelo, que nadie más podía tensar, mucho menos disparar, fácilmente les sobrepasó y sobresalió en cabalgar, en destreza con la espada y en lucha. Así, ganó a Yashodhara, y vivió con ella en un hermoso palacio hecho por su padre, aislado de cualquier conocimiento de sufrimiento o muerte. Alrededor del palacio había un gran jardín con una muralla triple, cada muralla con una puerta simple, bien vigilada por muchos soldados.

Mientras tanto los devas reflexionaban que el tiempo estaba pasando, y el Grande no debería demorarse más entre los placeres del palacio, sino que debía avanzar en su misión. Entonces ellos llenaron todo el espacio con un pensamiento: «Ya es tiempo de avanzar», de modo que éste alcanzó la mente del príncipe, y en el mismo momento la música de los cantantes y los gestos de los bailarines asumieron un nuevo significado, pareciendo no transmitir más deleites sensuales, sino de lo efímero e inútil de todo objeto del deseo. Las canciones de los músicos parecían llamar al príncipe a dejar el palacio y ver el mundo; así fue en busca de su cochero y anunció que deseaba visitar la ciudad. Cuando el rajá oyó esto ordenó que la ciudad fuera barrida, embellecida y preparada para la visita del príncipe, y ninguna persona vieja o débil ni tampoco objeto alguno de mal agüero debía dejarse a la vista. Pero todas estas precauciones fueron en vano, dado que un deva apareció ante él cuando avanzaba por las calles, en la forma de un tambaleante y viejo hombre acosado por la enfermedad y la edad, falto de aliento y arrugado. El príncipe preguntó el significado de esta extraña visión, y su cochero le respondió: «Éste es un hombre viejo.» El príncipe preguntó otra vez: «¿Cuál es el significado de esa palabra "viejo"?» El cochero explicó que los poderes del cuerpo del hombre estaban ahora disminuidos a causa de los años, y podía morir en cualquier momento. Entonces el príncipe preguntó otra vez: «¿Es este hombre s o l o uno, o este destino ocurre a todos por igual y debo yo también volverme viejo?» Y cuando fue informado que esto era así, ya no vería nada más ese día, sino que regresaría al palacio para reflexionar sobre tan extraña cosa y pararse a pensar si no había forma de escapar.

Otro día el príncipe volvió a salir, y de la misma forma vio un hombre muy enfermo, y otro día vio un cadáver. «¿Debo yo también morir?», preguntó, y supo que esto era así. Otro día el príncipe salió y vio un monje mendigando y conversó con él; el yogui explicó que había dejado el mundo para buscar la ecuanimidad, relacionada con el odio y el amor, para acercarse así a la libertad propia. El príncipe estaba afectado profundamente y adoró al mendigo vagabundo y, volviendo a casa, pidió a su padre que lo dejara seguir solo de la misma forma, dado que, dijo: «Todas las cosas mundanas, oh rey, son cambiantes y no permanentes.» El viejo rey fue golpeado como por una tormenta y no pudo sino llorar amargamente; y cuando el príncipe se retiró dobló la vigilancia alrededor del palacio y los deleites en su interior, y realmente toda la ciudad se esforzó para evitar que el príncipe se marchara de su casa.

La partida de Siddhartha

Por esa época Yashodhara tuvo un hijo del príncipe Siddhartha, y fue llamado Rahula. Pero ni siquiera este nuevo lazo pudo disuadir al príncipe de su propósito, y llegó una noche en que los devas lo visitaron para partir. Él miró por última vez a Yashodhara durmiendo, con un mano descansando sobre la cabeza del niño, de modo que no pudo ni siquiera alzarlo por última vez en sus brazos por miedo a despertarla; dejándoles a ambos, alzó la red adornada con joyas que separaba la habitación del salón exterior y, pasando despacio a través de las habitaciones exteriores, se detuvo ante la puerta oriental e invocó a todos los budas y se paró con la cabeza en alto contemplando el cielo con sus incontables estrellas. Entonces Sakra y los vigilantes devas de los cuatro puntos cardinales, e innumerables devas de los cielos, lo rodearon y cantaron:

«Sagrado príncipe, el momento ha llegado para buscar la más alta ley de la vida.» Entonces él reflexionó: «Todos los devas bajan a la tierra para confirmar mi resolución. Me iré: el momento ha llegado.» Envió por Channa, su cochero, y por su caballo, nacidos el mismo día que él. Channa trajo el caballo, espléndidamente equipado y relinchando con alegría; entonces el príncipe montó, haciendo la promesa de que lo hacía por última vez. Los devas levantaron los pies de Kantaka del suelo para que no hiciera ruido y cuando llegaron a las puertas cada una se abrió silenciosamente por sí misma. Así el príncipe Siddhartha dejó el palacio y la ciudad, seguido por multitudes de ángeles alumbrando el camino y esparciendo flores ante él.

Chana se esforzaba continuamente por disuadir al príncipe de sus propósitos, rogándole que mejor se convirtiera en un emperador universal. Pero el príncipe sabía que alcanzaría la Perfecta Iluminación, y hubiera preferido cualquier muerte a volver a casa. Desmontó de Kantaka por última vez y ordenó a Chaima que lo condujera a casa. A través de él también envió el mensaje a su padre de que no debería apenarse, sino alegrarse de que este hijo había iniciado el camino para descubrir un medio de salvar al mundo de su recurrencia de nacimiento y muerte, de pena y dolor. «Y ahora estoy liberado», dijo, «del amor debido s o l o a parientes; coge el caballo Kantaka y parte.» Después de muchas discusiones Chaima fue forzado a ceder, y besó los pies del príncipe, Kantaka los lamió con su lengua, y ambos partieron.

Al poco tiempo el príncipe, prosiguiendo en su camino, se encontró con un cazador, y a él le dio sus ropas reales a cambio de trapos hechos jirones, más adecuados para un ermitaño. Este cazador era otro deva que había asumido esa forma para ese mismo propósito. Otro se convirtió en un barbero, y afeitó la cabeza del príncipe. El príncipe siguió hasta la ermita de una comunidad de brahmanes, quienes le dieron la bienvenida con veneración, y se convirtió en el alumno de uno de los más instruidos. Pero percibió que, aunque sus sistemas podían conducirles al cielo, sin embargo, ellos no proveían un medio de liberación final del renacimiento sobre la tierra o aun en el infierno.

«Mundo infeliz», dijo, «¡odiando al demonio Muerte y todavía buscando después de eso nacer en el cielo! ¡Qué ignorancia! ¡Qué falsa ilusión!»

Los vagabundeos de Siddhartha

Así que dejó la ermita, para gran pesar y desconcierto de los yoguis que vivían allí, y partió a la casa del famoso sabio llamado Alara. Sus sistemas también demostraron ser incompletos, y el príncipe partió, diciendo: «Busco un sistema en que no haya cuestionamiento de existencia o no-existencia, eternidad o no-eternidad, y la idea ilimitado o infinito debe ser percibida, pero no debe hablarse de ella.» Desde la ermita de Alara siguió a Rajagriha, y fue bienvenido allí por el rey Bimbisara. Este rey intentó persuadir al príncipe de que abandonara la vida errante; pero él no le escucharía y seguiría más lejos aún, a un pueblo cerca de Gaya, estableciendo su morada en un bosque vecino, comiendo diariamente una pequeña cantidad de semillas de mijo, justo lo suficiente para mantener la vida. Entonces su piel se volvió amigada, sus carnes se desintegraron y sus ojos se hundieron, y aquellos que lo veían sentían un extraño sentimiento de miedo y reverencia debido a sus austeridades.

Durante todos esos años su padre, Suddhodana, envió mensajeros de tanto en tanto pidiendo a su hijo que volviera, y exponiendo ante él un argumento para inducirle; ellos también llegaron a Gaya cuando el príncipe estaba a punto de morir; pero él no atendería a lo que le decían, y les dio esta orden: si moría antes de alcanzar la Perfecta Iluminación, llevar sus huesos de regreso a Kapilavastu y decir:

«Éstos son los restos de un hombre que murió en el firme proceso de su búsqueda.»

Pero el príncipe encontró que estas austeridades no le beneficiaban nada; en cambio, experimentaba menos iluminación de Sabiduría que anteriormente. Resolvió, entonces, nutrir su cuerpo y aceptó comida y atención. En particular se cuenta la historia de una tal Sujata, la hija del señor de un pueblo, quien fue advertida por un ángel y preparó comida de la siguiente forma: reunió mil vacas, con su leche alimentó otras quinientas, y con ellas otras doscientas cincuenta, y así hasta quince vacas; entonces, mezclando su leche con arroz, lo esparció en una fuente de la mayor pureza y delicadeza. Cuando el Bodhisattva entró en el pueblo para pedir comida ella le ofreció el arroz con leche en una fuente de oro, pareciéndole de buen augurio. Cogió la comida, salió del pueblo y se bañó en un río, y hubiera cruzado a la otra orilla, pero la corriente lo arrastró y, si no hubiera sido porque un deva que habitaba en un gran árbol en la orilla más lejana estiró sus brazos adornados con joyas para traerlo a tierra, se hubiera ahogado. Luego, sin embargo, alcanzó la orilla y se sentó para comer; después de lo cual echó la fuente de oro al río, donde fue cogida por un naga que la llevó a su palacio. Sakra, sin embargo, en la forma de Garuda la arrebató de la mano del naga y la llevó a los cielos de _Tusita_.

Mientras tanto Bodhisattva prosiguió hasta el Árbol de la Sabiduría, bajo el cual budas anteriores habían alcanzado la iluminación. Al caminar por las sendas del bosque cientos de martines pescadores se aproximaron a él, y después de hacer tres veces un círculo a su alrededor, le siguieron; detrás de ellos vinieron quinientos pavos reales y otros pájaros y bestias, de modo que él iba rodeado de devas, nagas, asuras y criaturas de todo tipo hacia el Árbol de la Sabiduría.

Un rey naga que habitaba cerca de la senda y era muy anciano, habiendo visto a más de uno de los anteriores budas viniendo por ese camino, cantó su alabanza y su esposa, con innumerables niñas- serpiente, le dieron la bienvenida con banderas, flores y adornos con joyas, y mantuvieron una canción perpetua de alabanzas. Los devas de los mundos de las formas colgaron banderas y estandartes sobre el Árbol de la Sabiduría y también sobre los árboles que llevaban hasta él, de modo que Bodhisattva pudiera encontrar fácilmente el camino. Al andar reflexionaba que no solo la multitud de seres amigos, sino también Mara, el malvado, atestiguarían su victoria; y esta idea, como un rayo de gloria sobre la mancha de su frente, penetró en la morada de Mara y le trajo sueños y presagios. Un mensajero llegó a la carrera hasta Mara advirtiéndole de la aproximación de Bodhisattva al Árbol de la Sabiduría. Entonces Mara reunió a su ejército. Éste daba una horrible visión. Había algunos con cien mil bocas, otros con cabezas o manos u ojos o pies deformes, algunos con feroces lenguas, algunas serpientes devoradoras, algunos bebiendo sangre, otros con vientre de vasija y estevados, y todos con lanzas, arcos, porras, armas y armaduras de todo tipo. Todos éstos marchaban hacia el Árbol de la Sabiduría.

El Árbol de la Sabiduría

El Bodhisattva, sin embargo, llegó hasta el árbol, brillando como una montaña de oro puro, y se sentó del lado este, prometiendo no levantarse hasta que no hubiese alcanzado la iluminación. Entonces la tierra tembló seis veces. Mara cogió la forma de un mensajero llegando a toda prisa con correo de Kapilavastu con la noticia de que Devadatta, el primo de Buda, había usurpado el gobierno y estaba practicando todo tipo de crueldades y tiranías, y pidiendo al Bodhisattva que volviera y restituyera un buen gobierno y orden. Pero él razonó que Devadatta había actuado así por lujuria y malicia, y los príncipes shakya lo permitieron s o l o por cobardía, y así, reflexionando sobre la debilidad humana, el Bodhisattva estaba aún más decidido a unirse a algo más elevado y mejor.

Mientras tanto la deva del Árbol de la Sabiduría gozaba y echó sus joyas delante de sus pies, rogándole que perseverara. Los devas de los otros árboles vinieron a preguntarle a ella quién era el ser glorioso que se encontraba sentado allí; y cuando les informó que era Bodhisattva ellos lanzaron flores y perfumes a su alrededor, y le exhortaron a seguir adelante con palabras y flores. Entonces Mara ordenó a sus tres hermosas hijas que tentaran a Bodhisattva de todas formas, y ellas fueron a cantar y bailar delante de él. Le cortejaron con canciones y danzas y todo artificio de amor; pero él permaneció imperturbable tanto en su cara como en su mente, como una lila descansando sobre aguas quietas, y firme como el monte Meru, como las paredes de hierro que ciñen el universo. Entonces ellas discutieron con él, describiéndole los placeres y las obligaciones de la vida mundana, y la dificultad y peligro de la búsqueda de la sabiduría; pero él respondió:

El placer es breve como el destello de un rayo.
¿Por qué, entonces, debería yo codiciar los placeres que describís?

Y las hijas de Mara, reconociendo su derrota, lo dejaron con una oración por su triunfo:

¡Alcanza aquello que tu corazón desea!
Y encontrando para ti mismo salvación, salva a todos.

La derrota de Mara

Entonces Mara mismo se comprometió en la discusión y, cuando tampoco tuvo éxito, condujo su ejército al ataque. Todos los devas estaban aterrorizados y huyeron, dejando a Bodhisattva solo. De todas formas, clases y colores, superando todo sonido terrenal, llenando el cielo con oscuridad y sacudiendo el suelo, el horrible ejército avanzó con amenazantes gestos hacia Bodhisattva; pero las lanzas se pegaron a sus manos, sus brazos y piernas se paralizaron y, aunque ellos lo hubiesen hecho polvo o quemado con feroces lenguas, no podían herirle ni un pelo; él estaba sentado inmóvil, mientras que las armas que llovían sobre él caían a sus pies como flores. Mara apeló a todos los recursos, y montando sobre el elefante Nube-montaña, se acercó personalmente al príncipe. Su arma, si hubiese sido tirada contra el monte Meru, lo hubiese cortado en dos como a un bambú, y si hubiese sido tirada al cielo, hubiese evitado la caída de lluvia durante veinte años; sin embargo, se negó a tocar a Bodhisattva, y en cambio flotó en el aire como una hoja seca y se mantuvo sobre su cabeza como una guirnalda de flores en el aire. Entonces Mara se enfureció como un fuego dentro del cual se vierte aceite una y otra vez, y se acercó al príncipe y le ordenó: «¡Vete inmediatamente!» Pero él le contestó:

«Este trono es mío, en virtud del mérito lo he adquirido en muchas largas épocas. ¿Cómo puedes tú tomarlo cuando no tienes mérito?» Entonces Mara se jactó: «Mi mérito es mayor que el tuyo», y llamó a su ejército para atestiguarlo, y todos sus guerreros gritaron: «Lo atestiguamos», de tal forma que un rugido del mar se elevó al mismo cielo. Pero Bodhisattva respondió: «Tus testigos son muchos y parciales; yo tengo un testigo único e imparcial», y estiró sus brazos sacándolos de adentro de su túnica como rayos de una nube anaranjada y tocó la tierra y la invitó a atestiguar sus méritos. Entonces la diosa Tierra se levantó a sus pies y gritó con cien mil voces como el sonido de un tambor cósmico: «Lo testifico», y el ejército de Mara huyó y volvió al infierno como hojas dispersadas por el viento. Montaña-nube enrolló su tronco, puso su cola entre las piernas y huyó. Mara mismo cayó postrado y pidió disculpas al poder del Boshisattva, y se levantó para correr lejos de allí y esconder su vergüenza; dado que su mente estaba llena de pena al ver que todos sus esfuerzos habían fallado y el príncipe obtendría pronto la iluminación y predicaría la verdad, con la cual miles de criaturas podrían alcanzar Nirvana.

Perfectamente iluminado

El Sol no se había puesto todavía cuando Mara fue vencido. Buda permanecía sentado bajo el Árbol de la Sabiduría. Gradualmente a través de la noche la iluminación que había estado persiguiendo amaneció en su corazón: en la décima hora percibió la condición exacta de todos los seres que habían estado alguna vez en los mundos infinitos y sin fin; en la vigésima hora consiguió la divina comprensión mediante la cual todas las cosas lejanas o cercanas aparecían como al alcance de su mano. Entonces obtuvo el conocimiento que envuelve las causas de repetición de la existencia; los privilegios de las cuatro sendas y su goce, y al amanecer él se convirtió en el Supremo Buda, el Perfectamente Iluminado. Rayos de seis colores se esparcieron lejos y a lo ancho de su radiante cuerpo, penetrando los más lejanos límites del espacio y anunciando que había alcanzado la *Condición de Buda.* Ni siquiera cien mil lenguas podrían proclamar las maravillas que allí se manifestaban.

Entonces el mismo Buda proclamó su victoria en una canción de triunfo:

A través de muchos diversos nacimientos he pasado
Buscando en vano el constructor de la casa.
¡Ah, constructora de casas, ahora te he visto!
Nunca otra vez me construirás una casa.
He quebrado tus vigas,
He destruido el poste principal.
Mi mente es indiferente,
El deseo se ha apagado.

Entonces Buda permaneció siete días en meditación; durante siete días más fijó su mirada en el Árbol de la Sabiduría, y otra vez anduvo sobre un dorado camino preparado por los devas durante siete días ensimismado en pensamientos; después se sentó durante siete días en un palacio dorado, donde todo acontecimiento futuro de su vida fue revelado a él y la totalidad del *dharma* se hizo clara a su mente, desde la primera a la última palabra de su enseñanza; en la quinta semana se sentó bajo el árbol Ajapala y experimentó la Liberación (Nirvana); durante la sexta semana se sentó junto al lago Muchalinda, donde un naga del mismo nombre le protegió de las tormentas de lluvia; en la séptima semana se sentó en un bosque de árboles Nyagrodha.

Los mercaderes

Habían pasado cuarenta y nueve días desde que había recibido el arroz con leche de Sujata. También sucedió que dos mercaderes pasaban a través del bosque en su caravana. Durante muchas épocas y en muchas vidas habían deseado la oportunidad de hacer alguna ofrenda a Buda. En el mismo bosque había una *devi* —de hecho, una ninfa del bosque— que alguna vez había sido su pariente: ahora, para realizar su deseo, ella provocó que las ruedas de sus carros se pegaran fuertemente en un profundo barrizal. Los mercaderes hicieron una ofrenda de luces y perfumes, y oraron al dios que ellos suponían era responsable del infortunio. La devi apareció ante ellos, les ordenó que hicieran una ofrenda de comida a Buda y liberó sus carretes. Los mercaderes, contentos, fueron hacia él con un regalo de miel. Buda no tenía vasija para la limosna, dado que la vasija de Brahma, dada cuando Sujata trajo el arroz con leche, había desaparecido, y la bandeja dorada que ella misma le había dado había sido transportada a la tierra de las Serpientes. Ahora, por ello, los dioses guardianes de los cuatro puntos cardinales aparecieron con vasijas de esmeralda, y cuando Buda no la aceptó ellos le ofrecieron a cambio vasijas de piedra. Entonces como todos deseaban que su propia vasija fuera aceptada, Buda recibió las cuatro y las hizo aparecer como una. En esa vasija recibió la miel y a cambio enseñó la *triple fórmula* a los mercaderes, y ellos se convirtieron en discípulos laicos. Ellos también recibieron un mechón de pelo de él como reliquia.

En la octava semana Buda se sentó bajo el árbol Ajapala, y allí reflexionó que la doctrina es profunda, mientras que los hombres no son ni buenos ni sabios. Le pareció inútil proclamar la ley a aquellos que no pudieran comprenderla. Pero Brahma, percibiendo esta duda, gritó: «¡El mundo va a destruirse!», y el grito fue repetido como un eco por los devas del viento y la lluvia y por todos los otros innumerables brahmanes y devas. Y Brahma apareció frente a Buda y dijo: «Mi señor, la Condición de Buda es difícil de obtener, pero tú la has obtenido y puedes aliviar a los seres del mundo de la existencia; por ello proclama la ley que dice que esto puede suceder. ¡Oh sabio, enseña el *dharma*! Entonces Buda estuvo de acuerdo en que esto debía ser así, y miró a su alrededor buscando a alguien a quien pudiera predicar primero. Al principio pensó en dos de sus antiguos discípulos, pero se dio cuenta de que ya estaban muertos. Entonces partió a Benarés, con la intención de instruir a cinco ermitaños con quienes había practicado anteriormente austeridades.

Los ermitaños de Benarés

Cuando los cinco ermitaños lo vieron desde lejos dijeron: «Siddhartha ha recobrado su fuerza y belleza, y viene a nosotros habiendo fallado en cumplir la penitencia. Como es de nacimiento real, ofrezcámosle un asiento, pero no nos levantemos o vayamos a recibirle.» Buda percibió sus pensamientos y dirigió su cariñosa amabilidad hacia ellos. Inmediatamente, tal como una hoja indefensa que no sabe dónde posarse es llevada en un torrente, igualmente indefensos ellos, vencidos por la fuerza de su amor, se levantaron y fueron a rendirle honores. Lavaron sus pies y le preguntaron cómo estaba, y él les informó que se había convertido en un Buda Supremo. Entonces todo el universo se alegró, sabiendo que la ley sería predicada por primera vez. El atardecer, como una dama hermosa, vino a adorarlo; Meru bailó de alegría; las siete sierras se inclinaron ante él, y los seres de todos los mundos se reunieron para recibir el néctar de la buena doctrina. Se pusieron en círculos, cada vez más y más poblados por nuevos concurrentes, hasta que al final ellos estaban tan cerca que cien mil devas ocupaban un espacio menor que el que ocupa una punta de aguja; todos los cielos de los devas y los brahmanes se vaciaron. El sonido era como el de una montaña, pero cuando los señores de varios cielos soplaron sus conchas hubo un silencio absoluto. Entonces Buda abrió su boca.

«Hay dos cosas», dijo, «que deben ser evitadas por quien se convierte en un ermitaño: deseos equivocados y mortificación del cuerpo.» Éste fue el tema de discusión de su primer discurso, y pareció a todo oyente que se hablaba en su propia lengua, y todo tipo de animales lo oyeron con la misma impresión. Incontables devas entraron por la primera, la segunda, la tercera y la cuarta senda.

La predicación de Buda

A partir de ese momento Buda puso en marcha la rueda de la ley; es decir, que predicó la doctrina de Dios a todos los que lo escuchaban. Convertía a los adoradores del fuego con muchos milagros; Bhimasaha, rey de Rajagriha, se convirtió en su discípulo. Buda también visitó su ciudad natal. Ésta fue la forma de la visita:

El rey Suddhodhana oyendo de la condición de Buda de su hijo, envió una embajada de nobles pidiéndole que visitara Kapilavastu; pero todos los nobles, oyendo la doctrina de Buda, se convirtieron en sus discípulos y se quedaron con él. Lo mismo sucedió con muchos otros. Al final el rey envió un mensajero más confiable, el noble Kaluda, quien había sido compañero de juegos de Buda en la infancia. Él también se convirtió en su discípulo, pero cuando llegó la primavera y las calles se volvieron verdes y los árboles florecieron, él fue hasta Buda y comenzó a hablar de Kapilavastu. «Tu padre espera tu regreso», dijo, «como el nenúfar espera la salida del Sol; y las reinas te esperan como las lilas nocturnas esperan la Luna.» Buda comprendió que había llegado el momento adecuado para visitar su ciudad natal. El rey preparó un hermoso jardín para su bienestar. Finalmente, llegó rodeado de no menos de veinte mil sacerdotes, sus discípulos. Al principio los príncipes shakya no le harían homenaje; pero él se levantó en el aire y exhibió primero la emanación de arroyos de agua de su cuerpo, extendiéndose sobre la totalidad de los diez mil mundos y salpicando a todos los que le querían; luego la emanación de fuego, que se extendió a través de todo el universo, pero quemó menos que a una telaraña. Enseñó otras maravillas; entonces Suddhodhana adoró a su hijo diciendo:

«Mi señor, mí Buda, mi príncipe Siddhartha, aunque soy realmente tu padre nunca te volveré a llamar mi niño; no valgo lo suficiente para ser tu esclavo. Una y otra vez te adoro. Y si te ofreciera mi reino, tú lo considerarías cenizas.» Cuando el rey se inclinó en reverencia los príncipes también hicieron su gesto de homenaje, como la inclinación de un bosque de bambú ante el viento.

El día siguiente Buda fue a pie a la ciudad a pedir limosna. A cada paso brotaba una flor de loto bajo sus pies y desaparecía cuando ya había pasado; rayos de luz partían de su cabeza y boca; y debido a estas maravillas todos los ciudadanos se acercaron a verlo. Todos estaban asombrados, dado que hasta ahora esa forma de pedir limosna era desconocida. Cuando Yashodara oyó esto fue hasta la puerta del palacio y le adoró, y dijo: «Oh Siddhartha, esa noche que Ránula nació tú te marchaste en silencio rechazando tu reino; ahora tienes en cambio un reino más glorioso.» El rey protestó a Buda por buscar comida de esa forma; pero éste le respondió: «Es la costumbre de mi raza», queriendo decir de todos los budas anteriores. Entonces se dirigió al rey y le enseñó la ley, de modo que éste ingresó por la primera y la segunda senda, convirtiéndose en discípulo de Buda.

La princesa es consolada

Entonces el rey hizo informar a Yashodara que ella también podía venir a adorar a Siddhartha. Buda, sin embargo, se acercó a su palacio; mientras iba informó a sus discípulos Seriyut y Mugalana que la princesa obtendría Liberación. «Ella sufre por mí», dijo, «y su corazón se romperá si su pena es suprimida. Ella seguramente abrazará mis pies, pero no la apartéis, dado que el final será que ella y sus acompañantes abrazarán la ley.» Cuando Yashodara oyó que Buda venía ella cortó sus cabellos y fue con prendas humildes a su encuentro, seguida de quinientas de sus damas. Debido a su abundante amor, ella estaba como un recipiente rebosante y no se pudo contener y, olvidando que ella era solo una mujer, cayó a los pies de Buda y se abrazó a él llorando. Pero recordando que su suegro estaba presente, se levantó y se mantuvo algo apartada. Realmente, ni siquiera Brahma puede tocar el cuerpo de un buda, pero él le permitió a Yashodara que lo hiciera. El rey habló de su fidelidad: «Ésta no es una repentina expresión de su amor», dijo, «durante todos estos siete años ella ha hecho lo que tú has hecho. Cuando ella oía que tú te afeitabas la cabeza, o te ponías pobres vestidos, o comías s o l o en momentos señalados y de una vasija de barro, ella hacía lo mismo, y ha negado cada nuevo ofrecimiento de matrimonio; por ello perdónala.» Entonces Buda relató cómo, en una vida previa, Yashodara había hecho la petición de convertirse en la esposa de un buda, y por ello en muchas largas épocas había sido su compañera y ayudante. Por este medio la princesa se calmó. No mucho después Ránula fue admitido en la orden de los monjes. Buda, sin embargo, se negó a admitir a Yashodara en la orden de sacerdotes. Muchos años más tarde él instituyó la orden de monjas budistas, en la cual Yashodara fue admitida; y ella, que había nacido el mismo día que Buda, alcanzó Nirvana dos años antes de la muerte de él.

Buda visita el cielo de Tavatimsa

En otra ocasión Buda visitó el *devaloka* o cielo conocido como el *Tavatimsa* y permaneció allí tres meses. Indra se apresuró a preparar el trono para que Buda se sentara en él, pero temía que fuera demasiado grande; realmente, éste medía cerca de quince leguas de altura, mientras que la altura de Buda era de doce codos. Sin embargo, no bien Buda se acercó, se encogió hasta una altura conveniente. Permaneció, sin embargo, con su largo original, y Buda, por ello, hizo el milagro de extender su traje de todos lados por una distancia de más de mil millas, de modo que el trono parecía especialmente hecho para el predicador. Los devas, conducidos por Matru, que había sido recientemente madre de Buda, pidieron a Buda que expusiera el *abhidharma*. Muchos miles de devas y brahmanes entraron por las sendas.

Cuando llegó el momento en que Buda debía regresar a la Tierra, hidra hizo que tres escaleras se extendieran desde el cielo a la Tierra, dos de oro y una de plata. Por una de las escaleras de oro, cuyos escalones eran alternativamente de oro, plata, coral, rubí, esmeralda y otras piedras preciosas, descendió Buda, precedido de Indra soplando su concha. Por la otra escalera de oro bajaron los devas con instrumentos de música, y por la escalera de plata los brahmanes, llevando paraguas. Así Buda volvió a su propia ermita.

Buda evita una guerra

En cierta ocasión Buda evitó una guerra que estaba a punto de estallar entre los shakyas y los kolis. Entre las ciudades de Kapilavastu y Koli corría el río Rohini; a través del río había sido construido un dique que permitía a la gente de ambos territorios irrigar sus campos. Sucedió que hubo una gran sequía y los campesinos de ambos lados reclamaban el único derecho a la poca agua que quedaba. Los rivales reclamantes se trataron unos a otros de la peor forma posible, y el asunto, llegando a los oídos de los príncipes de cada territorio, muy exagerado por los rumores, llevó casi un estallido de guerra, y la cuestión fue tan lejos que los ejércitos de los shakyas y los kolis acamparon contra cada una de las orillas opuestas del disminuido río. En medio de esta crisis Buda percibió lo que estaba sucediendo, y yendo por el aire, y al mismo tiempo haciéndose visible, llegó al lugar de la batalla. Los shakyas bajaron sus armas por respeto a él, a quien consideraban la joya de su raza, y los kolis siguieron su ejemplo. Buda preguntó si estaban reunidos para una fiesta del agua, y, siendo informado que era para una batalla, preguntó la causa. Los príncipes dijeron que ellos no estaban bien seguros, pero que le preguntarían a sus generales; éstos a su vez preguntaron a sus oficiales subalternos, y así hacia abajo hasta que llegaron a los campesinos vulgares. Cuando Buda fue informado de la causa preguntó por el valor del agua, y habiéndosele dicho que era muy bajo, preguntó cuál era el valor del hombre, y le dijeron que era muy alto. «¿Por qué entonces», preguntó, «proponéis tirar lo que es de mayor valor por el bien de lo de pequeño valor?» Este convincente argumento fue suficiente para terminar el asunto.

Al mismo tiempo se decidió que doscientos cincuenta príncipes de cada bando se convertirían en discípulos de Buda. Lo hicieron involuntariamente y no por su propia elección. Sus esposas no bien supieron de ello protestaron amargamente. Buda, sin embargo, pudo persuadir a los príncipes de que lo pensaran otra vez, y no pasó mucho tiempo hasta que entraron por las sendas de la Liberación y se convirtieron en *arhats*. Ellos permanecieron totalmente indiferentes cuando sus esposas enviaron otra vez mensajes implorándoles que regresaran a sus hogares.

La admisión de mujeres

Este asunto llevó a la primera admisión de las mujeres al sacerdocio: las esposas de los quinientos príncipes, junto con la reina-madre Prajapati, coesposa con Mayadevi y ahora viuda de Suddhodhana, quien había muerto recientemente. Ella pidió que fueran admitidas al sacerdocio. Buda denegó la petición tres veces, después de lo cual ella no quiso volver a insistir. Después de volver a casa, las damas, sin embargo, decidieron actuar vigorosamente; cortaron sus cabellos, se impusieron vestimentas pobres y partieron a pie hacia el lugar donde residía Buda. Ellas, que estaban acostumbradas a caminar sobre alisado mármol y a ser protegidas del calor del sol y de la violencia del viento, pronto quedaron exhaustas y llegaron a la ermita en una condición verdaderamente de desamparo y desvanecimiento. Otra vez Prajapati pidió ser admitidas. Ananda ahora suplicó por ellas teniendo en cuenta los esfuerzos que habían soportado. Buda todavía se negó. Entonces Ananda preguntó si una mujer, si era admitida, podría entrar por las sendas y alcanzar la Liberación. Buda s o l o pudo responder preguntando si los budas nacían en el mundo solamente para el beneficio del hombre. «El camino está abierto tanto para los hombres como para las mujeres», dijo. Otra vez Ananda le recordó que en una ocasión anterior él había anunciado que en un postrer momento la mujer sería admitida. Buda entonces vio que había llegado el momento de establecer la orden de las monjas. Su resistencia había sido causada por su conocimiento de que el hacerlo así conduciría a dudas de habladurías escandalosas de su orden por aquellos que aún no eran sus seguidores.

El ministerio de Buda no estaba completamente libre de oposición. No solo los filósofos brahmanes eran frecuentemente sus fuertes oponentes en las controversias, sino también su primo Devadatta, quien a través de incontables pasados nacimientos había sido su amargo enemigo. incluso intentando asesinarlo. Aunque Devadatta había alcanzado grandes poderes mediante meditación y ascetismo, todavía estos poderes, debido a su malvada naturaleza, en lugar de ayudarle a alcanzar la Liberación, lo involucraban en absoluta ruina. Él se estableció a sí mismo en la corte del rey de Sewet, con quinientos monjes suyos, y, apoyado por el príncipe Ajasat, obtuvo mucha influencia. Por consejo de Devaratta. Ajasat primero intentó matar a su padre con violencia y posteriormente provocó su desnutrición hasta la muerte, para obtener el reino para sí mismo. No mucho después de la asunción de Ajasat, Devadatta le pidió una tropa de quinientos arqueros para matar a Buda. Eligió entre ellos treinta y uno, y ordenó al primero matar a Buda, a los dos siguientes matar al primero, a los cuatro siguientes matar a los dos, y a los últimos dieciséis los designó para matarlos él mismo, de modo que el asunto pudiera ser mantenido en secreto. Buda, sin embargo, aunque bien consciente de sus intenciones, recibió al primero y a todos los demás arqueros a su turno muy amablemente les predicó, de modo que ellos entraron en la senda para liberarse y se convirtieron en sacerdotes. En otra ocasión Devadatta mismo proyectó una gran roca hacia Buda cuando éste iba caminando bajo un alto acantilado, pero ésta se rompió en pedazos y solo hizo una herida insignificante al pie de Buda.

Devadatta elaboró un plan secreto. Había un feroz elefante llamado Malagiri, acostumbrado a beber cada día ocho medidas de cerveza. Devadatta ordenó que un determinado día debía recibir dieciséis medidas; una proclama real también fue emitida para evitar que alguna persona permaneciera en las calles; se esperaba que el elefante destruyera a Buda cuando éste saliera en busca de limosna. La noticia de esto llegó hasta Buda a tiempo, pero él no cambiaría su costumbre: y al día siguiente todos los balcones estaban llenos de amigos y enemigos de Buda, los primeros deseosos de ver su victoria, los últimos esperando su muerte. Cuando Buda se aproximó, el elefante fue soltado, y pronto comenzó a destruir las casas y a mostrar su malvado temperamento de otras formas. Los monjes suplicaron a Buda que escapara, dado que el elefante desconocía evidentemente sus méritos. Entonces muchos de los monjes pidieron permiso para ponerse delante de Buda a fin de protegerlo; pero él respondió que su propio poder era una cosa y el de sus discípulos otra. Cuando al final Ananda se aventuró a ponerse al frente, Buda con autocontrol le obligó a mantenerse atrás. Poco después una pequeña niña corrió fuera de una casa y el elefante casi la mata, pero Buda gritó: «No se pretendía que atacaras a otro que no fuera yo; no desperdicies tu fuerza en otro.» Pero cuando el elefante vio a Buda toda su furia amainó, y se aproximó a él de la forma más amable y se puso de rodillas ante él. Buda encargó al animal que nunca hiriera a nadie otra vez, sino que fuera amable con todo el mundo, y el elefante repitió los cinco mandamientos en voz alta en presencia de toda la gente; realmente, si él no hubiera sido una criatura de cuatro patas, podría haber entrado por la senda para liberarse. Cuando la gente vio esta maravilla el ruido de aplausos y gritos fue como el mar o la tormenta. Cubrieron al elefante con joyas, y ochenta y cuatro mil personas entraron en la senda. No mucho tiempo después de esto Ajasat se convirtió y se volvió un partidario del grupo de Buda. Cuando Ajasat partió del monasterio después de este evento Buda señaló: «Si el rey no hubiese asesinado a su padre, podría haber entrado hoy por la primera senda. Dado que lo ha hecho, será salvado del más bajo infierno, donde si no hubiera debido permanecer una época entera. Él pasará sesenta mil años en los otros infiernos; entonces después de largas épocas pasadas con los dioses nacerá en la Tierra y se convertirá en un buda.»

Devadatta ahora estaba en desgracia, pero odiaba a Buda aún más. Sin embargo, juntó otro grupo de discípulos, en número de quinientos. Pero Buda envió dos de sus seguidores más sabios para predicar a los de Devadatta, y citando él dormía todos partieron para seguir a Buda. Devadatta entonces cayó enfermo y permaneció así durante nueve meses, después de los cuales se decidió a ir a pedir el perdón de Buda. Buda no tenía mala voluntad hacia Devadatta, pero informó a los monjes:

«Devadatta no verá a Buda; tan grandes son sus crímenes que ni siquiera mil budas podrían salvarlo.» Devadatta, sostenido en su palanquín, se acercó más y más al monasterio de Buda: pero cuando puso pie en tierra en la entrada se alzaron llamas desde lo más profundo del infierno y envolvieron su cuerpo en sus pliegues, primero los pies, luego su tronco, luego su espaldas. Llamó a Buda pidiendo ayuda y repitió un verso de un himno, con el cual aceptó las tres piedras: el Buda, la Ley y la Iglesia; y esto le ayudó eventualmente, aunque de todas formas fue al infierno y recibió un cuerpo de fuego de mil seiscientas millas de alto.

La liberación final de Buda

Ésta fue la forma en que murió Buda, llamada *Parinirvana,* o Liberación Final. En el año cuarenta y cinco de su ministerio Buda sufrió una severa enfermedad y declaró que no viviría más. Mientras vivía en la ciudad de Pawa fue recibido por un buen herrero llamado Chunda. Éste preparó una ofrenda de cerdo, que fue la causa de una enfermedad que concluyó con la muerte. Buda se puso muy débil y partió para Kushinagara, pero tuvo que descansar muchas veces en el camino. Todo esto fue soportado para que otros pudieran recordar que nadie está exento de la avanzada edad, decaimiento y muerte. Al final Buda llegó a la ciudad, y allí se dirigió a Ananda como sigue:

«Informa al herrero Chunda que su ofrenda traerá una gran recompensa, dado que será la causa inmediata de que yo alcance *Nirvana.* Hay, realmente, dos ofrendas que traerán gran recompensa: una fue dada por Sujata antes de que yo alcanzara la suprema sabiduría, la otra fue justo ahora habiendo sido hecha por Chunda. Éstos son los dos más destacados obsequios.» Buda habló así para que Chundra no sintiera remordimiento, o fuera culpado por otros; pero él había dado órdenes estrictas de que el sobrante de la ofrenda fuese enterrado. Buda se tumbó en un carro en un bosque de árboles sal cerca de Kushinagara. Envió un mensajero informando a los príncipes de Malwa de su llegada, sabiendo que su remordimiento sería muy grande si él muriera sin que ellos pudieran verlo una vez más. Así fue como una gran compañía de reyes y príncipes, nobles y damas de la corte, junto a innumerables sacerdotes, y los devas y brahmanes de los diez mil mundos, se reunieron alrededor del lecho de muerte de Buda. Todos lloraban y retorcían sus manos, y se inclinaban hasta el suelo por su pena. Esta ocasión ha sido objeto de incontables cuadros, similar en sentimiento a la *Pietas* cristiana.

Buda preguntó si los sacerdotes tenían alguna última pregunta que hacer, pero como ellos no tenían dudas en ningún punto permanecieron callados. Un brahmán de Kushinagara, sin embargo, llegó deseando discutir algunos asuntos; Buda no se negaría y al final él se convirtió en un discípulo. Ninguno de sus discípulos estaba más conmovido por la pena que Ananda. Buda le había dado instrucciones acerca de su entierro y de las reglas que debían ser observadas por los monjes y monjas. Entonces dijo: «Ahora parto para Nirvana; dejo mis ordenanzas; los elementos del Todo-lo-Sabe realmente pasarán, pero los tres grandes valores permanecerán.» Pero Ananda se abatió y lloró amargamente. Entonces Buda continuó: «Oh Ananda, no te atormentes; no llores. ¿No te he enseñado que debemos partir de todo lo que nos es más querido y placentero? No ha nacido o ha sido creada criatura alguna que pueda vencer la tendencia a la disolución inherente a sí mismo; una condición de permanencia es imposible. Por un largo tiempo, Ananda, tu amabilidad en la acción y en el pensamiento te han acercado mucho a mí. Siempre has hecho el bien; persevera y tú también ganarás la perfecta libertad de esta sed de vida, esta cadena de ignorancia.» Entonces se volvió a los otros deudos y les encomendó a Manda. Dijo también que ninguno de los presentes que ya hubiese entrado en la senda de la Liberación fallaría totalmente, sino que al final triunfaría y alcanzaría Nirvana. Después de una pausa dijo otra vez: «Mendigos, yo ahora les digo que las riquezas y poderes del hombre deben desaparecer; conseguid vuestra salvación con diligencia.» Poco después Buda se quedó inconsciente y falleció.

Los príncipes Malva, en cuanto se recobraron un poco de su pena, envolvieron el cuerpo pliegue sobre pliegue de finísima tela y durante seis días el cuerpo yació presente. Luego fue quemado en una magnífica pira en el salón de coronación de los príncipes. Ellos no fueron capaces de encender el fuego de la pira, sin embargo, se encendió espontáneamente. El cuerpo se consumió completamente, dejando solo restos como un montón de perlas. Lo principal de esto, posteriormente, fue sepultado en un monumento glorioso: los cuatro dientes, dos huesos del carrillo y el cráneo.

Capítulo VI

Shiva

La supremacía de Shiva

*e*sta historia es relatada por Brahma en respuesta a una pregunta de los dioses y los rishis:

«En la noche de Brahma, cuando todos los seres y todos los mundos concuerdan juntos en un igual e inseparable silencio, el gran Narayana, alma del universo, con mil ojos, omnisciente, siendo y no-siendo indistintamente, reclinándose en las aguas informes, soportado por Infinito, la serpiente de mil cabezas; y yo, movido por su encanto, toqué el ser eterno con mi mano y pregunté: "¿Quién eres tú? Habla." Entonces el de los ojos de loto me miró con una mirada somnolienta, y entonces se levantó sonrió y dijo: "Bienvenido, mi niño, tú, brillante gran señor." Pero ante esto recogí la ofensa y dije: "Oh dios sin pecado, ¿me llamas niño como un maestro a un discípulo, a mí, que soy la causa de la creación y la destrucción, constructor de los innumerables mundos, la fuente y el alma de todo? Dime por qué me dices tontas palabras." Entonces Visnú contestó: "¿No sabes que yo soy Narayana, creador, preservador y destructor de los mundos, el varón eterno, la inmortal fuente y centro del universo? Dado que tú has nacido de mi propio imperecedero cuerpo."

»Siguió una acalorada discusión entre ambos sobre el informe mar. Entonces para terminar nuestra disputa apareció ante nosotros un glorioso y radiante *lingam,* una feroz columna, como de cien fuegos capaces de consumir el universo, sin inicio, mitad, o fin, incomparable, indescriptible. El divino Visnú, perplejo por sus mil llamas, me dijo a mí que estaba tan atónito como él: "Busquemos sin demora de dónde proviene la fuente de este fuego. Yo descenderé; asciende tú con todo tu poder." Entonces se convirtió en un verraco, como una montaña de colirio azul, de unas mil leguas de ancho, colmillos afilados, gran morro, fuerte gruñido, cortos pies, victorioso, fuerte, incomparable, y se zambulló abajo. Durante unos mil años corrió así hacia abajo, pero no encontró ninguna base del monolito (columna). Mientras tanto yo me convertí en un cisne, blanco y con ardientes ojos, con alas a cada lado, rápido como el viento, y subí unos mil años, buscando encontrar el fin del pilar, pero no lo encontré. Entonces volví y encontré otra vez al gran Visnú, agotado y desconcertado, en su camino hacia arriba.

»Entonces Shiva se paró frente a nosotros y nosotros nos inclinamos a él, cuya magia nos tenía engañados, mientras se alzó alrededor de ellos en todos los lugares el sonido bien articulado de "Om", claro y duradero. A él Narayana le dijo: "Feliz ha sido nuestro conflicto, dado que tú, Dios de los dioses, has aparecido para terminarlo." Shiva contestó a Visnú: "Tú eres realmente el creador, preservador y destructor de los mundos; tú, mi niño, mantienes el mundo tanto en movimiento como en quietud. Dado que yo, el indivisible Señor Superior, soy tres, Brahma, Visnú y Rudra, quienes crearon, mantienen, destruyen. Saluda a este Brahma, dado que él nacerá de ti en una edad posterior. Entonces seremos ambos vistos por ti otra vez." Con eso el Gran Dios desapareció. Luego de eso se estableció el rezo de la columna (monolito) en los tres mundos.»

Sati

Hace mucho tiempo hubo un jefe de los dioses llamado Daksha. Él se casó con Prasuti, hija de Manu; ella le dio dieciséis hijas, de las cuales la más joven, Sati, se convirtió en esposa de Shiva. Ésta fue una cuestión desagradable para su padre, dado que él tenía un resentimiento contra Shiva, no solo por la mala reputación de sus hábitos, sino porque en la ocasión de un festival al que había sido invitado, no ofreció homenaje a Daksha. Por esta razón Daksha había hecho el juramento, en contra de Shiva, de que no recibiría porción alguna de las ofrendas hechas a los dioses. Un brahmán del grupo de Shiva, sin embargo, hizo el juramento contrario: que Daksha desperdiciaría su vida entre placeres materiales y ritos ceremoniales, y que tendría la cara como de cabra.

Mientras tanto Sati creció y entregó su corazón a Shiva, adorándolo en secreto. Ella alcanzó la edad de casarse, y su padre celebró un *swayamvara,* o propia elección, para ella, al que invitó a dioses y príncipes de sitios lejanos y cercanos, excepto a Shiva. Entonces Sati fue llevada a la gran asamblea, con la corona en la mano. Pero en ninguna parte, ni entre hombres ni dioses, se veía a Shiva. Entonces, con desesperación, ella arrojó la corona al aire, llamando a Shiva para que la recibiera; y entonces sí se le pudo ver parado en el medio de la pista con la guirnalda alrededor de su cuello. Daksha no tuvo otra opción que realizar el matrimonio, y Shiva se largó con Sati a su hogar en Kailas.

Kailas estaba muy lejos, más allá del blanco Himalaya, y allí Shiva vivía con pompa real, adorado por los dioses y los rishis; pero más frecuentemente pasaba su tiempo vagando por las colinas como un mendigo, sucio de cenizas, y con Sati vistiendo ropas hechas jirones; algunas veces él era también visto en las tierras crematorias, rodeado de diablillos y participando en horribles ritos.

Un día Daksha organizó un gran sacrificio de caballo, e invitó a todos los dioses a venir y a compartir las ofrendas, omitiendo a Shiva.

Las principales ofrendas serían hechas a Visnú. Poco después Sati observó la marcha de los dioses, al partir a visitar a Daksha, y, volviéndose a su señor, ella preguntó: «¿Por qué motivo, oh señor, parten los dioses, encabezados por hidra? Yo me pregunto:

¿Hacia dónde van?» Entonces Mahadeva contestó: «Radiante dama, el buen patriarca Daksha ha preparado un sacrificio de caballo, para allí marchan.» Ella le preguntó: «¿Por qué no vas tú también a esa gran ceremonia?» Él contestó: «Ha sido decidido entre los dioses que yo no participe en esas ofrendas como las que son hechas en sacrificios.» Entonces Devi estaba enojada y exclamó: «¿Cómo puede ser que él, que vive en cada ser, que es inalcanzable en poder y gloria, sea excluido de los sacrificios? ¿Qué penitencia, qué obsequio debo hacer para que mi señor, que trasciende todos los pensamientos, reciba una participación, un tercio o una mitad, del sacrificio?» Entonces Shiva sonrió a Devi, contento por su afecto, pero dijo: «Estas ofrendas son de pequeña importancia para mí, dado que sacrifican para mí *aquellos* quienes cantan los himnos de *Samaveda;* los sacerdotes son los que ofrecen el sacrificio de real sabiduría, donde no hace falta ningún brahmán que oficie; ésa es *mi* porción.» Devi contestó: «No es difícil para mí disculparme ante mujeres. No obstante, deberías permitirme por lo menos ir a la casa de mi padre en esta ocasión.»

«¿Sin invitación?», preguntó él. «Una hija no necesita invitación para ir a la casa de su padre», respondió ella. «Entonces que así sea», contestó Mahadeva, «pero ten presente que esto traerá problemas; dado que Daksha me insultará en tu presencia.»

Entonces Devi partió a la casa de su padre, y allí ella fue recibida, pero sin honores, dado que ella cabalgaba sobre el toro de Shiva y vestía un traje de mendigo. Ella protestó por el desdén de su padre hacia Shiva; pero Daksha estalló en furiosos insultos y lo ridiculizó como el «rey de duendes», el «mendigo», el «hombre de las cenizas», el «yogui de cabello largo». Sati contestó a su padre:

«Shiva es el amigo de todos; nadie salvo tú habla mal de él. Los devas saben todo lo que tú dices, y sin embargo lo adoran. Pero una esposa, cuando su señor es insultado, si ella no puede matar a los malvados que lo han hecho, debe abandonar el lugar, tapando sus oídos con sus manos, o, si ella tiene poderes, debería entregar su vida. Esto es lo que haré, dado que estoy avergonzada de deber este cuerpo a alguien como tú.» Entonces Sati liberó el fuego interior que la consumía y cayó muerta a los pies de Daksha.

La ira de Shiva

Narada llevó la noticia a Shiva. Él se encendió de ira y tiró violentamente de un mechón de cabellos de su cabeza, ardiendo con energía, y lo lanzó al suelo. El terrible demonio Virabhadra saltó de él; su alto cuerpo alcanzó la altura de los cielos, era oscuro como una nube, tenía unos mil brazos, tres encendidos ojos y ardientes cabellos; llevaba una guirnalda de calaveras y terribles armas. Este demonio se inclinó ante los pies de Shiva y le preguntó cuál era su voluntad. Él respondió: «Lleva mi ejército contra Daksha y destruye su sacrificio; ro temas a los brahmanes, dado que tú eres una porción de mí mismo.» Entonces este temerario mensajero apareció con los *ganas* de Shiva en el medio de la asamblea de Daksha como una tormenta de viento. Rompieron las vasijas de sacrificio, diseminaron las ofrendas e insultaron a los sacerdotes; finalmente Virabhadra cortó la cabeza de Daksha y los suyos, pisotearon a hidra, rompieron el bastón de Yama y esparcieron dioses por todos sitios; después regresaron a Kailas. Shiva estaba sentado inmóvil, sumergido en los más profundos pensamientos, olvidado de lo que había sucedido.

Los dioses vencidos buscaron a Brahma y le pidieron consejo. Él, lo mismo que Visnú, se habían abstenido de ir al festival, porque habían previsto lo que sucedería. Brahma aconsejó a los dioses hacer la paz con Shiva, quien podía destruir el universo a su antojo. Brahma mismo fue con ellos a Kailas. Encontraron a Shiva sumergido en profunda meditación en el jardín de los kinnaras llamado Fragrant, bajo un gran gomero de unas cien leguas de altura, con ramas que se esparcían cuarenta leguas a cada lado. Brahma le rogó que perdonara a Daksha y que devolviera la salud (sanara los brazos y piernas de) a los dioses y a los rishis, «dado que», dijeron, «las ofrendas son para ti; recíbelas y permite que los sacrificios sean completados». Entonces Shiva respondió: «Daksha no es sino un niño; no pienso en él como en alguien que ha cometido pecado. Su cabeza, sin embargo, ha sido quemada; pondré sobre él una cabeza de cabra y los miembros destruidos serán sanados.» Entonces los devas agradecieron a Shiva por su amabilidad y le invitaron al sacrificio. Daksha le observó con reverencia, el rito fue celebrado debidamente, y también apareció Visnú cabalgando sobre Garuda. Él habló a Daksha diciendo: «Sólo los incultos me consideran a mí y a Shiva como diferentes; él, yo y Brahma somos uno, asumiendo nombres diferentes para la creación, preservación y destrucción del universo. Nosotros, como el mismo triple, esparcimos a todas las criaturas: el sabio por ello considera a todos los demás como a ellos mismos.»

Entonces los dioses y rishis saludaron a Shiva y Visnú y Brahma, y partieron a sus sitios; pero Shiva volvió a Kailas y cayó otra vez en su sueño.

Notas sobre Daksha y Shiva

Sucede constantemente en la historia de la literatura india que una nueva ola de teología se convierte en la ocasión para recapitular una teoría más vieja del origen del universo. Este hecho es una suerte para los estudiosos posteriores, dado que sin ello no tendríamos una clave en la mayor parte de los casos para las concepciones antiguas. En ese orden, debemos entenderlo, está la historia de Daksha. Los promulgadores de las visiones arias y sánscritas establecieron que Brahma había sido, hablando vagamente, el creador de los mundos. Pero entre aquellos para los cuales él era sagrado creció, debemos recordarlo, la filosofía de la maldad inherente y dualidad de la existencia material. Y con el perfeccionamiento de esta historia se hizo popular el nombre de un nuevo dios, Shiva o Mahadeva, personificando la iluminación espiritual. Ahora, ¿qué papel pueden haber desempeñado, en la evolución del cosmos, estas diferentes divinidades? Éste era un mundo en que el bien traía la maldad, y la maldad traía el bien, y el bien sin el mal era una mera contradicción de términos. ¿Cómo, entonces, podía ser hecho el Gran Dios responsable por algo tan desastroso? Lisa y llanamente, no podía ser culpado.

Por ello se elaboró el mito de que Brahma había primero creado cuatro jóvenes hermosos para ser los progenitores de la humanidad, y que ellos se habían sentado en las orillas del lago Manasa para rezar. Repentinamente se les acercó Shiva en la forma de un gran cisne —el prototipo de los Paramahamsa, o cisne supremo, el representante de un alma emancipada— que nadaba de acá y para allá, advirtiéndoles que el mundo a su alrededor era una ilusión y una esclavitud, y que su única forma de escapar estaba en negarse a convertirse en padres. Los jóvenes oyeron y comprendieron, y, sumergidos en meditación, permanecieron en las orillas del lago divino, inservibles para cualquier propósito del mundo. Entonces Brahma creó a los ocho señores de la creación, los Prajapatis, y fueron ellos quienes hicieron el desorden que es llamado este mundo.

La historia de las ideas es tal vez la única historia que puede ser seguida claramente en la India, pero ésta puede ser trazada con una claridad maravillosa. En este punto de la historia de Brahma, en que crea a los Prajapatis, en una historia cuyo claro objetivo es mostrar el papel jugado por Shiva en el proceso de creación, es obvio que estamos tirando repentinamente por la borda la totalidad de una más antigua cosmogonía. El hecho recíproco, de que los dioses de esa mitología se están encontrando por primera vez con una nueva serie de concepciones más espirituales y más éticas de las que les han sido familiares hasta aquí, es igualmente indiscutible según prosigue la historia. Uno de los nuevos

Prajapatis tiene una convicción establecida —suficientemente incongruente en una nueva creación, pero natural en el caso de gran señorío—: que él mismo es Señor Supremo de los hombres y los dioses, y es muy lamentable para su desilusión y disgusto ver su rango y sus pretensiones ignoradas por ese dios que es conocido como Shiva o Mahadeva. En el mero hecho de la inmediatez de la ofensa dada, y en lo inesperado del desaire, tenemos una indicación adicional de que estamos tratando con la introducción de un nuevo dios al panteón hindú. Él será hecho miembro de su círculo familiar por un ardid que es al mismo tiempo antiguo y eternamente nuevo. El jefe Prajapati-Daksha tenía una hija llamada Sati, que es la misma encarnación de la piedad y la devoción femeninas. El alma entera de esta dama es entregada en secreto a la adoración y amor al Gran Dios. En ese momento ella es la última hija soltera de su padre, y el momento para que sea pedida en matrimonio y compromiso no puede demorarse mucho más. Se anuncia por ello que el *swayamvara* —la ceremonia de elección de su propio marido realizada por la hija de un rey— ha de celebrarse y las invitaciones son emitidas a todos los dioses y príncipes elegibles. solo Shiva no es invitado, y es a Shiva a quien el corazón de Sati está entregado irrevocablemente. Entrando en el pabellón donde se realiza la elección nupcial, por ello, con la guirnalda matrimonial en la mano, Sati hace una suprema apelación: «¡Si soy realmente Sati», exclamó, lanzando la guirnalda al aire, «entonces tú, Shiva, recibe mi guirnalda!» E inmediatamente él estaba allí en el medio de todos ellos con su guirnalda alrededor del cuello. La historia del posterior desarrollo de las hostilidades ya ha sido relatada.

Antigua como es ahora la historia de la boda de la hija del más viejo Señor de la Creación con el recién llegado entre los dioses, está claro que en este momento Daksha era ya tan viejo que el origen de su cabeza de cabra ya había sido olvidado, y parecía requerir explicación por el mundo del momento en que se aceptó a Shiva. Para una época anterior al nacimiento del budismo puede haber sido suficientemente familiar, pero la predicación de esta fe a lo largo y a lo ancho de la India debe, para este momento, haber educado a la gente a demandar atributos morales y espirituales en sus deidades en lugar de una mera desordenada colección de poderes cósmicos, y así entrenados, ellos volvieron, parecería, a la concepción de Daksha como algo de cuyo significado se habían olvidado.

Sugestiones de mitos anteriores

Señales de algo aún más antiguo serán vistas en el próximo acto de este drama sagrado, cuando Shiva, vencido por la pena, avanza a zancadas por la tierra, destruyendo todo, soportando el cuerpo de la muerta Sati sobre su espalda. El suelo se seca, las plantas por tanto también y las cosechas se malogran. Toda la naturaleza tiembla bajo la pena del Gran Dios. Entonces Visnú, para salvar a la humanidad, va detrás de Shiva y, tirando violentamente su disco una y otra vez, corta en pedazos el cuerpo de Sati, hasta que el Gran Dios, consciente de que el peso ha desaparecido, se retira solo a Kailas para sumirse una vez más en su eterna meditación. Pero el cuerpo de Sati ha sido cortado en cincuenta y dos pedazos, y dondequiera que un fragmento tocara la tierra un santuario de la madre- adorada se establecía, y Shiva mismo brillaba ante él suplicante como un guardián de ese sitio.

Toda esta historia trae otra vez a nosotros vivamente la búsqueda de Perséfone por Deméter, la gran diosa, ese hermoso mito griego del invierno nórdico; pero en los cincuenta y dos trozos del cuerpo de Sati recordarnos irresistiblemente los setenta y dos fragmentos de otro cuerpo muerto, el de Osiris, que fue buscado por Isis y encontrado en el ciprés en Byblos. El año más viejo se dijo que había sido uno de dos estaciones, o setenta y dos semanas. De modo que el cuerpo de Osiris podría tal vez significar el año entero, dividido en sus más calculables unidades. En la historia más moderna nos encontramos ocupándonos otra vez de un número característico de semanas del año. Los fragmentos del cuerpo de Sati son cincuenta y dos. ¿Representa ella, entonces, alguna antigua personificación que puede haber sido la raíz histórica de nuestro actual recuento?

De un modo general, como sabernos, las diosas son muy anteriores a los dioses, y es interesante ver que en el mito más antiguo de Egipto es la mujer la que es activa, la mujer que busca y se lleva el cuerpo de un hombre. La comparativa modernidad de la historia de Shiva y Sati es vista, entre otras cosas, en el hecho de que su esposo busca, encuentra y acarrea a la esposa.

Uma

Sati vuelve a nacer como hija de la gran montaña Himalaya, cuando su nombre era Uma, siendo su nombre familiar Haimavati en su nacimiento; otro de los nombres por los que era conocida era Parvati, *hija de la montaña*. Su hermana mayor era el río Ganga. Desde su niñez Uma fue devota a Shiva, y ella se marchaba furtivamente por la noche para ofrecer flores y frutos y encender luces ante la columna (monolito). Un deva, también, un día predijo que ella se convertiría en esposa de un gran dios. Esto despertó el orgullo de su padre, por lo que estaba ansioso por que ella se comprometiera en matrimonio; pero nada podía hacerse, dado que Shiva permanecía inmerso en profunda contemplación, inconsciente de todo lo que sucedía, estando toda su actividad volcada a su interior. Uma se convirtió en su sirviente y atendía todos sus requerimientos, pero no podía distraerle de la práctica de austeridades o despertar su amor.

Por esa época un terrible demonio llamado Taraka atacaba repetidamente a los dioses y al mundo, cambiando todas las estaciones y destruyendo sacrificios; no podían los dioses vencerlo, dado que en una época pasada había conseguido su poder del mismo Brahma practicando austeridades. Los dioses, entonces, fueron hasta Brahma y le rogaron su ayuda. Éste explicó que no sería adecuado que él actuara en contra del demonio, a quien él mismo había dado poderes; pero prometió que un hijo nacería de Shiva y Parvati, que llevaría a los dioses a la victoria.

El jefe de los dioses se dirigió a Kamadeva, o Deseo, el dios del Amor, y le explicó la necesidad de su colaboración. Deseo acordó prestar su ayuda y partió con su esposa, Pasión, y su compañero la Primavera a la montaña donde habitaba Shiva. En esa estación los árboles estaban dando nuevas flores, la nieve se había ido y los pájaros y las bestias se estaban apareando; solo Shiva permanecía inmóvil en su sueño.

Incluso Deseo estaba desalentado hasta que tomó nuevo coraje ante la vista del amor de Uma. Eligió un momento en que Shiva comenzó a relajar su concentración y en que Parvati se aproximó para adorarlo; apuntó con su arco y estaba a punto de disparar cuando el Gran Dios lo vio y disparó un rayo de fuego desde su tercer ojo, consumiendo totalmente a Deseo. Shiva partió dejando a Pasión inconsciente, y Parvati fue llevada por su padre. Desde ese momento Manga, «Sin Cuerpo», ha sido uno de los nombres de Kamadeva, dado que él no fue muerto, y mientras Pasión lamentaba la pérdida de su señor una voz le dijo: «Tu amante no está perdido para siempre; cuando Shiva se case con Uma restituirá el cuerpo de Amor a su alma, un regalo de boda para su joven esposa.»

Parvati reprobó su inútil belleza, dado que ¿de qué sirve ser bella, si ningún amante ama esa belleza? Ella se convirtió en una *sannyasini,* una anacoreta, y estando lejos de toda joya, con el cabello despeinado y un vestido de ermitaña hecho de corteza, ella se retiró a una montaña solitaria y pasó su vida meditando en Shiva y practicando austeridades tales como las que son apreciadas por él. Un día un joven brahmán la visitó, dándole felicitaciones por la constancia de su devoción, pero le preguntó por qué razón perdía su vida en autonegación cuando ella tenía juventud y belleza y todo lo que su corazón podía desear. Ella contó su historia y dijo que desde que Deseo estaba muerto no vio otra forma de conseguir la aprobación de Shiva que su devoción. El joven intentó disuadir a Parvati de desear a Shiva, contándole las terribles historias de sus desfavorables acciones: cómo él llevaba una serpiente venenosa y una sangrienta piel de elefante, cómo él vivía en suelos crematorios, cómo él cabalgaba sobre un toro y era de nacimiento pobre y desconocido. Parvati se enojó y defendió a su señor, declarando finalmente que su amor no podría ser cambiado por lo que él dijera, ya fuera verdadero o falso. Entonces el joven brahmán tiró su disfraz y se reveló como el mismo Shiva, y le dio a ella su amor. Parvati volvió a casa a contar a su padre su feliz fortuna, y los arreglos preliminares de la boda fueron hechos en la debida forma. Finalmente llegó el día, tanto Shiva y su novia estaban listos, y el primero, acompañado por Brahma y Visnú, entró en la ciudad del Himalaya en procesión triunfal, montando a través de las calles hundido hasta los tobillos en flores esparcidas, y Shiva se llevó a su joven esposa a Kaila; sin embargo, antes restituyó el cuerpo de Deseo a su solitaria esposa.

Durante muchos años Shiva y Parvati vivieron con felicidad en su paraíso del Himalaya; pero finalmente el dios Fuego apareció como un mensajero de los dioses y reprochó a Shiva que él no había tenido un hijo para salvar a los dioses del sufrimiento. Shiva confirió el fértil germen al Fuego, quien lo llevó y finalmente lo entregó al Ganges, que lo preservó hasta que las seis Pléyades vinieron a la bañarse en sus aguas al amanecer. Lo pusieron en una cesta de juncos, donde se convirtió en el niño-dios Kumara, el futuro dios de la guerra. Entonces Shiva y Parvati lo encontraron y lo llevaron a Kailas, donde pasó su feliz niñez. Cuando se había convertido en un joven fuerte los dioses requirieron su ayuda, y Shiva le envió como su general para liderar su ejército contra Taraka. Él conquistó y mató al demonio, y restauró la paz en el cielo y la Tierra.

El segundo hijo de Shiva y Parvati fue Ganesha, él es el dios de la sabiduría y el liberador de obstáculos. Un día la orgullosa madre, en un descuidado momento, pidió al planeta Saturno que vigilara a su niño: su funesta mirada redujo la cabeza del niño a cenizas. Parvati pidió consejo a Brahma, y él le dijo que reemplazara la cabeza con la primera que ella pudiera encontrar: ésta fue la de un elefante.

Los juegos de Uma

Mahadeva se sentó un día sobre una montaña sagrada del Himalaya sumergido en profunda y ardua contemplación. Alrededor de él estaban los deliciosos y floridos bosques, superpoblados de pájaros y bestias, ninfas y espíritus. El Gran Dios se sentó en una pérgola donde flores celestiales se abrían y resplandecían con luz radiante; el aroma a sándalo y el sonido de música celestial se sentía en todas partes. Más allá de todo lo que se dice estaba la belleza de la montaña, radiante con la gloria de la penitencia del Gran Dios, haciendo eco con el zumbido de las abejas. Toda la estación estaba allí presente, todas las criaturas y poderes residían allí con sus mentes firmemente puestas en *yoga,* en concentrados pensamientos.

Mahadeva tenía sobre su lomo una piel de tigre y una piel de león sobre las espaldas. Su cordón sagrado era una terrible serpiente. Su barba era verde; sus cabellos colgaban en mechas enmarañadas. Los rishis se inclinaron hasta el suelo en adoración; por esta visión maravillosa ellos eran purificados de todo pecado. Entonces vino Uma, hija de Himalaya, esposa de Shiva, seguida de sus sirvientes espirituales. Ella iba vestida como su señor, e hizo las mismas reverencias. La tinaja que ella sostenía estaba llena de agua de cada *tirtha,* y las damas de los ríos sagrados la seguían. Flores brotaban y perfumes se esparcían a cada lado según ella se iba aproximando. Entonces Uma, con una boca sonriente, con humor juguetón, cubrió los ojos de Mahadeva, poniendo sus amorosas manos sobre ellos desde atrás.

Inmediatamente decayó la vida en el universo, el Sol palideció y los seres vivos se acobardaron de temor. Entonces la oscuridad desapareció otra vez, dado que brilló un ojo encendido en la frente de Shiva, un tercer ojo como un segundo sol. Entonces encendiendo una llama procedente de ese ojo el Himalaya fue quemado con todos sus bosques, y las manadas de ciervos y otras bestias corrieron precipitadamente hasta el trono de Mahadeva para pedirle su protección, haciendo que el poder del Gran Dios irradiara con extraño brillo. El fuego mientras tanto ardió hasta el mismo cielo, cubriendo los cuatro puntos cardinales como la totalmente destructora conflagración de un fin de eón. En un momento se consumieron las montañas, con sus rocas, sus picos y radiantes hierbas. Entonces la hija del Himalaya, viendo a su padre así destruido, se adelantó y se detuvo frente al Gran Dios con sus manos juntas en plegaria. Mahadeva, viendo a Uma apenada, lanzó miradas benignas sobre la montaña, e inmediatamente el Himalaya fue restituido a su estado inicial antes del fuego. Todos los árboles dieron sus flores, y los pájaros y bestias se alegraron.

Después Uma con manos unidas dijo a su señor: «Oh, tú el sagrado, señor de criaturas», dijo, «te ruego que resuelvas mi duda. ¿Por qué ha aparecido este tercer ojo tuyo? ¿Por qué ha sido quemada la montaña y todos sus bosques? ¿Por qué has restituido ahora la montaña a su estado original después de destruirla?»

Mahadeva respondió: «Inmaculada dama, dado que tú cubriste mis ojos en un juego irreflexivo, yo creé un tercer ojo para proteger a todas las criaturas, pero la energía encendida a partir de él destruyó la montaña. Por tu bien he rehecho todo el Himalaya otra vez.»

Shiva pescando

Sucedió un día que Shiva se sentó con Parvati en Kailas exponiendo a ella el texto sagrado de los *Vedar*. Estaba explicando un punto muy complicado cuando alzó la vista y vio que Parvati estaba manifiestamente pensando en otra cosa, y cuando le pidió que repitiera el texto ella no podía, dado que, de hecho, lo había estado escuchando. Shiva estaba muy enojado, y dijo: «Muy bien, está claro que tú no eres una esposa apropiada para un yogui; tú nacerás sobre la Tierra como la esposa de un pescador, donde no escucharás ningún texto sagrado.» Inmediatamente Parvati desapareció y Shiva se sentó a practicar uno de sus más profundos pensamientos. Pero no podía concentrarse; continuaba pensando en Parvati y sintiéndose muy incómodo. Finalmente se dijo a sí mismo: «Me temo que he estado demasiado intempestivo, y ciertamente Parvati no debería estar abajo en la Tierra como la mujer de un pescador; ella es mi esposa.» Mandó buscar a su sirviente Nandi y le ordenó que adquiriera la forma de un terrible tiburón y molestara a los pobres pescadores, rompiendo sus redes y haciendo naufragar sus embarcaciones.

Parvati había sido encontrada en la costa por el jefe de los pescadores y la adoptó como una hija. Ella creció para convertirse en una muy hermosa y amable niña. Todos los jóvenes pescadores deseaban casarse con ella. Para ese momento las acciones del tiburón se habían vuelto totalmente intolerables; de modo que el jefe de los pescadores anunció que entregaría a su hija adoptiva en matrimonio a quienquiera que cogiera al gran tiburón. Éste fue el momento previsto por Shiva; él asumió la forma de un apuesto pescador y, apareciendo como una visita que venía de Madura, se ofreció a cazar el tiburón y por ello tiró primero de la red. Los pescadores estaban muy agradecidos de deshacerse de su enemigo, y la hija del jefe de los pescadores fue dada en matrimonio al joven de Madura, para gran disgusto de sus anteriores pretendientes. Pero Shiva adquirió ahora su propia forma y, ofreciendo su bendición al padre adoptivo de Parvati, partió con ella otra vez a Kailas. Parvati pensó que realmente ella debía ser más atenta, pero Shiva estaba tan agradecido de tener a Parvati otra vez con él que se sintió completamente en paz y totalmente dispuesto para sentarse y retomar sus sueños interrumpidos.

Los Santos De Shiva

Pies de Tigre (Vyaghrapada)

Un casto e instruido brahmán residía junto al Ganges. Tenía un hijo dotado de extraños poderes y dones de la mente y el cuerpo. Él se convirtió en un discípulo de su padre; cuando había aprendido todo lo que su padre podía enseñarle, el sabio le dio su bendición, y preguntó a su hijo: «¿Qué resta que yo pueda hacer por ti?» Entonces el hijo se inclinó hasta los pies de su padre, diciendo: «Enséñame la más alta forma de virtud entre las reglas de la ermita.» El padre contestó: «La más alta virtud es adorar a Shiva.» «¿Dónde puedo hacer mejor esto?», preguntó el joven. El padre respondió: «Él impregna todo el universo; sin embargo, hay sitios en la tierra donde se manifiesta especialmente, tanto como el mismo Omnipresente se manifiesta en cuerpos individuales. El mayor de esos santuarios es Tillai, donde Shiva aceptará tu adoración; allí está la columna de la luz pura.»

El joven asceta dejó a sus padres y partió en su largo viaje al Sur. Pronto llegó a un hermoso lago cubierto de flores de loto, y junto a él vio una columna bajo un gomero. Él bajó su cabeza en adoración del señor y se hizo a sí mismo su sacerdote, haciendo el servicio de ofrecer flores y agua con infalible devoción día a día. Ahora, muy lejos, construyó para sí mismo una pequeña ermita y estableció una segunda columna en el bosque. Pero encontró difícil cumplir con el servicio a ambos santuarios, dado que no estaba satisfecho con las flores de las charcas y campos y arbustos, dado que deseaba hacer ofrendas diarias de los más exquisitos pimpollos de lo más alto de los árboles más nobles del bosque. Daba igual cuán temprano comenzara, de todas formas los brillantes rayos del sol marchitaban la mitad de ellos antes de que pudiera recoger los suficientes, y tampoco podía ver en las horas oscuras para escoger las flores más perfectas.

Desesperado por conseguir un servicio perfecto se lanzó al suelo e imploró a los dioses que le ayudaran. Shiva apareció y, con una sonrisa amable, ofreció un deseo al devoto joven. Pidió que pudiera obtener las manos y los pies de un tigre, provistos de fuertes garras y con penetrantes ojos en ellas, para poder trepar rápidamente a los más altos árboles y encontrar las flores más perfectas para servir al santuario. Esto Shiva lo concedió, y así el joven se convirtió en el «Pie de Tigre» y el de «Seis Ojos».

Santo del Ojo (Kan-Appan)

Vivía hace mucho tiempo un jerarca del bosque que pasaba todos sus días cazando, de modo que en los bosques resonaban los ladridos de los perros y los gritos de los sirvientes. Era un adorador de Subrahmanian, la deidad montaña del Sur, y sus ofendas eran bebida fuerte, pavos y pavos reales, acompañados con danzas salvajes y grandes banquetes. Tenía un hijo, de nombre Robusto, a quien siempre llevaba con él en sus expediciones de caza, dándole la educación, así decían ellos, de un joven cachorro de tigre. Llegó el momento en que el jerarca se volvió débil, y pasó su autoridad a Robusto.

Él también pasaba sus días cazando. Un día un gran verraco se escapó de las redes en que había sido cogido y se largó. Robusto le persiguió con dos sirvientes, una larga y cansadora persecución, hasta que al final el verraco cayó de agotamiento y Robusto lo cortó en dos. Cuando la comitiva llegó propusieron asar el verraco y tomar un descanso, pero allí no había agua; entonces Robusto cargó el verraco sobre sus espaldas y se fueron muy lejos. Entonces vieron la colina sagrada de Kalaharti; uno de los sirvientes señaló su cumbre, donde había una imagen del dios con mechones enmarañados.

«Vayamos allí a rezar», dijo. Robusto alzó otra vez al verraco y fueron más y más lejos. Pero al caminar, el verraco se volvía más y más liviano, maravillando cada vez más a su corazón. Dejó el verraco y corrió a buscar el significado del milagro. No pasó mucho tiempo hasta que llegó a una columna de piedra, la parte superior de la cual tenía la forma de la cabeza del dios; inmediatamente ella habló a su alma, preparada por alguna bondad o austeridad de algún nacimiento anterior, de modo que toda su naturaleza cambió y no pensó en nada sino en el amor al dios que ahora veía por primera vez; besó la imagen, como una madre abrazando a un hijo perdido hace tiempo. Vio el agua que había sido vaciada recientemente sobre ella, y la cabeza se pobló de hojas; uno de sus seguidores, que venía justo detrás, dijo que esto debió haber sido hecho por un viejo brahmán devoto que había vivido cerca en los días del padre de Robusto.

Entonces vino al corazón de Robusto que él mismo debía tal vez prestar algún servicio al dios. Él no quería dejar la imagen sola, pero no tenía alternativa, y volviendo de prisa al campamento eligió algunas partes tiernas de la carne asada, las probó para ver si estaban buenas y, poniéndolas en una bandeja de hojas y cogiendo un poco de agua del río en su boca, corrió de vuelta a la imagen, dejando a sus asombrados seguidores sin palabras, dado que naturalmente ellos pensaron que se había vuelto loco. Cuando llegó a la imagen salpicó agua de su boca, hizo una ofrenda de la carne de verraco y dejó junto a ella flores salvajes de su propio cabello, rogando al dios que recibiera sus obsequios. Entonces el Sol cayó, y Robusto permaneció junto a la imagen de guardia con su arco encordado y su flecha afilada. Al amanecer fue a cazar para tener más ofrendas para poner frente al dios.

Mientras tanto el brahmán devoto que había servido al dios tantos años vino a hacer sus acostumbrados servicios matinales; trajo agua pura en vasijas sagradas, flores frescas y hojas, y recitó rezos sagrados. ¡Cómo se horrorizó al ver que la imagen había sido profanada con carne y agua sucia! Rodó de pena ante la columna (el monolito), preguntando al Gran Dios por qué había permitido la profanación de este santuario, dado que las ofrendas aceptables para Shiva son agua pura y flores frescas; se dice que hay mayor mérito en dejar una sola flor ante un dios que en ofrecer mucho oro. Para este sacerdote brahmán la muerte de las criaturas era un crimen repugnante comer carne, una inmensa abominación; tocar la boca de un hombre, una violación, y él observaba a los bárbaros cazadores como criaturas de orden inferior. Reflexionaba, sin embargo, que no debía tardar en llevar adelante su propio acostumbrado servicio; por ello limpió a la imagen cuidadosamente e hizo sus rezos como era su costumbre de acuerdo con el rito Veda, cantó el himno convenido, circunvaló el santuario y volvió a su morada.

Durante algunos días tuvo lugar esta alternancia de los servicios a la imagen: el brahmán ofreciendo agua pura y flores en la mañana, y el cazador trayendo carne por la noche. Mientras tanto, llegó el padre de Robusto, pensando que su hijo estaba poseído, y se esforzó por hacer razonar al joven convertido; pero fue en vano, y no pudieron sino regresar a su pueblo y dejarle solo.

El brahmán no podía soportar este estado de cosas por mucho tiempo; apasionadamente llamó a Shiva para proteger su imagen de esta diaria profanación. Una noche el dios se apareció ante él diciendo: «Eso por lo que protestas es aceptable y bienvenido por mí. El que ofrece carne y agua de su boca es un cazador ignorante de los bosques que no sabe nada de tradiciones sagradas. Pero no lo observes a él, observa solamente su motivo; su rudo cuerpo está lleno de amor a mí, esa misma ignorancia es su conocimiento de mí. Sus ofrendas, abominables a tus ojos, son puro amor. Pero tú debes observar mañana la prueba de su devoción.»

Al día siguiente Shiva mismo ocultó al brahmán detrás del santuario; entonces, para revelar toda la devoción de Robusto, hizo que pareciera que fluía sangre de uno de los ojos de su propia imagen. Entonces cuando Robusto trajo sus acostumbradas ofrendas, inmediatamente vio su sangre y gritó:

«Oh mi señor, ¿quién te ha herido? ¿Quién ha hecho este sacrilegio cuando yo no estaba aquí para cuidarte?» Entonces buscó en todo el bosque para encontrar al enemigo; no encontrando a nadie, se puso a curar la herida con hierbas medicinales, pero fue en vano. Entonces recordó la máxima de los médicos, que lo mismo cura a lo mismo, e inmediatamente cogió una afilada flecha y quitó su propio ojo derecho y lo aplicó a la imagen del dios, y ¡mira! la sangre paró al instante. Pero, ¡ay de mí!, el segundo ojo comenzó a sangrar. Por un momento Robusto se sintió abatido e impotente; entonces tuvo la inspiración de que todavía tenía un medio de curarlo, y probó su eficacia. Cogió la flecha y se quitó el otro ojo, poniendo su pie contra el ojo de la imagen, para poder encontrarla cuando ya no viera.

Pero el propósito de Shiva estaba cumplido; adelantó una mano de la columna y paró la mano del cazador, diciéndole: «Es suficiente; desde ahora tu sitio estará siempre a mi lado en Kailas.» Entonces el sacerdote brahmán también vio que el amor es mayor que la pureza ceremonial, y Robusto ha sido amado para siempre como el «Santo del Ojo».

Manikka Vaçagar y los chacales

Este santo nació cerca de Madura; a sus dieciséis años había agotado todo el círculo de enseñanza contemporáneo de los brahmanes, especialmente las escrituras de los shaivas; el informe de su aprendizaje e inteligencia llegó al rey, quien envió a buscarlo y lo hizo primer ministro. En la corte Panadia disfrutó del lujo del cielo de Indra, y se movió entre los cortesanos como la Luna plateada entre las estrellas, vestido con ropas reales, rodeado de caballos y elefantes, protegido por el paraguas del Estado; dado que el sabio rey dejó todo el gobierno en sus manos. A pesar de ello el joven ministro no perdió su cabeza; él recordaba que los placeres externos no son sino lazos para el alma, y deben ser abandonados por aquellos que alcanzan la Liberación. Sentía gran compasión por las esforzadas multitudes que nacían una y otra vez sufriendo penas irremediables. Su alma se derretía en apasionadas nostalgia hacia Shiva. Continuó administrando justicia y gobernando bien, pero siempre tenía la ilusión de encontrar un maestro que le revelara e l «Camino de la Liberación». Como una abeja revolotea de una flor a otra él fue de uno a otro maestro de los shaivas, pero no encontró una verdad satisfactoria. Un día un mensajero vino a la corte anunciando que un barco había llegado al puerto trayendo una preciosa carga de espléndidos caballos de otras tierras. El rey inmediatamente despachó a su ministro con un gran tesoro para comprar los bellos caballos, y él partió con la debida ceremonia y pompa, acompañado por regimientos de soldados.

Mientras tanto, Shiva mismo, sentado en su corte en el cielo con Uma su esposa, anunció su intención de descender a la Tierra con la forma humana de un *gurú* o maestro, y que él podía iniciarse como discípulo para la conversión del Sur y la gloria del discurso del Tamil. Consecuentemente, cogió su sitio bajo un bien extendido árbol, rodeado de muchos sirvientes en la forma de santos shaivas, sus discípulos. Ante este evento los árboles dieron sus pimpollos, los pájaros cantaron sobre cada rama del bosque cerca junto al puerto donde el señor había cogido su asiento. Entonces el joven enviado pasó por allí, acompañado por su séquito, y oyó el sonido de los himnos shaivas procedentes del bosque. Envió un mensajero para averiguar el origen de la música divina, y le dijeron que había un santo maestro establecido, como el mismo Shiva, bajo un gran árbol, acompañado de miles de devotos. Ante esto él desmontó y se dirigió reverentemente hacia donde estaba el sabio, quien apareció ante su visión como el mismo Shiva, con su ojo en llamas. Hizo preguntas acerca de las divinas verdades enseñadas por el sabio y sus discípulos; él se convirtió y se echó a los pies del maestro con lágrimas en los ojos, renunciando a los honores mundanos: recibió una solemne iniciación y se convirtió en *Jivanmukta,* uno que alcanza la Liberación mientras todavía encama una forma humana. Adoptó las cenizas blancas y los cabellos trenzados de un yogui shaiva. Más aún, traspasó los tesoros confiados a él para la adquisición de los caballos.

La comitiva real se acercó al ministro convertido y protestó por esta disposición de la propiedad de su señor; pero él les mandó marcharse: «¿Por qué», preguntó, «me traéis otra vez asuntos mundanos como éste?» Ellos se volvieron a Madura y anunciaron al rey lo que había sucedido. Éste no se enfureció anormalmente, y envió una orden real para que su ministro volviera inmediatamente. Éste solo respondió: «No conozco otro rey que no sea Shiva, de quien ni siquiera los mensajeros de la muerte pueden apartarme.» Shiva, sin embargo, le ordenó que regresara a Madura y no temiera nada, sino que dijera que los caballos llegarían a su debido momento. El dios también le proveyó de un equipaje adecuado y de un rubí sin valor. El rey al principio aceptó sus garantías de que los caballos llegarían, pero la historia de los otros cortesanos prevaleció, y dos días antes de la prometida llegada de los caballos el joven ministro fue metido en prisión.

El señor, sin embargo, cuidaba de sus discípulos. Él juntó una multitud de chacales, les convirtió en espléndidos caballos y los envió a la corte, con multitudes de deidades menores disfrazadas de mozos de cuadra; él mismo cabalgó a la cabeza de la tropa, disfrazado del mercader a quien se suponía se habían comprado los caballos. El rey estaba por supuesto encantado, y liberó al ministro con muchas disculpas. Los caballos fueron entregados y enviados a los establos reales; los dioses disfrazados partieron y todo parecía estar bien.

Antes del amanecer el pueblo fue despertado por horribles aullidos; los caballos se habían vuelto otra vez chacales y, lo que es peor, estaban devorando a los caballos reales en los establos del rey. El rey se dio cuenta de que había sido engañado, y cogió al pícaro ministro y lo expuso al sol de mediodía, con una pesada piedra sobre su espalda. Éste rogó a su señor; Shiva en respuesta liberó las aguas del Ganga de sus enmarañados cabellos e inundó el pueblo. Otra vez el rey se dio cuenta de su error y restituyó al sabio a un puesto de honor, y se puso a construir un dique para salvar al pueblo. Cuando esto estuvo hecho, el rey ofreció entregar el reino al santo, pero Manikka Vaçagar prefirió retirarse al puerto donde primero había visto a su señor. Allí cogió su sitio a los pies del gurú. La tarea de Shiva, sin embargo, estaba ahora acabada; partió al cielo, dejando el encargo a Manikka Vaçagar de establecer la fe a través de Tamilakam. A partir de ese momento el santo pasó su vida deambulando de pueblo en pueblo, cantando devotamente y lleno de pasión los himnos de los cuales le vino su nombre de «Aquel cuyo Discurso son Rubíes». Finalmente llegó a Chitambaram, la ciudad sagrada donde diariamente se realiza la danza de Shiva, también la morada del santo llamado «Pie de Tigre»; el santo vivió allí hasta que murió convirtiéndose en el señor, Ésta fue la forma de esa beatificación. Después de una gran controversia con herejes budistas de Ceilán apareció un venerable, aunque desconocido devoto, quien rogó ser permitido anotar todas las canciones de los santos de sus propios labios. Hizo esto y luego desapareció, dado que él no era otro sino el mismo Shiva, quien cogió las canciones para el cielo para que los dioses disfrutaran. A la mañana siguiente una copia perfecta fue encontrada, con mil versos en total, firmada por el mismo dios, junto a su imagen en Chitambaram.

Todos los devotos del templo se apresuraron a pedirle una explicación al santo; él les dijo que le siguieran, y los llevó a donde estaba la imagen de Shiva en la Corte Dorada. «Éste es el significado. Esto es lo importante», dijo, y con ello desapareció, derritiéndose en la misma imagen, y no fue visto nunca más.

Una leyenda de la danza de Shiva

Llegó a conocimiento de Shiva que vivían en el bosque Taragam diez mil rishis herejes, que enseñaban que el universo es eterno, que las almas no tenían señor y que realizar trabajos es suficiente para alcanzar la salvación. Shiva decidió enseñarles la realidad. Ordenó a Visnú que le acompañara con la forma de una mujer hermosa, y los dos penetraron en el bosque salvaje: Shiva disfrazado como un yogui ambulante, Visnú como su esposa. Inmediatamente todas las esposas de los rishis quedaron arrebatadas por el deseo del yogui; los rishis mismos estaban igualmente enamorados por la aparente esposa del yogui. Pronto toda la ermita estaba alborotada; pero pronto los ermitaños comenzaron a sospechar que las cosas no eran lo que parecían; ellos se reunieron y pronunciaron maldiciones totalmente ineficaces a los visitantes. Entonces prepararon un fuego de sacrificios e hicieron salir de él un terrible tigre que se lanzó sobre Shiva para devorarlo. Él solo sonrió y, cogiéndolo amablemente, le arrancó la piel con su dedo menor, y la envolvió sobre sí mismo como un chal de seda. Entonces los rishis produjeron una horrible serpiente; pero Shiva la colgó alrededor de su cuello a modo de guirnalda. Más tarde apareció un maligno enano negro con una gran porra, pero Shiva presionó sus pies sobre su espalda y comenzó a bailar, con su pie todavía presionando sobre el duende. Los abatidos ermitaños, superados por sus propios esfuerzos, y ahora con el esplendor y la rapidez de la danza y la visión de los cielos abriéndose, habiéndose reunido los dioses para observar al bailarín, se echaron ante el glorioso dios y se convirtieron en sus devotos.

Entonces Parvati descendió sobre el toro blanco, y Shiva partió con ella para Kailas. Así Visnú fue dejado solo con sus acompañantes, la serpiente Ati-Sheshan, Anata, el Infinito, sobre quien descansa el océano de leche durante la noche de Brahma. Todos estaban aturdidos con la danza de Shiva, y Ati-Sheshan especialmente ansiaba ver otra vez la visión. Visnú entonces liberó a la serpiente de servirle, ordenando a su hijo ocupar su sitio, y aconsejó a su reciente sirviente llegar hasta Kailas y obtener el favor de Shiva mediante una vida de ascetismo. Entonces la devota serpiente, con sus mil cabezas enjoyadas. partió hacia las regiones del Norte para estar junto a su gloria secular y convertirse en el mayor de los devotos de Shiva. Después de un tiempo, Shiva, adoptando la forma de Brahma cabalgando sobre su cisne, apareció para poner a prueba la sinceridad del devoto: él señaló que ya había sufrido los suficiente para merecer las delicias del paraíso y un elevado sitio en el cielo, y le ofreció un deseo. Pero la serpiente respondió: «Yo no deseo ningún cielo aparte, ni obsequios milagrosos; yo deseo solo ver para siempre la danza mística del Señor de todos.» Brahma discutió en vano; la serpiente se quedaría como era, si era necesario hasta la muerte y a través de otras vidas, hasta que obtuviera la bendita visión. Shiva entonces adquirió su propia forma y, cabalgando detrás de Parvati sobre su toro blanco-nieve, se aproximó a la gran serpiente y tocó su cabeza.

Entonces él procedió como un gurú terrenal —y para los shaivitas cada verdadero maestro es un enviado de Dios— a impartir antigua sabiduría a su nuevo discípulo. El universo, dijo, nació de Maya, ilusión, para ser la escena de innumerables encarnaciones y de acciones tanto buenas como malvadas. Como una vasija de barro tiene por causa primera al alfarero, por causa material a la arcilla y por causa instrumental la vara del alfarero y la rueda, así el universo tiene a la ilusión por su causa material, el *Shakti* de Shiva —esto es, Parvati— por su causa instrumental y al mismo Shiva por su primera causa. Shiva tiene dos cuerpos, el primero con partes y visible, el otro sin partes, invisible y trascendental. Más allá de esto está su forma esencial de luz y esplendor. Él es el alma de todo, y su danza es la creación, preservación y destrucción del universo, y su entrega de cuerpos a las almas y su liberación. La danza es incesante y eterna; Ati-Sheshan la verá otra vez en Tillai, Chitambaram, el centro del universo. «Mientras tanto», dijo Shiva, «dejarás a un lado tu forma de serpiente y, nacido de padres mortales, partirás a Tillai, donde encontrarás un bosque, donde hay una columna, la primera de las columnas cuidada por mi sirviente "Pie de Tigre". Vive con él en la ermita que ha hecho, y llegará el momento en que la danza se revelará ante ti y él juntos.»

Ésa es la historia de la revelación de la danza de Shiva en el bosque de Taragam.

Notas acerca de la danza de Shiva

La anterior es una de las muchas leyendas de la danza de Shiva. La misma danza representa la actividad de Shiva como la fuente de todo movimiento dentro del universo, y especialmente sus cinco acciones: creación, preservación, destrucción, encarnación y liberación; su propósito es liberar de la ilusión las almas del hombre. Es frecuentemente enfatizado que el sitio de la danza, el sagrado santuario de Tillai o Chitambaram, es en realidad dentro en el corazón; el alma humana alcanza la liberación cuando la visión es vista en sí misma. Se verá que Shiva tiene muchas formas: lo mismo «malvada» que «buena». Esto debe ser siempre así si no vamos a postular un «diablo» separado. Como bailarín en la tierra crematoria (de sacrificios), el sitio más sucio y menos placentero, él es esencialmente un demonio pre-ario; él es también «El Terrible» y «El Destructor». Posteriormente la idea de Shaivate hace efectivo uso de esta dramática imaginería, no solamente argumentando que los demonios también deben ser una porción de Dios, no transfiriendo simplemente el sitio de danza al sagrado santuario de Chitambaram, sino aceptando la danza como es, como encontrando un nuevo significado en el suelo crematorio, el corazón de los devotos, baldío y desolado, y todo es destruido salvo el mismo bailarín.

Capítulo VII

OTRAS HISTORIAS DE LOS PURANAS, POEMAS ÉPICOS Y VEDAS

LA AGITACIÓN DEL OCÉANO

Sucedió hace tiempo que Indra, rey de los dioses, fue maldito por el gran rishi Durvasas, una porción de Shiva, por un desaire que éste le había hecho. A partir de entonces Indra y todos los tres mundos perdieron su energía y fuerza, y todas las cosas se fueron a la ruina. Entonces los *daityas* o asuras pusieron su fuerza contra los debilitados dioses de modo que éstos huyeron buscando la protección de Brahma; éste les aconsejó buscar ayuda de Visnú, el domesticador de demonios, el dios inmortal, creador, preservador y destructor. Entonces Brahma habló y él mismo llevó a los dioses hasta la costa norte del mar de Leche, hasta el sitio de Visnú, y pidió su ayuda. Entonces la Deidad Suprema, sosteniendo sus emblemas de concha, discos y maza, y radiante con luz, apareció ante el gran señor y otras deidades, y otra vez todos le adoraron. Entonces Han sonrió y dijo: «Yo restituiré vuestra fuerza. Haced lo que os ordeno: echad al mar de Leche hierbas poderosas, luego coged el monte Mandara como yana agitadora, la serpiente Vasuki como cordón y agitad el océano para el rocío de la vida. Para esto necesitáis la ayuda de los *daitayas;* -haced alianzas con ellos, entonces, y arreglad compartir con ellos el fruto de vuestra labor combinada; prometedles que, tomando la ambrosía, ellos se volverán inmortales. Pero yo veré que ellos no compartan el agua de la vida, sino que suyo será solo el trabajo.»

Así los dioses entraron en alianza con los demonios, y juntos emprendieron la agitación del mar de Leche. Ellos lanzaron dentro poderosas hierbas, cogieron el monte Mandara como vara agitadora y a Vasuki por cordón[14], Los dioses cogieron su ubicación junto a la cola de la serpiente, los *daityas* junto a su cabeza. Han mismo, con forma de tortuga, se convirtió en un pivote de la montaña al ser girada alrededor; él también estaba presente invisible entre los dioses y demonios, tirando de la serpiente de un lado a otro; en otro inmenso cuerpo estaba sentado sobre la cima de la montaña. Con otras porciones de su energía sostenía al rey serpiente e infundía poder a los cuerpos de los dioses. Al trabajar de ese modo las llamas de la respiración de Vasuki chamuscaban las caras de los demonios, pero las nubes que derivaban en dirección a su cola refrescaban a los dioses con lluvias vivificantes.

---

[14] El agitador de leche indio es una vara alrededor de la cual se enrolla un largo cordón, tirado alternativamente de puntas opuestas. El cordón mismo sostiene a la vara en posición vertical, y la agitación de ella a un lado y a otro produce el batido. (N. del T.)

Primero se alzó del mar la vaca que ofrece deseos, Surabhi, alegrando los ojos de las divinidades; entonces vino la diosa Varuni, con ojos envolventes, la divinidad del vino; después surgió el árbol Parijata del paraíso, la delicia de las ninfas del cielo, perfumando todo el mundo con la fragancia de sus flores, y se levantaron las tropas de apsaras, de encantadora hermosura y gracia. Entonces se alzó la Luna, a quien Mahadeva cogió y puso sobre su frente, y vino un chorro de mortífero veneno, que también Mahadeva cogió y bebió, para que no destruyera al mundo: era un veneno amargo que puso su garganta azul, por eso es conocido como Nilakanda, garganta azul, desde entonces. Luego vino Dhanwantari, cogiendo en su mano una copa del rocío de la vida, deleitando los ojos de *daityas* y rishis. Entonces apareció la diosa Shri, la delicia de Visnú, radiante, sentada sobre un loto abierto; los grandes elefantes del cielo la untaron con agua pura traída por Ganga y servida en vasijas doradas, mientras los embelesados sabios le cantaban plegarias. El mar de Leche la adornó con una corona de flores que nunca se marchitan; Vishvakarrna la cubrió con joyas celestiales. Entonces ella, que era en realidad la esposa de Visnú, se echó sobre su pecho y entonces, reclinándose, volvió sus ojos sobre los encantados dioses. Pero los *daiiyas* estaban poco satisfechos, dado que ahora eran abandonados por la diosa de la prosperidad.

Los enojados *daiiyas* arrebataron la copa de néctar de Dhanwantari y la volcaron. Pero Visnú, adquiriendo la forma de una exquisita y encantadora mujer, les engañó y les fascinó: mientras reñían entre ellos robó el líquido derramado y lo llevó a los dioses, quienes bebieron un trago de la copa de la vida. Así vigorizados, pusieron a volar a los demonios y los condujeron abajo al infierno, y adoraron a Visnú con regocijo. Entonces el Sol brilló claramente otra vez, los Tres Mundos se volvieron prósperos una vez más y la devoción floreció en los corazones de toda la gente. Indra, sentado sobre su trono, compuso un himno de plegaria para Lakshmi; ella, así adorada, le otorgó dos deseos. Ésta era la elección que nunca otra vez ella abandonaría los Tres Mundos, ni tampoco debería abandonar a nadie que le cantara una plegaria con las palabras del himno de Indra.

La fortuna de la diosa del bien nunca abandonará la casa por tres generaciones de quien así oye la historia del nacimiento de Lakshmi del mar de Leche, o de quien alguna vez la lee; conflictos o mala fortuna nunca entrarán donde se cante el himno de Lakshmi.

EL NACIMIENTO DE GANGA

Hubo una vez un rey de Ayodhya, de nombre Sagara. Él deseaba ansiosamente niños, pero no tenía descendencia. Su esposa mayor era Keshini, la segunda Sumati, hermana de Garuda. Con las dos se fue al Himalaya a practicar una austera penitencia. Cuando cien años habían pasado, el rishi Brigu, a quien él había honrado, le otorgó su deseo. «Tú alcanzarás un renombre sin paralelo entre los hombres», dijo. «Una esposa tuya, Keshini, traerá un hijo que perpetuará tu linaje; la otra dará a luz a sesenta mil hijos.» Esas hijas de reyes se quedaron contentas, y adorando al rishi, le preguntaron: «¿Sabremos quién de nosotras tendrá un hijo y quién muchos?» Él les preguntó su deseo: «¿Quién quiere cada cual de esos dos deseos», dijo, «un único perpetuador del linaje o sesenta mil hijos famosos, que no continuarán el linaje?» Entonces Keshini escogió el hijo solo y la hermana de Garuda escogió los muchos. Luego de esto el rey reverenció al santo con circunvalación y respeto y volvió a su ciudad.

En su debido momento Keshim tuvo un hijo, a quien se le dio el nombre de Asamanja. Sumati dio a luz a una calabaza, y cuando se partió y se abrió salieron sesenta mil hijos; las niñeras los criaron en botes de manteca hasta que crecieron jóvenes y hermosos. Pero el mayor, el hijo de Keshini, no los amaba, y quería echarlos al río Sarayu y verlos hundirse. Por esta malvada disposición y por los males que hizo a ciudadanos y pobladores honestos de Asamanja fue desterrado por su padre. Pero él tuvo a su vez un hijo llamado Suman, de buena fama y bien amado.

Cuando habían pasado muchos años Sagara decidió celebrar un poderoso sacrificio. El sitio para ello estaba en la región entre el Himalaya y Vindhya. Entonces el caballo fue liberado, y Anshumat, un poderoso auriga de batallas, le siguió para protegerlo. Pero sucedió que un cierto Vasava, adquiriendo la forma de una rakshasi, robó el caballo. Entonces los sacerdotes brahmanes informaron al rey, y le encomendaron que matara al ladrón y trajera de vuelta al caballo, porque si no el sacrificio fallaría y traería mala fortuna a todos los involucrados.

Entonces Sagara envió a sus sesenta mil hijos a buscar el caballo. «Buscad en toda la tierra de mar a mar», dijo, «legua por legua, sobre el suelo o bajo él.» Entonces estos grandes príncipes recorrieron la Tierra. Sin encontrar el caballo sobre su superficie, comenzaron a investigar con manos como rayos y poderosos arados, y entonces la tierra gritó de dolor. Grande fue el alboroto de las serpientes y demonios que fueron muertos entonces. Durante sesenta mil leguas cavaron como si fueran a alcanzar las más bajas profundidades. Desenterraron todo Jambudwipa, de modo que los mismos dioses temieron y fueron hasta Brahma reunidos en consejo. «Oh gran señor», dijeron, «los hijos de Sagara están excavando la tierra entera y por ello muchos son muertos. Gritando que alguien ha robado el caballo de Sagara, están trayendo la destrucción de todas las criaturas.» Entonces Brahma contestó:

«Toda esta tierra es consorte de Vasudeva; él es realmente su señor, en la forma de Kapila la sostiene. Por su cólera serán muertos los hijos de Sagara; por ello no deberíais temer.» Entonces habiendo abierto toda la tierra y habiéndola recorrido toda, los hijos volvieron a Sagara y le preguntaron qué debían hacer, dado que no podían encontrar el caballo. Pero él ordenó otra vez que cavaran en la tierra y encontraran al caballo. «Entonces dejad», dijo, «no antes.» Otra vez cavaron en las profundidades. Entonces llegaron al elefante Virupaksha, que soporta al mundo entero sobre su cabeza con sus colinas y sus bosques, y cuando sacude su cabeza ocurre un temblor. Le adoraron debidamente y siguieron. Luego llegaron al Sur, hasta otro poderoso elefante, Mahapadma, como una montaña, soportando la tierra sobre su cabeza; de la misma forma llegaron también al elefante occidental llamado Saumanasa, y de allí al Norte, donde está Bhadra, blanco como la nieve, soportando la tierra sobre su frente. Dejándolo con honores, llegaron al Nordeste; allí ellos vieron al eterno Vasudeva en la forma de Kapila, y sujetado por él vieron al caballo paciendo a su antojo. Se abalanzaron furiosos sobre Kapila, atacándolo con árboles y cantos rodados, palas y arados, gritando:

«Tú eres el ladrón; ahora has caído en las manos de los hijos de Sagara.» Pero Kapila dio un terrible rugido y lanzó una ardiente llama sobre los hijos que quedaron reducidos a cenizas. Ninguna noticia de esto llegó hasta Sagara.

Entonces Sagara se dirigió a su nieto Suman, ordenándole que buscara a sus tíos y averiguara su destino, «y», dijo, «hay fuertes y poderosas criaturas viviendo en la Tierra; honra a aquellos que no te estorban, mata a aquellos que se enfrenten a ti, y vuelve cumpliendo mi deseo». A su vez él llegó hasta el elefante del Este, al del Sur, al del Oeste y al del Norte, y todos le aseguraron el éxito; finalmente llegó al montón de cenizas de los que habían sido sus tíos; allí gimió con corazón apesadumbrado con amarga pena. Allí, también, él vio al caballo deambulando. Él deseaba celebrar los ritos funerarios por sus tíos, pero no podía encontrar agua en ningún sitio. Entonces divisó a Garuda pasando a través del aire; él gritó a Suman: «No te lamentes; porque éstos han sido destruidos por el bien de todos. El gran Kapila consumió a estos poderosos; por ello no deberías hacer las acostumbradas ofrendas de agua. Pero allí está Ganga, hija del Himalaya; deja que esa purificadora de cada mundo lave esta pila de cenizas; entonces los sesenta mil hijos de Sagaza alcanzarán el cielo. Lleva de vuelta el caballo y lleva a término el sacrificio de tu abuelo.» Entonces Suman condujo el caballo de vuelta, y la ceremonia de Sagara fue completada; pero él no sabía cómo llevar a la Tierra a la hija del Himalaya. Sagaza murió y Suman fue elegido rey. Él fue un gran gobernador, y finalmente entregó el reino a su hijo y se retiró a vivir en los bosques del Himalaya; a su debido tiempo él también falleció y alcanzó el cielo. Su hijo, el rey Dilipa, constantemente reflexionaba acerca de cómo traer el Ganga para que las cenizas pudieran ser purificadas y los hijos de Sagara alcanzaran el cielo. Pero después de treinta y cinco años también él murió, y su hijo Bhagiratha, un santo real, le siguió. Poco después entregó el reino al cuidado de un consejero y se fue al Himalaya, sometiéndose a terribles austeridades durante mil años para bajar el Ganga desde los cielos. Entonces Brahma estaba agradecido por su devoción y se apareció ante él ofreciéndole un deseo. Él pidió que las cenizas de los hijos de Sagara fueran lavadas por agua de Ganga, y que a él pronto pudiera nacerle un hijo. «Grande es mi poder», respondió el gran señor, «pero no deberías invocar a Mahadeva para recibir a Ganga cayendo, dado que la Tierra no pudo soportar su caída.»

Entonces durante un año Bhagiratha adoró a Shiva; y éste, bien agradecido, se comprometió a soportar la caída de la hija de la montaña, recibiendo al río sobre su cabeza. Entonces Ganga, en poderoso torrente, se lanzó desde el cielo sobre la graciosa cabeza de Shiva, pensando orgullosa: «Yo arrastraré al Gran Dios en mis aguas, hacia las tierras bajas.» Pero cuando Ganga cayó sobre las mechas enredadas de Shiva, ni siquiera pudo alcanzar el suelo, así que merodeó por allí incapaz de escapar por muchos largos años. Entonces Bhagiratha otra vez se comprometió en muchas y arduas austeridades, hasta que Shiva liberó al río; ella cayó en siete torrentes: tres para el Este, tres para el Oeste, mientras otro siguió al carro de Bhagiratha. Las aguas al caer hicieron un ruido como el de un trueno; la tierra apareció muy hermosa, cubierta de peces caídos y cayendo, tortugas y marsopas. Devas, rishis, gandharvas y yakshas fueron testigos de la gran visión desde sus elefantes y caballos y autopropulsados carros; todas las criaturas se maravillaron con el descenso de Ganga. La presencia de los radiantes devas y el brillo de sus joyas iluminaron el cielo como si hubiera cien soles. El cielo se llenó de veloces marsopas y peces como destellos de brillantes rayos; los copos de espuma parecían grullas color blanco, nieve pasando sobre cargadas nubes otoñales. Así cayó Ganga, ya directamente hacia adelante, ya a un costado, a veces en arroyos muy estrechos, y otra vez en un ancho torrente; ahora subiendo colinas, luego cayendo otra vez en un valle. Muy hermosa era la visión del agua cayendo del cielo sobre la cabeza de Shankara, y de la cabeza de Shankara a la Tierra. Todos los brillantes del cielo y todas las criaturas celestiales se apresuraron a tocar las aguas sagradas que lavaban todo pecado. Entonces Bhagiratha se adelantó con su carro y Ganga le siguió; y detrás de ella vinieron los devas y rishis, asuras, rakshasas, gandharvas y yakshas, kinnaras, nagas y apsaras, y todas las criaturas que habitan las aguas les acompañaron. Pero mientras Ganga seguía a Bhagiratha ella inundó la tierra del poderoso Jalma, y él se enojó mucho, y en su cólera se tragó todas sus maravillosas aguas. Entonces las deidades le suplicaron y le rogaron que la dejara en libertad, hasta que él se compadeció y la liberó por sus orejas, y otra vez ella siguió el carro de Bhagiratha. Finalmente ella llegó al poderosos río Océano y se sumergió en regiones subterráneas; allí ella lavó los montones de cenizas, y los sesenta mil hijos de Sagara fueron purificados de todo pecado y alcanzaron el cielo.

Entonces Brahma le habló a Bhagiratha: «Oh muy poderoso hombre», dijo, «ahora los hijos de Sagara han ascendido al cielo y permanecerán allí tanto como las aguas del océano permanezcan en la Tierra. Ganga será llamada tu hija y recibirá tu nombre. Ahora debes hacer ofrendas de estas aguas sagradas por tus ancestros, Sagara, Suman y Dilipa, y bañarte en estas aguas y, libre de todo pecado, asciende al cielo, adonde ahora yo me dirijo.» «Y, oh Rama», dijo Vishvamitra, «te he relatado la historia de Ganga. Tenlo presente. El que relata esta historia gana fama, larga vida y cielo; el que la oye llega a vivir hasta el final de los días, y alcanza los deseos y la limpieza de pecados.»

MANASA DEVI

Manasa Devi era la hija de Shiva y una hermosa mujer mortal. Ella no era la favorita de su madrastra, Bhagavati, o Parvati, la esposa de Shiva; por eso ella cogió su morada en la Tierra con otra hija de Shiva, llamada Neta. Manasa deseaba recibir la adoración debida a las diosas; ella sabía que no sería fácil obtener esto si ella pudiera una vez afianzar la devoción de un príncipe-mercader muy poderoso y rico de Champaka Nagar, llamado Chand Sadagar. Durante largo tiempo ella intentó persuadirle, pero él era un resuelto devoto del mismo Shiva, a quien no iba a abandonar por una diosa de serpientes. Dado que Manasa era diosa y reina de las serpientes. Chand había hecho un hermoso jardín en las afueras de la ciudad, un verdadero paraíso terrenal, donde acostumbraba tomar el aire y disfrutar de las flores cada tarde. La primera cosa que Manasa hizo fue enviarle sus serpientes para reducir su jardín a cenizas. Pero como Chand había recibido del mismo Shiva el poder mágico de restituir los muertos a la vida, era para él una cuestión fácil restituir a los jardines toda su belleza meramente pronunciando los hechizos apropiados. Manasa apareció seguidamente a Chand en la forma de una niña hermosa, tan plateada y radiante que incluso el mismo mediodía se escondía detrás de las nubes cuando la veía. Chand se enamoró locamente de ella, pero ella no oiría una palabra de él hasta que le prometió conferir sus poderes mágicos sobre ella; y cuando lo hizo, ella se desvaneció y apareció en el cielo con su propia forma, y dijo a Chand: «Esto no es casualidad, ni tampoco el curso de la naturaleza.» Pero él no escucharía. Entonces ella destruyó otra vez su jardín. Pero Chand ahora envió por su amigo Shankara, un gran mago, que muy pronto revivió las flores y árboles e hizo al jardín tan bello como antes. Entonces Manasa consiguió matar a Shankara con astucia, y destruyó el jardín por tercera vez; ahora no había remedio. Cada vez que uno de esos infortunios caía sobre Chand ella susurraba en su oreja: «No es por casualidad...»

Entonces ella envió serpientes para matar cada uno de sus seis hijos; a la muerte de cada uno ella susurraba en la oreja de Chand diciendo: «Adórame ahora y yo me portaré bien.» Chand era un hombre obstinado y, triste como estaba, no se rendiría. Por el contrario, preparó sus barcos para un viaje comercial y partió. Éste fue muy exitoso, y estaba aproximándose a casa, con un cargamento de tesoros y bienes, cuando una tormenta cayó sobre sus barcos. Chand inmediatamente rogó a Bhagavati, la esposa de Shiva, y ella protegió sus barcos. Manasa, sin embargo, protestó ante su padre que esto no era justo. «¿No está suficientemente contenta con desterrarme del cielo, sino que además tiene que interferir en todas mis acciones?» Entonces Shiva persuadió a su esposa a regresar con él al cielo. Comenzó a gritar: «Por las cabezas de tus hijos favoritos, Ghanesa y Kartikkeya, debes venir inmediatamente, Bhagavatio...»

«¿O qué?», dijo ella.

«Bueno, no importa», respondió el; «pero, mi querida, deberías ser razonable. ¿No sería justo que Manasa tuviera su propio camino por una vez? Después de todo, ella ha sido muy malamente rechazada y tú puedes permitirte ser generosa.»

Entonces Bhagavati se marchó con Shiva, el barco se hundió, y Chand fue dejado en el mar. Manasa no tenía intención de dejarlo ahogar, de modo que ella echó su trono de loto dentro del agua. Pero Manasa tenía otro nombre, Padma, y esto también es el nombre del loto; entonces Chand que vio que el objeto flotante con el que se iba a salvar era realmente *padina* lo dejó sólo, prefiriendo ahogarse a recibir ayuda de algo que llevara el odiado nombre de su enemigo. Pero ella susurró: «Adórame ahora, y yo me portaré bien.»

Chand podía estar totalmente deseoso de morir; pero esto no conformaría a Manasa en absoluto; ella lo llevó hasta la costa. Observando, vio que había llegado a la ciudad donde un viejo amigo, Chandraketu, tenía su casa. Allí fue tratado muy amablemente, y comenzó a recobrarse un poco; pero muy pronto descubrió que Chandraketu era devoto a Manasa, y que su templo estaba adjunto a la casa. Inmediatamente él partió, tirando incluso las vestimentas que su amigo le había ofrecido para cubrirse.

Mendigó comida y, yendo río abajo, tomó un baño. Pero mientras se estaba bañando Manasa envió un gran ratón, que comió todo su arroz, de modo que él no tenía nada para comer salvo algunas cáscaras de banana crudas dejadas por unos niños en la orilla del río. Entonces consiguió trabajo como cosechero y trillador en la familia de un brahmán; pero Manasa se le subió tanto a la cabeza que trabajó con total estupidez, y su jefe le despidió. Pasó mucho tiempo hasta que encontró su camino de vuelta a Champalca Nagar, y odiaba a Manasa Devi más que nunca.

Ahora Manasa tenía dos grandes amigos, apsaras de los cielos de Indra. Ellos se dedicaron a convencer al obstinado mercader. Uno iba a renacer como hijo de Chand, el otro como hijo de Saha, un mercader de Nichhani Nagar conocido de Chand. Cuando Chand llegó a su hogar encontró que sus esposas le habían obsequiado con un hermoso niño, y cuando llegó el momento de su matrimonio no había nadie tan hermosa y rica como Behula, la hija de Saha. Su cara era como un loto abierto, su cabello caía hasta sus tobillos y sus puntas terminaban en los más hermosos rizos; ella tenía los ojos de un ciervo y la voz de un ruiseñor, y podía bailar mejor que cualquier joven bailarina en toda la ciudad de Champaka Nagar.

Desafortunadamente, los astrólogos predijeron que el hijo de Chand, cuyo nombre era Lakshmindara, moriría de la mordida de una serpiente en la noche de su boda. Todo ese tiempo, por supuesto, las dos apsaras habían olvidado su naturaleza divina, y solo se consideraban a sí mismos comunes mortales muy enamorados; también eran muy devotos al servicio de Manasa Devi. La esposa de Chand no permitiría que el matrimonio fuera pospuesto, de modo que Chand debió continuar con los preparativos, aunque estaba totalmente seguro de que Manasa intentaría meterse en este asunto para satisfacer sus deseos. Sin embargo, hizo construir una casa de acero, teniendo cuidado de que no hubiera fisuras lo suficientemente grandes para permitir que entrase un alfiler. La casa fue vigilada por centinelas con espadas desenvainadas, ocas y pavos reales fueron dejados sueltos en el parque alrededor, y todos saben que estas criaturas son enemigos mortales de las serpientes. Aparte de esto, hechizos, antídotos y venenos para serpientes fueron esparcidos por todos los rincones.

Pero Manasa se presentó al artesano que construyó la casa y le amenazó con matar a él y a su familia si no hacía un pequeño agujero en la pared de acero. Él era muy reacio a hacerlo, dado que decía no poder traicionar a su patrón; finalmente se rindió por puro miedo, e hizo el agujero del tamaño de un cabello, escondiendo la abertura con un poco de carbón en polvo.

Entonces llegó el día de la boda, y fueron muchos los malos augurios: la guirnalda de boda del novio se cayó de su cabeza, el poste del pabellón de la boda se rompió, Behula accidentalmente se borró la marca de su propia frente después de la ceremonia como si ya se hubiera convertido en una viuda.

Finalmente, las ceremonias acabaron, y Lakshmindara y Behula fueron dejados solos en la casa de acero. Behula escondió su cara entre sus manos, ya que era demasiado tímida para mirar a su esposo y dejarle abrazarla, y él estaba tan cansado por el largo ayuno y ceremonias del matrimonio que se durmió. Behula estaba igual de cansada, pero ella se sentó junto a la cama y observó, dado que le parecía demasiado bueno para ser cierto que algo tan hermoso como Lakshmindara fuera realmente su marido; él le parecía a ella un dios en un santuario. De repente vio aparecer una abertura en la pared de accro, y una gran serpiente se arrastró adentro; algunas de las serpientes de Manasa tenían el poder de apretarse dentro del espacio más minúsculo y luego expandirse a voluntad. Pero Behula ofreció algo de leche a la serpiente, y mientras estaba bebiendo, deslizó un cordón sobre su cabeza y lo ajustó. Lo mismo sucedió con otras dos serpientes.

Entonces Behula se sintió tan cansada que no pudo mantenerse despierta; se sentó en la cama con los ojos cerrados, abriéndolos intermitentemente con una sacudida para mirar el agujero en la pared. Finalmente se durmió del todo estirada a los pies de Lakshmindara. Entonces entró la serpiente Kalnagini, la misma que había destruido el jardín de recreo de Chand, y mordió al novio dormido; él gritó a Behula, y ella despertó justo a tiempo para ver la serpiente saliendo por el agujero en la pared.

Por la mañana la madre de Lakshmindara fue a la cámara nupcial y lo encontró muerto, mientras Behula sollozaba a su lado. Todos culparon a Behula, dado que no creyeron que una serpiente pudiera entrar en la casa de acero; pero un momento más tarde vieron las tres serpientes atadas y luego vieron que el novio había muerto de mordida de serpiente. Pero Behula no atendía a lo que ellos decían, debido a que ella hubiera deseado por lo menos no haberse negado a la primera y última petición de su marido cuando ella había sido demasiado tímida para dejarle abrazarla.

Era la costumbre que cuando alguien moría de mordida de serpiente su cuerpo no fuera quemado, sino botarlo sobre una balsa, con la esperanza de que, tal vez, un habilidoso físico o encantador de serpientes encontrara el cuerpo y le devolviera la vida. Pero cuando la balsa estuvo lista Behula se sentó junto al cuerpo y dijo que ella no lo dejaría hasta que el cuerpo fuera restituido a la vida. Nadie quería en realidad que eso pudiera pasar, y ellos pensaban que Behula estaba totalmente loca. Todos trataron de disuadirla, pero ella solo dijo a su suegra: «Adorada madre, la lámpara aún está encendida en nuestra cámara nupcial. No llores más, sino que ve y cierra la puerta de nuestra habitación, y sabe que mientras la lámpara esté encendida esperaré que mi señor sea devuelto a la vida.» De modo que no hubo caso: Behula se fue flotando y pronto Champaka Nagar estuvo fuera de su vista. Pero cuando ella pasó junto a la casa de su padre sus cinco hermanos la estaban esperando, y trataron de persuadirla de que abandonara el cuerpo muerto, diciéndole que aunque ella era una viuda ellos querían tenerla de vuelta, que la cuidarían mucho y que la harían muy feliz. Pero ella dijo que no podía soportar la idea de vivir sin su marido, y que prefería quedarse con su cuerpo muerto a ir a algún otro sitio. De modo que ella se alejó flotando lejos río abajo. No pasó mucho tiempo antes de que el cuerpo comenzara a hincharse y pudrirse; sin embargo, Behula continuó protegiéndolo, y la vista de su inevitable cambio la hacía totalmente inconsciente de sus propios sufrimientos. Ella pasó pueblo tras pueblo flotando, y todos pensaron que estaba loca. Ella rogaba todo el día a Manasa Devi, y aunque no devolvió la vida al cuerpo, la diosa, sin embargo, lo protegió de tormentas y cocodrilos, y apoyó a Behula con fuerza y coraje.

Behula estaba totalmente resignada; sentía un poder sobrehumano en ella. Ella parecía saber que tanta fe y amor no podían ser en vano. Algunas veces vio visiones de diablos que trataban de asustarla, a veces veía ángeles que la tentaban a una vida cómoda y segura, pero continuaba

quieta e indiferente; seguía pidiendo por la vida de su esposo.

Finalmente pasaron seis semanas, y la balsa tocó tierra justo donde vivía Neta, la amiga de Manasa. Ella estaba lavando ropa, pero Behula pudo ver por la gloria alrededor de su cabeza que no era una mujer mortal. Un niño de hermoso aspecto jugaba junto a ella y estropeaba todo su trabajo; de repente alcanzó al niño y lo estranguló, y dejando el cuerpo en el suelo junto a ella continuó con su trabajo. Pero cuando el Sol se puso y su trabajo estuvo hecho, salpicó unas pocas gotas de agua sobre él, y él despertó y sonrió como si hubiese estado muy dormido. Entonces Behula desembarcó y cayó a los pies de la lavandera. Neta la llevó arriba hasta el cielo para ver si los dioses podían ser convencidos de otorgarle un deseo. Ellos le pidieron que bailara, y su baile les agradó tanto que le prometieron que le devolverían a su marido a la vida y restituirían todas las pérdidas de Chand. Pero Manasa Devi no estaba de acuerdo con esto mientras Behula no consiguiera convertir a su suegro y le persuadiera de honrar y adorar a la diosa. Behula lo prometió.

Entonces Behula y Lakshmindara partieron de vuelta a casa. Después de largo tiempo llegaron a la casa de su padre y pararon a visitar a su padre y madre. Pero no se quedarían, y partieron el mismo día para Champaka Nagar. Sin embargo, ella no entraría a casa hasta que no hubiese cumplido con la promesa hecha a Manasa Devi. La primera persona que vio fue a su propia cuñada, quien había ido a la orilla del río a buscar agua. Behula se había disfrazado como una pobre navegante, y tenía en su mano un hermoso abanico sobre el cual tenía el retrato de cada miembro de la familia Chand. Ella le enseñó el abanico a su hermana, y le dijo que su nombre era Behula, una joven navegante, hija de Saha, una navegante, y esposa de Laskhmindara, hijo del navegante Chand. La hermana corrió a casa a enseñar el abanico a su madre, y le dijo que el precio era cien mil rupias. Sanaka estaba muy sorprendida, pero pensó en la lámpara en la casa de acero, y cuando fue corriendo a la cámara nupcial que había estado cerrada firmemente durante un año, vio que la lámpara aún estaba encendida. Entonces corrió a la orilla del río, y allí estaba su hijo con Behula. Pero Behula dijo: «Querida madre, aquí está tu hijo; pero no podemos ir a casa hasta que mi suegro acepte adorar a Manasa Devi; ésta es la razón por la que te he traído hasta aquí con un ardid.»

Chand no pudo resistir más; Manasa Devi había vencido. Él la adoró el día undécimo de la Luna menguante de ese mismo mes. Era cierto que él ofrecía flores con su mano izquierda, y que apartó su cara de la imagen de Manasa; pero, a pesar de todo, ella estaba satisfecha, y le confirió riqueza y prosperidad, y felicidad, y restituyó a su amigo Shankara a la vida. Desde entonces la llamada de Manasa Devi a la adoración de los mortales ha sido aceptada libremente.

Nota sobre Manasa Devi

Esta leyenda de Manasa Devi, la diosa de las serpientes, que debe ser tan antigua como el estrato Mykeneo en la cultura asiática, refleja el conflicto entre la religión de Shiva y las deidades femeninas en Bengala. Posteriormente Manasa, o Padma, fue reconocida como una forma de *Shakti* (¿no se dice en el *Mahabharata* que todo lo que es femenino es parte de Uma?), y su adoración aceptada por los shaivas. Ella es una fase de la divinidad-madre, quien para tantos devotos es más cercana y más querida que el alejado e impersonal Shiva, aunque aún él, en estas leyendas populares, es tratado como uno de los olímpicos con un verdadero carácter humano.

«En el mes de Shravana (julio–agosto)», escribe Babu Dinesh Chancha Sen, «los pueblos del bajo Bengala presentan una escena única. Éste es el momento en que Manasa Devi es adorada. Miles de hombres en Sylhet, Backergunge, y otros distritos atestan las orillas del río para recitar las canciones de Behula. Las vigorosas regatas que participan en la festividad y el entusiasmo que caracteriza la recitación de estas canciones no puede sino hacer evidente ante un observador la vasta influencia sobre las masas. A veces hay cien remos en cada uno de los estrechos botes, los remeros cantan fuerte a coro mientras los empujan toda la noche. Los botes se mueven con la velocidad de una flecha, incluso dejando atrás a embarcaciones de vapor. Estas festividades de Manasa Puja a veces ocupan un mes entero... Qué amplia es la popularidad de estas canciones en Bengala puede ser imaginada a partir del hecho de que el sitio de nacimiento de Chand Sadagar es revindicado por no menos de nueve distritos», y por el hecho de que *Manasa Mangal,* o Historia de Manasa, ha sido contada en hasta seis versiones por poetas cuyos nombres son conocidos, desde el siglo XII en adelante hasta el presente.

«Debe recordarse», agrega Dinesh Babu, «que en un país donde las mujeres frecuentemente buscan la muerte en la pira funeraria de su marido, esta historia de Behula puede ser vista como el tributo natural de un poeta a los pies de sus ideales.»

EL ELEFANTE Y EL COCODRILO

En la ladera del Triple Pico vivía un elefante real. Deambulaba por los bosques con sus manadas de esposas. Calenturiento por los jugos exudados de su sien, se sumergió un día en el lago para disminuir su sed; después de beber a sus anchas, cogió agua en su trompa y se la dio a sus esposas e hijos. Pero justo entonces un enojado cocodrilo le atacó, y ambos lucharon un interminable rato, cada uno esforzándose por arrastrar al otro hacia sí mismo. Lastimosamente los elefantes bramaban desde la orilla, pero no podían ayudar. Finalmente, el elefante real se debilitó, pero el cocodrilo no estaba cansado, ya que estaba en su propio elemento.

Entonces el elefante real rogó ardientemente y con devoción al Adorable, al Ser Supremo; inmediatamente vino Visnú, sentado sobre Garuda, seguido por los devas, Empujó al cocodrilo y golpeó su cuello con un disparo de disco, y así salvó al elefante real.

Éste fue el resultado de una antigua maldición; el elefante era un gandharva que en otra vida había insultado a un rishi que le molestaba durante su juego. El rishi era el cocodrilo. Mediante el insulto de otro rishi el gandharva se volvió un elefante.

El elefante de la historia está para una típica alma humana de nuestra época, excitado por deseos; demasiado entregado a los placeres sensuales, el demonio lo hubiese llevado, no sabe adónde. No había salvación para él hasta que llamó a Visnú, quien rápidamente salva a todos los que llaman a él con devoción.

NACHIKETAS Y YAMA

Había un pastor de vacas llamado Vajashrava; deseando un obsequio de los dioses, hizo todo tipo de ofrendas de todo lo que poseía. Pero el rebaño que tenía era viejo, no rendía leche y era inservible; no era como para conseguir al devoto un sitio en el cielo. Vajashrava tenía un hijo; él haría que su padre hiciera una mejor ofrenda. A su señor le dijo: «¿A qué dios me ofrecerás?» «A la Muerte yo te doy.»

Nachiketas pensó: «No seré el primero ni el último que va hasta Yama. Sin embargo, ¿qué hará él conmigo? Será conmigo como con otros; como la hierba un hombre se descompone, como una hierba renace otra vez.» Así Nachiketas emprendió su camino a la amplia casa de Muerte, y esperó allí tres días, dado que la Muerte estaba de viaje. Cuando la Muerte llegó sus sirvientes dijeron: «Un huésped brahmán arde como un fuego; Nachiketas espera tres días sin ser bienvenido; cálmalo con una ofrenda de agua, porque todo está perdido para aquel en cuya morada un brahmán espera sin alimentar.»

Entonces la Muerte habló a Nachiketas: «Dado que tú eres un huésped de honor, has esperado en mi casa tres días sin alimentos, pídeme tres deseos a cambio, y yo te los otorgaré.» Entonces él primero pidió: «Otorga a mi padre paz y que me reconozca y me reciba cuando vuelvo.» La Muerte contestó: «Que así sea.»

Nachiketas habló otra vez: «En el mundo del cielo el pueblo se ha deshecho de ti: no hay hambre, ni vejez, ni miedo a la muerte. Revélame el fuego sagrado que conduce al cielo.» Entonces la Muerte describió el fuego sagrado —qué piedras para su altar y cómo dispuestas— y Nachiketas lo repitió, estudiando la lección enseñada por la Muerte. La Muerte habló otra vez: «Te garantizo más aún, que este fuego sagrado será conocido para siempre por tu nombre; tuyo es el fuego que lleva al cielo, tu segundo deseo.»

Nachiketas preguntó otra vez: «El gran misterio de qué es lo que viene después de la muerte: él existe, algunos dicen; otros dicen, no está más. Esta gran duda te pido que me la resuelvas.» La Muerte respondió: «Ni siquiera los dioses de la antigüedad; ésta es una materia difícil de estudiar; pídeme, oh Nachiketas, cualquier otro deseo, aunque sea cien hijos, o inmensa riqueza, o amplias tierras, o alargar tu vida. Todo lo que un hombre puede desear será tuyo: reinado, riquezas, los más hermosos cancioneros del cielo de Indra; pero no me preguntes de la muerte.» Nachiketas contestó:

«Estos son asuntos de un día y destruyen la ardiente energía del hombre: tuya sea la riqueza; tuya la danza y canciones. ¿De qué vale la riqueza cuando tú apareces? ¿Cómo disfrutará un hombre en la vida, cuánto tiempo, cuándo ha observado la dicha de aquellos que no perecen? Esta duda del Gran Después te pido me la resuelvas; no quiero ningún otro deseo.»

La Muerte respondió: «El deber es uno, el goce otro; estos dos conducen al hombre por diversos caminos. Está bien escoger el deber; se aparta del buen camino el que busca el goce. Estos dos, sabiduría y tontería, apuntan a fines diversos. Bien ha hablado Nachiketas, buscando sabiduría, no estimulado por los deseos. Aun los instruidos viven en la desilusión; ciegos conducidos por ciegos; mientras para el tonto nada es revelado. Piensan en este mundo y no en otro, y así caen una y otra vez bajo mi poder.

»Pero es grande quien habla de Él, de quien muchos nunca van a oír, de quien muchos, aunque oyen, pueden nunca saber; una maravilla es quien conoce al brahmán. El no informado nunca llegará a él.

»Habiéndolo oído y bien comprendido a él que tiene comprensión, alcanzando el sutil uno, un mortal es alegrado y goza con buena causa. Ancha es la puerta de Nachiketas, yo creo.»

Nachiketas respondió:

«Otra cosa que el bueno, otra cosa que el malo, otra cosa que lo que no tiene forma o que la tiene, otra que el pasado y el futuro, declara tu Eso.»

La Muerte retorna:

«¡Aquella meta de sabiduría sagrada, de trabajos bondadosos y fe, es *Om!* Esta palabra es Brahmán, el supremo. El que comprenda esta palabra conseguirá cualquier cosa que desee.

»Dado que no ha nacido el cantante, ni muere él alguna vez. Él no va a ninguna parte, él no era nada. No nacido, eterno, perpetuo, antiguo; no muerto, aunque el cuerpo sea muerto.

»Si el verdugo piensa que mata, o el muerto considera que está muerto, ellos se equivocan; aquel nunca matado no está muerto.

»Más pequeño que pequeño, mayor que grande, ese mismo vive en el corazón de todas las criaturas.

»Sentado, él viaja lejos; tumbado, él se apresura a ir a todos sitios; quien lo conoce a él no tiene más pena.

»Este mismo no es obtenible por explicación, no por intelecto, no por mucho oír a las escrituras; a quien él elige, a él Éste le es revelado. Pero él había sabido que todas las cosas eran el mismo, ¿por él la apena, por él la desilusión tarda en desaparecer, sabiendo que todas las cosas son Ése?

»Cuando todos los deseos que demoran en desaparecer en el corazón se hacen avanzar, el mortal se hace inmortal, se convierte en brahmán.

»Cuando cada mudo en el corazón se suelta entonces él gana el Ser inmortal. Hasta aquí la enseñanza.»

Así, habiendo aprendido la sabiduría enseñada por la Muerte, y encontrando a Brahmán, Nachiketas fue liberado de la muerte. Así realmente estará libre quien conozca al mismo Supremo.

LA HISTORIA DE KACHA Y DEVAYANI

Muchas fueron las batallas de la antigüedad entre dioses y demonios, dado que todos querían la soberanía y total posesión de los tres mundos. Los devas nombraron a Brihaspati como su sacerdote, maestro de los ritos de sacrificio; los asuras, a Ushanas. Entre estos dos grandes brahmanes había una enérgica rivalidad, dado que todos los demonios que eran muertos en la batalla con los dioses eran traídos a la vida por Ushanas, y luchaban otra vez otro día. Muchos eran también los dioses muertos por los demonios; pero Brihaspati no conocía la ciencia de traer a la vida como lo hacía Ushanas, entonces los dioses sufrían mucho. Ellos fueron, por ello, a Kacha, hijo de Brihaspati y le pidieron que les prestara un gran servicio, que se convirtiera en discípulo de Ushanas y estudiara el secreto de traer a la vida. «Entonces debes participar con nosotros en las ofrendas de sacrificio. Puedes hacerlo fácilmente, dado que eres más joven que Ushanas, y sería satisfactorio que le sirvieras. También puedes servir a su hija Devayani, y congraciarte con ambos. De Devayani seguramente conseguirás esa sabiduría», dijeron. «Que así sea», contestó Kacha y siguió su camino.

A Ushanas le dijo: «Recíbeme como tu discípulo. Soy el hijo de Brihaspati y mi nombre es Kacha. Sé mi maestro y yo practicaré autocontrol durante mil años.» Ushanas le dio la bienvenida y la promesa fue hecha. Entonces Kacha comenzó a congraciarse con Ushanas y Devayani. Él era joven y cantaba y tocaba diversos instrumentos; y ella, que también era joven, no era difícil de complacer. Él le daba flores y frutos y servía. Ella, también, con canciones y amables maneras le servía a él. Así pasaron quinientos años, la mitad del tiempo acordado en la promesa.

Entonces los propósitos de Kacha fueron conocidos por los demonios, y lo mataron encolerizados en una zona apartada del bosque, donde él estaba cuidando las vacas de su maestro. Cortaron su cuerpo en muchos pedazos y se lo dieron a los lobos y chacales. Cuando llegó el crepúsculo las vacas volvieron al redil solas. Entonces Devayani dijo a su padre: «El Sol se ha puesto, la luz del atardecer se ha encendido, las vacas han vuelto solas. Kacha no ha venido; él está perdido o muerto. Y, oh padre, no viviré sin él.» Entonces Ushanas dijo: «Yo lo volveré a la vida diciendo: "Deja que él vuelva"», y le llamó. Inmediatamente Kacha apareció ante su maestro, desgarrando los cuerpos de los lobos que lo habían devorado. Cuando Devayani le preguntó qué había impedido su regreso, dijo que los asuras habían caído sobre él en el bosque y dado su cuerpo a los lobos y chacales, «pero traído a la vida por la llamada de Ushanas, yo estoy aquí de todas formas».

Otra vez sucedió que Kacha estuvo en el bosque cogiendo flores deseadas por Devayani, y los demonios lo encontraron y lo mataron, y moliendo su cuerpo hasta hacerlo pasta, ellos lo mezclaron con las aguas del océano. Como antes, Devayani dijo a su padre que Kacha no había vuelto, y Ushanas lo convocó, de modo que apareció entero y contó todo lo que había sucedido.

Una tercera vez él fue muerto y los asuras quemaron su carne y huesos y mezclaron las cenizas con el vino que Ushanas bebía, dado que en esos días los brahmanes aún bebían vino. Entonces Devayani dijo otra vez a su padre: «Oh padre, Kacha se ha ido a recoger flores, pero no vuelve. Seguramente está perdido o muerto. ¡No viviré sin él!» Ushanas contestó: «Oh mi hija, seguramente el hijo de Brihaspati ha ido al reino de la muerte. Pero ¿qué puedo hacer, dado que yo lo traigo de vuelta a la vida y él es muerto una y otra vez? Oh Devayani, no te entristezcas, no llores. No deberías llorar por un mortal, dado que tú eres diariamente adorada por los dioses.» Pero Devayani contestó: «¿Por qué no debo afligirme por el hijo de Brihaspati, que es un océano de virtud asceta? Kacha era el hijo y nieto de un rishi. Él, también, observaba la regla de autocontrol, y siempre estaba alerta y era habilidoso. Yo dejaré de comer y lo seguiré. Hermoso era Kacha y querido por mí.»

Entonces Ushanas estaba afligido y gritó contra los asuras, que habían matado al discípulo bajo su protección, y ante la petición de Devayani comenzó a convocar a Kacha de vuelta desde las garras de la muerte. Pero él contestó débilmente desde el estómago de su maestro: «Sé amable conmigo, oh maestro; soy Kacha el que te ha servido. Considérame como tu único hijo.» Ushanas dijo:

«¿Cómo, oh brahmán, has entrado en mi estómago? ¡Sin duda dejaré a los asuras y me uniré a los dioses!» Kacha respondió:

«Tengo la memoria y toda la virtud de mi disciplina, pero sufro intolerable dolor. Muerto por los asuras y quemado hasta ser hecho cenizas, fui mezclado en tu vino.»

Entonces Ushanas dijo a Devayani: «¿Qué puedo hacer por ti, dado que es con mi muerte de la forma en que puede devolver a Kacha a la vida? Él está dentro de mí y no podrá salir sin destrozar mi estómago.» Ella respondió: «Ambas desgracias son similares para mí. Si Kacha muere, no viviré; y si tú mueres, también moriré.» Entonces Ushanas dijo a Kacha: «El triunfo es tuyo ya que Devayani te mira con tanto cariño. Recibe, por ello, de mí el poder de traer a la vida; entonces cuando tú sales de dentro de mí me restituirás a su vez la vida.» Entonces Kacha salió del estómago de su maestro como una Luna llena en el atardecer; y viendo a su maestro yaciendo sin vida, lo revivió con la ciencia que había recibido y le adoró, llamándole padre y madre como dador de conocimiento. Ante esto

Ushanas decretó que ningún brahmán debía nunca beber vino. También convocó a los asuras, y les anunció:

«Vosotros, tontos demonios, sabed que Kacha ha alcanzado su voluntad. Desde ahora vivirá conmigo. Él, que ha estudiado la ciencia de traer a la vida, es además un brahmán.» Los demonios estaban asombrados, y partieron a sus hogares; pero Kacha se quedó con su maestro unos mil años hasta que llegó el momento de regresar con los dioses. Recibió permiso de Ushanas para partir, pero Devayani, viendo que estaba por partir, le dijo: «Óyeme: recuerda mi afecto hacia ti durante tu juramento de autocontrol; ahora el tiempo se ha acabado, pon tu amor sobre mí y coge mi mano según los ritos sagrados.» Pero Kacha respondió: «Mira, yo te honro a ti tanto, no más que a tu padre; más querida que la vida tú eres, hija de mi maestro. Sin embargo, tú no deberías decirme estas palabras.» Ella contestó otra vez: «Tú eres igualmente el hijo del maestro de mi padre, y yo debo honrarte. Recuerda mi afecto cuando los asuras te mataron. Soy toda tuya; no me abandones si no tengo culpa.» Kacha respondió: «No me tientes a pecar; sé amable conmigo, tú de hermosa frente. Donde tú has estado en cuerpo de un sabio, allí yo también he estado: sé mi hermana. Por ello no hables así. Hemos pasado días felices juntos, tú de tierna cintura; déjame ir a mí casa ahora y bendíceme para que mi viaje sea seguro. Piensa en mí como en una persona que nunca pecaría.» Entonces Devayani lanzó una maldición y le insultó: «Dado que me has rechazado, tu sabiduría no será fructífera.»

Kacha respondió: «Sólo te he rechazado porque eres la hija de mi maestro y mi hermana, no por ningún defecto. Dime una maldición si debes, aunque no lo deseo. Pero has hablado de pasión, no por el bien del deber, y tu deseo puede fallar. Observa, también, ningún hijo de un rishi se casará contigo. Tú has dicho que mi sabiduría no tendrá frutos; que sea así, pero tendrá fruto en quien la imparta.» Entonces Kacha emprendió su camino a la morada de los dioses y fue saludado por Indra, quien le honró, diciendo: «Grande es el deseo que has conseguido para nosotros; participa entonces en las ofrendas del sacrificio: tu fama nunca morirá.»

Hasta aquí la historia de Kacha y Devayani.

Nota sobre Kacha y Devayani

Hasta los planetas deben haber participado tarde o temprano en el proceso general de la espiritualización de los mitos estelares, y una instancia significativa parece ser la historia de Kacha y Devayani del volumen inicial del _Mahabharata._ Aquí parecería que tenemos un fragmento muy antiguo, dado que como episodio poético la historia resulta vagamente conectada con una relación genealógica arcaica —no diferente al cuento semita de Sara y Hagar— en que aparecen matrimonios mixtos entre brahmanes y kshatriyas, poligamia, y la costumbre matriarcal e ideal de proposición hecha por una mujer sostiene el vínculo sobre el hombre. Todos estos rasgos de la leyenda el editor siente que son muy anómalos, y el tiempo y las palabras son poco artísticamente utilizadas en argumentos para su justificación por los caracteres involucrados. Pero éste es un rasgo muy común durante la preparación de antiguas historias para integrar una nueva producción, y los argumentos solo convencen la perfecta naturalidad de los hechos cuando fueron contados por primera vez. Como Devayani, la hija del planeta Shukra[15], de rango brahmán, se convierte en el ancestro de ciertos príncipes y tribus reales o asura y como el rey con quien ella se casa era también el progenitor de otras tres razas o dinastías, estas cosas pueden haber sido los atesorados linajes de familias y clanes. Desde un punto de vista nacional puede haber estado limitando a los analistas para incluirlos en una versión real de las crónicas épicas. Como un poeta, sin embargo, el punto que interesa al último editor del _Mahabharata_ fue un asunto que también nos interesa a nosotros —un romance que ocurrió a Devayani en su juventud, y la marca como una hija de un orden planetario, aunque casada con un rey.

El mito viene de la época en que había constantes luchas por la supremacía ente dioses (devas) y demonios (asuras). ¿Quiénes eran estos asuras? ¿Eran ellos habitantes largamente establecidos en la India, o eran nuevos invasores desde el Noroeste? No se agrupan con las tribus aborígenes, o referidas como dasyus o esclavos. Aún subsisten en el país ciertas comunidades antiguas de trabajadores del metal que pueden representar a estos asuras en sangre, como realmente lo hacen con su nombre. Y el nombre de Asiria es un testigo que soporta la posibilidad de su origen extranjero. En cualquier caso, aparecería como un hecho aceptado, de la historia de Devayani, que los asuras eran expertos en magia. Se dice que ellos obtuvieron un brahmán para actuar como su sacerdote de sacrificios, quien era en

---

[15] Shukra, esto es Venus, masculino en la astrología hindú. También llamado Ushanas, como arriba. (N. del T.)

una vaga forma una encarnación de Shukra, el planeta Venus. Los dioses, por otra parte —tal vez significando los arios, que hablaban sánscrito—, eran servidos en ese mismo asunto por un brahmán representando la influencia de Brihaspati o Júpiter. Las alusiones planetarias en estos nombres son confirmadas por la declaración en reproche de los dioses que «Shukra siempre protege a los asuras, y nunca los protege a ellos, sus oponentes». Nadie podría quejarse de que al arzobispo de los rivales no le protegieran. Pero la protesta de que una divinidad adorada por ambos bandos ejerce influencias protectoras sobre una sola es razonable.

¿Cuáles eran los fragmentos originales a partir de los cuales se dibuja la historia? ¿Era todo el asunto un registro genealógico, cuya inclusión en una historia nacional ciertas tribus y clanes tenían el derecho de pedir? ¿Y era todo el incidente de Devayani y Kacha un mero invento del último editor para explicar lo que en ese tiempo se había convertido en una tradición anómala del matrimonio de Devayani, hija de un brahmán, con Vayati, de la casta real? Puede ser así. Y aun en contra de esto tenemos la afirmación, como un genuino eco del pasado, de que «había en tiempos pasados frecuentes contiendas entre dioses y demonios por la posesión completa de los Tres Mundos». Al conseguir la condición de estrecha conjunción que actualmente tiene la historia podemos estar seguros de que el último poeta ha tenido gran participación, pero con toda probabilidad las mismas partes, aún este romance de Kacha y Devayani, son ahora como eran en el largamente heredado saber tradicional.

El último poeta siente su propio sentimiento tan ultrajado como nosotros por la poco femenina insistencia de Devayani en la aceptación de su mano por Kacha. Pero, de hecho, es probable que el cuento haya llegado a él, como a nosotros de la época del matriarcado, cuando era algo adecuado para un hombre convertirse en un miembro de la familia de su esposa; y Devayani, en el primer comienzo de su romance, puede no haberse esforzado para hacer de Kacha su marido tanto como para asegurarle su permanencia entre los asuras. Aun en esto ella estaba más instigada por el propósito, debemos suponer, de preservar de ser traicionados los conocimientos mágicos de su gente más que sus propios motivos personales. Y Kacha, similarmente, cualquiera cosa sea en la que haya insistido, en las manos del último narrador, como razón de su negativa, estaba realmente movido, en la versión más primitiva que ésta era la última y suprema tentación que enfrentaba su misión. Su único deber, a sus propios ojos, era completar la tarea como la había concebido en su juventud, esto es, dejar los demonios y volver a los dioses para impartirles el conocimiento para conseguirlo cual ellos lo habían enviado. Y finalmente, la historia en esta su completa presentación tiene más que una traza de aquella poetización de las influencias planetarias de las cuales el antiguo arte de la astronomía puede ser entendido como la perfeccionada floración y fruto.

PURURAVAS Y URVASHI

Había un rey de nombre Pururavas. Cazando un día en el Himalaya, oyó un grito pidiendo ayuda; dos apsaras habían sido llevados a una fiesta de placer en los bosques floridos. Pururavas los persiguió y los rescató; se trataba de Urvashi y su amigo Chitralekha. Él pidió a Urvashi su amor, y ella lo otorgó, con esta condición: «No debes dejarme verte desnudo.»

Ella vivió largo tiempo con él, y llegó el momento en que ella se convertiría en madre. Pero los gandharvas, que eran los amigos y compañeros de los apsaras, perdieron a su compañera, y dijeron juntos: «Ya hace mucho, realmente, que Urvashi vive con los hombres; encontrad una forma de traerla de vuelta.» Acordaron una forma de traerla de regreso. Ella tenía una oveja con dos pequeños corderos, queridas mascotas entre las suyas, atadas a su cama. Mientras todavía Pururavas estaba tumbado junto a su amada los gandharvas se llevaron un cordero. «¡Ay de mí!», gritó ella, «se han llevado mi mascota como si ningún héroe u hombre estuviera conmigo.» Entonces se llevaron la segunda y Urvashi se quejó de la misma forma.

Pururavas pensó: «¿Cómo puede ser un sitio sin un héroe u hombre aquel donde yo estoy? Desnudo, salto para ir en su búsqueda; pensó que le llevaría demasiado tiempo ponerse las ropas.

Entonces los gandharvas llenaron el cielo con rayos y Urvashi lo vio claro como en el día, y se desvaneció instantáneamente.

El apenado rey merodeó por todo el Himalaya gimiendo por su querida. Finalmente llegó al lago Anyataplaksha. Allí vio una bandada de cisnes; ellos eran los apsaras, con Urvashi, pero Pururavas no los conoció. Ella dijo: «Allí está aquel con quien yo he vivido.» Los apsaras dijeron juntos:

«Hagámonos conocer.» «Que así sea», dijeron otra vez. Entonces Pururavas vio a Urvashi y le rogó con ardor: «Oh querida esposa, espera y escúchame. Secretos no dichos que son tuyos y míos no harán gracia; quédate y hablemos juntos». Pero Urvashi contestó: «¿Qué tengo yo que hablar contigo? Yo he partido como la primera de las madrugadas. Vete a casa, Pururavas. Soy como el mismo viento y difícil de atar. Tú rompiste el convenio entre nosotros; vete a tu casa otra vez, dado que yo soy difícil de ganar.»

Entonces Pururavas se afligió y gritó: «Entonces tu amigo y compañero se marchará hoy a la más larga travesía hecha, sin regresar nunca; buscará la muerte, y feroces lobos lo poseerán.»

Urvashi contestó: «¡No mueras Pururavas; no te marches! ¡No dejes que crueles lobos te devoren! No te lo tomes a pecho, dado que, ¡mira!, no puede haber amistad con ninguna mujer; los corazones de las mujeres son como los de las hienas. Vete a tu casa otra vez.» Pero a su mente vino un recuerdo de su vida con él y se ablandó un poco; ella dijo a Pururavas: «Ven la última noche del año a partir de ahora; entonces te quedarás conmigo una noche, y después, también, este hijo tuyo habrá nacido.»

Pururavas la buscó la última noche del año: había un palacio dorado y los gandharvas le gritaron:

«Entra», y le buscaron a Urvashi. Ella dijo: «Cuando llegue la mañana los gandharvas te ofrecerán un deseo, y tú debes hacer tu elección.» «Elige tú el deseo por mí», dijo, y ella respondió: «Di: "Déjame ser uno de vosotros."»

Cuando amaneció dijo: «Dejadme ser uno de vosotros.» Pero ellos respondieron: «En verdad no arde sobre la tierra fuego sagrado que pueda hacer de un hombre como a uno de nosotros.» Le dieron fuego en una bandeja y le dijeron: «Santifícate con esto, y tú te convertirás en un gandharva como nosotros mismos.» Él cogió el fuego, cogió a su hijo y se largó. Puso el fuego en el bosque y se marchó con su hijo a su propia casa. Cuando volvió, dijo:

«Aquí estoy de vuelta, pero, ¡mira!, el fuego ha desaparecido. Lo que había sido el fuego era un árbol Asvattha; y lo que había sido la fuente, un árbol Shami.» Entonces buscó otra vez a los gandharvas. Ellos le aconsejaron: «Haz fuego con un palo alto del árbol Asvattha y un palo bajo del árbol Shami; el fuego por ello será el verdadero fuego que tú recibes de nosotros.» Entonces Pururavas hizo fuego con palos del Asvattha y el Shami, y haciendo ofrendas con ello, fue hecho uno de los gandharvas y vivió con Urvashi para siempre.

SAVITRI

Yudbishthira preguntó a Markandeya si él había visto alguna vez u oído acerca de alguna dama noble como la hija Draupadi.

Markandeya respondió:

Había un rey llamado el señor de los Caballos; era virtuoso, generoso, valiente y bien amado. Estaba muy afligido por no tener niños. Por ello hizo grandes penitencias y siguió las reglas de los ermitaños. Durante dieciocho años hizo ofrendas diarias al Fuego, recitó *mantras* en ruego a Savitri y comió frugalmente en la sexta hora. Finalmente, Savitri estuvo satisfecha y se reveló ante él como una forma invisible dentro del fuego de sacrificio. «Estoy bien satisfecha», dijo, «con tu ascetismo, tus bien seguidas penitencias, tu veneración. Pídeme, gran rey, cualquiera sea el deseo que tú quieras.»

«Diosa», dijo el rey, «puedo tener niños dignos de mi raza, dado que los brahmanes me han dicho que hay mucho mérito en tener niños. Si tú estás satisfecha conmigo, te pido este deseo.» Savitri respondió: «Oh rey, conociendo tu deseo, he hablado ya con Brahma que tú deberías tener hijos. Gracias a él tendrás una gloriosa hija. Tú no debes hacer penitencias otra vez: éste es el obsequio del gran señor, quien está muy satisfecho con tu devoción.» El rey se inclinó y rezó. «Que así sea», dijo, y Savitri desapareció. Poco después su reina tuvo una radiante niña con ojos de loto. Dado que ella era el obsequio de la diosa Savitri, la esposa de Brahma, ella fue llamada Savitri con toda la debida ceremonia y ella creció en la gracia y el cariño como a la misma Shri. La gente pensaba en ella como en una imagen dorada, diciendo: «Una diosa ha llegado entre nosotros.» Pero nadie se atrevía a casarse con esa dama de los ojos de loto, dado el esplendor radiante y el espíritu ardiente que estaban en ella intimidaban a todo pretendiente.

Un día, después de sus rezos a los dioses, ella fue ante su padre con una ofrenda de flores. Ella tocó sus pies y se paró a su lado con manos juntas. El rey estaba triste y, viendo a su hija en edad de casarse sin ser pedida aún en matrimonio, le dijo: «Mi hija, el momento de tu entrega ha llegado; sin embargo, nadie te busca. Elige, pues, por ti misma un marido que sea tu igual. Elige a quien tú quieras; yo reflexionaré y te entregaré a él, dado que un padre que no entrega a su hija es deshonrado. Actúa por ello tú de forma que no recibamos la censura de los dioses.»

Entonces Savitri sumisamente se inclinó ante los pies de su padre y se marchó con sus sirvientes. Montando en un carro real visitó los bosques de los sabios ermitaños. Adorando los pies de esos reverenciados sabios, ella vagó por todos los bosques hasta que encontró a su señor.

Un día cuando su padre estaba sentado en sesión abierta, conversando con los consejeros, Savitri volvió y, viendo a su padre sentado junto al rishi Narada, se inclinó ante sus pies y le saludó. Entonces Narada dijo: «¿Por qué te demoras en casar a tu niña, que está en edad de casarse?» El rey respondió:

«Fue por eso que ella se marchó, y ahora ella regresa. Escucha a quien ha elegido ella para su marido.» Diciendo esto, se volvió a Savitri, ordenándole todo lo que le había sucedido.

De pie, con las manos unidas frente al rey y al sabio, ella respondió: «Había un virtuoso rey de los shalwas, de nombre Dyumatsena. Él se volvió ciego; entonces un antiguo enemigo arrancó el reino de sus manos, y él, con su esposa y una niña pequeña, se marcharon a los bosques, donde practicó las austeridades debidas a la vida de ermitaño. El niño, su hijo, creció en esa ermita del bosque. Él es digno de ser mi esposo, a él lo he aceptado en mi corazón como señor.»

Entonces Narada exclamó: «Gran error ha cometido Savitri al coger este muchacho para su señor, cuyo nombre es Satyavan, aunque lo conozco bien y es excelente en todas las buenas cualidades. Ya siendo niño le deleitaban los caballos y los modelaba en arcilla o los dibujaba; por ello ha sido llamado Pintor de Caballos.»

El rey preguntó: «¿Tiene este príncipe Satyavan inteligencia, compasión, coraje, energía?» Narada respondió: «En energía es como el Sol, en sabiduría como Brihaspati, valeroso como el rey de los dioses, compasión como la misma Tierra. También es liberal, fiel y hermoso a la vista.» Entonces el rey preguntó otra vez: «Dime ahora cuáles son sus defectos.» Narada respondió: «Tiene un defecto que supera a todas sus virtudes, y ése es irremediable. Está destinado a morir dentro de un año.»

El rey se dirigió a su hija: «Elige, oh Savitri, hermosa niña, otro señor; ya has oído las palabras de Narada.» Pero Savitri respondió: «La muerte puede venir en un instante; una hija puede ser entregada solo una vez; solo una vez puede decirse: "¡La entrego!" Sin duda, sea la vida larga o corta, sea virtuosa o viciosa, he elegido mi marido por una sola vez. No elegiré dos veces. Una cosa primero se siente en el corazón, luego se dice, luego se hace; mi mente es testigo de esto.» Entonces Narada dijo al rey: «El corazón de tu hija es inconmovible; no será apartada de su camino. Además, nadie supera a Satyavan en virtud; el matrimonio tiene mi aprobación.» El rey, con manos unidas, respondió: «Lo que tú mandes será hecho.» Narada dijo otra vez: «Que la paz sea el obsequio de Savitri. Yo iré por mi camino; estad bien con todos», y con esto ascendió otra vez al cielo.

En un feliz día el rey Señor de los Caballos, con Savitri, viajó a la ermita de Dyumatsena. Entrando a pie, encontró al sabio real sentado en contemplación bajo un noble árbol, el rey lo veneró debidamente, con obsequios apropiados para los hombres santos, y anunció el propósito de su visita. Dyumatsena respondió: «Pero ¿cómo tu hija, delicadamente criada, podría llevar esta dura vida en el bosque con nosotros, practicando austeridad siguiendo las reglas de los ermitaños?» El rey respondió:

«No deberías decir esas palabras, dado que mi hija sabe, como yo, que la felicidad y la pena vienen y se van, y nadie dura. No deberías desatender mi oferta.» Se hicieron los preparativos adecuados y en presencia de los sabios de doble nacimiento de las ermitas de los bosques, Savitri fue dada a Satyavan. Cuando su padre había partido ella puso a un lado sus joyas y se vistió con cortezas y ropas marrones. Ella encantó a todos con su amabilidad y abnegación, su generosidad y dulce hablar. Pero las palabras de Narada estaban siempre presentes en su cabeza.

Con el tiempo el momento señalado para la muerte de Satyavan llegó; cuando le quedaban solo cuatro días de vida Savitri ayunó día y noche, observando la penitencia de las «Tres Noches». El tercer día Savitri estaba mareada y débil, y ella pasó la última infeliz noche con miserables reflexiones acerca de la próxima muerte de su marido. Por la mañana ella cumplió con los acostumbrados ritos y fue a presentarse ante los brahmanes y ante el padre y la madre de su marido, y ellos, tratando de ayudarla, rezaron para que ella nunca fuera una viuda.

Satyavan se marchó a los bosques con el hacha en la mano, sin sospechar nada, para traer a casa madera para el fuego de sacrificios. Savitri pidió ir con él, y él lo consintió, si sus padres también lo permitían. Ella les rogó dulcemente que lo permitieran, diciendo que no soportaba quedarse y que deseaba enormemente ver la floración de los árboles. Dyumatsena le dio permiso, diciendo:

«Desde que Savitri ha sido entregada a mí por su padre para ser mi nuera, no recuerdo que me haya pedido nada. Ahora, por ello, dejad que su ruego sea concedido. Pero no dificultes», dijo, «la tarea sagrada de Satyavan.»

Entonces Savitri partió con su señor, aparentando sonreír, pero con el corazón apesadumbrado; dado que, recordando las palabras de Narada, ella se lo imaginaba ya muerto. Con la mitad de su corazón se lamentaba, expectante de su final; con la otra mitad de su corazón respondía con sonrisas, al pasar juntos arroyos sagrados e inmensos árboles. Al rato él comenzó a trabajar, y al golpear con el hacha las ramas de un poderoso árbol se sintió mal y se mareó, y fue hasta su esposa quejándose de que su cabeza era torturada por un dolor agudo y que dormiría un momento. Savitri se sentó sobre el suelo y puso la cabeza de él sobre su regazo; ése era el momento acordado para su muerte. Inmediatamente Savitri vio una deidad con una radiante y sonrosada cara, de ojos negros y rojos y terrible a la vista; llevaba una cuerda en su mano. Se detuvo y miró a Satyavan. Entonces Savitri se levantó y le preguntó humildemente quién era y qué quería. «Soy Yama, Señor de la Muerte», respondió, «y he venido a buscar a Satyavan, cuyo lapso de vida se ha terminado.» Diciendo esto, Yama arrancó el alma del cuerpo de Satyavan, atado con la cuerda y totalmente indefenso; con ello partió al Sur, dejando el cuerpo frío y sin vida.

Savitri le seguía de cerca, pero Yama dijo: «Desistid, oh Savitri. Vuelve a hacer los ritos funerarios de tu esposo. No te acerques más.» Pero ella respondió: «Adonde mi señor sea llevado o vaya por su propia voluntad, lo seguiré; ésta es la última ley. El camino está abierto a mí debido a mi obediencia y virtud. Mira, el sabio ha dicho que la amistad tiene siete pasos. Descansando en la amistad así contraída, yo te diré algo más. Tú has ordenado seguir otras reglas que las debidas a una esposa; tú quieres hacer una viuda de mí, sin seguir la regla doméstica. Pero las cuatro reglas son para aquellos que no han seguido su propósito, verdadero mérito religioso. Es diferente conmigo, dado que yo he alcanzado la verdad solo cumpliendo los deberes de una esposa. No es necesario hacerme una viuda.» Yama respondió: «Dices bien y bien me has agradado. Pide un deseo, cualquier cosa sea lo que quieras, excepto la vida de tu marido.» Ella pidió que Dyumatsena recobrara su vista y salud, y Yama lo concedió. Sin embargo, Savitri no regresaría, diciendo que ella aún seguiría a su señor y, además, que la amistad con la virtud siempre debe dar buenos frutos. Yama admitió la verdad de esto y le otorgó otro deseo; ella pidió que su padre recobrara el reino. Yama dio su promesa de que sería hecho y ordenó a Savitri que retomara. Todavía ella se negó, y habló del deber del grande y el bueno, de proteger y ayudar a los débiles con su ayuda. Entonces Yama le concedió un tercer deseo: que su padre tuviera cien hijos. Todavía Savitri persistía. «Tú eres llamado el señor de la Justicia», dijo, «y los hombres siempre confían en el justo; dado que es solo la bondad de corazón la que inspira confianza a todas las criaturas.» Cuando Yama le ofreció otro deseo, salvo y excepto la vida de Satyavan, Savitri pidió cien hijos nacidos de ella y Satyavan. Yama respondió: «Tú obtendrás, oh señora, cien hijos, famosos y poderosos, dándote gran goce. Pero tú has llegado demasiado lejos; ahora te pido que regreses.» Pero otra vez ella pidió al justo: «Es el justo», dijo, «quien soporta a la tierra con su vida austera y protege todo.» Otra vez agradado por las palabras de Savitri, garantizó otro deseo. Pero Savitri respondió: «Oh tú que confieres honor, qué no has concedido ya que pueda suceder sin la unión con mi marido; por ello pido su vida junto con todos los otros deseos. Sin él no estoy sino muerta, sin él ni siquiera deseo la felicidad. Tú me has dado cien hijos y te llevas a mi señor, sin el cual no puedo vivir. Te pido su vida, que tus palabras sean cumplidas.»

Entonces Yama cedió y le devolvió a Satyavan, prometiéndole prosperidad y vida por cuatro siglos, y descendientes que serían todos reyes. Concediendo todo lo que Savitri pidió, el señor de los ancestros siguió su camino. Entonces Savitri volvió adonde se encontraba el cuerpo de Satyavan y alzó su cabeza sobre su regazo; le vio volver a la vida como uno que regresa de una estancia en una tierra lejana. «He dormido demasiado», dijo, «¿por qué no me has despertado? ¿Dónde está ese ser oscuro que me hubiese llevado?» Savitri respondió: «Has dormido mucho tiempo. Yama se ha marchado por su camino. Te has recobrado; levántate, si puedes, dado que ya está cayendo la noche.»

Entonces los dos regresaron, caminando a través de la espesa noche a lo largo de los senderos del bosque.

Mientras tanto Dyumatsena y su esposa y todos los sabios estaban afligidos. Sin embargo, los brahmanes tenían buenas esperanzas, dado que ellos juzgaban que la virtud de Savitri podía ayudar aún en contra del destino, y ellos calmaron al rey. Más aún, Dyumatsena repentinamente recuperaba su vista, y todos tomaron esto por un presagio de buena suerte, preanunciando la salvación de Satyavan. Entonces Savitri y Satyavan volvieron a través de la oscura noche y encontraron a los brahmanes y al rey sentados junto al fuego. Cálida fue su bienvenida y agudas sus preguntas; entonces Savitri relató todo lo que había sucedido, y todos la felicitaron; después, y dado que era tarde, todos fueron a sus propias moradas.

El día siguiente al amanecer vinieron embajadores de Shalwa para decir que el usurpador había sido muerto, y el pueblo invitaba a Dyumatsena a regresar y ser otra vez su rey. Él volvió a Shalwa y vivió mucho tiempo; y tuvo cien hijos. Savitri y Satyavan también tuvieron los cien hijos concedidos por Yama. Así fue como Savitri con su sola bondad levantó de una condición pobre a la más alta fortuna a ella, a sus padres, a su señor y a todos los que descendieron de ellos.

«Y», dijo Markandeya a Yudhishthira, «aun siendo tan pequeña Draupadi salvará a todos los Pandavas.»

SHAKUNTALA

*e*sta antigua historia, mejor conocida para los lectores ingleses por la traducción de la obra de Kalidasa, es un episodio del *Mahabharata,* dando un relato del mismo Bharatha, el ancestro de los príncipes en guerra del gran poema épico, de quien, también, el nombre de India, «Bharatvarsha», deriva. La historia de Shakuntala dada aquí es cogida casi literalmente de la versión javanesa publicada más tarde por D. Van Hinloopen Labberton —una versión superior en franqueza y simplicidad que la del *Mahabharata* sánscrito, y como historia (no por supuesto como obra teatral) superior a la de Kalidasa:

Había un rajá, Dushyanta, cuyo imperio se extendía hasta las costas de cuatro mares. Ningún error era cometido en su reinado: prevalecía la virtud, debido a su buen ejemplo. Un día él estaba cazando en los bosques del Himalaya, y se introdujo más y más en los bosques; entonces llegó a una ermita, con un jardín de hermosas flores y todo tipo de frutas, y un arroyo de aguas claras. Había animales de todo tipo; incluso leones y tigres estaban bien amansados, dado que el espíritu pacífico del ermitaño los condicionaba. Los pájaros cantaban en cada rama, y los gritos de los monos y osos sonaban como una recitación de los rezos védicos, deleitando el corazón del rey. Él ordenó a sus seguidores mantenerse detrás, dado que deseaba visitar la ermita sin alterar el pacífico retiro. El jardín estaba vacío; pero cuando miró dentro de la casa vio una hermosa niña, como una apsara sobre la Tierra. Ella le dio la bienvenida y le ofreció agua para lavar sus pies y enjuagar su boca, de acuerdo con la costumbre de las visitas. El rey le preguntó de quién era la ermita y por qué estaba vacía. Ella respondió: «Con permiso de su alteza, es la ermita del sabio Kanva. Él ha salido a recoger combustible para el fuego de sacrificio; por favor, maharajá, esperad aquí hasta que él regrese, pues volverá muy pronto.»

Mientras la doncella hablaba el rey fue sacudido por el amor hacia ella. Pero él contestó con una pregunta: «Perdón, hermosa madre», dijo, «he oído acerca del santo Kanva. Pero se dice que él no tiene nada que ver con mujeres; ¿en qué relación tú estás con él?» La doncella de la ermita contestó: «Con perdón de su alteza, él es mi padre; y cuál es la forma en que esto ha sucedido, aquí hay un brahmán huésped que se lo puede informar; por favor, preguntadle acerca de la historia de mi nacimiento.»

El brahmán contó la historia del nacimiento de la niña. El gran yogui Vishvamitra había sido una vez rey, pero él renunció a su condición real, deseando alcanzar la misma dignidad espiritual que Vashishtha. Practicó penitencias tan severas que el mismo Indra temió que su propio reino le fuera arrebatado. Entonces llamó a una de las más hermosas bailarinas del cielo, Menaka, la perla de los apsaras, y la envió a tentar al santo hombre. Ella aceptó la misión, después de recordar a Indra que Vishvamitra era un hombre de inmensos poderes ocultos, capaz de destruir, si lo deseaba, los Tres Mundos; a lo que él respondió enviando con ella a los dioses Viento y Deseo. Ella fue a la ermita y se hizo la inocente, y cuando Vishvamitra la miró el Viento vino y reveló su hermosura, y al mismo tiempo el dios Deseo soltó su flecha y le golpeó en el corazón, de modo que Vishvamitra amó a la apsara. Cuando ella se encontró con un niño pensó que su trabajo estaba hecho; ella podía volver al cielo. Así que se fue lejos siguiendo el río Malini hasta el Himalaya; allí dio a luz a una niña, dejó al bebé sólo, vigilado por los pájaros, y volvió otra vez a Indra. Kanva encontró a la niña, solo atendida por pájaros *shakuni,* y la llamó Shakuntala. «Esta Shakuntala», dijo el joven huésped brahmán, «es la misma doncella de la ermita que ha dado a vuestra alteza la bienvenida.»

Dushayanta habló otra vez a la niña: «Bien nacida tú eres», dijo, «hija de apsara y un gran sabio; tú, hermosa, conviértete en mi esposa, por el rito de mutuo consentimiento.» Pero ella no lo haría, ilusionada en esperar a que Kanva regresara; solo cuando el rey le había insistido demasiado, ella consintió, con la condición de que su hijo fuera heredero y sucediera en el trono. El rey estuvo de acuerdo, y ellos fueron unidos por el rito gandharva de consentimiento mutuo. Entonces el rey partió a su ciudad, diciendo que enviaría a buscar a Shakuntala sin demora. Pronto llegó Kanva, pero Shakuntala no podía verlo por su timidez; pero él sabía todo lo que había sucedido y se acercó a ella, y le dijo que había hecho bien, y le predijo que llevaba un emperador. Después de muchos meses ella dio a luz a un perfecto niño, hermoso varón, y Kanva practicó para él el rito kshattriya. Mientras crecía él estaba siempre con los ermitaños, y compartía un poco de sus poderes, de modo que era capaz de someter a toda bestia salvaje, aun leones y tigres y elefantes, y se ganó el nombre de Domador de Todos. Él llevaba las tres marcas de nacimiento de un emperador.

Pero hasta ese momento no había llegado ningún mensajero del rey Dushayanta. Entonces Kanva envió a Shakuntala con el niño a cargo de ermitaños a la corte; ella se presentó ante el rey mientras daba audiencia, y le requirió que proclamara al niño sucesor. Él respondió: «¡Nunca me he casado contigo, oh mentirosa joven de la ermita! Nunca he visto antes tu cara. Entonces, ¿crees que no hay hermosas jóvenes en la ciudad? Vete, y no pidas que se te haga emperatriz.» Ella volvió: «¡Ah, rey, qué grande es vuestro orgullo! Pero vuestras palabras son indignas de vuestro linaje. Vos pensasteis: "No había nadie allí cuando yo desposé a Shakuntala." Ese fue vuestro ardid. Pero ahora que el mismo divino que vive en el corazón estaba allí, si y el Sol y la Luna, y el Viento y el Fuego, el Cielo, la Tierra, las Aguas y el Señor de la Muerte estaban allí juntos; esos trece testigos, contando al Día y la Noche, los Crepúsculos y la Ley, no pueden ser engañados, sino que son conscientes de todo lo que pasa. Yo no sé si será una penalización por un previo pecado por lo que soy rechazada. Pero aquí está vuestro hijo totalmente perfecto; sin embargo, ¡ningún padre lo hace feliz! ¿No sentís amor hacia él que es vuestra propia carne y tan apuesto como vos mismo? Realmente vuestro corazón es malvado.»

«Ah, Shakuntala», dijo el rey, «si fuera mi hijo yo estaría feliz. Pero mira, él es demasiado grande; en tan poco tiempo ningún niño podría haber crecido tanto. No tengas esta pretensión de mí y marcha.» Pero mientras el rey hablaba vino una voz del cielo:

«Maharajá», gritó, «este niño es tuyo. Shakuntala ha dicho la verdad.» Entonces Dushyanta bajó desde su trono de león y cogió al Domador de Todos en sus brazos; a Shakuntala le habló con lágrimas: «Madre Shakuntala, yo realmente me sentí feliz cuando te vi. Fue por mi condición real que te rechacé; dado que ¿cómo hubiera creído que éste era mi hijo y sucesor? Ahora la voz del cielo ha hecho que la paternidad esté clara para todos, y él se sentará sobre mi trono de león y me seguirá luego a mí como protector del mundo, y su nombre no será más Domador de Todos, sino que será Bharata, debido a la voz divina», y le rogó a Shakuntala que le perdonara; pero ella estaba quieta con las manos unidas y mirada baja, demasiado contenta para contestar y demasiado tímida, ahora que estaba todo bien.

El valor de Bharata es la causa de que hoy exista el país de Bharata; la historia por tanto es llamada el *Mahabharata*.

NALA Y DAMAYANTI

Hubo una vez un joven rey de Nishadha, en la India central, cuyo nombre era Nala. En un país vecino llamado Vidarbha reinaba otro rey, cuya hija Damayanti se decía que era la más hermosa niña del mundo. Nala era un joven muy completo, bien entrenado en todas la sesenta y cuatro artes y ciencias con las cuales los reyes debían estar familiarizados, y particularmente habilidoso en montar caballos; pero, por otra parte, era muy aficionado al juego. Un día mientras paseaba en el jardín del palacio, mirando a los cisnes entre los lotos, se decidió a atrapar a uno. El inteligente cisne, sin embargo, sabía cómo comprar su libertad. «Libérame, buen príncipe», dijo, «y yo volaré a Vidarbha y cantaré tu fama ante la hermosa Damayanti.» Entonces todos los cisnes juntos volaron a Vidarbha y se pusieron a los pies de Damayanti. «Hay un príncipe sin par en Nishadha», dijo, «más hermoso que ningún hombre de Dios. Tú eres la más hermosa de las mujeres, ¿querrías tú ser desposada?» Damayanti se enrojeció y cubrió su cara con un velo como si un hombre se hubiese dirigido a ella; pero no podía dejar de pensar en cómo sería Nala. Después de un momento dijo al cisne: «Tal vez tú deberías hacer la misma sugerencia al mismo Nala.» Ella se sentía bien protegida en el jardín de su padre, y esperaba que Nala se enamorara de ella, ya que sabía que su padre estaba planeando un *swayamvara,* o propia elección, para ella muy pronto, en el que ella debería aceptar un pretendiente.

Desde ese día Damayanti comenzó a adelgazar; ella se sentaba sola y soñaba, de modo que todas las doncellas se afligían por ella. Cuando Bhima lo oyó apresuró los preparativos para su propia elección, sintiéndose seguro de que la única cura era casarla y establecerla. Él invitó a todos los príncipes y rajás vecinos, e hizo los preparativos para recibirlos en una gran fiesta. Mientras tanto Narada, que había estado pasando una corta temporada en la Tierra, subió al cielo y entró en el palacio de Indra. Indra le saludó y le preguntó qué sucedía, dado que los reyes de la Tierra no le hacían las visitas acostumbradas. Entonces Narada relató la historia de Damayanti y describió los preparativos para la propia elección en la corte de Bhima. Los dioses anunciaron su intención de participar en la festividad y, montando en sus carros, partieron para Vidarbha. Poco tiempo después encontraron a Nala y, conmovidos por su belleza y porte real, se dirigieron a él con una orden de llevar un mensaje de su parte. «Soy vuestro para lo que mandéis», les contestó, y se paró con las manos unidas esperando su voluntad. Indra cogió la palabra. «Sabed, oh Nala», dijo, «que yo, con Agni, Varuna y Yama, hemos venido del cielo buscando el amor de Damayanti; anúnciale esto a ella, para que elija a uno de nosotros cuatro.» Nala quedó espantado con esta orden y rogó a los dioses que buscaran otro mensajero. Pero los dioses le hicieron cumplir su promesa, y realmente se vio a sí mismo inmediatamente transportado hasta el palacio de Damayanti. Allí vio a la dama a quien ya adoraba radiante como una luna de plata. Damayanti y sus doncellas estaban pasmadas con su aparición allí entre ellas, y aún más pasmadas por su belleza; cada doncella secretamente lo adoró. Pero Nala, frenando su propio deseo, entregó el mensaje de los dioses. «Decide tú cuál será tu deseo», concluyó. Damayanti respondió: «Yo misma y todo lo que tengo son tuyos; ¿no me amarás a cambio? Es solo por ti que los príncipes son convocados. Si no me aceptaras, prefiero la muerte a cualquier otro.» Pero Nala respondió: «¿Cómo elegirás a un mortal cuando incluso los dioses pretenden tu mano, quienes, además, me matarán si su deseo es frustrado? ¡Mira qué grandes son los dioses, y lo que poseerá aquella que se case con ellos!» Damayanti respondió: «Es mi promesa no desposar a nadie que no seas tú.» Nala respondió: «Como mensajero no puedo invocar mi propia causa; sin embargo, recuérdame cuando esté frente a ti pretendiendo por mi propio nombre.» Damayanti sonrió y respondió: «Tú estarás seguramente sin pecado presente en el *swayamvara,* aunque los dioses estarán también allí; entonces yo te escogeré a ti como mi señor, no podrá nadie culparme por ligarme a ti.» Entonces Nala se inclinó y, marchándose, inmediatamente se presentó a los dioses, y les contó cómo había sucedido todo realmente. «Lo que queda», dijo, «depende de vosotros, oh dioses principales.»

El día del *swayamvara* amaneció. La corte dorada de Bhima estaba llena de señores de la Tierra, sentados en tronos, radiantes como las estrellas en el cielo, fuertes como leones de montaña, hermosos como los nagas, multitudinarios como las serpientes en Bhogavati. Entonces Damayani fue traída a su trono; junto a ella caminaban sus doncellas con la guirnalda fatídica, y frente a ella fue Sarasvati misma. Pasó frente a las filas de pretendientes, rechazando a cada uno por turno al ser anunciado su nombre y rango. Entonces ella vio a cinco nobles príncipes sentados juntos, cada uno con la forma de Nala. Damayanti los miró desesperada: ella no podía saber quién era Nala ni quiénes podían ser los otros. No podía distinguir a los dioses por sus propios atributos, ya que habían dejado a un lado sus formas propias. Largo fue el silencio, hasta que ella reflexionó que debía aproximarse a ellos con un humilde ruego, dado que ni siquiera los dioses pueden rechazar los ruegos del bueno y el virtuoso. «Oh vosotros, grandes dioses», dijo, «dado que yo me he prometido a mí misma a Nala, mostrad a mi señor.» Cando ella rogó, los dioses adquirieron su propia forma y atributos: radiantes, con mirada aguda, con guirnaldas eternamente frescas, sin tocar el suelo, se pararon delante de ella. Pero Nala se mostró sombrío, guirnalda marchita y frente transpirada. Entonces Damayanti paró y se inclinó para tocar el bajo su vestimenta, y alzó y arrojó la guirnalda de flores alrededor de sus hombros entre gritos afligidos de los pretendientes rechazados y aplausos de los dioses y rishis. Así eligió Damayanti a su señor. Los dioses obsequiaron a Nala grandes regalos y se marcharon otra vez al cielo. Los rajás reunidos partieron. Bhima entregó su hija a Nala; grande y rico fue el banquete de boda, y Nala y Damayanti fueron a su hogar a Nishadha.

Había, sin embargo, un demonio llamado Kali, el espíritu de la Cuarta Época, que con su amigo Dvapara no pudieron llegar a tiempo al *swayamvara*. Encontrándose con los dioses volviendo de Vidarbha, Kali supo por ellos que Damayanti había elegido a Nala. Su cólera no tuvo límites al saber que un mortal había sido preferido a un dios. A pesar de que los dioses le disuadieron, él decidió vengar el insulto. Pidió a su amigo Dvapara que entrara en el juego y él mismo buscó la oportunidad de poseer al rey. Pasaron doce años hasta que un descuido en la observación de la pureza ceremonial puso a Nala a merced del demonio. Kali entró en él, e inmediatamente invitó al hermano de Nala, Pushkara, a jugar con el rey. Nala perdió, y perdió otra vez. Día tras día el juego continuó hasta que pasaron meses. Los ciudadanos pedían audiencia en vano, también en vano la reina pedía a su señor que recibiera a los ministros. Pronto el tesoro real fue casi agotado, pero Nala continuaba jugando. Entonces Damayanti llamó a su fiel cochero y, advirtiendo que días desafortunados se aproximaban, envió a sus dos hijos con él, para que queridos amigos cuidaran de ellos en Vidarbha. Cuando todo estaba perdido Pushkara pidió a su hermano que arrojara los dados por Damayanti; pero fue suficiente. Él se levantó, arrojó sus joyas y su corona, y salió de la ciudad donde había sido rey, seguido de Damayanti, vestida con ropas sencillas como su señor. Seis días después ellos vagaban así, mientras Pushkara usurpaba el trono. Entonces Nala vio unos pájaros y los quiso atrapar para comer. Arrojó su túnica sobre ellos, pero ellos se alzaron y escaparon, dejándolo desnudo. Al levantarse en el aire gritaron: «Tonto Nala, nosotros somos los dados, insatisfechos, ya que tú conservabas todavía una simple túnica.» Entonces el miserable rey se volvió a su esposa y le aconsejó dejarlo y encontrar el camino a Vidarbha sola; pero ella respondió: «¿Cómo podría dejarte solo en este bosque salvaje? Mejor te serviré y te cuidaré, dado que no hay un ayudante como una esposa. O vayamos juntos a Vidarbha y mi padre nos dará la bienvenida.» Pero Nala se negó; no volvería en indigencia a Vidarbha, donde había sido conocido como un gran rey. Así ellos vagaron, hablando de su mala fortuna, y llegando a una choza abandonada, descansaron sobre el suelo; Damayanti se durmió. Entonces Kali llevó a la mente de Nala la idea de abandonar a su esposa; le pareció mejor para ella y para él. Empuñó una espada y cortó en dos la túnica que llevaba Damayanti, y se puso la mitad. Dos veces dejó la choza y dos veces volvió, incapaz de dejar a su esposa, y otra vez se marchó, dirigido por Kali, hasta que al final se alejó.

Cuando Damayanti despertó y extrañó a su esposo gritó y sollozó de pena y soledad. Pero pronto pensó más en él que en ella misma y lamentó sus sufrimientos; y ella pidió que ya que fue ella la que había traído el sufrimiento a Nala debía sufrir diez veces más que él. En vano buscó a su señor, merodeando por el bosque, hasta que una gran serpiente la cogió. Entonces vino un cazador, mató la serpiente y la liberó, y le preguntó su historia. Ella le contó todo lo que había sucedido; pero él vio su belleza y la deseó para él. Grande era su enojo cuando vio sus propósitos, y ella le insultó por un acto de fidelidad. «Tanto como soy fiel a Nala», dijo, «así puede este malvado cazador morir en este mismo momento», y él cayó al suelo sin sentido.

Todavía Damayanti merodeó por el bosque, y las bestias salvajes no la dañaron; muy lejos fue, llorando por su señor, hasta que finalmente llegó a una ermita solitaria y se inclinó ante los santos hombres. Ellos le dieron la bienvenida como el espíritu del bosque o la montaña; pero ella contó su historia. Ellos respondieron con palabras de consuelo y le aseguraron que encontraría a su señor. Pero no bien dijeron esto, tanto la ermita como los ermitaños desaparecieron. Después de muchos días ella se encontró con una caravana de mercaderes cruzando un vado. También dieron la bienvenida a la dama del bosque o del río hasta que ella les contó su historia. Los mercaderes respondieron que iban en dirección a la ciudad de Subahu, rey de Shedi, y cogieron a la agotada reina en su compañía y continuaron su camino. Esa misma noche, mientras los mercaderes dormían, una manada de elefantes salvajes irrumpió en el campamento, espantó a todas las bestias y mató a más de la mitad de los viajantes. Aquellos que sobrevivieron atribuyeron toda su mala fortuna a la mujer extraña que ellos habían ayudado, y la hubiesen matado si no hubiese huido al bosque otra vez. Pero después de muchos días de vagar llegó a la capital de Shedi, y se paró junto a las puertas del palacio como una loca sin hogar, sucia, desarreglada y a medio vestir. Entonces la reina de Subahu la vio y la recibió amablemente. Cuando ella le contó su historia, la reina le asignó un sitio donde ella podría vivir en reclusión, sin ver a nadie salvo a sabios brahmanes, que pudieran traerle noticias de su marido.

Poco después de abandonar a su esposa Nala vio en el bosque un fuego ardiendo, del que salía una voz diciendo: «Date prisa, oh Nala; apresúrate a ayudarme; apresúrate.» Él corrió al lugar y vio una naga real enrollada sobre el suelo, rodeada por el fuego. Dijo la serpiente: «Por la maldición de Narada, estoy rodeada por el fuego hasta que Nala me rescate; soy el rey de las serpientes, grande de poder y sabiduría en muchos aspectos del oculto saber tradicional. Sálvame, y haré mucho por ti y daré mucho por ti.» Entonces Nala levantó a quien no podía moverse por sí misma por la maldición de Narada, del feroz círculo en el frío bosque, soportándola diez pasos desde el círculo. De repente la serpiente le mordió y su aspecto cambió; pero la naga adquirió su forma real. Entonces la naga aconsejó a Nala:

«He cambiado tu apariencia con mi veneno y los hombres no te conocerán. Esto es para el desconcierto del demonio por el cual estas poseído. Viaja a Ayodhya, donde Rituparna es rey; busca servirle como cochero y llegará el momento en que intercambiará contigo su habilidad en los dados por la tuya en conducir. No te aflijas, dado que todo lo que ha sido tuyo te será restituido. Cuando vuelvas a adquirir tu propia forma piensa en mí y ponte esta túnica.» Cuando Nala recibió la vestimenta mágica el rey naga desapareció.

Como fue predicho, así ocurrió; Nala se convirtió en cochero de Rituparna. Mientras tanto los mensajeros de Bhima, buscando en todo el mundo a Nala y Damayanti, encontraron a la reina en la capital de Shedi y la trajeron a casa. Otra vez enviaron mensajeros brahmanes para buscar a Nala. Ellos debían buscar en todo el mundo, preguntando en todos los sitios: «¿Adónde has ido, oh jugador, que dejaste tu esposa con la mitad de su vestido; por qué me has dejado sola?» De cualquier respuesta hecha, ellos debían traer noticias. Cuando llegaron a Ayodhya, Nala, ahora convertido en el cochero Vahuka con las piernas encorvadas y poco parecido a lo que él mismo había sido, contestó a los brahmanes, pidiéndoles fe y perdón de la mujer, dado que el esposo que la había abandonado no tenía malicia, sino que lo buscaba a él en todo el mundo. Los brahmanes llevaron esta noticia a Vidarbha. Inmediatamente Damayanti buscó a su madre. «Deja que el brahmán que viene de Ayodhya», dijo, «vuelva de allí inmediatamente trayendo a mi señor. Que anuncie delante de Rituparna que Damayanti, sin saber si Nala vive o no, celebra un segundo *swayamvara*, y será otra vez desposada al amanecer del día siguiente en que él reciba el mensaje. Nadie sino Nala puede conducir un carro desde Ayodhya a Vidarbha en un solo día.»

Cuando Rituparna oyó este mensaje llamó a su cochero Vahuka y le ordenó que pusiera el yugo a sus caballos, dado que debía llegar a Vidarbha antes de la salida del Sol. Vahuka obedeció, pero se dijo a sí mismo: «¿Puede ser esto verdad o es un ardid hecho por mi bien? Averiguaré la verdad cumpliendo con la voluntad de Rituparna.» Condujo como el viento; cuando en un momento el rey dejó caer un pañuelo y quiso parar a recogerlo, Nala respondió: «Nada, el tiempo apremia, y el pañuelo ahora está cinco millas detrás de nosotros.» El rey se preguntaba quién sería Vahuka, dado que él no conocía ningún conductor de caballos, salvo Nala, que pudiera conducir tan de prisa y tan seguro. Pero Rituparna tenía otro don, el don de los números; cuando pasaron un árbol de mango dijo: «Mira, cien frutos caídos y cinco millones de hojas.» Inmediatamente Nala detuvo los caballos, cortó las ramas y contó las frutas; el número era exacto. Nala, asombrado, preguntó al rey el secreto de su sabiduría; él respondió: «Nace de mi habilidad en el juego.» Entonces Nala ofreció cambiar su habilidad en conducir por la sabiduría de Rituparna acerca de los números; así fue acordado. Pero cuando Nala recibió el saber de los números y habilidad con los dados, inmediatamente Kali salió de él y adquirió su propia forma. El demonio excusado por la clemencia de Nala, dado que él había sufrido tanto por el veneno de la serpiente, le prometió que dondequiera que fuera oído el nombre de Nala la amenaza de Kali sería desconocida. Entonces el demonio, perdonado por la gracia de Nala, entró en un árbol derribado y desapareció. Nala quedó contento, estando libre de su enemigo, y montando en su carro condujo aún más rápido que antes; al caer la noche llegaron a Vidarbha, y el tronar de las ruedas del carro llegó a los oídos de Damayanti, de modo que ella supo que había llegado Nala. «Si éste no es Nala», dijo ella, «moriré mañana.» Bhima dio la bienvenida a su huésped y preguntó el motivo de su llegada, dado que no sabía nada de la estratagema de Damayanti o que Rituparna había venido por el bien de su hija. Rituparna, viendo que no había ningún signo del *swayamvara*, ningún preparativo para los invitados reales, contestó a su anfitrión: «He venido, gran Bhima, para darte mis saludos.» Bhima sonrió, dado que pensó: «No así, de tan lejos y con tanta prisa, conduce el rey de Ayodhya por un asunto tan pequeño.» Pero dejó pasar la cuestión y cortésmente asignó habitaciones y refrigerios para el agotado rey. Vahuka llevó los caballos a los establos, los limpió, les acarició y se sentó en el asiento del carro.

Damayanti no sabía qué pensar, dado que, aunque ella había podido echar un vistazo al carro cuando éste llegó, ella no había visto a Nala. Ella pensó: Nala puede estar ahí o Rituparna debe haber aprendido su habilidad. Ella envió un mensajero al cochero, haciendo muchas preguntas acerca de si sabía algo de Nala.

Vahuka respondió: «Sólo Nala mismo sabe de Nala, y Nala no delatará ningún signo de sí mismo.» Entonces el mensajero otra vez repitió la pregunta del brahmán: «¿Cuándo te has ido, oh jugador?» Y en respuesta Vahuka adoró la constancia de la mujer y dejó caer alguna señal de su verdadera identidad; y el mensajero, reconociendo su conmoción, volvió a Damayanti. Ella envió al mensajero otra vez a vigilar de cerca al cochero; ordenó que no debía prestársele ningún servicio, ni llevarle agua, ni prepararle fuego. El mensajero informó que el cochero tenía poderes divinos, pudiendo ordenar a los elementos, el agua y el fuego, a su voluntad. Ahora más y más Damayanti sospechaba que éste era Nala disfrazado. Enviándolo una vez más, ordenó al mensajero que trajera un bocado preparado por él; cuando ella lo probó supo con certeza que nadie sino Nala había preparado el plato. Entonces ella envió a sus niños, Indrasena e Indrasen; cuando el cochero los vio se puso a llorar, dado que el vio que eran sus propios hijo e hija perdidos hacía tiempo. Sin embargo, todavía él no se descubriría.

Entonces Damayanti fue hasta su madre y dijo que el cochero debía ser llamado ante ella, y esto fue hecho. Él estaba muy ansioso por ver a quien había abandonado en el bosque tiempo atrás. Cuando ella le preguntó si no sabía nada de Nala, él se proclamó a sí mismo y dijo que la fiebre del juego y el abandono de su esposa eran obra de Kali, no suya. «¿Pero cómo pudiste tú, noble dama, dejando a tu señor, buscar otro marido? Dado que tu segundo *swayamvara* está proclamado, y es por ese motivo que Rituparna y yo hemos venido.» Entonces Damayanti explicó su truco y llamó a los dioses para atestiguar que ella había sido fiel hasta el final, y la voz del cielo proclamó: «Es cierto», y cayeron flores del cielo y se oyó música celestial. Entonces Nala se puso la túnica mágica y adquirió su propia forma, y Damayanti fue hasta sus brazos; la dama de grandes ojos encontró otra vez a su señor.

La alegría era inmensa y sorprendió a la ciudad y al palacio cuando la noticia de esta reunión fue esparcida fuera. Rituparna partió con otro cochero, mientras Nala cogió su camino a Nishadha y llegó frente a su hermano Pushkara, desafiándole a los dados, pidiéndole que jugara otra vez, esta vez con sus vidas en juego. Pushkara respondió: «Que así sea; ahora, finalmente, Damayanti será mía.» Poco faltó para que Nala, encolerizado, no lo matara; pero él cogió los dados, tiró y ganó, y Pushkara perdió.

Entonces Nala perdonó a su malvado hermano y, concediéndole una ciudad, le despachó en paz. Nala mismo, con Damayanti, gobernó en Nishadha y todos los hombres fueron felices.

LA VIRTUD DE LA COMPASIÓN

Hablado de Bhishma a Yudhishthira:

Vivía un cazador en la ciudad de Benarés. Él partió en busca de antílopes, cogiendo un carcaj lleno de flechas envenenadas. Encontró una manada muy adentro del bosque y disparó una flecha hacia ellos; pero no acertó el blanco y la flecha envenenada entró en un gran árbol del bosque. Herido por el mortífero veneno, el gran árbol se marchitó y dejó caer sus hojas y frutos. Pero cierto santo papagayo había vivido toda su vida en un hueco en ese árbol, protegido por el señor del bosque, y aunque el árbol ahora estaba seco, él no abandonaría su nido, tal era el amor que le tenía. Silencioso y apenado, inmóvil y sin comida, el agradecido y virtuoso papagayo se secó con el árbol.

El trono de Indra se calentó; mirando abajo hacia la Tierra, se maravilló ante la devoción y extraordinaria resolución del noble pájaro, fiel igualmente en la felicidad y en el dolor. «¿Cómo», reflexionó, «puede este pájaro poseer esos sentimientos, que no son encontrados en criaturas inferiores? Tal vez no es tan extraño, dado que toda criatura es amable y generosa hacia otras.» Entonces, para probar más el asunto, Indra asumió la forma de un cuerpo de un santo brahmán y se aproximó al árbol. «Buen pájaro», dijo, «¿por qué no abandonas el árbol seco?» El papagayo se inclinó y respondió: «Bienvenido, rey de los dioses; por el mérito de mi disciplina, te conozco.» «¡Bien hecho!», exclamó la deidad de los mil ojos, maravillándose ante la sabiduría del pájaro. Él preguntó otra vez: «¿Por qué te aferras a este árbol sin hojas, inadecuado para proteger a ningún pájaro? Déjalo y elige otro, dado que hay muchos hermosos árboles por aquí en el bosque.»

Entonces el papagayo suspiró: «Soy tú sirviente. Mira la razón de esta cuestión: Aquí en este mismo árbol yo vine a la vida; aquí aprendí toda la sabiduría que tengo; aquí fui protegido de todo enemigo. ¿Por qué quieres desviarme de mi senda, ya que soy compasivo y agradecido? No me aconsejes dejar al árbol; mientras vivía fue mi protector; ¿cómo puedo abandonarlo ahora?» Entonces Indra estaba muy agradecido y ofreció un deseo a voluntad al virtuoso pájaro. Éste fue el deseo que eligió el pájaro: «Deja que el árbol reviva.» Entonces Indra lo regó con el agua de la vida y fue llenado con savia, y dio hojas y flores.

Así fue el árbol restituido a la vida por la virtud de los méritos del papagayo, y él, también al final de su vida, obtuvo un sitio en el cielo de Indra. Así los hombres obtienen lo que quieren por la amistad con la virtuosidad y santidad, tal como el árbol por amistad con el papagayo.

Capítulo VIII

Conclusión

Resumen de teología india

EL siguiente esquema presenta muy brevemente los conceptos fundamentales de la teología y la cosmogonía indias, como es asumida en la mayor parte de los anteriores mitos y leyendas.

Los dioses

La Realidad Absoluta es Brahmán (neutro), quien, asumiendo atributos, se convierte en ishvara, dios o gran señor. Ishvara tiene tres aspectos, a saber, Brahma, Shiva y Visnú, con sus *shaktis* o energías, Sarasvati, Devi y Lakshmi. Los adoradores sectarios identifican a uno de éstos con el más alto ishvara, y ven a los otros dos aspectos como meros devas. Por ello aparece una cierta confusión de importancia relativa en las leyendas. de acuerdo con el particular punto de vista sectario desde el cual son relatadas. Las sectas más importantes son los *Shaivas,* que adoran a Shiva; los *Vaishnavas,* que adoran a Visnú (principalmente en sus *avatares,* como Rama y Krishna), y los *Shaktas,* que adoran a Devi como el Supremo. Casi toda la adoración india es monoteísta; no hay para el devoto individual ninguna confusión de Dios con los dioses.

Los *Avatares* son encarnaciones especiales asumidas por porciones del Supremo para ayudar en el proceso de evolución y liberación. Usualmente se reconocen diez de estos *avatares* del supremo Visnú, de los cuales Rama, Krishna y Buda son los pasados, y Kaiki está por llegar. «Cuando esto ocurra», dice Shri Krishna, «la ley falla y surge la falta de reglas, oh tú de la raza de Bharata, entonces yo me hago nacer a mí mismo en un cuerpo. Para vigilar la rectitud, para destruir a los malhechores, para establecer la ley, nazco época tras época.»

Nombres diferentes

Una fuente de confusión para el estudioso de la mitología india aparece al principio en los nombres por medio de los cuales puede darse a conocer una divinidad, incluso la misma Suprema Divinidad.

Los más importantes nombres identificatorios son, para Shiva, Mahadeva, Hara, Nataraja, y para Visnú, Han, Narayan. Rápidamente se adquiere familiaridad con estos nombres, y se descubre que los diferentes nombres se refieren a muchos aspectos del Ser Único, dado que los dioses tienen una conciencia múltiple, y por división de sus atributos aparecen y actúan en muchos sitios y muchas formas coherentemente y al mismo tiempo. Se habrá observado que cada dios, ya sea ishvara o deva, tiene una contrapartida o aspecto femenino. Estas esposas son las shaktis o poderes sin los cuales no podría haber creación o evolución. Por ejemplo, la shakti de Shiva es Devi, cuyos otros nombres son Sati, Uma, Durga, Chanti, Parvati, Kali, etc.; es ella quien es amada por muchos millones como la Madre, y todos estos adoradores hablan de Dios como una Ella. La gran distinción sexual impregna todo el universo, y la psicología del sexo es en todos sitios la misma: todas las cosas que son masculinas son de Shiva, y las femeninas son de Uma.

Poderes cósmicos

Distintos de Ishvara son los devas Indra, Agni, Varuna, Yama, poderes cósmicos antiguos personificados que solo eran adorados en los antiguos tiempos védicos, antes de la aparición de Shiva y Visnú. Estos devas habitan en *swarga,* un paraíso olímpico; ellos conceden a sus adoradores diversos deseos, pero nunca son salvadores de almas. Su condición mortal es como la del hombre, y *swarga* es un sitio donde los deseos y las ilusiones son cumplidas, donde también los seres humanos obtienen la recompensa por las buenas acciones en los intervalos entre un nacimiento y otro. Los devas no practican *tapas* (ascetismo) o se sacrifican ellos mismos por el mundo, tampoco se encarnan como *avatares.* Los seres humanos, mediante *tapas* o sacrificios rituales, y generalmente mediante buenas acciones, pueden alcanzar un sitio en *swarga,* e incluso la condición de un deva; pero esto no excluye la necesidad del renacimiento en la Tierra, ni puede ser considerado en ningún sentido como salvación *(mukti, moksha)* o como equivalente de alcanzar *nirvana. Nirvana* es un estado, *swarga* un lugar.

Entre los devas está Kamadeva y su esposa Rati (deseo). Asociados con los devas en *swarga* están los rishis (incluyendo Narada, Vishvamitra, Vashishtha, etc.) y los *prajapatis* (incluyendo Daksha); los primeros son sacerdotes, los últimos devotos de los devas. *Swarga* también es el hogar de una variedad de seres míticos, las apsaras, los gandharvas, los kinnaras y los animales especiales que son vehículos de los dioses, tal como el Garuda de Visnú y la rata de Ganesha. Las apsaras son las doncellas bailarinas de la corte de Indra; los gandhanvas y los kinnaras, los músicos, y estos últimos tienen formas que son solo en parte humana, algunos siendo de naturaleza en parte animales, otros parte pájaro. Las apsaras, los gandhanvas y los kinnaras no entran en el ciclo de encarnación humana y evolución, pero como los frailes de la mitología occidental, pueden en raras ocasiones hacer alianzas con los humanos.

Yama, aunque uno de los devas, es el señor de Hades, donde son expiadas las malas acciones de los seres humanos en los intervalos entre un nacimiento y el siguiente. Debe entenderse que una parte del intervalo entre nacimientos es pasada en Hades, otra parte en el cielo, de acuerdo con la proporción de mérito conseguida por el individuo en cuestión. Los demonios (asuras, daityas, rakshasas) están constantemente en guerra con los devas, quienes están representados cuando se dirigen a Brahma, Shiva o Visnú pidiendo ayuda.

El universo

Hablando de cosmogonía hindú, debemos comprender principalmente nuestro sistema solar, pero está claro que principios similares son aplicables a cualquier otro sistema, o a todo el universo compuesto de muchos sistemas. Ya no puede concebirse ninguna creación original del universo; pero hay alteraciones, parciales y completas, de manifestación y retractación. Al inicio del ciclo *(kalpa)* el mundo es creado por el aspecto Brahma de ishvara; durante el ciclo es sostenido por Visnú, y al final, como Shiva, él lo destruye. Este proceso cósmico sucede de acuerdo al siguiente esquema de tiempo:

Un ciclo, o día de Brahma, un *kalpa,* el período de la duración del sistema solar es 12.000 años de los devas, ó 4.320.000.000 años terrenales. Al principio de cada día cuando Brahma se despierta, los nombrados en los mitos como «Tres Mundos», junto con los devas, rishis, asuras, hombres y criaturas, se manifiestan de nuevo de acuerdo con sus méritos individuales *(karma,* acciones); solo aquellos que en el previo *kalpa* obtuvieron directa liberación *(nirvana, moksha),* o a quienes pasan más allá de los Tres Mundos a planos superiores, no reaparecen más. Al final de cada día los Tres Mundos, con todas sus criaturas, otra vez son establecidos en el caos *(pralaya),* reteniendo solo un germen de necesidad de remanifestación. La noche de Brahma es del mismo largo que el día.

La vida de nuestro Brahma o ishvara es de cien años de Brahma, al final de los cuales el tiempo no solo los Tres Mundos, sino todos los planos y todos los seres —ishvara mismo, devas, rishis, asuras, hombres, criaturas y materia— y establecidos dentro del caos *(inaha-pralaya,* «gran caos») resistiendo por otros cien años de Brahma, cuando aparece un nuevo Brahma y una nueva creación. Se verá que tanto las principales como las menores alteraciones de la evolución e involución son representadas como necesitadas de ley natural, la fuerza latente de acción pasada *(karma).* La causalidad gobierna toda la existencia condicionada. Todo el esquema es altamente científico.

El día de Brahma se divide en catorce *manvantaras,* sobre cada uno de los cuales preside un *manu,* o maestro. Cada *manvantara* es seguida de una gran inundación, que destruye los continentes existentes y se traga todos los seres vivos, excepto los pocos que son conservados para la repoblación de la Tierra. El nombre de nuestro *manu* es Vaivasvata, que es la fuente de las Leyes de Manu, formulando la estructura básica de la sociedad hindú. El día de Brahma también se divide en mil *ciclos-yuga (maha-yuga),* cada uno consistente en cuatro épocas, los *yugas* de Satya, Treta, Dvapara y Kali, de los cuales los últimos tres son períodos de degeneración progresiva del primero. Los cuatro *yugas* juntos duran 4.320.000 años; el primero 1.728.000, el segundo 1.296.000, el tercero 864.000 y el último 432.000. El presente año (1913)[16] es el aniversario número 5013 del yuga[17] del presente *maha-yuga;* este *maha-yuga* es el vigésimo octavo del séptimo *manvantara* de nuestro *kalpa,* llamado el Varaha kalpa, porque en él Visnú es encarnado como un verraco *(varaha);* y este *kalpa* es el primer día del día número cincuenta y uno de la vida de nuestro Brahma.

Los eventos relatados en el *Mahabharata* tuvieron lugar en el Treta-yuga de nuestro *maha-yuga.* Las historias más antiguas de las batallas de los dioses y los asuras y las leyendas de los rishis van más lejos hacia atrás: la Agitación de los Océanos, por ejemplo, tuvo lugar en el sexto *manvantara;* el rescate del elefante del cocodrilo en el cuarto; la encarnación del verraco en el primero, y la emergencia de Brahma, llamado el nacimiento del loto debido a su origen de un salto desde el ombligo de Narayana, en el mismo inicio del *kalpa.* Los Tres Mundos *(triloki),* a los cuales se ha hecho continua referencia, son el plano físico (Bhur), el plano astral (Bhuvar), el cielo (Swarga); estos tres sólo, con los mundos subterráneos, están involucrados en la diaria creación y disolución. Esto también constituye el Samsara o Merodeo, la condición de nacimiento y renacimiento, donde el deseo *(kama)* y personalidad *(ahamkara)* son los principios que guían la vida. Sobre los Tres Mundos hay otros cuatro planos que perduran a través del período de vida de un Brahma; éstos son alcanzados por los que pasan más allá de los Tres Mundos sin alcanzar directa liberación; ellos siguen a ishvara y alcanzan la liberación con él al concluir el período de cien años Brahma. Bajo los Tres Mundos están los siete Patalas o mundos subterráneos (distintos del reino de Yama); éstos están habitados por los nagas, las serpientes semihumanas, que poseen una rica civilización material de su propiedad. Estos mundos subterráneos son soportados sobre la cabeza del naga Ananta (Infinito), que también soporta a Narayana durante su reposo en la noche de Brahma.

La Tierra es soportada por ocho elefantes, uno en cada una de las ocho direcciones cardinales. También hay dioses guardianes de las direcciones; los del Este, Sur, Oeste y Norte son Indra, Yama, Varuna y Kuvera; de acuerdo con el budismo, sin embargo, son los regentes de

---

[16] Año de la primera edición de esta obra en Inglaterra. (Nota del Editor)

[17] El comienzo de este Kali yuga fue coincidente con el día de la muerte de Krishna. (N. del T.)

estos dioses los que son los guardianes de las direcciones, y son estos regentes quienes están representados en las más antiguas deidades-figuras, aquellos del Bharhut Stupa (siglo II a.C). Aun los primeros brahmanes también tenían representaciones de los devas, pero hechas en materiales no permanentes; mientras que la representación de ishvara y los budas supremos es un desarrollo posterior, alcanzando sus tipos más altos en los siglos VII u VIII a.C.

La causa primera de la creación es inexplicable, dado que en un universo condicionado por la causalidad las causas deben preceder a las causas precedentes hasta siempre. Pero el proceso de manifestación o creación es más apropiadamente considerado como un tiempo exterior, e igualmente pasado, presente o futuro. Ningún motivo puede asignarse a esta voluntad, un hecho que es míticamente representado llamando al proceso del mundo *Lila,* el divertimiento del Señor; u, otra vez, diciendo que el Ser desea ver la reflexión de su propia perfección espejada en su No-Ser.

Geografía mítica

La geografía mítica de nuestro sistema también debe ser descrita. Hay siete continentes-islas rodeados de siete mares. Jambudwirpa (el mundo) es el más interior de éstos; en el centro de este continente se eleva la montaña dorada Meru, con una altura de ochenta y cuatro mil leguas sobre la tierra. Alrededor de los pies de Meru están las montañas que limitan la tierra, de las cuales el Himalaya está al Sur; la tierra de Bharat-varsha (India) está entre el Himalaya y el mar salado. Meru está apuntalada por cuatro montañas, cada una de diez mil leguas de altura; de éstas, una es Mandara, usada como pivote para la agitación del océano. El nombre de este continente, Jambu-dwipa, deriva de Jambu, árbol que crece sobre una de esas cuatro montañas. Sus frutos son tan grandes como elefantes; cuando ellos están maduros caen sobre la montaña y su jugo forma el río Jambu, cuyas aguas dan salud y vida a aquellos que las beben. También hay lagos y bosques y espolones de las montañas.

En la cima de Meru está la ciudad de Brahma, extendiéndose catorce mil leguas, famosa en el cielo; a su alrededor están las ciudades de Indra y otros gobernantes del cielo. Cerca de la ciudad de Brahma fluye el Ganges, rodeando la ciudad; de acuerdo con un informe, el río se divide en cuatro, fluyendo en direcciones opuestas; de acuerdo con otro, el Ganges, después de escapar del cielo y de las trenzas de Shiva se divide en los siete ríos sagrados de India. En las laderas de la base viven los gandharvas, kinnaras y siddhas; los daityas, asuras y rakshasas en los valles. Todas estas montañas se incluyen en el Swarga (paraíso), donde se disfruta el fruto de las buenas acciones. Bharata-varsha (India, o tal vez todo el mundo humano) es una de las nueve tierras situadas en áreas rodeadas de varias montañas de las que se habla. De estas nueve, solo en la Bharata-varsha hay pena, agotamiento y hambre; los habitantes de otras *varshas* están exentos de toda angustia y dolor, y no hay entre ellos distinción de *yugas.* Bharata es la tierra de trabajos, donde los hombres hacen sus acciones, ganando su lugar en el cielo o la liberación; o, puede ser, renacen en el infierno, de acuerdo con su mérito. Bharata es, por ello, el mejor de los *varshas;* otros varshas son solo para gozar. Felices son aquellos que renacen, aun siendo dioses, como hombres en Bharatvarsha, dado que ése es el camino al Supremo.

Historia de la teología

Con respecto a la historia de algunas ideas de las que aquí se habla: De los himnos del *Rig-Veda,* que regresan a un momento en que los arios todavía no estaban establecidos en el valle del Ganges, sino que vivían entre los tributarios de los indos, conocemos una época en que no había castas, ni adoración privilegiada, ni sistema brahmánico de gobierno, sino que había muchas tribus pastoriles gobernadas por reyes menores hereditarios. La antigua religión védica consistía en la adoración de poderes personificados de la Naturaleza, dioses del cielo, el aire y la tierra. Gradualmente la creencia en estas distintas deidades lleva a la convicción de que ellos son manifestaciones del Uno, que tiene muchos nombres, como Prajapati, Vihsvakarma, etc., pero es finalmente llamado Brahmán, una palabra que en los himnos antiguos no significa nada sino el poder del devoto, en una forma análoga a la cristiana concepción del *Logos.* A esto fue agregada la idea de que este brahmán no era nada sino «El que todo lo penetra» *(atman),* conociendo al cual se conoce a todos. Así tenemos una junto a otra dos fases de la religión: el viejo culto de sacrificio, donde el hombre busca encontrar un sitio en el Paraíso por medio de un comportamiento moral y ofrendas a los dioses, y la búsqueda del mayor conocimiento, el conocimiento del brahmán. Esta posición fue alcanzada antes del tiempo de Buda; el total desarrollo del sistema brahmánico descrito arriba alcanzó forma al suceder los siglos.

Filosofía

La filosofía que prevalece (hay por supuesto también otros sistemas, aunque todos están estrechamente interconectados), la doctrina de la realidad esotérica con la que se relaciona el sistema esotérico relatado arriba, es una forma de intransigente monismo llamado Vedanta; mantiene que hay solo Una Realidad, el Brahmán, de quien nada puede ser predicado. Éste es El No Mostrado, el No Conocido Dios; cualesquiera sean las cualidades o atributos que uno pueda esperar usar para expresar su naturaleza, en una famosa frase védica: «No es eso, no es eso» *(neti, neti).* Conocer esa realidad es conocer todo, de la misma forma que conocer la arcilla es conocer todo lo que está hecho de arcilla, las aparentes diferencias consisten s o l o en nombre y forma *(namarupa).* Esta realidad está dentro de nosotros mismos; y nosotros en ella. Es, de hecho, nuestro único verdadero Mismo *(atman),* oscurecido en nosotros por la personalidad *(ahamkara)* y atributos *(upadhis).* El conocimiento de esta realidad es liberación *(moksha, nirvana),* exactamente como una vasija de barro se rompe nos damos cuenta que el espacio interior es uno con el espacio exterior. Alcanzar esta liberación es el más alto fin de la vida.

La vida de cada alma individual *(jivatman)* sigue un doble sendero —la primaria voluntad para la experiencia *(pravritti margaya)—* y la posterior voluntad de rechazo *(nivritti margaya),* o brevemente, el camino de la búsqueda y del regreso, familiar a los místicos de todas las épocas y países. El proceso de encarnación y liberación es siempre progresivo; pero en vista de que el liberado no vuelve, está claro que los buscadores deben estar siempre en la mayoría. Sin embargo, es algo malvado para una comunidad estar compuesta s o l o de aquellos que buscan, sin una debida posibilidad transformadora para aquellos que regresan.

La sociedad humana

Sobre esta base los antiguos rishis se establecieron como las cuatro almas de la vida humana, *Dharma, Artha, Kama, Moksha,* es decir, Moralidad, Consecución, Salud, Cumplimiento de Deseos y Liberación. El hecho de que almas individuales estén en diferentes etapas de desarrollo, además de poseer capacidades especiales o tendencias tanto como méritos propios de acuerdo con la naturaleza de su acción pasada, se refleja en la teoría de casta *(yama,* literalmente, color), cada una con su apropiada moralidad *(svadharma).*

«Casta», como hemos afirmado anteriormente, «es continuidad de raza; es el sentido histórico; es la dignidad de la tradición y propósito para el futuro. Es aún más: es la familiaridad de todo un pueblo en todos sus rangos con el único supremo motivo humano: la noción de *noblesse oblige.*»

Matrimonio

Moksha, o liberación, es finalmente alcanzado por el individuo solo, y depende de la relación de él o ella con Dios. Pero los fines seculares de vida, moralidad, riqueza, deseo y, sobre todo, el nacimiento de niños, requiere cooperación de hombres y mujeres. Entonces en el sistema social hindú se hace gran énfasis en el matrimonio; más allá de la recomendación del celibato para los miembros de todas las instituciones religiosas, se declara expresamente que nadie puede alcanzar el cielo después de la muerte, o pueden permanecer sus ancestros allí, si no ha tenido un niño. El matrimonio hindú es indisoluble, excepto en la cuarta casta. La poligamia está permitida, pero es comparativamente rara, debido a que el número de hombres y mujeres es aproximadamente el mismo; la razón más usual para un segundo matrimonio es la falta de niños en el primero. Como en tantos otros sistemas, la base del matrimonio es el deber más que el amor romántico. El estado espiritual elevado de la mujer hindú se refleja en la mitología; realmente, como hemos visto, hay muchos millones de hindúes que piensan habitualmente en Dios como en una Ella.

Es Ella (dice Shankaracharya) *con quien Shiva busca protección... Cuyas palabras son dulces. La destructora de enfermedades, Extendiéndose siempre y en todos los sitios, Tierna enredadera de inteligencia y felicidad.*

«La madre», dice Manu, «excede a cien padres en el derecho a la reverencia y en la función de maestro.» Y otra vez en el *Kubjika Tantma:* «Cualquiera que haya visto los pies de mujer, que los adore como a los de su maestro.»

Renunciación

Todos viven como ciudadanos salvo aquellos pocos que sienten ya en su juventud la irresistible llamada a la renunciación *(vairagya,* marchándose)*,* y así se convierten en monjes o monjas. Para éstos el ascetismo es una vocación. El ciudadano, por otra parte, como hemos visto, debe casarse y tener un niño. Pero la vida como ciudadano no es para toda la vida, aun de un hombre ordinario; llega un momento en que él, también, se marcha del mundo. Su vida es planificada en cuatro etapas *(ashramas),* como sigue: estudiante, cabeza de familia y ganador de riqueza, retirado, y finalmente completa renunciación a todas las ataduras. Es la fuerza de carácter, el mérito acumulado en muchas vidas así ordenado, lo que gradualmente madura en el alma individual, hasta que al final siente la irresistible llamada y se inclina con todas las fuerzas hacia la liberación *(nirvana).*

POSFACIO

SISTER NIVEDITA, a quien fue inicialmente confiado el presente trabajo, no necesita ser presentada a los lectores occidentales o indios: Una muy sincera discípula de Swami Vivekananda, que a su vez era un seguidor del gran Rakrisha, ella acercó al estudio de la vida y la literatura indias un completo conocimiento de la educación y la ciencia social occidentales, y un insuperable entusiasmo y devoción a los pueblos e ideales de su país adoptivo.

Sus principales trabajos son *La Telaraña de la Vida India*, casi el único relato de la sociedad hindú escrito en inglés, y *Kali la Madre*, donde también por primera vez la profunda ternura y terror del culto a la madre hindú son presentados a los lectores occidentales en un modo tal que revela su verdadero significado religioso y social. A través de estos libros Nivedita se convirtió no solamente en un intérprete de India para Europa, sino aún más, en la inspiración de una nueva raza de estudiantes indios, no ya más ansiosos de ser anglificados, sino convencidos de que todo progreso real, siendo distintivo de mera controversia política, debe basarse en ideales nacionales, sobre intenciones ya claramente expresadas en religión y arte.

La muerte prematura de Sister Nivedita en 1911 ha hecho necesario que el presente trabajo fuera completado por otra mano. Las siguientes partes del texto como vienen impresas aquí son debidas a Sister Nivedita: Mitología de las Razas Indoarias (págs. 5-8); págs. 14-20. Introducción al Ramayana; la totalidad del Mahabharata (excepto págs. 126-129); parte de la sección sobre Shiva (págs. 193-196); el comentario sobre Kacha y Devayani (págs. 226-228); y la Historia de Dhruva, Shani, Imágenes de Estrellas, etc. (págs. 250-257). El presente escritor es responsable de todas las demás.

Las ilustraciones son reproducidas a partir de dibujos de acuarelas realizadas especialmente para este libro por artistas indios bajo la supervisión del Abanindro Nath Tagore, C.I.E., viceprincipal de la Escuela de Arte de Calcuta, quien contribuyó personalmente con algunas pinturas.

Las historias tienen así la ventaja, única en la presente serie, de ilustraciones hechas por artistas para quienes éstas han sido familiares desde la niñez, y que están así bien capacitados para sugerir el apropiado ambiente espiritual y material.

Puede ser bueno explicar brevemente el principio sobre el cual estos mitos y leyendas han sido seleccionados y ordenados. Mi objetivo ha sido relatar en una manera lo más cercana posible al original, pero usualmente más condensada, aquellos mitos que son más o menos familiares a todo indio bien educado, entre quienes incluyo a los analfabetos, pero, a pesar de ello, campesinos sabios, y a las mujeres cuya sabiduría de los Puranas ha ganado escuchando recitaciones o leyendo, visitando templos (donde las historias están ilustradas en esculturas), o de canciones populares u obras de misterio. Las historias relatadas aquí, sin embargo, incluyen mucho de lo cual un conocimiento es absolutamente esencial para todo extranjero que se propone de alguna manera cooperar con el pueblo indio para que alcance su deseado fin — en ningún sitio más claramente formulado que en la mitología y el arte— . Entre éstos, espero, deben ser incluidos no solo tales reconocidos amantes de los ideales indios como era la misma Nivedita, sino también sirvientes civiles y misioneros. Los mitos indios aquí contados incluyen casi todos aquellos que son comúnmente ilustrados en la escultura y la pintura india. Finalmente, ellos incluyen mucho de lo que debe ser muy pronto reconocido como perteneciente no solo a la India, sino al mundo entero; yo siento que esto es por sobre todas las cosas verdad del Ramayana, que es seguramente el mejor cuento de caballerosidad y verdad y amor de criaturas que nunca se haya escrito.

ANANDA K. COOMARASWASMY

SOBRE LA AUTORA

Sister Nivedita (nacida como Margaret Elizabeth Noble, 1867-1911), fue una escritora, trabajadora social y activista norirlandesa, que desarrolló gran parte de su actividad en la India colonial británica.

Tras conocer al maestro hindú Swami Vivekananda en 1895, decide dar un giro a su vida en Inglaterra y emigrar a la India, dónde la pobreza de población le hace decidirse al trabajo social y la educación de las mujeres, abriendo numerosas escuelas en la ciudad de Calcuta. Tuvo una gran labor en la contención de epidemia de cólera de 1898 en la ciudad.

Vivekananda la rebautizó como Nivedita, que significa "Dedicada a Dios". A partir de 1900 también fue se convirtió en una activista significativa a favor del nacionalismo indio. Viajó por todo el país, conectando con la gente, la cultura y la historia, y en esos viajes comenzó a preparar su obra literaria.

Tras la muerte de Vivekananda en 1902, frecuentó los círculos literarios bengalíes, donde trabó amistad con Tagore y Chandra Bose.

Entre su extensa obra literaria, la mayor parte está dedicada a dar a conocer en el mundo occidental la rica cultura hindú. Escribió una docena de ensayos, entre los que destacan "Kali the mother", "An indian study of love and death", "Religion and Dharma" y el presente título de "Mitos del Hinduismo". Su trabajo influenció en gran medida en los intelectuales británicos, y favoreció el conocimiento de la religión hindú y budista en el pensamiento occidental.

Sister Nivedita murió en 1911, en la ciudad de Darjeeling, dónde reposan sus restos.

Printed in Great Britain
by Amazon